ସଫଳତାର ଚାବି

ବିଶ୍ୱ ପ୍ରସିଦ୍ଧ ବିଚାରକ ଏବଂ
ଲେଖକ ସ୍ୱେଟ୍ ମାର୍ଡେନ୍‌ଙ୍କ
ପୁସ୍ତକଗୁଡ଼ିକ କୋଟି କୋଟି
ଲୋକଙ୍କ ଜୀବନରେ କ୍ରାନ୍ତି
ଆଣିଦେଇଛି, ପଥଭ୍ରଷ୍ଟ
ମାନବତାକୁ ନୂଆ ଦିଗ
ଦେଖାଇଛି । ପ୍ରସ୍ତୁତ ପୁସ୍ତକ
"ସଫଳତାର ଚାବି" ମଧ୍ୟ ଏହି
ମହାନ ବିଚାରକଙ୍କ ମହାନ୍ କୃତିର
ଓଡ଼ିଆ ରୂପାନ୍ତର ଅଟେ ।

ସଫଳତାର ଚାବି

ସ୍ୱେଟ୍ ମାର୍ଡେନ୍

ଡାଇମଣ୍ଡ ବୁକ୍ସ

www.diamondbook.in

ପ୍ରକାଶକ : ଡାଏମଣ୍ଡ ପକେଟ ବୁକ୍ସ ପ୍ରା. ଲିଃ.
X-30, ଓଖଲା ଇଣ୍ଡଷ୍ଟ୍ରିଆଲ ଏରିଆ, ଫେଜ୍-II
ନୂଆଦିଲ୍ଲୀ-୧୧୦୦୨୦
ଫୋନ : ୦୧୧-୪୧୬୧୧୮୬୧, ୪୦୭୧୨୧୦୦
ଇ-ମେଲ : sales@dpb.in
ୱେବସାଇଟ : www.diamondbook.in
ସଂସ୍କରଣ : 2017
ମୁଦ୍ରକ : ଆଦର୍ଶ ପ୍ରିଣ୍ଟର୍ସ, ଶାହଦରା, ଦିଲ୍ଲୀ - ୩୨

Safalatara Chabi (Odia)
by: Swett Marden

ଅନୁକ୍ରମ

୧. ନିଜକୁ ଚିହ୍ନନ୍ତୁ

ଉଚ୍ଚ ଆଶା, ଉଦ୍ୟମ, ଆକ୍ରୋଶ, ଆତ୍ମାକୁ ଚିହ୍ନିବା, ପ୍ରବଳ କାର୍ଯ୍ୟକ୍ଷମତା, ତନ୍ମୟତା ଆଦି ଆପଣଙ୍କ ଗୁଣ ହେବା ଉଚିତ । ଯେତେବେଳେ ଆପଣ ଏହି ଗୁଣଗୁଡ଼ିକୁ ନେଇ କୌଣସି କାର୍ଯ୍ୟ କରିବେ ତେବେ ଆପଣଙ୍କୁ ନିଶ୍ଚୟ ସଫଳତା ମିଳିବ ।

ଜଣେ ମନୋବୈଜ୍ଞାନିକଙ୍କ କହିବାନୁଯାୟୀ, ପ୍ରତ୍ୟେକ ମଣିଷ ମଧ୍ୟରେ ଏକ ଅଲୌକିକ ଗୋପନୀୟ ଶକ୍ତି ରହିଛି । ଏହାର ଧାରଣା ନା ସେହି ଲୋକକୁ ଥାଏ ଏବଂ ନା ଅନ୍ୟ କୌଣସି ଉପରେ ଯଦି ଏହି ଶକ୍ତିର କୌଣସି ମାପକ ଯନ୍ତ୍ର କିମ୍ବା ଏକ୍ସରେ ଭଳି କିଛି ବାହାରିପାରେ ଯାହା ଏହି ଶକ୍ତିର ସ୍ୱରୂପ ଦେଖେଇପାରିବ ତେବେ ଆମେ ସବୁ ଚକିତ ହୋଇଯିବା । ବାସ୍ତବରେ ଏହା ନିରାଟ ସତ୍ୟ । ପ୍ରତ୍ୟେକ ମଣିଷ ଏହି କଥାକୁ ଅନୁଭବ କରେ କି ତା' ମଧ୍ୟରେ କିଛି ଆନ୍ତରିକ ଶକ୍ତି ଲୁଚି ରହିଛି, ହେଲେ ସମସ୍ୟା ହେଲା ସେ ଏହି ଶକ୍ତିର ଉପଯୋଗ କେମିତି କରିବ, କେତେବେଳେ କରିବ, କେଉଁଠି କରିବ, ଏହା କାହାକୁ ଜଣାନାହିଁ । ଏଥିପାଇଁ ଏଗୁଡ଼ିକର ଠିକ୍ ସମୟରେ ବ୍ୟବହାର କରି ନପାରିବା କାରଣରୁ ଏହି ଆନ୍ତରିକ ଶକ୍ତିରୁ ମିଳୁଥିବା ଉପଲବ୍ଧିରୁ ସେ ବଞ୍ଚିତ ହୁଏ । ଯିଏ ଏହାର ବିଧି ଜାଣିନିଅନ୍ତି, ସେମାନେ କେବଳ ସଫଳ ହୋଇପାରନ୍ତି ।

ଦର୍ପଣରେ କେବଳ ଆମେ ନିଜର ମୁହଁ ହିଁ ଦେଖିପାରିବା, ହେଲେ ଏହି ଶକ୍ତି ବାବଦରେ ଜଣାପଡ଼ିବ ନାହିଁ । ତଥାପି ଯଦି ଅଳ୍ପକିଛି ଜଣାପଡ଼େ ତେବେ ତାହା ପର୍ଯ୍ୟାପ୍ତ ।

ସେଥିରେ ମଧ୍ୟ ବହୁତ କିଛି ହୋଇପାରିବ । ପ୍ରତ୍ୟେକ ସ୍ତ୍ରୀ କିମ୍ବା ପୁରୁଷ ନିଜର କୌଣସି ବିଶେଷତା କିମ୍ବା ଗୁଣ ରଖିଥାନ୍ତି, ସେମାନେ ଭଲା ତାକୁ ଜାଣି ନପାରନ୍ତୁ, ହେଲେ ତାଙ୍କ ମଧ୍ୟରେ କିଛି ଗୁଣ ଥାଏ । ଯେମିତି ପ୍ରତ୍ୟେକ ମଣିଷର ମୁହଁ, ହସ୍ତରେଖା ଅନ୍ୟ ବ୍ୟକ୍ତିଙ୍କ ସହ ମିଶେନାହିଁ, ସେମିତି ପ୍ରତ୍ୟେକଙ୍କ ଅଭ୍ୟାସ ଓ ଗୁଣ ଅନ୍ୟମାନଙ୍କ ସହ ସମାନ ନଥାଏ । ଏହି ଗୁଣଗୁଡ଼ିକର ସାମୁହିକ ବିକାଶ ହେଉନଥିବାରୁ ସେମାନେ ବିରକ୍ତ ହୋଇ ରହିଯାନ୍ତି ।

ହିରା ଯେବେ ମାଟିରୁ ବାହାରେ, ତେବେ ତାକୁ ହିରା ବୋଲି କହିବା କିମ୍ବା ଚିହ୍ନିବା କଷ୍ଟକର ହୋଇଥାଏ । ଯେତେବେଳେ ତାକୁ ପାଲିସ କରି ସୁନ୍ଦର କରିଦିଆଯାଏ, ତେବେ ଲୋକେ ତାକୁ ଆପେ ଚିହ୍ନିପାରନ୍ତି ଏବଂ ତା' ଦାମ୍ ବଢ଼ିଯାଏ । ସେହିଭଳି ଯେତେବେଳ ଯାଏଁ ମଣିଷର ଗୁଣ ଖୋଦା ଯାଇନାହିଁ, ତାକୁ ପାଲିସ କରାଯାଇ ନାହିଁ, ସେତେବେଳ ପର୍ଯ୍ୟନ୍ତ ତାଙ୍କ ମୂଲ୍ୟ ବଢ଼ିପାରେ ନାହିଁ । ବହୁବାର ଆପଣଙ୍କ ଦ୍ୱାରା ଅଚାନକ ଏମିତି କାର୍ଯ୍ୟ ସିଦ୍ଧ ହୋଇଛି ଯାହା ଆପଣଙ୍କୁ ଆଶ୍ଚର୍ଯ୍ୟ ଲାଗିଛି ଏବଂ ନିଜକୁ ନିଜେ ପଚାରିଛନ୍ତି, ଏମିତି କେମିତି ହେଲା ? ଆପଣ ଏମିତି କାମ ସତରେ କେମିତି କରି ପକାଇଲେ ? ଏଥିରେ ଘଟିଥିବା କଥାକୁ ବୁଝି ପାରିନାହାନ୍ତି, ହେଲେ ଏକଥା ଅଲଗା । ଏଥିରେ ଆଶ୍ଚର୍ଯ୍ୟ ହେବାର କିଛି ନାହିଁ । ଏହି ଦୁନିଆର ଯେ କୌଣସି କାର୍ଯ୍ୟ ସେ କେତେ ଉଚ୍ଚ, ମହାନ ଓ କଠିନ ହେଉ ନା କାହିଁକି, ସବୁ ମଣିଷ ଦ୍ୱାରା ସମ୍ପନ୍ନ ହୋଇଛି ।

ଗୋଟିଏ ଛୋଟ ମଞ୍ଜିରୁ ଯେତେବେଳେ ବୃକ୍ଷ ଭଳି ବିଶାଳ ବସ୍ତୁ ବାହାରିପାରେ, ଏହାର କ'ଣ କଳ୍ପନା କରାଯାଇପାରେ । ଗୋଟିଏ ସୂକ୍ଷ୍ମ ଅଣୁ ବିସ୍ଫୋରଣ ଦ୍ୱାରା ମହାବିନାଶ କରିପାରେ । ସେହିଭଳି ଆପଣଙ୍କ ଶରୀରର ସୂକ୍ଷ୍ମତମ ଶକ୍ତି ମଧ୍ୟ ଆପଣଙ୍କର ଗୋଟିଏ ଛୋଟ ବିଚାର ମଧ୍ୟ କେତେ ଶକ୍ତି ରଖିଥାଏ, ଏହାର କଳ୍ପନା ମଧ୍ୟ ଆପଣ କରିପାରିବେନି । ଆପଣ ଏହି କଥାକୁ କେବେବି ଭୁଲନ୍ତୁ ନାହିଁ କି ଆପଣଙ୍କ ବର୍ତ୍ତମାନ ଶକ୍ତିଠାରୁ ସହସ୍ର ଗୁଣ ଶକ୍ତି ଆପଣଙ୍କ ଅନ୍ତଃକରଣରେ ରହିଛି । ଆପଣ ବର୍ତ୍ତମାନ ଯାହା ଅଛନ୍ତି, ତା'ଠାରୁ ବହୁ ଅଧିକ ମହତ୍ୱପୂର୍ଣ୍ଣ । ଆପଣ ଯଦି ଏହା ଜାଣି ମଧ୍ୟ ଅଜଣା ରହିବେ, ତେବେ ଏଥିରେ ଦୋଷ କାହାର । ଆପଣ ଜୀବନ-ଲକ୍ଷ୍ୟର ଧ୍ରୁବତାରା ନିଶ୍ଚିତ କରିନିଅନ୍ତୁ । ଆପଣଙ୍କ ନିଶ୍ଚୟ ଆପଣଙ୍କୁ ଚୁମ୍ବକ ଭଳି ଟାଣିବ ।

ଅନ୍ତଃକରଣକୁ ଜାଣନ୍ତୁ:

ଉଚ୍ଚ ଆଶା, ଉଦ୍ୟମ, ଆକ୍ରୋଶ, ଆତ୍ମାକୁ ଚିହ୍ନିବା, ପ୍ରବଳ କାର୍ଯ୍ୟକ୍ଷମତା, ତନ୍ମୟତା ଆଦି ଆପଣଙ୍କ ଗୁଣ ହେବା ଉଚିତ । ଯେତେବେଳେ ଆପଣ ଏହି ଗୁଣଗୁଡ଼ିକୁ ନେଇ କୌଣସି କାର୍ଯ୍ୟ କରିବେ ତେବେ ଆପଣଙ୍କୁ ନିଶ୍ଚୟ ସଫଳତା ମିଳିବ । ଆପଣଙ୍କ ଭିତରେ

ଏହିସବୁ ଗୁଣ ଅଛି ବୋଲି ଆପଣ ସେଗୁଡ଼ିକୁ ଚିହ୍ନନ୍ତୁ । ଯେତେବେଳ ଯାଏଁ ଆପଣ ନିଜକୁ ଚିହ୍ନି ନାହାନ୍ତି, ସେତେବେଳ ପର୍ଯ୍ୟନ୍ତ ଆପଣ କିଛି କରିପାରିବେ ନାହିଁ । ଅନ୍ତଃକରଣକୁ ସମୁଦ୍ର ଭଳି ଗଭୀର ଏବଂ ଗମ୍ଭୀର ତଥା ପର୍ବତ ପରି ମହାନ କଲେ ହିଁ ଆପଣ କୌଣସି ବିଶେଷ କାର୍ଯ୍ୟକୁ ସିଦ୍ଧ କରିପାରିବେ । ଆପଣ ଆନ୍ତରିକ ଶକ୍ତିକୁ ଚିହ୍ନି ନିଜ କାର୍ଯ୍ୟ ଆରମ୍ଭ କରନ୍ତୁ । ଯଥା ସମ୍ଭବ ବହୁତ ଲୋକଙ୍କୁ ଏହି କଥା ଉପରେ ବିଶ୍ୱାସ ହେବନି କି ସେମାନଙ୍କ ମଧ୍ୟରେ ଏକ ମହାନ ଶକ୍ତି ଲୁଚି ରହିଛି । ଏହି ଶକ୍ତି ଦ୍ୱାରା ସେମାନେ ବିଶ୍ୱର ମହାନ କାର୍ଯ୍ୟ କରିପାରିବେ । ଏଥିରେ ଅବିଶ୍ୱାସର ତିଳେମାତ୍ର ଶଙ୍କା ହିଁ ନାହିଁ । ନିଜ ଶକ୍ତିକୁ ଆପଣ ମହତ୍ୱହୀନ ଭାବନ୍ତୁ ନାହିଁ । ନିଜକୁ ଚିହ୍ନିପାରିବା କାରଣରୁ ହିଁ ଆପଣ ଏହିଭଳି ଜୀବନ ବିତାଇଥାନ୍ତି । ଭଗବାନ ଆପଣଙ୍କୁ ସବୁ ଅଙ୍ଗ ଦେଇଛନ୍ତି । ଆପଣ ସେଗୁଡ଼ିକର ଉପଯୋଗ କରନ୍ତୁ । ଭଗବାନ ଆପଣଙ୍କ କୌଣସି ଅଙ୍ଗ ବେକାର କରିନାହାନ୍ତି । ତେବେ ଆପଣ ସେଗୁଡ଼ିକର ଉପଯୋଗ କାହିଁକି କରୁନାହାନ୍ତି ? ତେବେ ଏଥିରେ ଭୁଲ୍ କାହାର ? ଯଦି ଆପଣ ପଙ୍ଗୁ କିମ୍ବା ବିକଳାଙ୍ଗ, ତେବେ ମଧ୍ୟ କିଛି ଫରକ ପଡ଼ିବନି ।

ଅଦମ୍ୟ ସାହସ:

ଜଣେ ନବଯୁବକଙ୍କ କଥା । ସେ ବିବାହିତ ଥିଲେ । ସୁନ୍ଦର ଥିଲେ । ଦିନେ ଆକସ୍ମିକ ଭାବେ ତାଙ୍କୁ ଦୁଇ ହାତ କ୍ରସର୍‌ରେ କଟିଗଲା । ଡାକ୍ତର ବହୁ ପରିଶ୍ରମ କରି ତାଙ୍କୁ ବଞ୍ଚାଇଲେ, ହେଲେ ହାତ ଦୁଇଟି କଟାଯାଇଥିବାରୁ ତାଙ୍କ ଜୀବନ ବୋଝ ହୋଇଗଲା । କାନ୍ଧ ପାଖରେ କେବଳ ଦୁଇଟି ଖୁଣ୍ଟି ଭଳି ଥାଏ । ସେ ଉଦ୍‌ବିଗ୍ନ ହୋଇଗଲେ । କୌଣସି ପ୍ରକାର କାମ କରିବାକୁ ଅସମର୍ଥ ହୋଇଗଲେ । ଭାଇମାନଙ୍କ ହାତଟେକାକୁ ଚାହିଁ ବସିଲେ । ସେମାନେ ତାଙ୍କୁ ଉପେକ୍ଷା କରିବା ସହ ଭିକାରୀ ଭଳି ବ୍ୟବହାର କରିବାକୁ ଲାଗିଲେ । ସେ, ତାଙ୍କ ସ୍ତ୍ରୀକୁ ମଧ୍ୟ ଗୋଇଠା ମାରିବା ଆରମ୍ଭ କରିଦେଲେ । ଯାହାକୁ କାଲି ପର୍ଯ୍ୟନ୍ତ ବହୁତ ଭଲ ପାଉଥିଲେ, ସେ ଶତ୍ରୁ ହୋଇଗଲା । ଦିନେ ଭାଇମାନେ ତାଙ୍କୁ ବହୁତ ଅପମାନିତ କଲେ । ତାଙ୍କୁ ଦୁଇଦିନ ପର୍ଯ୍ୟନ୍ତ ଖାଇବାକୁ ଦେଲେନାହିଁ । ବହୁତ କଟୁ କଥା କହିଲେ । ଭାଉଜମାନେ ମଧ୍ୟ ଗଞ୍ଜଣା ଦେବାରୁ ପଛାଇଲେ ନାହିଁ । ତାଙ୍କ ମନକୁ ଗଭୀର ଆଘାତ ଲାଗିଲା । ସେ ଏତେ ନିରାଶ ହୋଇଗଲେ ଯେ ଆତ୍ମହତ୍ୟା କରିବାକୁ ଚାହିଁଲେ । ଯେତେବେଳେ ସେ ରେଳ ଧାରଣାରେ ମରିବାକୁ ଶୋଇଗଲେ, ସେତିକିବେଳେ ତାଙ୍କ ଅନ୍ତରାତ୍ମା କହିଲା, "ଆରେ ତୁ ଏ କ'ଣ କରୁଛୁ ! ଆରେ ତୁ ଏ କ'ଣ କରୁଛୁ, ଆରେ କିଛି କରିକି ଦେଖା ।" ସେ ସେଠାରୁ ଉଠିଗଲେ । ଘର ଆଡ଼କୁ ମୁହାଁଇଲେ । ପାଖରେ ଟଙ୍କାଟିଏ ନାହିଁ । ଭୋକିଲା ପେଟ । ସେ ଜଣେ ଗଉଡ଼ ପାଖକୁ ଗଲେ । କମିଶନ୍‌ରେ କ୍ଷୀର ବିକିବା ପାଇଁ ତାକୁ ପ୍ରସ୍ତାବ ଦେଲେ । ଗଉଡ଼ ପଚାରିଲା, "ତମେ ଯିବ କେମିତି ?"

ସେ ନିଜ କାନ୍ଧ ପାଖରେ ଥିବା ଖେଣ୍ଟାକୁ ଦେଖେଇଲେ, "ଏଥିରେ ଟାଙ୍ଗିକି ନେବି ।" ତାଙ୍କ ସାହସ ଦେଖି ଗଉଡ଼ ରାଜି ହୋଇଗଲା ।

ଏହିଭଳି ଗଉଡ଼ ଦୁଇଟି କ୍ଷୀର ଡବା ଝୁଲାଇଦେଲା । ତାକୁ ନେଇ ଚାରି କିଲୋମିଟର ଦୂର ସହରକୁ ଚାଲି ଚାଲି ବିକିବାକୁ ଗଲେ । ସମସ୍ତ କ୍ଷୀର ବିକ୍ରି ହୋଇଗଲା । ତାଙ୍କ ଉତ୍ସାହ ଦେଖି ଲୋକେ କ୍ଷୀର କିଣିବାକୁ ଆଗେଇ ଆସିଲେ । ସେ ଦିନକୁ ଦୁଇଥର କ୍ଷୀର ବିକିଲେ । ରୋଜଗାର ବଢ଼ିବାକୁ ଲାଗିଲା । ସେ ଟଙ୍କା ସଞ୍ଚୟ କଲେ ଏବଂ ସେଥିରେ ଗୋଟିଏ ମଇଁଷି କିଣିଲେ । ନିଜ ମଇଁଷିର କ୍ଷୀର ବିକିବା ଆରମ୍ଭ କଲେ । ତାଙ୍କ ସ୍ତ୍ରୀ ସେଥିରେ ସହାୟତା କଲେ । ସେ ଅଧିକ ସଂଖ୍ୟାରେ ଗାଈ, ମଇଁଷି ରଖିଲେ । ଦେଖୁଦେଖୁ ତାଙ୍କ ରୋଜଗାର ବଢ଼ିଗଲା । ସେ ନିଜର ଗୋଟିଏ ଘର ତିଆରି କଲେ । ସେ ସୁଖରେ ରହିବାକୁ ଲାଗିଲେ । ତାଙ୍କ ଭାଇମାନଙ୍କ ଅବସ୍ଥା ଖରାପ ହୋଇଗଲା । ସେତେବେଳେ ସେ ଭାଇମାନଙ୍କ ପରିବାରକୁ ମଧ୍ୟ ଭରଣ-ପୋଷଣ କରିବାକୁ ଲାଗିଲେ । ସେ ନିଜ ଜୀବନ ସୁଖମୟ କରିଦେଲେ । ବିନା ହାତରେ ସେ ଜଣେ ସଫଳ, ସୁଖୀ ବ୍ୟକ୍ତି ହୋଇଗଲେ ।

ଯେତେବେଳେ ହାତ ନଥିବା ଲୋକ ଏତେ ପ୍ରଗତି କରିପାରେ, ତେବେ ଆପଣଙ୍କର ତ ଦୁଇଟି ହାତ ଠିକ୍‌ଠାକ୍ ଅଛି । ଆପଣ ସେଥିରେ ଅଧିକ ପ୍ରଗତି କରିପାରିବେ । ଆପଣ କରିପାରୁନାହାନ୍ତି, ତେବେ ଏଥିରେ ଦୋଷ କାହାର ? ଏହି ହାତକଟା ବ୍ୟକ୍ତି ନିଜକୁ ଚିହ୍ନି ସାରିଥିଲେ । ଏହିଭଳି ସେ ଉନ୍ନତି କଲେ । ଆପଣ ନିଜର ଗୁପ୍ତ ଶକ୍ତିଗୁଡ଼ିକୁ ଚିହ୍ନିନାହାନ୍ତି । ଆପଣ ନିଜ ଶକ୍ତିଗୁଡ଼ିକୁ ଚିହ୍ନି ନପାରିବା କାରଣରୁ ଜୀବନର ମହାନ କାର୍ଯ୍ୟରୁ ବଞ୍ଚିତ ହୋଇଯାନ୍ତି । ଆପଣଙ୍କୁ କେମିତି ଜଣା କି ଆପଣଙ୍କ ଭିତରେ ଗୁଣ, ବିଶେଷତା ଓ ଯୋଗ୍ୟତାର ଭଣ୍ଡାର ଭରି ରହିଛି । ନିଜର ଶକ୍ତି ଏବଂ ବାସ୍ତବିକ ସ୍ୱରୂପକୁ ନଜାଣି ଆପଣ କେବେ ମଧ୍ୟ ନିଜ ଜୀବନର ଉଦ୍ଦେଶ୍ୟକୁ ପୂର୍ଣ୍ଣ କରିପାରିବେ ନାହିଁ । ଅନ୍ଧକାରର ପରଦା ଆମ ସାମ୍ନାରେ ସଦା ପଡ଼ି ରହେ ।

ଯେବେଯାଏ କଲମ୍ବସ ଆମେରିକା ପହଞ୍ଚି ନଥିଲେ, ସେତେବେଳ ଯାଏ ସେଠାକାର ଲୋକଙ୍କୁ ଜଣା ନଥିଲା କି ଆଉ ଏକ ଦୁନିଆ ରହିଛି । ସେହିଭଳି, ଯେତେବେଳ ଯାଏ ଆପଣଙ୍କ ଜ୍ଞାନର କଲମ୍ବସ, ଆପଣଙ୍କ ଅନ୍ତଃକରଣର ଆମେରିକା ପର୍ଯ୍ୟନ୍ତ ନ ପହଞ୍ଚିଛି, ସେତେବେଳ ଯାଏ ଆପଣଙ୍କୁ ଜଣାଯିବ ନାହିଁ କି "ଆଉ ଏକ ଦୁନିଆ ରହିଛି" । ପ୍ରସିଦ୍ଧ ବିଚାରକ ଏବଂ ଦାର୍ଶନିକ ଇମର୍ସନଙ୍କ କହିବାନୁସାରେ ସଂସାରରେ ବହୁତ କମ୍ ଲୋକ ଅଛନ୍ତି, ଯେଉଁମାନେ ମରିବା ପୂର୍ବରୁ ଆତ୍ମପରିଚୟ ପ୍ରାପ୍ତ କରି ପାରନ୍ତି । ଅଧିକାଂଶ ଲୋକ ନିଜ କାର୍ଯ୍ୟ ସମ୍ପନ୍ନ ନକରି ମୃତ୍ୟୁବରଣ କରନ୍ତି । ସେମାନଙ୍କୁ ନିଜ କାର୍ଯ୍ୟକ୍ଷମତାର ଧାରଣା ହୋଇପାରେ ନାହିଁ । ଇମର୍ସନଙ୍କ ଏହି କଥାରେ

ସତ୍ୟତା ରହିଛି । ପ୍ରାୟ ଲୋକ ଅନ୍ୟକୁ ଦେଖି କହନ୍ତି, କାଳେ! ମୋଠାରେ ମଧ୍ୟ ସେହି ବ୍ୟକ୍ତି ପରି ଶକ୍ତି ଥାନ୍ତା, ତେବେ ମୁଁ ମଧ୍ୟ ସେହି କାର୍ଯ୍ୟକୁ କରି ପାରିଥାନ୍ତି । ଏହି କଥାକୁ କହି ମଣିଷ ଏହି ସତ୍ୟକୁ ଭୁଲିଯାଏ ଯେ ଯେଉଁ ବ୍ୟକ୍ତିର ସେ ଚର୍ଚ୍ଚା କରୁଛି, ଯାହାର ଶକ୍ତି ପାଇଁ ସେ ଲାଳାୟିତ, ତା'ଠାରୁ ବହୁ ଅଧିକ ଶକ୍ତି ତା' ନିଜ ପାଖରେ ରହିଛି । ବାସ୍ତବରେ ଏଭଳି ଉକ୍ତି ସେହି ବ୍ୟକ୍ତିର ହୀନତାର ପରିଚାୟକ । ବାସ୍ତବ କଥା ହେଲା ହୀନତାର ଭାବନା ହିଁ ମଣିଷକୁ କୁଣ୍ଠିତ କରେ । ଯେତେବେଳେ ଆପଣ ନିଜକୁ କାହା ତୁଳନାରେ ହୀନ ଭାବନ୍ତି, ତେବେ ଆପଣଙ୍କ ଶକ୍ତି ସେହି ବ୍ୟକ୍ତିଠାରୁ ପ୍ରବଳ ମାତ୍ରାରେ ଥିଲେ ମଧ୍ୟ ନିଷ୍କ୍ରିୟ ହୋଇ ବସିଯାନ୍ତି । ଏହି ଭୁଲ୍ ଭାବନା ଆପଣଙ୍କୁ ଛୋଟ କରି ରଖେ ।

ଆତ୍ମ ବିବେଚନା:

ନିଜ ଶକ୍ତିଗୁଡ଼ିକର ସୂକ୍ଷ୍ମ ନୀରିକ୍ଷଣ କରନ୍ତୁ । ସେଗୁଡ଼ିକୁ ଜାଗୃତ କରନ୍ତୁ । ସେଗୁଡ଼ିକୁ ଏକାଗ୍ରଚିତ୍ତରେ କାର୍ଯ୍ୟରେ ଲଗାନ୍ତୁ । ତେବେ ଦେଖନ୍ତୁ କେମିତି ଆପଣଙ୍କ କାର୍ଯ୍ୟ ସମ୍ପୂର୍ଣ୍ଣ ହେବ ନାହିଁ ଏବଂ ଆପଣଙ୍କୁ ସଫଳତା ନ ମିଳୁଛି ! ଅନେକ ଲୋକ ଅନ୍ୟର ସଫଳତା, ଶକ୍ତି ଦେଖିବାରେ ହିଁ ନିଜର ବହୁମୂଲ୍ୟ ସମୟ ନଷ୍ଟ କରନ୍ତି । ଏହି ଈର୍ଷା-ଦ୍ୱେଷ କାରଣରୁ ମଧ୍ୟ ନିଜ କାର୍ଯ୍ୟ କରିପାରନ୍ତି ନାହିଁ । ଏ ସବୁ ନକରି ବ୍ୟକ୍ତିକୁ ନିଜ ଉପରେ ଭରସା କରିବା ଉଚିତ । ତା' ଠାରେ ସମସ୍ତ ଗୁଣ ଥାଏ । ଆବଶ୍ୟକ ପଡ଼ିଲେ ଆପେ ଆସିଯାନ୍ତି ।

ଜଣେ ଗରିବ ଲୋକଙ୍କୁ ରାଜା କରି ଦିଆଯାଏ ଅଥବା ତାକୁ ଭଲ ପଦବୀ ଦିଆଯାଏ, ତେବେ ଆପଣ କ'ଣ ଭାବୁଛନ୍ତି ସେ ସେହି କାର୍ଯ୍ୟ କରି ପାରିବନି ! ଅବଶ୍ୟ କରିବ । ତାକୁ ସୁଯୋଗ ମିଳିବା ଦରକାର । ସୁଯୋଗ ନ ମିଳିଥିବା ଯୋଗୁ ମଣିଷର ସବୁ ପ୍ରତିଭା ଲୁଚି ରହିଯାଏ । କେହି ଆପଣଙ୍କୁ ସୁଯୋଗ ଦେବେନାହିଁ । ଆପଣଙ୍କୁ ନିଜେ ସୁଯୋଗ ଖୋଜିବାକୁ ହେବ । ଆଜି ଆପଣ ନିଜକୁ ଅସହାୟ, ଦୁର୍ବଳ, ଅକର୍ମଣ୍ୟ ଏବଂ ନିଜ ଜୀବନ ବ୍ୟର୍ଥ ଭାବୁଛନ୍ତି । ଏହି କାରଣରୁ ଆପଣ ଏଭଳି ଅଛନ୍ତି । ନିଜକୁ ଚିହ୍ନି ଆପଣ ପୂର୍ଣ୍ଣ ସାହସର ସହ ନିଜ କାମ କରି ଦେଖନ୍ତୁ ତ' କ'ଣ ଚମତ୍କାର ହେଉଛି !

କିଛି ଲୋକଙ୍କୁ "କ'ଣ ଚାଲିଛି, ଭାଇ । ହାଲ୍‌ଚାଲ୍ କ'ଣ ?" ପଚାରିବାରୁ ଉତ୍ତର ମିଳେ, "ବାସ୍ ! ଦିନ କଟି ଚାଲିଛି । ଜୀବନ କାଟୁଛି ।" ଏହିଭଳି ଉତ୍ତର ଅତ୍ୟନ୍ତ ନିରାଶାଜନକ ହୋଇଥାଏ । ଏଥିରୁ ମଣିଷର ଦୁର୍ବଳତା ଜଣା ପଡ଼ିଯାଏ । ନିଜକୁ ଚିହ୍ନି ପାରିବା, ଭଗବାନଙ୍କୁ ଚିହ୍ନିବା ସହ ସମାନ । ଏହି ଆତ୍ମଦର୍ଶନରେ ବହୁତ ପ୍ରେରଣା ମିଳେ । ଏହି ପ୍ରକାର ପ୍ରେରଣା ମାନବ ଜୀବନକୁ ଉଚ୍ଚରୁ ଉଚ୍ଚତମ ଏବଂ ମହାନରୁ ମହାନତମ କରିଥାଏ । ପ୍ରେରଣା ସବୁବେଳେ ଆଗକୁ ବାଟ ଦେଖାଏ । ଏହା ଜୀବନର ମୂଳ ମନ୍ତ୍ର ଅଟେ । ନିଜ ଶକ୍ତିଗୁଡ଼ିକୁ ଆପଣ କୂଳରେ ବସି ଚିହ୍ନି ପାରିବେ ନାହିଁ । ଯେପରି,

ସାଗର କୂଳରେ ଛିଡ଼ା ହୋଇ ଆପଣ ତା' ଗଭୀରତାର ଅନୁମାନ କରିପାରିବେ ନାହିଁ, ସେହିଭଳି ଆନ୍ତରିକ ଶକ୍ତିଗୁଡ଼ିକର ଦଶା ଅଟେ ।

ବହୁବାର ଏମିତି ହୁଏ, କର୍ମକ୍ଷେତ୍ରର କଷ୍ଟ କିମ୍ବା ସଙ୍କଟ ଆସିଲେ ହଠାତ୍ ଆମର ଗୁପ୍ତ ଶକ୍ତି ଜାଗି ଉଠେ ଏବଂ ଆମେ ସେହି କଷ୍ଟ କିମ୍ବା ସଙ୍କଟର ମୁକାବିଲା କରିବାରେ ସମର୍ଥ ହୋଇଥାଉ । ଏଭଳି ଶକ୍ତି ଆମ ପାଖରେ ରହିଛି, ଏହାର ଆଭାସ ଆମେ ଆଗରୁ ପାଇପାରୁନାହିଁ । ଜୀବନରେ ଏ ପ୍ରକାରର ଅନେକ ଘଟଣା ଦେଖାଯାଇଛି ।

ପ୍ରସିଦ୍ଧ ବ୍ୟଙ୍ଗକାର ବର୍ନାର୍ଡ ଶ ନିଜ ପ୍ରଥମ ରଚନା ପ୍ରକାଶନ ପାଇଁ ପଠାଇଲେ, ହେଲେ ତାହା ଫେରି ଆସିଲା । ତାଙ୍କୁ ବହୁତ କଷ୍ଟ ହେଲା । ଏହା ସତ୍ତ୍ୱେ ଶ ସ୍ଥିର କରିନେଲେ ଯେ ସେ ଲେଖକ ବନିବେ । ଜର୍ଜ ବର୍ନାର୍ଡ ଶ ଲେଖକ ହେଲେ । ଯେତେବେଳେ ତାଙ୍କୁ ଆଘାତ ଲାଗିଲା ସେତେବେଳେ ତାଙ୍କ ଆନ୍ତରିକ ଶକ୍ତି ଜାଗି ଉଠିଲା । ଏହାଦ୍ୱାରା ସେ ମହାନ ଲେଖକ ବନିଗଲେ । କିଛି ଲୋକଙ୍କ ଆନ୍ତରିକ ଶକ୍ତିଗୁଡ଼ିକ ଏତେ ଗଭୀରରେ ଲୁଚି ରହିଥାନ୍ତି କି କୌଣସି ବିଶେଷ ଘଟଣା ହିଁ ସେଗୁଡ଼ିକୁ ଉଠାଇ ପାରେ । ସାଧାରଣ କାର୍ଯ୍ୟ, ଦୁଃଖ କିମ୍ବା ସାମାନ୍ୟ ଜୀବନ ଚର୍ଯ୍ୟା ସେମାନଙ୍କ ଶକ୍ତିକୁ ଉଠାଏ ନାହିଁ, ହେଲେ ଗଭୀର ଆଘାତ ଲାଗିଲେ ସେଗୁଡ଼ିକ ପ୍ରଳୟ କରି ଦିଅନ୍ତି । ସେତେବେଳେ ସେମାନେ ଜୀବନର ସଂଗ୍ରାମରେ ଏପରି ଡେଇଁ ପଡ଼ନ୍ତି ଯେ ସେମାନଙ୍କୁ ସେତେବେଳେ କୌଣସି ଶକ୍ତି ଅଟକାଇ ପାରେନାହିଁ । ସେତେବେଳେ ସେମାନେ ବଡ଼ବଡ଼ ବିପଦକୁ ସାମ୍ନା କରିପାରନ୍ତି । ତାଙ୍କ ସମ୍ମୁଖରେ କେହି ଠିଆହେବା କଷ୍ଟକର ହୋଇଯାଏ । ଯେପରି ଆଘାତ ପାଇଥିବା ସାପ ପ୍ରତିଶୋଧ ନେବା ପାଇଁ ଆଗଭର ହୁଏ, ସେହି ଭଳି ଘଟଣା ସେମାନଙ୍କର ମଧ୍ୟ ହୁଏ ।

ଏହିଭଳି ଅନେକ ଉଦାହରଣ ଆପଣଙ୍କୁ ମିଳିଯିବ । ଅହଂ ଉପରେ ଆଘାତ, କଟୁ କଥା, ଅପମାନ ଯୋଗୁ ଅନେକଙ୍କର ଶକ୍ତି ଜାଗିଉଠେ । ସେମାନେ ସେତେବେଳେ ପ୍ରତିଶୋଧ ନେଇ ହିଁ ନିଶ୍ୱାସ ମାରନ୍ତି । ମଣିଷ ଭିତରେ ବିଚକ୍ଷଣ ଶକ୍ତି ଭରି ରହିଛି । ଏଥିରେ କେତେ ଏବଂ କେମିତି ଶକ୍ତି ଅଛି, ମଣିଷକୁ ଏହାର ଧାରଣା ନଥାଏ । କେତେବେଳେ କିଏ ନିଜ ଆନ୍ତରିକ ଶକ୍ତି ଦ୍ୱାରା କ'ଣ କରିପକାଇବ, କିଛି କୁହାଯାଇ ପାରିବନାହିଁ ।

ଏଥିପାଇଁ କୁହାଯାଏ ଯେ, ଜୀବନରେ ମଣିଷର ଭାଗ୍ୟ କେତେବେଳେ ମୋଡ଼ ବଦଳାଇବ, ତାହା କେହି କହିପାରିବେ ନାହିଁ । ଆନ୍ତରିକ ଶକ୍ତିର ଏହି ରହସ୍ୟମୟ ରଙ୍ଗରୂପ ଯୋଗୁ ହିଁ ଭାଗ୍ୟର ଉତ୍ପତି ହୋଇଛି । ମଣିଷର ଲୁକ୍କାୟିତ ଶକ୍ତିଗୁଡ଼ିକ ଚମତ୍କାର ଦେଖାନ୍ତି ଏବଂ ସେଥିରେ ଭାଗ୍ୟର ଛାପ ଲାଗିଯାଏ । ଭାଗ୍ୟ ବୋଲି କିଛି ନାହିଁ । ଏହା କେବଳ ମଣିଷର ନିଜ ଲୁକ୍କାୟିତ ଶକ୍ତିଗୁଡ଼ିକର ଚମତ୍କାର ମାତ୍ର ।

ଜୀବନର ପରୀକ୍ଷାରେ ଉତୀର୍ଣ୍ଣ ହୁଅନ୍ତୁ:

ଆପଣ ଦେଖିଥିବେ, କିଛି ଗଛ-ଲତାର ପତ୍ରକୁ ମଳିଲେ ସେଥିରୁ ସୁଗନ୍ଧ ବାହାରେ । ସେହିଭଳି କିଛି ଲୋକ ଏମିତି ଥାନ୍ତି, ଯିଏ କେବଳ ବିପଦ ସମୟରେ ଚମକନ୍ତି । ସୁନାକୁ ନିଆଁରେ ଯେତେ ଗରମ କରାଯିବ, ସେ ସେତିକି ଚମକିବ । ପରିତାପର ବିଷୟ ଏହିକି ଯେ ଏମିତି ଲୋକ ନିଜର ଅଧିକାଂଶ ସମୟ ବ୍ୟର୍ଥରେ ନଷ୍ଟ କରିଦିଅନ୍ତି । ଏହା ସତ୍ତ୍ୱେ, ସେମାନେ ଅଳ୍ପ ସମୟରେ ଯାହା କରନ୍ତି, ତାହା ମହାନ ହୋଇଥାଏ । ଉଦାହରଣ ସ୍ୱରୂପ- ଆବ୍ରାହମ୍ ଲିଙ୍କନ୍ କେମିତି ଆମେରିକାର ରାଷ୍ଟ୍ରପତି ହେଲେ ?

ଆମେରିକାରେ ଗୃହଯୁଦ୍ଧ ସମୟରେ ତାଙ୍କ ଶକ୍ତି ଉଜାଗର ହେଲା । ଆବ୍ରାହମ ଲିଙ୍କନଙ୍କ ପରେ ଗ୍ରାଣ୍ଟ ସର୍ବାଧିକ ଖ୍ୟାତି ପାଇଥିଲେ । ଗ୍ରାଣ୍ଟ କ'ଣ ଥିଲେ ? ବି.ଏ. ପର୍ଯ୍ୟନ୍ତ ପଢ଼ିଥିବା ସାମାନ୍ୟ ଛାତ୍ର । ଯେତେବେଳେ ସେ ୩୨ବର୍ଷ ବୟସରେ ପଦାର୍ପଣ କଲେ ସେତେବେଳେ ତାଙ୍କୁ ଅଯୋଗ୍ୟ ଦର୍ଶାଇ ଚାକିରିରୁ ବହିଷ୍କାର କରାଗଲା । ଏହାପରେ ସେ ଷ୍ଟୋର୍ କିପର୍ ଭାବେ କାର୍ଯ୍ୟ କଲେ । ସେତିକିବେଳେ ଗୃହଯୁଦ୍ଧ ଆରମ୍ଭ ହେଲା । ସେ ଗୋଟିଏ ସେନା ସମ୍ଭାଳିଲେ । ଦେଖୁଦେଖୁ ସେ ସେନାପତି ହୋଇଗଲେ । ଆମେରିକାର ସର୍ବୋଚ୍ଚ ସେନା ପଦବୀ ପାଇଲେ । ସେ ଲିଙ୍କନ୍‌ଙ୍କ ପରେ ଆଉଜଣେ ଶକ୍ତିଶାଳୀ ବ୍ୟକ୍ତି ବୋଲାଇଲେ । ତାଙ୍କ କାର୍ଯ୍ୟକୁଶଳତା, ରଣକୌଶଳ ଦେଖି ସାରା ଦୁନିଆ ଚକିତ ହେଲା । ଏହିଭଳି ଆମେରିକାର ବିଖ୍ୟାତ ନ୍ୟାୟାଧୀଶ ମିଲ୍ଟନ୍ ମଧ୍ୟ ୩୭ବର୍ଷ ପର୍ଯ୍ୟନ୍ତ କୌଣସି କାମ କରୁନଥିଲେ । ଏହାପରେ ସେ 'କ', 'ଖ', 'ଗ' ଶିଖିବା ଆରମ୍ଭ କଲେ । ନିଜର ଆନ୍ତରିକ ଶକ୍ତି ସାହାଯ୍ୟରେ ସେ ଆମେରିକାର ସର୍ବୋଚ୍ଚ ନ୍ୟାୟାଧୀଶ ହେଲେ । ଏହା ଏକ ଅସମ୍ଭବ ଘଟଣା ଥିଲା । ମିଲ୍ଟନ୍ ଏହାକୁ ସାର୍ଥକ କରି ଦେଖେଇଲେ ।

ଅଚାନକ କୌଣସି ସଙ୍କଟ, କୌଣସି ପ୍ରେରଣା, କୌଣସି ପୁସ୍ତକ ମଣିଷର ଜୀବନ ବଦଳାଇ ଦେଇଥାଏ । ସେତେବେଳେ ସେହି ବ୍ୟକ୍ତି ବହୁ ଉପରକୁ ଚାଲିଯାଏ । ଦେଖୁଥିବା ଲୋକ ଏହାକୁ ଭାଗ୍ୟ, ନିୟତିର ଖେଳ ବୋଲି କହିଥାନ୍ତି । ଆମ ଶରୀରର ଗୁପ୍ତ ଶକ୍ତି କୌଣସି ମଧ୍ୟ ଚମତ୍କାର ଦେଖାଇପାରିବ, ହେଲେ ଏହା ଭୁଲ୍ ଯେ ଆମେ ଏହି ପ୍ରକାରର କୌଣସି ଗୁପ୍ତ ଶକ୍ତି କିମ୍ବା ଚମତ୍କାରର ପ୍ରତିକ୍ଷା କରିବା । ଅକଳ ଥିବା ଲୋକ ନିଜେ ଚେଷ୍ଟା କରି ନିଜର ଏହି ଶକ୍ତିଗୁଡ଼ିକୁ ଉଜାଗର କରେ । ଏହି କାରଣରୁ, ଆମର ବ୍ୟକ୍ତିତ୍ୱର ବିକାଶ ବାହ୍ୟ ସହାୟତାରେ ଆଧାରିତ ହେବା ଉଚିତ ନୁହେଁ । ସମସ୍ତ କ୍ଷମତା ନିଜ ଆନ୍ତରିକ ଶକ୍ତିରୁ ହିଁ ଗ୍ରହଣ କରିବା ଆବଶ୍ୟକ । ବିପଦ ସମୟରେ ସଂଘର୍ଷ କରି, କଷ୍ଟକୁ ସହି ଯେବେ ଆମେ ସାହସର ସହ ନିର୍ଦ୍ୱନ୍ଦ୍ୱର ପଥରେ ଆଗଉ ତେବେ ଆପେଆପେ ସମସ୍ତ ଅଭାବ ଦୂର ହୋଇଯାଏ ଏବଂ ବିପଦ ଟଳିଯାଏ । ସବୁ କିଛି ଆମକୁ କାହାର ସାହାଯ୍ୟ ନ ନେଇ ନିଜ ବଳରେ କରିବା ଉଚିତ ।

ଯେଉଁ ଲୋକ ନିଜ ପୈତୃକ ସମ୍ପତ୍ତି ବଳରେ କିଛି କାର୍ଯ୍ୟ କରନ୍ତି, ସେମାନଙ୍କୁ ସଫଳ କୁହାଯାଇ ନପାରେ । ନିଜ ପାଦରେ ଆଗକୁ ବଢ଼ିବା ହିଁ ପୁରୁଷାର୍ଥ କୁହାଯାଇଥାଏ । ଆପଣ ଏହି କଥାର ନିର୍ଣ୍ଣୟ ନିଜେ କରନ୍ତୁ । ଏହି କଥାକୁ ଆପଣ ନିଜ ଘରେ ଦେଖି ପାରିବେ । ଘରେ ଯେବେ ଭଲ ଅଟା ଅଛି, ତାହା ଯେବେ ଭଲ ଫୁଲିଥାଏ ତେବେ ରୁଟି ସ୍ୱାଦିଷ୍ଟ ହୋଇଥାଏ । ଏହିପରି, ଯେତେବେଳ ଯାଏଁ ଆପଣଙ୍କ ସମସ୍ତ ଶକ୍ତି ବିକଶିତ ହୁଏନାହିଁ, ସେତେବେଳ ପର୍ଯ୍ୟନ୍ତ ଜୀବନର ଆନନ୍ଦ ମିଳେନାହିଁ ।

ଆପଣଙ୍କ ଭିତରେ ସବୁ ଗୁଣ ବିଦ୍ୟମାନ ଅଛି ଏବଂ ସବୁ ପ୍ରକାରର ଶକ୍ତି ନିହିତ ଅଛି । ଆପଣଙ୍କ ଅନ୍ତଃକରଣରେ ମହାନ ହେବାର ଶକ୍ତି ରହିଛି । ଯେତେବେଳ ଯାଏଁ ସେଗୁଡ଼ିକୁ ଆପଣ ଭଲଭାବେ ଅଙ୍କୁରିତ କରିପାରିବେ ନାହିଁ, ସେତେବେଳ ପର୍ଯ୍ୟନ୍ତ ବିକାଶ କେମିତି ହେବ? ବିକାଶ ହେଲେ ହିଁ ବୃକ୍ଷ ହୋଇପାରିବେ ।

ପ୍ରକୃତ ମାର୍ଗଦର୍ଶକ:

ପ୍ରସିଦ୍ଧ ବିଚାରକ ଫ୍ରେଙ୍କକ୍ରେନଙ୍କ ମତ ହେଲା ସର୍ବୋତ୍ତମ ଗୁରୁ ସେ ଅଟେ, ଯିଏ ଆପଣଙ୍କୁ ଆତ୍ମପରିଚୟ କରାଇବାରେ ଆପଣଙ୍କ ପଥ-ପ୍ରଦର୍ଶନ କରିପାରେ । ଆପଣ ସବୁବେଳେ ନିଜ ବିକାଶର ସୁଯୋଗ ଖୋଜି ଚାଲନ୍ତୁ । ଯେତେବେଳେ ଆପଣଙ୍କୁ ସୁଯୋଗ ମିଳୁଛି, ଶିଖିବାକୁ ଚେଷ୍ଟା କରନ୍ତୁ । ସମୟର ଲାଭ ଉଠାନ୍ତୁ । ନିଜ ଆତ୍ମାକୁ ନିଜର ଯୋଗ୍ୟ ଶିକ୍ଷକ ମାନନ୍ତୁ । ତାହାର ନିର୍ଦ୍ଦେଶନାରେ କାର୍ଯ୍ୟ କରନ୍ତୁ । ନିଜର ମାର୍ଗ ତିଆରି କରନ୍ତୁ । ଏଥିରେ ଆପଣଙ୍କ କଲ୍ୟାଣ ହେବ । ନିରନ୍ତର ପ୍ରଗତି କରିଚାଲିବା ଆବଶ୍ୟକ । ଚେଷ୍ଟା ବିନା ଆପଣ ସଫଳତାର ଦ୍ୱାର ପର୍ଯ୍ୟନ୍ତ ଯାଇ ପାରିବେ ନାହିଁ । କୌଣସି ଭୟ, ଚିନ୍ତା, ଲୋଭ ଆଦି ଦ୍ୱାରା ନିଜ ପାଦକୁ ରୋକନ୍ତୁ ନାହିଁ । ଅବିରତ ନିଜ ପଥରେ ଚାଲୁଥାନ୍ତୁ । ନୂଆ ନୂଆ ଜ୍ଞାନ ହାସଲ କରିଚାଲିବା ମଧ୍ୟ ଏକ ସଫଳତା ଅଟେ । ନିଜ ଆତ୍ମାର ଶକ୍ତିଗୁଡ଼ିକୁ ନିରନ୍ତର ବିକଶିତ କରିବା ମଧ୍ୟ ସଫଳତାକୁ ପାଖକୁ ଆଣିବା ଅଟେ । ଆତ୍ମପରିଚୟ ଏବଂ ଆତ୍ମଜ୍ଞାନ ଦ୍ୱାରା ହିଁ ଆପଣ ନିଜକୁ ଚିହ୍ନି ପାରିବେ । ନିଜକୁ ଚିହ୍ନିବା ଅର୍ଥ ହେଲା ନିଜ ଶକ୍ତିଗୁଡ଼ିକୁ ବୁଝିବା । ଯେତେବେଳେ ଆପଣ ନିଜକୁ ବୁଝି ପାରିବେ ତେବେ ପ୍ରତ୍ୟେକ ମାର୍ଗ ଆପଣଙ୍କ ପାଇଁ ସରଳ ହୋଇଯିବ । ଆଦିମ ଯୁଗରୁ ନେଇ ଆଜିର ମାନବ ସଭ୍ୟତା ପର୍ଯ୍ୟନ୍ତର କାହାଣୀ ଆମକୁ ଏହା ସନ୍ଦେଶ ଦିଏ ଯେ ନିଜର ଉନ୍ନତି ପଥରେ ନିରନ୍ତର ଆଗକୁ ଚାଲନ୍ତୁ । ମନେ ରଖନ୍ତୁ, ମଣିଷର ଶକ୍ତି ଅସୀମ ଅଟେ । ତାହାର କୌଣସି ସୀମା ନାହିଁ । ନିଜକୁ ଚିହ୍ନିଲେ ହିଁ ଆମେ ବିକାଶ, ଐଶ୍ୱର୍ଯ୍ୟ ଏବଂ ଅନନ୍ତ ଉଚ୍ଚତାକୁ ଛୁଇଁ ପାରିବା । ଆପଣଙ୍କୁ କେବଳ ନିଜର ସଂକଳ୍ପ ଦୃଢ଼ କରିବା ଦରକାର ଏବଂ ମନଯୋଗ ସହ ନିର୍ଣ୍ଣୟ ନେବାର ଅଛି । ଆପଣଙ୍କ ଭିତରେ ଅନନ୍ତ ଶକ୍ତି ରହିଛି ।

ଆପଣଙ୍କ ଅନ୍ତଃକରଣରେ ଶକ୍ତିର ମହାସାଗର ଲହଡ଼ି ମାରୁଛି । ଏହି ମହାସାଗରର ଶକ୍ତିକୁ ଚିହ୍ନନ୍ତୁ । କେବେ ମଧ୍ୟ ଭୟଭୀତ, ନିରାଶ ହେବାର ଆବଶ୍ୟକତା ନାହିଁ । କାର୍ଯ୍ୟରେ ବାଧା ଆସିଲେ ମଧ୍ୟ ବ୍ୟତିବ୍ୟସ୍ତ ହୁଅନ୍ତୁ ନାହିଁ । କାମରେ ଲାଗି ରୁହନ୍ତୁ । ସଫଳତା ଆପଣଙ୍କ ପାଖକୁ ଆସିବ ହିଁ ଆସିବ । ପରୀକ୍ଷା କରି ତ' ଦେଖନ୍ତୁ ।

ଛୋଟ ଛୋଟ କୁଟା ଯେତେବେଳେ ଛିନ୍ନଛତ୍ର ହୋଇ ରହିଥାନ୍ତି, ସେତେବେଳେ ସେଗୁଡ଼ିକର କୌଣସି ଶକ୍ତି ନଥାଏ । ହେଲେ ଯେତେବେଳେ ଏହି କୁଟାଗୁଡ଼ିକ ଏକତ୍ର ହୋଇ ଏକ ଶକ୍ତ ରସିର ନିର୍ମାଣ କରନ୍ତି, ସେତେବେଳେ ସେଗୁଡ଼ିକ ହାତୀକୁ ବାନ୍ଧିବାରେ ମଧ୍ୟ ସକ୍ଷମ ହୁଅନ୍ତି । ଏହିପରି, ଖେଳେଇ ହୋଇ ପଡ଼ିଥିବା ମନର ସମସ୍ତ ଶକ୍ତିଗୁଡ଼ିକୁ ଏକଜୁଟ କଲେ ଆପଣ ଏହି "ରସି"ରେ ନିଜ ଜୀବନର ପ୍ରତ୍ୟେକ ଆକାଂକ୍ଷାକୁ ସାକାର କରି ନିଜ ପାଖରେ ବାନ୍ଧି ରଖି ପାରିବେ । ନିଜକୁ ଚିହ୍ନିବାର ଏହା ମୂଳମନ୍ତ୍ର । କିରଣ ଗୋଟିଏ ବିନ୍ଦୁରେ ଏକତ୍ରିତ ହେଲେ ନିଆଁ ଲଗାଇ ଦିଏ । ସବୁ ସମସ୍ୟା, କଠିନତା ଗୋଟିଏ ବିନ୍ଦୁରେ ଏକତ୍ରିତ କରିବା ଆବଶ୍ୟକ । ନିଜ ରାସ୍ତା ନିଜେ ତିଆରି କରନ୍ତୁ । ନିଜ ଜୀବନକୁ ନିଜେ ସଜାନ୍ତୁ । ଅନ୍ୟ କାହାରି ସହାୟତାରେ ଚାଲନ୍ତୁ ନାହିଁ । ଆପଣ ଯାହା ହୋଇଥାନ୍ତୁ, ଆପଣ କିଛି ମଧ୍ୟ ଇଚ୍ଛା କରନ୍ତୁ, ଆପଣଙ୍କୁ ସବୁ ମିଳିପାରିବ ଯଦି ଆପଣଙ୍କୁ ଯାହା କୁହାଯାଇଛି, ତା' ଉପରେ ପୂର୍ଣ୍ଣ ନିଷ୍ଠା ଓ ସଚ୍ଚୋଟତାର ସହ କାମ କରନ୍ତି । ଆପଣଙ୍କ ସବୁ ଇଚ୍ଛା ପୂର୍ଣ୍ଣ ହେବ । ଇତିହାସର ପୃଷ୍ଠା, ଆଜିର ମହାପୁରୁଷ, ଆପଣଙ୍କ ଆଖପାଖର ଜୀବନ, ସବୁକିଛି ଏହାର ସାକ୍ଷୀ । ଥରେ ଅଣ୍ଟା ଭିଡ଼ନ୍ତୁ । କ'ଣ ନ ମିଳିବ !

ମୃଗତୃଷ୍ଣା:

ଆପଣ ଦର୍ପଣରେ ନିଜ ମୁହଁ ସବୁଦିନ ଦେଖନ୍ତି । ଥରେ ନିଜ ଅନ୍ତଃକରଣକୁ ଉଣ୍ଡି ଦେଖନ୍ତୁ, ଆପଣଙ୍କୁ ସେଠାରେ ସବୁକିଛି ଦିଶିବ । ଯେଉଁ ସଫଳତା ଆପଣଙ୍କ ଠାରୁ ଦୂରେଇ ଯାଉଛି, ତାହା ଆପଣଙ୍କୁ ମୁଣ୍ଡିଆ ମାରିବ । ସେଠାରେ ସବୁ ଦିଶିବ । ଆପଣଙ୍କ ଅନ୍ତର୍ମନରେ ସୃଷ୍ଟିର ତମାମ ପଦାର୍ଥ ଲୁଚି ରହିଛି । ଆପଣଙ୍କୁ ଯାହା ଦରକାର ତାହା ମିଳିବ । ଚେଷ୍ଟା ତ' କରନ୍ତୁ । ମୁଁ ଛୋଟବେଳେ ଶୁଣିଥିବା ଗୋଟିଏ କାହାଣୀ ଆପଣଙ୍କୁ କହୁଛି ।

କୌଣସି ପର୍ବତ ଶିଖରରେ ଜଣେ ନିର୍ଧନ ବାଳକ ଗୋଟିଏ ଜୀର୍ଣ୍ଣ କୁଟୀରରେ ରହୁଥିଲା । ସେଠାରେ ରହୁଥିବା ସତ୍ତ୍ୱେ ତା ସ୍ୱପ୍ନ ସ୍ୱର୍ଣ୍ଣିମ ଥିଲା । ପ୍ରତ୍ୟେକ ଦିନ ସକାଳେ ସେ ନିଜ କୁଟୀରରୁ ସୂର୍ଯ୍ୟୋଦୟର ମନୋହର ଦୃଶ୍ୟକୁ ଦେଖି, ସୁନେଲି ସ୍ୱପ୍ନ ତିଆରି କରୁଥିଲା । ଏହିପରି, ସୂର୍ଯ୍ୟୋଦୟ ସମୟର ଲାଲି ରଙ୍ଗ ଦେଖି ପଶ୍ଚିମ ଦିଗରେ ମଧ୍ୟ ଏକ ସ୍ୱର୍ଣ୍ଣମଣ୍ଡଳ ଦେଖୁଥିଲା । ଗୋଟିଏ ପଟେ ନିଜ ଗରିବୀକୁ ଦେଖି ଏବଂ ଅନ୍ୟ ପଟେ ନିଜ କଳ୍ପନାର ସ୍ୱର୍ଣ୍ଣିମ ମହଲକୁ ଦେଖି, ସେ ଉଦ୍‌ବିଗ୍ନ ହେଲା । ତା'ର

ସ୍ୱର୍ଣ୍ଣମହଲରେ ରହିବାର ଲାଳସା ଜାଗ୍ରତ ହେଲା । ତାକୁ ଲାଗିଲା, ଆକାଶରେ ହେଉଥିବା ସ୍ୱର୍ଣ୍ଣମହଲ ବାରମ୍ବାର ତାକୁ ନିଜ ପାଖକୁ ଡାକୁଛି । ସେହି ମହଲ ଖାଲି ପଡ଼ିଛି । ସେଠାରେ ସେ ସହଜରେ ରହି ପାରିବ । ରାତି ସାରା ତାକୁ ନିଦ ଆସିଲା ନାହିଁ । ଦିନେ ସକାଳ ହେବା ପୂର୍ବରୁ ସେ ସେହି ଆଡ଼କୁ ଚାଲିବାକୁ ଲାଗିଲା । ଅନେକ ବାଧା ଦେଇ ଯେବେ ସେ ଘାଟି ପାଖରେ ପହଞ୍ଚିଲା ସେତେବେଳେ ସୂର୍ଯ୍ୟୋଦୟର ସମୟ ହୋଇ ଯାଇଥିଲା । ତା ସାମ୍ନାରେ ଗୋଟିଏ ଭଙ୍ଗା-ରୁଜା କୁଡ଼ିଆ ଥିଲା, ଯେଉଁଠି ଝଞ୍ଜିର, କବାଟ ଓ ଝରକା ଲାଗିଥିଲା । ଲମ୍ବା ଯାତ୍ରା କରି ସେ ଥକି ଯାଇଥିଲା । ତାକୁ ଶୋଷ ଲାଗୁଥିଲା । ସେ ଭୋ-ଭୋ ହୋଇ କାନ୍ଦିବାକୁ ଲାଗିଲା । ତା'ର ସ୍ୱର୍ଣ୍ଣମହଲରେ ରହିବାର ସ୍ୱପ୍ନ ଭାଙ୍ଗି ଯାଇଥିଲା । ବହୁ ସମୟ କାନ୍ଦିବା ପରେ ତାକୁ କିଛି ଚମକିଲା ଭଳି ଦେଖାଗଲା । ସେ ନିରିଖେଇ ଦେଖିଲା । ତାହା ତା' ନିଜ କୁଡ଼ିଆ ଥିଲା, ଯେଉଁଟି ସ୍ୱର୍ଣ୍ଣମହଲ ପରି ଚମକୁଥିଲା । ସେ ଖୁସିରେ ଫେରିଆସିଲା । ନିଜ କୁଡ଼ିଆ ତାକୁ ସ୍ୱର୍ଣ୍ଣମହଲ ପରି ଲାଗିଲା । ପ୍ରତ୍ୟେକ ଚମକୁଥିବା ବସ୍ତୁ ସୁନା ନୁହେଁ, ଦୂର ପର୍ବତ ସବୁବେଳେ ସୁନ୍ଦର ଦିଶେ । ଏହିଭଳି ଲୋକକଥା ଜୀବନର ଅର୍ଥ ପରିପ୍ରକାଶ କରେ । ଏହିସବୁ କାହାଣୀ-ଲୋକକଥା ମୃଗତୃଷ୍ଣାକୁ ସଙ୍କେତ କରେ ।

ପ୍ରାୟ ସଂସାରର ପ୍ରତ୍ୟେକ ମଣିଷ କୌଣସି ନା କୌଣସି ମୃଗତୃଷ୍ଣାରେ ଲାଗିଥିବା ଏହି ଅବୋଧ ବାଳକ ପରି ଦୂରରୁ ସ୍ୱର୍ଣ୍ଣମହଲର ସ୍ୱପ୍ନ ଦେଖନ୍ତି । ସେମାନେ ଭାବୁଥାନ୍ତି କୌଣସି ନା କୌଣସି ଦିନ ନିଜ ଆଶା-ଆକାଂକ୍ଷାର ସ୍ୱର୍ଣ୍ଣମହଲ ପର୍ଯ୍ୟନ୍ତ ପହଞ୍ଚିବାରେ ସେମାନେ ସଫଳ ହୋଇଯିବେ । ତା'ର ଏହି ବିଶ୍ୱାସ ଥାଏ କି ସେ ଏପରି ଚମତ୍କାର କରିବ ଯେମିତି ସ୍ୱର୍ଣ୍ଣମହଲ ତା' ନିଜର ହୋଇଯିବ । ଏହାସତ୍ତ୍ୱେ ଆଜି ପର୍ଯ୍ୟନ୍ତ ଦୂରରୁ ଚମକୁଥିବା ଏପରି ସ୍ୱର୍ଣ୍ଣମହଲକୁ କେହି ପାଇ ପାରିନାହାନ୍ତି ।

ଦୁନିଆରେ ଏପରି ଅଗଣତି ମଣିଷ ଅଛନ୍ତି ଯିଏ ନିଜ ଜୀବନରେ ନିରାଶ ହୋଇ ରହିଛନ୍ତି । କାହିଁକି ନା ସେମାନେ ନିଜ ସ୍ୱପ୍ନର ଅନୁକୂଳ ସ୍ୱର୍ଣ୍ଣମହଲକୁ ପାଇ ପାରିନାହାନ୍ତି । ଯେମିତି ଯେମିତି ସେମାନେ ଆଗକୁ ବଢ଼ିଚାଲନ୍ତି, ସେମିତି ସେମିତି ମହଲ ସେମାନଙ୍କ ଠାରୁ ଦୂର ହୋଇଚାଲେ । ଯେମିତି ସୂର୍ଯ୍ୟଙ୍କ କିରଣରେ ଚମକୁଥିବା ବାଲିର ପ୍ରତିବିମ୍ବ ହରିଣକୁ ସେଠାରେ ପାଣି ଥିବା ଭ୍ରମରେ ଆକର୍ଷିତ କରେ, ହେଲେ ପାଖକୁ ଗଲେ ଖାଲି ବାଲି ମିଳେ ଏବଂ ପାଣି ଦୂରରେ ଥିବା ଦେଖାଯାଏ । ସେହିପରି ଅବସ୍ଥା ଏହିଭଳି ମଣିଷଙ୍କର ହୁଏ । ଆମ ସହ ଆଉ ଏକ ସମସ୍ୟା ରହିଛି । ଆମେ ଆମ ବର୍ତ୍ତମାନରେ କେବେ ମଧ୍ୟ ସୁଖୀ, ସନ୍ତୁଷ୍ଟ ଏବଂ ଆନନ୍ଦିତ ହେଉନାହୁଁ । ଏହା ହିଁ ଆମ ଜୀବନରେ ଦୁଃଖର କାରଣ ।

ମଣିଷ କୌଣସି ମହାନ ସୁଯୋଗ, ଅଦ୍ଭୁତ ସିଦ୍ଧି, କୌଣସି ବଡ଼ କାମ କିମ୍ବା ଚମତ୍କାର ଘଟଣାର ପ୍ରତିକ୍ଷା କରିରହେ । ଏହିପରି ସେ ଭବିଷ୍ୟତର ମିଛ ସ୍ୱପ୍ନରେ ଭାସି

ନିଶ୍ଚିତ ଲକ୍ଷ୍ୟ:

ହରବର୍ଟ ଯେବେ କାମ କରିବା ଆରମ୍ଭ କଲେ, ସେହି ସମୟରେ ତାଙ୍କ ବୟସ ମାତ୍ର ତେର ବର୍ଷ ଥିଲା । ସହରର ଅନ୍ୟ ମୂଲିଆଙ୍କ ସହ ସେ ବରଫ ଗାଡ଼ି ଲଦିବା କାର୍ଯ୍ୟ କରୁଥିଲା । ସେ ତା ଯୌବନ କାଳରେ ଭଡ଼ା ଗାଡ଼ି ମଧ୍ୟ ଚଲାଉଥିଲା । ସେତେବେଳେ ଲଙ୍ଗ ଆଇଲେଣ୍ଡ କମ୍ପାନୀ ନୂଆ ରେଳ ଧାରଣା ତିଆରି କରୁଥିଲା । ଯେଉଁଠି ଏହି ବାଳକ ଗୋଡ଼ି ପକାଇବା କାମ କରୁଥିଲା । ସେହି ସମୟରେ ତା ବୟସ ଅଠର ବର୍ଷ ଥିଲା । ସେତେବେଳେ ହର୍‌ବର୍ଟ ମନରେ ଏହି ମହତ୍ୱାକାଂକ୍ଷା ଜାଗ୍ରତ ହୋଇଥିଲା ଯେ ମତେ ଏହି ରେଳ କମ୍ପାନୀର ପ୍ରଧାନ କାର୍ଯ୍ୟକର୍ତ୍ତା ହେବାର ଅଛି । ବାସ୍ ସେହି ଦିନଠାରୁ ସେ ନିଜ ମନରେ ଉଠିଥିବା ବିଚାରକୁ ଦୃଢ଼ ନିଶ୍ଚୟରେ ପରିଣତ କଲା ଏବଂ ସବୁ ପ୍ରକାର ଅନୁଭବକୁ ପ୍ରାପ୍ତ କରିବା ପାଇଁ ଯତ୍ନଶୀଳ ହେବାକୁ ଲାଗିଲା । କିଛି ସମୟ ପରେ ତାକୁ ରେଳ ଧାରଣା ବିଛାଇବାରେ ବ୍ୟବହୃତ ସ୍ଲିପରଗୁଡ଼ିକର ଜଗାରଖା କରିବା କାମରେ ଲଗାଗଲା ଏବଂ ତାକୁ ମଜୁରୀ ମଧ୍ୟ ଦିନକୁ ଏକ ଡଲାର ହିସାବରେ ଦିଆଗଲା । ଏଥିରେ ଉତ୍ସାହିତ ହୋଇ ହର୍‌ବର୍ଟ ନିଜେ ଲେଖିଛନ୍ତି ଯେ ମୁଁ ଏହା ଅନୁଭବ କଲି ମୁଁ ରେଲୱେ ଲାଇନ କର୍ପୋରେଶନର ପ୍ରଧାନ କାର୍ଯ୍ୟକର୍ତ୍ତା ହେବାର ନିଜ ନିଶ୍ଚୟ ଆଡ଼କୁ ଆଗଉଛି ।

ସେତେବେଳେ ବୁଶବିକ ନାମକ ଷ୍ଟେସନ ପାଖରେ ହିଁ ରେଳ ଧାରଣା ବିଛାଇବା କାମ ଚାଲୁଥିଲା । କିଛିଦିନ ପରେ ସେହି ସ୍ଥାନରେ ହର୍‌ବର୍ଟଙ୍କୁ ସ୍ୱିଚ୍‌ମ୍ୟାନ୍ କାମରେ ନିଯୁକ୍ତ କରିଦିଆ ଗଲା । ନିଜ ଲକ୍ଷ୍ୟକୁ ପ୍ରାପ୍ତି କରିବା ପାଇଁ ହର୍‌ବର୍ଟ କାର୍ଯ୍ୟ ସମ୍ବନ୍ଧିତ ସମସ୍ତ ଜ୍ଞାନ ଆହରଣ କରିବାକୁ ଚାହୁଁଥିଲେ ସେଥିପାଇଁ ଷ୍ଟେସନ୍‌ର କର୍ମଚାରୀମାନଙ୍କ ସହ ସେ ଚିହ୍ନା ପରିଚୟ ବଢ଼ାଇ ସେମାନଙ୍କ କାମ ଶିଖିବାକୁ ଆଗ୍ରହ ପ୍ରକାଶ କଲେ । ସେଠାରେ କାମ କରୁଥିବା ସମସ୍ତ କର୍ମଚାରୀଙ୍କୁ ସେ କହିଲେ ଯେ ଯେତେବେଳେ ଆବଶ୍ୟକ ପଡ଼ିବ ମତେ ଡାକିବ, ତେଣିକି ମୋର ଡ୍ୟୁଟି ସମୟ ଥାଉ ବା ନଥାଉ । ସେ ରେଲୱେର ସମସ୍ତ କାର୍ଯ୍ୟ ଅତିଶୀଘ୍ର ଶିଖିବାକୁ ଚାହୁଁଥିଲେ ।

ହର୍‌ବର୍ଟ ରାତି ବାରଟା ପର୍ଯ୍ୟନ୍ତ ସେହି ଷ୍ଟେସନ୍‌ରେ ବିଭିନ୍ନ ପ୍ରକାର କାମ କରୁଥିଲେ । ପରିଣାମ ସ୍ୱରୂପ ସେ ସବୁ ପ୍ରକାର ବିଭାଗୀୟ କାର୍ଯ୍ୟକୁ ଜାଣିଗଲେ । ସେ ସବୁପ୍ରକାରର ଅନୁଭବ ଏକତ୍ର କରିବାକୁ ଲାଗିଲେ, ଯେଉଁଥିରେ ଯାତ୍ରୀଙ୍କ ଗଣନା ଠାରୁ ଆରମ୍ଭ କରି ଇଞ୍ଜିନ୍‌ର କିଣା ଏବଂ ସେଥିରେ ନିୟୋଜିତ ସମସ୍ତ ରସିଦ୍‌କୁ ହିସାବ ରଖିବା ଆଦି ସାମିଲ ଥିଲା । ଯଦ୍ୟପି ସେହି ଅତିରିକ୍ତ କାର୍ଯ୍ୟରେ ତାଙ୍କୁ କୌଣସି ଆର୍ଥିକ ଲାଭ ମିଳୁନଥିଲା ସେ ବିନା ପାଉଣାରେ ସେହି କାର୍ଯ୍ୟଗୁଡ଼ିକୁ କରୁଥିଲେ ହେଲେ ରେଳ ବିଭାଗର ବିଭିନ୍ନ ସ୍ତରର କାର୍ଯ୍ୟର ଜ୍ଞାନ ଆହରଣ କରିବା ହର୍‌ବର୍ଟଙ୍କ ପାଇଁ ମହତ୍ତ୍ୱପୂର୍ଣ୍ଣ ଏବଂ ଉପଯୋଗୀ ହେଲା । ସେ ସବୁବେଳେ ନିଜ ବିଭାଗ ସମ୍ବନ୍ଧିତ ସବୁ ପ୍ରକାର କାର୍ଯ୍ୟର ଜ୍ଞାନ ଆହରଣ

ପାଇଁ ପ୍ରଯତ୍ନଶୀଳ ଥିଲେ । ପ୍ରାୟତଃ ଦୁନିଆରେ ଏମିତି ବହୁ କମ୍ ପ୍ରବନ୍ଧକ ଥିବେ ଯାହାଙ୍କୁ ନିଜ କମ୍ପାନୀର ସମସ୍ତ ବିଭାଗ କାର୍ଯ୍ୟର ଅନୁଭବ ଥିବ ।

ଯେତେବେଳେ ସେହି ରେଳ ମାର୍ଗ ନିର୍ମାଣ ସମ୍ପୂର୍ଣ୍ଣ ହେଲା, ପ୍ରବନ୍ଧକମାନେ ହର୍‌ବର୍ଟଙ୍କୁ ତାଙ୍କ କାମରୁ ହଟାଇଦେଲେ କାରଣ ସ୍ୱିଚ୍‌ମ୍ୟାନ୍ କାମ ଅସ୍ଥାୟୀ ଥିଲା । ଚାକିରିରୁ ବାହାରିବା ପରେ ହର୍‌ବର୍ଟଙ୍କୁ ବହୁତ ଖରାପ ଲାଗିଲା । ସେ ତ ନିଜ ମନରେ ଅନ୍ୟ କିଛି ନିଶ୍ଚୟ କରି ସାରିଥିଲେ ଏବଂ ଏବେ ମଧ୍ୟ ନିଜ ନିଶ୍ଚୟରେ ଅଟଳ ଥିଲେ । ସେ ରେଳ କମ୍ପାନୀର ଜଣେ ବଡ଼ ଅଧିକାରୀଙ୍କ ପାଖକୁ ଗଲେ ଏବଂ ରେଳ କମ୍ପାନୀରେ କାର୍ଯ୍ୟ କରିବାର ନିଜ ଇଚ୍ଛାକୁ ତାଙ୍କ ଆଗରେ ପ୍ରକାଶ କଲେ । ହର୍‌ବର୍ଟ ସେହି ଅଧିକାରୀଙ୍କୁ କହିଲେ କି "ଆପଣ ମତେ ଯେଉଁ କାମ କରିବାକୁ କହିବେ ମୁଁ ସେହି କାମ କରିବାକୁ ପ୍ରସ୍ତୁତ ଅଛି ।"

ଅଧିକାରୀ କହିଲେ "ବର୍ତ୍ତମାନ ଏଠି ତ' ତୁମପାଇଁ କୌଣସି କାମ ନାହିଁ । ଯଦି ତୁମେ ଅନ୍ୟ କୌଣସି ବିଭାଗରେ କାମ କରିବାକୁ ଚାହୁଁଛ ତେବେ ତୁମକୁ ସେଠାରେ କାମ କରିବାକୁ ଦିଆଯିବ, କିନ୍ତୁ ସେଠାରେ ତୁମକୁ ଗାଡ଼ିଗୁଡ଼ିକର ସଫେଇ କରିବାକୁ ପଡ଼ିବ ।" ହର୍‌ବର୍ଟ ତୁରନ୍ତ ସେହି କାର୍ଯ୍ୟ କରିବାକୁ ସ୍ୱୀକାରୋକ୍ତି ପ୍ରକାଶ କଲେ ।

ଗାଡ଼ିଗୁଡ଼ିକରେ ସଫେଇ କାର୍ଯ୍ୟ କରିବାର କିଛିଦିନ ହୋଇଥାଏ ହର୍‌ବର୍ଟଙ୍କୁ ସକାଳୁ ଆସୁଥିବା ମାଲବାହୀ ଗାଡ଼ିର ବ୍ରେକ୍ ନିୟନ୍ତ୍ରକ ଭାବେ କାର୍ଯ୍ୟରେ ଲଗାଗଲା । ସେଥିରୁ ଏମିତି ଅନୁଭବ ହେଲା ଯେ ସେ ମଧ୍ୟ ଜଣେ ମହତ୍ତ୍ୱପୂର୍ଣ୍ଣ କର୍ମଚାରୀ । ଏହି ରେଳ କମ୍ପାନୀର ବିଭିନ୍ନ ପଦବୀରେ କାର୍ଯ୍ୟ କରିବା ତାଙ୍କର ଦୁଇବର୍ଷ ହୋଇଯାଇଥାଏ । ଏବେ ତାଙ୍କୁ ପ୍ରତି ମାସ ଚାଳିଶ ଡଲାର ବେତନ ମଧ୍ୟ ମିଳୁଥିଲା । ନିଜ ଦରମାରୁ ସେ କୋଡ଼ିଏ ଡଲାର ତାଙ୍କ ମା' ଏବଂ ଭଉଣୀର ଖର୍ଚ୍ଚ ପାଇଁ ପଠାଉଥିଲେ ଏବଂ ଅଠର ଡଲାର ନିଜ ଖାଦ୍ୟପେୟ ଆଦିରେ ଖର୍ଚ୍ଚ କରୁଥିଲେ ।

ମହତ୍ତ୍ୱାକାଂକ୍ଷା:

ହର୍‌ବର୍ଟଙ୍କର ବିଭିନ୍ନ ପଦବୀରେ ପରିଶ୍ରମ ଏବଂ ନିଷ୍ଠାରେ କାମ କରିଚାଲିବା ଏହି କଥାକୁ ଦର୍ଶାଉଥିଲା କି ସେ ଦୃଢ଼ ନିଶ୍ଚୟୀ ଏବଂ ତାଙ୍କ ମହତ୍ତ୍ୱାକାଂକ୍ଷା ଉଚ୍ଚ ଅଟେ । ତାଙ୍କ ସହକର୍ମୀ ମଧ୍ୟ ଏହା ଦେଖୁଥିଲେ । ତାଙ୍କର ଏହି ଦୃଢ଼ ନିଶ୍ଚୟ କି, ସେ ଦିନେ ଏହି ରେଳ କମ୍ପାନୀର ମୁଖ୍ୟ ଅଧିକାରୀ ହେବେ ତାଙ୍କ ସହକର୍ମୀଙ୍କ ଠାରୁ ଏହା ଲୁଚି ରହିପାରିଲା ନାହିଁ । ସେଥିପାଇଁ ତାଙ୍କ ସହ କାମ କରୁଥିବା କର୍ମଚାରୀ ତାଙ୍କୁ "ପ୍ରେଜିଡେଣ୍ଟ ହର୍‌ବର୍ଟ" ବୋଲି ସମ୍ବୋଧନ କରିବାକୁ ଲାଗିଲେ । କିନ୍ତୁ ପ୍ରକୃତରେ ସେମାନେ ତାଙ୍କୁ ଥଟ୍ଟାରେ ଏହା କହୁଥିଲେ । ସେମାନଙ୍କ ମଧ୍ୟରୁ ଅନେକ ତାଙ୍କୁ ସାମ୍ନାରେ ମଧ୍ୟ କହୁଥିଲେ ଯେ ତୁ ପ୍ରେଜିଡେଣ୍ଟ କ'ଣ ଯଦି କଣ୍ଡକ୍ଟର ପଦବୀ ପର୍ଯ୍ୟନ୍ତ ପହଞ୍ଚିପାରିବୁ ତେବେ ତୋ ପାଇଁ ଏହା ବହୁତ ବଡ଼ ଉପଲବ୍ଧି ହେବ । କିନ୍ତୁ ହର୍‌ବର୍ଟଙ୍କ ଉପରେ ଏହି କଥାର କୌଣସି ପ୍ରଭାବ

ପଢ଼ିନଥିଲା । ସେ ଆହୁରି ଅଧିକ ଯୋଗ୍ୟତା ପ୍ରାପ୍ତ କରି ଚାଲିଲେ । ଏବଂ ସମୟ ଆସିଲା ଯେବେ ତାଙ୍କୁ କଣ୍ଡକ୍ଟରର ପଦବୀରେ ନିଯୁକ୍ତି ଦିଆଗଲା । ତାଙ୍କୁ ପୁରୁଣା ବ୍ରେକ୍‌ମ୍ୟାନ୍ ମାନଙ୍କ ମଧ୍ୟରୁ ଉଚ୍ଚ ପଦବୀ ଦିଆଗଲା । ହେଲେ ଏକ ଦୁର୍ଘଟଣା ହୋଇଯିବା କାରଣରୁ ଜଣେ ଇଂଜିନିୟର ସମେତ ହର୍‌ବର୍ଟଙ୍କୁ ଦୋଷୀ ସାବ୍ୟସ୍ତ କରାଗଲା ଏବଂ ଫଳସ୍ୱରୁପ ଚାକିରିରୁ ବାହାର କରିଦିଆଗଲା ।

ହର୍‌ବର୍ଟ ସାହସ ଏବଂ ଧୈର୍ଯ୍ୟର ସହ ନିଜକୁ ସମ୍ଭାଳିଲେ ଏବଂ ପୁନଃ ରେଲୱେ ସୁପରିଟେଣ୍ଡେଣ୍ଟଙ୍କ ପାଖକୁ ଯାଇ ଚାକିରିରେ ରଖିବାକୁ ଅନୁରୋଧ କଲେ । ତାଙ୍କୁ ଚାକିରିରେ ତ' ରଖିଦିଆଗଲା କିନ୍ତୁ ବ୍ରେକ୍ ମ୍ୟାନ୍ କାମ ଦିଆଗଲା । ହର୍‌ବର୍ଟ ନିଜ ଦୋଷର ପରିଣାମ ଭାବି ସେହି ନିଯୁକ୍ତିରେ କୌଣସି ଅନିଚ୍ଛା ପ୍ରକାଶ କଲେନାହିଁ ।

ସଂଯୋଗ ବଶତଃ ସେହି ରେଳ କମ୍ପାନୀକୁ ଅନ୍ୟ ଜଣେ ମାଲିକ କିଣିନେଲେ । ନୂଆ ପ୍ରବନ୍ଧକମାନେ ସହଜରେ ଏହା ଜାଣିଗଲେ ଯେ ହର୍‌ବର୍ଟ ଜଣେ ଅସାଧାରଣ ଯୋଗ୍ୟ କର୍ମଚାରୀ । ସେ ନିଜ ପରୀକ୍ଷାରେ ଉତ୍ତୀର୍ଣ୍ଣ ହୋଇଯାଇଥିଲେ । ସେହି ରେଳ କମ୍ପାନୀର ମାଲିକ ପୁଣି ଥରେ ବଦଳିଲେ । ଏଥର ଯେଉଁ ନୂଆ ମୁଖ୍ୟ ପ୍ରବନ୍ଧକ ଆସିଲେ ତାଙ୍କୁ ଏତେଟା କାମ ଜଣାନଥିଲା । ହର୍‌ବର୍ଟ ସେଠାରେ ସମସ୍ତଙ୍କ ଠାରୁ ପୁରୁଣା ଏବଂ ସବୁ କାମରେ ନିପୁଣ ତଥା ସମସ୍ତ ଦିଗରୁ ଯୋଗ୍ୟ କର୍ମଚାରୀ ଥିଲେ । ନୂଆ ପ୍ରବନ୍ଧକ ତାଙ୍କ ଉପରେ ବହୁତ ନିର୍ଭର କଲେ । କିଛି ଦିନ ପରେ ଅନ୍ୟ ଉଚ୍ଚ କର୍ମଚାରୀମାନେ ମଧ୍ୟ ହର୍‌ବର୍ଟଙ୍କ ସହ ସାକ୍ଷାତ କଲେ । ତାଙ୍କ ଯୋଗ୍ୟତାରେ ସବୁ ଅଧିକାରୀମାନେ ପ୍ରଭାବିତ ହେଲେ । ସେମାନେ ଏହା ଅନୁଭବ କଲେ କି ନ୍ୟୁୟର୍କର ମେଟ୍ରୋପଲିଟାନ୍ ଷ୍ଟ୍ରିଟ୍ ରେଲୱେ କମ୍ପାନୀ ପାଇଁ ହର୍‌ବର୍ଟ ଏକମାତ୍ର ଉପଯୋଗୀ ବ୍ୟକ୍ତି ହୋଇପାରିବେ । ନ୍ୟୁୟର୍କ ଭଳି ବ୍ୟସ୍ତବହୁଳ ସହରର ରାସ୍ତାରେ ପ୍ରତିଦିନ ଦଶ ଲକ୍ଷରୁ ଅଧିକ ଲୋକ ନଗରର ପରିବହନ ବ୍ୟବସ୍ଥାର ଉପଯୋଗ କରୁଛନ୍ତି, ସେଠାରେ କୌଣସି ଦୁର୍ଘଟଣା ଘଟିବା ସାମାନ୍ୟ କଥା କୁହାଯାଇପାରେ । କିନ୍ତୁ ହର୍‌ବର୍ଟଙ୍କ କୁଶଳୀ ବ୍ୟବସ୍ଥା କାରଣରୁ ଯାତ୍ରୀ ନିଜକୁ ସୁରକ୍ଷିତ ଅନୁଭବ କରୁଥିଲେ । ଲୋକଙ୍କୁ ଆଶ୍ଚର୍ଯ୍ୟ ଲାଗୁଥିଲା କି ଏତେ ଭିଡ଼ ଏବଂ ବ୍ୟସ୍ତବହୁଳ ରାସ୍ତାରେ କୌଣସି ବଡ଼ ଦୁର୍ଘଟଣା ନହେବା ଏହି କଥାକୁ ଦର୍ଶାଉଥିଲା କି ଏହି ଯାତାୟାତ ବ୍ୟବସ୍ଥାରେ କେହି ଅତ୍ୟନ୍ତ କୁଶଳୀ ବ୍ୟକ୍ତି କାମ କରୁଛନ୍ତି ।

ହର୍‌ବର୍ଟଙ୍କ ସହଯୋଗୀମାନେ ତାଙ୍କ କୁଶଳୀ ବ୍ୟବସ୍ଥାରେ ପ୍ରଭାବିତ ହୋଇ ତାଙ୍କୁ ଏକଲକ୍ଷ ଡଲାର ବାଲେଟାଇନ ପୁରସ୍କାର ପ୍ରଦାନ କରି ସମ୍ମାନୀତ କଲେ । ଏହି ପୁରସ୍କାର ଏଇଥି ପାଇଁ ପ୍ରଦାନ କରାଗଲା ଯେ ନ୍ୟୁୟର୍କ ସହରର ପରିବହନ ବ୍ୟବସ୍ଥା ସମ୍ବନ୍ଧିତ ଯେତେ ସମ୍ପତ୍ତି ଥିଲା ତାହା ତାଙ୍କ ଦ୍ୱାରା ସୁରକ୍ଷିତ ଥିଲା ଏବଂ ସହରରେ ଯାତାୟାତ କରୁଥିବା ନାଗରିକଙ୍କ ଜୀବନର ସୁରକ୍ଷା ସେ ବହୁତ କୁଶଳତାର ସହ କରୁଥିଲେ । ଯେଉଁଦିନ ଏହି ପୁରସ୍କାର ଦିଆଗଲା, ନ୍ୟୁୟର୍କ ବାସିନ୍ଦାମାନେ ସେହିଦିନ ଏହା ଜାଣିଲେ

ଯେ ଏହି ବ୍ୟବସ୍ଥାର ଅଧକ୍ଷ ଜଣେ ଏମିତି ବ୍ୟକ୍ତି ଯିଏ ଅତ୍ୟନ୍ତ ଶକ୍ତିଶାଳୀ ହୋଇଥିଲେ ମଧ୍ୟ ବହୁତ ଶାନ୍ତ ଏବଂ ସରଳ ହୃଦୟର । ନିଜ ଜୀବନରେ ଆସିଥିବା ସମସ୍ତ ବାଧାକୁ ଅଲଗା କରି ସେ ନିଜ ନିଷ୍ଚୟରେ ଅଟଳ ରହିଲେ ଏବଂ ଅଧିକରୁ ଅଧିକ ଯୋଗ୍ୟତା ପ୍ରାପ୍ତ କରି ସୁଯୋଗର ପ୍ରତିକ୍ଷା କରିଥିଲେ । ସମୟ ଆସିବାରୁ ସେ ନିଜ ଯୋଗ୍ୟତା ବଳରେ ସୁଯୋଗର ଭରପୁର ଲାଭ ଉଠାଇଲେ ଏବଂ ଜନଗଣଙ୍କ ପ୍ରିୟ ହୋଇଗଲେ । ସେ ନିଜ ଯୋଗ୍ୟତା ବଳରେ ଏତେ ବଡ଼ ପରିବହନ ବ୍ୟବସ୍ଥାର ସଞ୍ଚାଳନ କରି ଦେଖେଇଲେ ।

ଏମିତି ବ୍ୟକ୍ତି ନିଷ୍ଚୟ ବହୁତ କମ୍ ଅଛନ୍ତି ଯିଏ ନିଜ ଉତ୍ତରଦାୟିତ୍ୱକୁ ଠିକ୍ ଭାବେ ପରିଚାଳନା କରନ୍ତି ଯାହାଙ୍କ ପାଖରେ ଧୈର୍ଯ୍ୟ ଏବଂ ପୂର୍ଣ୍ଣ ଯୋଗ୍ୟତା ଥିବ ଏବଂ ସମାଜରେ ଏଭଳି ବ୍ୟକ୍ତିମାନଙ୍କର ବହୁତ ଆବଶ୍ୟକତା ରହିଛି ।

ସୁପ୍ରସିଦ୍ଧ ବ୍ୟାୟାମ ଶିକ୍ଷକ ପ୍ର. ସର୍ଜେଣ୍ଟଙ୍କ ନାମ ସମସ୍ତେ ଜାଣିଛନ୍ତି । ଯେତେବେଳେ ସେ ବାଡୋଇନ କଲେଜରେ ଶିକ୍ଷାପ୍ରାପ୍ତ କରୁଥିଲେ, ଏକ ସାମାନ୍ୟ ବିଦ୍ୟାର୍ଥୀ ତ' ଥିଲେ, କିନ୍ତୁ ତାଙ୍କ ମନରେ ଏହି ଧାରଣା ହୋଇଥିଲା କି ବ୍ୟାୟାମ କ୍ଷେତ୍ରରେ ପୁରୁଣା ପଦ୍ଧତି ଛାଡ଼ି ନୂଆ କୌଶଳ ଆପଣାଇବା ଦରକାର ଅଛି । ସେ ତାଙ୍କ ଜୀବନୀରେ ନିଜେ ଲେଖିଛନ୍ତି କି "ଯେତେବେଳେ ମୁଁ କଲେଜରେ ପ୍ରବେଶ କରିବା ପାଇଁ ପ୍ରସ୍ତୁତି କରୁଥିଲି, ସେହି ସମୟରେ ମୁଁ ବ୍ୟାୟାମଶାଳାରେ କାମ କରିବା ଆରମ୍ଭ କରିଦେଇଥିଲି ।" ସେ ନିଜ କାମ ବ୍ୟାୟାମଶାଳାର ଜଗାରଖା ଏବଂ ସଫେଇ କରିବା କାମରୁ ଆରମ୍ଭ କରିଥିଲେ । କାମ କରୁଥିବା ସମୟରେ ହିଁ ସେ ସ୍ନାତକ ପାସ୍ କରିଥିଲେ । ଦୁଇବର୍ଷ ପରେ ହିଁ ତାଙ୍କୁ ବ୍ୟାୟାମଶାଳାର ଅଧକ୍ଷ କରାଗଲା । ବ୍ୟାୟାମ ସମ୍ବନ୍ଧିତ ଉପକରଣର ଆବିଷ୍କାର କରିବା ପ୍ରେରଣା ମଧ୍ୟ ତାଙ୍କୁ କଲେଜରେ ପ୍ରବେଶ କରିବା ସମୟରେ ମିଳିଥିଲା ।

ପ୍ର. ସର୍ଜେଣ୍ଟ ଲେଖିଛନ୍ତି ଯେ "ସେହି ସମୟରେ ବ୍ୟାୟାମ କରିବା ପାଇଁ ଉପକରଣ ବହୁତ ଭାରି ଏବଂ ବେଗଠନ ଥିଲା । ମୁଁ ସେହି ପୁରୁଣା ଉପକରଣଗୁଡ଼ିକରେ ପରିବର୍ତ୍ତନ କରି ନୂଆ ଉପକରଣ ତିଆରି କରିବା ଆରମ୍ଭ କରି ଦେଇଥିଲି । ମୁଁ ସବୁବେଳେ ଏହି କଥାକୁ ଅନୁଭବ କରୁଥିଲି କି ବ୍ୟାୟାମ କରାଯାଉଥିବା ଉପକରଣ ସୁନ୍ଦର ଏବଂ ସୁଗଠିତ ହେଉ । ସେହି ବର୍ଷ ସେହି କଲେଜରେ ଏକ ପ୍ରଦର୍ଶନୀ ଆୟୋଜନ କରାଗଲା । ଯେଉଁଥିରେ ମୁଁ ମୋର ତିଆରି ଉପକରଣ ଗୁଡ଼ିକୁ ପ୍ରଦର୍ଶନ ମଧ୍ୟ କଲି । ପ୍ରଦର୍ଶନୀର ଆୟୋଜକଙ୍କୁ ମୋର ଜିନିଷ ବହୁତ ପସନ୍ଦ ଆସିଲା ଏବଂ ସେମାନେ ସେଗୁଡ଼ିକୁ ସବୁଠୁ ବେଶୀ ପ୍ରୋତ୍ସାହିତ କଲେ । ଫଳସ୍ୱରୂପ ମୋର ଦରମା ବଢ଼ାଇ ଦିଆଗଲା । ମୋର ଏହି କାର୍ଯ୍ୟରେ ପ୍ରଭାବିତ ହୋଇ ଏକ ବିଶ୍ୱବିଦ୍ୟାଳୟ ମତେ ଷାଠିଏ ଡଲାର ପ୍ରତି ସପ୍ତାହ ଦରମାରେ କାମ କରିବାକୁ ଆମନ୍ତ୍ରଣ ମଧ୍ୟ କଲେ ।"

ହରବର୍ଡ ବିଶ୍ୱବିଦ୍ୟାଳୟର ବ୍ୟାୟାମଶାଳାର ନିର୍ଦ୍ଦେଶକ ପଦବୀରେ କାର୍ଯ୍ୟ କରିଥିବା ପ୍ର. ସର୍ଜେଣ୍ଟଙ୍କ କହିବାନୁସାରେ "ମହତ୍ୱପୂର୍ଣ୍ଣ କଥା ଏହା ନୁହେଁ ଯେ ପଇସା କେତେ ମିଳୁଛି

ଏବଂ କାମ କ'ଣ । ମହତ୍ତ୍ୱପୂର୍ଣ୍ଣ କଥା ଥିଲା କି ସୁଯୋଗ ଯେବେ ମିଳେ ତାକୁ ଧରିନେବା ଉଚିତ । ମୁଁ ଯେତେବେଳେ କାମ କରିବା ଆରମ୍ଭ କରିଥିଲି ସେତେବେଳେ ମତେ କେବଳ ସପ୍ତାହକୁ ପାଞ୍ଚ ଡଲାର ଦରମା ମିଳୁଥିଲା । ବହୁତ ନବଯୁବକ ଏତେ କମ୍ ଦରମାରେ କାମ କରିବାକୁ ଚାହିଁବେନି । ତାଙ୍କ ବିଚାରରେ ତାଙ୍କର ମୂଲ୍ୟ ଏହାଠାରୁ ଅଧିକ ହେବ । କିନ୍ତୁ ମୁଁ ଏତେ କମ୍ ଦରମାକୁ ସ୍ୱୀକାର କରି ନିଜ ଯୋଗ୍ୟତା ବଳରେ ତାଠାରୁ ବାରଗୁଣା ଅଧିକ ଦରମା ପ୍ରାପ୍ତ କଲି ଏବଂ ଦୁଇଟି ବିଶ୍ୱବିଦ୍ୟାଳୟର ବ୍ୟାୟାମଶାଳାରେ ନିର୍ଦ୍ଦେଶକ ପଦବୀରେ କାମ କଲି । ସେହି ସମୟରେ ଯଦି ମୁଁ ଏତେ କମ୍ ଦରମାରେ କାମ କରିବାକୁ ଇଚ୍ଛା ପ୍ରକାଶ କରିନଥାନ୍ତି ତେବେ ସମ୍ଭବତଃ ଦୁଇ ଦୁଇଟି ବିଶ୍ୱବିଦ୍ୟାଳୟର ନିର୍ଦ୍ଦେଶକ ପଦବୀରେ କାର୍ଯ୍ୟ କରିବାର ସୁଯୋଗ ମତେ ପ୍ରାପ୍ତ ହୋଇନଥାନ୍ତା ଏବଂ ଷାଠିଏ ଡଲାର ଦରମା ପାଇବା ବାବଦରେ ମଧ୍ୟ ପ୍ରଶ୍ନବାଚୀ ଲାଗିରହିଥାନ୍ତା ।" ଦରମା କମ୍ ହେଉ ନା କାହିଁକି କାମକୁ ପଇସା ସହ ତୁଳନା କରିବା ଅନୁଚିତ ।

୨. ଭାବନା ଏବଂ ବିଚାରରୁ ସଫଳତା

ନିଜ ଶକ୍ତିରେ ପୂର୍ଣ୍ଣ ବିଶ୍ୱାସ ଓ ଆସ୍ଥା ରଖି ହିଁ ବ୍ୟକ୍ତି ଉନ୍ନତି କରିପାରେ, କାହିଁକି ନା ଏହି ଆସ୍ଥାରେ ସୃଜନାତ୍ମକ ଶକ୍ତି ଥାଏ । ଏହି ବଳ ମନୁଷ୍ୟକୁ ନିର୍ମାଣ ଆଡ଼କୁ ପ୍ରେରିତ କରି ଲକ୍ଷ୍ୟ ପ୍ରାପ୍ତ କରିବାରେ ସହାୟକ ହୋଇଥାଏ ।

ନେପୋଲିୟନ, ବିସ୍ମାର୍କ, ଭିକ୍ଟର ହ୍ୟୁଗୋ ତଥା ଅନ୍ୟ ମହାନ ବ୍ୟକ୍ତିମାନଙ୍କ ନିଜର ଏତେ ଦୃଢ଼ ସଂକଳ୍ପ ଏବଂ ବିଶ୍ୱାସ ଥିଲା ଯେ ଯାହାକୁ ଦେଖି ଲୋକେ ତାଙ୍କର ବିରୋଧ କରିବାକୁ ଲାଗୁଥିଲେ ଏବଂ ବହୁବାର ସେମାନେ ଥଟ୍ଟା ମଧ୍ୟ କରିବାକୁ ପଛଉନଥିଲେ, କିନ୍ତୁ ଆପଣଙ୍କୁ ଏହା ଜଣାଥିବା ଦରକାର କି ଏହା ଏମିତି ଏକ ମହାନ ମୂଳମନ୍ତ୍ର ଯାହା କୌଣସି କର୍ମସିଦ୍ଧି ପାଇଁ ନିତ୍ୟାନ୍ତ ଆବଶ୍ୟକ । ନିଜର ଦୃଢ଼ ଆତ୍ମବିଶ୍ୱାସ ଦ୍ୱାରା ହିଁ ସେହି ମହାନ ବ୍ୟକ୍ତିମାନଙ୍କ ସାମାନ୍ୟ ଶକ୍ତି ଚାରିଗୁଣା ବଢ଼ି ଯାଉଥିଲା । ଯଦି ସେହି ମନୁଷ୍ୟମାନଙ୍କ ଭିତରେ ଆତ୍ମବିଶ୍ୱାସର ଶକ୍ତି ନଥାନ୍ତା ତେବେ ନେପୋଲିୟନ କେମିତି ଏତେ ଶକ୍ତିଶାଳୀ ବିଜୟ ହାସଲ କରିଥାନ୍ତା । କ'ଣ ଏହି ପ୍ରକାର ହୃଦୟ ଏବଂ ଉଚ୍ଚକୋଟୀ ବିଶ୍ୱାସ ବିନା ଜଣେ ଛୋଟ ଗ୍ରାମୀଣ ବାଳିକା

ଜନ୍ ଆଫ ଆର୍କ କୌଣସି ପ୍ରକାରେ ଫ୍ରାନ୍ସ ସେନାର ନିୟନ୍ତ୍ରଣ କରିପାରିଥାନ୍ତା ? ସେ ନିଜ ଦୃଢ଼ ସଂକଳ୍ପ ଏବଂ ଆତ୍ମବିଶ୍ୱାସ ଆଧାରରେ ସେହି ସବଳ ସୈନିକମାନଙ୍କ ନେତୃତ୍ୱ ନେଇଥିଲା ଯେମିତି ସେମାନେ ତା'ର ନିଜ ସନ୍ତାନ ଅଟନ୍ତି । ଏହି ପ୍ରକାରେ ଦିବ୍ୟ ଆତ୍ମବିଶ୍ୱାସ ତାର ଶକ୍ତିକୁ ବହୁଗୁଣ ବଢ଼ାଇ ଦେଇଥିଲା । ଏମିତି କି ଫ୍ରାନ୍ସ ସମ୍ରାଟ ମଧ୍ୟ ତା'ର ଅନୁଗାମୀ ହୋଇଗଲେ ।

ଆତ୍ମବିଶ୍ୱାସର ଶକ୍ତି:

ଯେତେବେଳେ ଆମେରିକାରେ ଦାସପ୍ରଥାକୁ ନେଇ ଗୃହଯୁଦ୍ଧର ସଙ୍କଟ ମୁଣ୍ଡ ଟେକି ସାରିଥିଲା ଏବଂ ଦେଶ ଦୁଇ ଭାଗରେ ବିଭକ୍ତ ହେବାକୁ ଯାଉଥିଲା, ସେତେବେଳେ ଜଣେ ଡେଙ୍ଗା ଚଉଡ଼ା ଲିଙ୍କନ ନାମକ ଯୁବକ ବଡ଼ ଏବଂ ପ୍ରମୁଖ ରାଜନୈତିକଙ୍କ ପାଖକୁ ଯାଇ କହିଲା- "ଯଦି ଆପଣ ମତେ ରାଷ୍ଟ୍ରପତି ପଦବୀ ପାଇଁ ମଞ୍ଜୁରୀ ଦିଅନ୍ତି ତେବେ ମୁଁ ନିଶ୍ଚୟ ନିର୍ବାଚିତ ହେବି ଏବଂ କେବଳ ସରକାରକୁ ନୁହେଁ ଏହି ଗୃହଯୁଦ୍ଧକୁ ମଧ୍ୟ ସମାପ୍ତ କରିପାରିବି ।" କଣ ଆପଣ ସେହି ବ୍ୟକ୍ତିର ଆତ୍ମବିଶ୍ୱାସର କଳ୍ପନା କରିପାରୁଛନ୍ତି ଯିଏ ଗୋଟିଏ ଝୁମ୍ପୁଡ଼ିରେ ଜନ୍ମ ହୋଇଛି, ଶିକ୍ଷା ଏବଂ ସଂସ୍କୃତି ନାମରେ ଯିଏ ପଛୁଆ ବୋଲି କୁହାଯାଇପାରେ, କିନ୍ତୁ ଆମେରିକାର ଇତିହାସରେ ସେ କିଛି କରି ଦେଖେଇଲା, କ'ଣ ସେହି ଆତ୍ମବିଶ୍ୱାସ ନଥିବା ଅନ୍ୟ କୌଣସି ବ୍ୟକ୍ତି ତାହା କରିପାରିଥାନ୍ତା ।

ଜେନେରାଲ ଗ୍ରାଣ୍ଟ ଲିଙ୍କନ୍‌ଙ୍କ ସେନାର ପ୍ରଧାନ ସେନାପତି ଥିଲା । ଯୁଦ୍ଧ ଆରମ୍ଭ ହେବା ପୂର୍ବରୁ ସେ ଜଣେ ସାଧାରଣ ବ୍ୟବସାୟୀ ଥିଲା । ଅଳ୍ପ କିଛି ଲୋକଙ୍କ ବ୍ୟତୀତ ଅନ୍ୟ କେହି ତାକୁ ଜାଣିନଥିଲେ । କ'ଣ ଆପଣ ତା ଆତ୍ମବିଶ୍ୱାସର କଳ୍ପନା କରିପାରୁଛନ୍ତି, ଯେବେ ଲିଙ୍କନ୍‌ଙ୍କ ପାଖକୁ ଯାଇ ସେ କହିଲା- "ସେନାର ନେତୃତ୍ୱ ମୋ ହାତରେ ଦିଅନ୍ତୁ, ମୁଁ ଏ ଗୃହଯୁଦ୍ଧକୁ ସମାପ୍ତ କରି ଦେଖେଇବି" ଏବଂ ସେ ତାହା ମଧ୍ୟ କରି ଦେଖେଇଲା । ଏହି କଥା ଠିକ୍ ଯେ ଆପଣ ଅନୁମାନ କରିପାରୁଥିବେ କି ଯଦି ଲିଙ୍କନ ଏବଂ ଗ୍ରାଣ୍ଟଙ୍କୁ ନିଜ ଦୃଢ଼ସଂକଳ୍ପ ଏବଂ ଆତ୍ମବିଶ୍ୱାସ ଉପରେ ଭରଷା ନଥାନ୍ତା ତେବେ ଆଜି ସଂଯୁକ୍ତ ରାଷ୍ଟ୍ର ଆମେରିକାର ଅନ୍ୟଏକ ରୂପ ଦେଖିବାକୁ ମିଳିଥାନ୍ତା । ଗ୍ରାଣ୍ଟଙ୍କ ପୂର୍ବରୁ ଲିଙ୍କନ ସେନାର ସେନାପତି ନିଜ କାର୍ଯ୍ୟରେ କାହିଁକି ସଫଳ ହୋଇପାରିଲେନି ? ଏହାର କାରଣ କେବଳ ଏହା କି ଗ୍ରାଣ୍ଟ ନିଜ ଉପରେ ପୂର୍ଣ୍ଣ ଭରଷା କରୁଥିଲେ ଏବଂ ପୂର୍ବରୁ ଥିବା ସେନାପତି ନିଜ ବିଜୟକୁ ସନ୍ଦେହ ଦୃଷ୍ଟିରେ ଦେଖୁଥିଲେ । ଗ୍ରାଣ୍ଟଙ୍କ ପୂର୍ଣ୍ଣ ବିଶ୍ୱାସ ଥିଲା ଯେ ସେ କେବଳ ସେନା ଏବଂ ଉପଯୁକ୍ତ ସୁଯୋଗ ବଳରେ ଶତ୍ରୁପକ୍ଷ ସେନାକୁ ପରାସ୍ତ କରିପାରିଥାନ୍ତା, କିନ୍ତୁ ପୂର୍ବ ସେନାପତିଙ୍କ ମନରେ କିଛି ନା କିଛି ସନ୍ଦେହ ରହୁଥିଲା । ସେଥିପାଇଁ ସେମାନେ ପୂର୍ଣ୍ଣ ସଫଳତା ପ୍ରାପ୍ତ କରି ପାରିନଥିଲେ ।

ନିଜ ଶକ୍ତି ଉପରେ ପୂର୍ଣ୍ଣ ବିଶ୍ୱାସ ଓ ଆସ୍ଥା ରଖି ହିଁ ବ୍ୟକ୍ତି ଉନ୍ନତି କରିପାରିବ, କାହିଁକିନା ଏହି ଆସ୍ଥାରେ ସୃଜନାତ୍ମକ ଶକ୍ତି ରହିଥାଏ । ଏହି ବଳ ମନୁଷ୍ୟକୁ ନିର୍ମାଣ ଆଡ଼କୁ ପ୍ରେରିତ କରି ଲକ୍ଷ୍ୟ ପ୍ରାପ୍ତ କରିବା ପାଇଁ ସହାୟକ ହୋଇଥାଏ ।

ନିର୍ମାଣାତ୍ମକ ଶକ୍ତି:

ଯେଉଁଠି ଆସ୍ଥା ଏବଂ ଆତ୍ମବିଶ୍ୱାସ ନିର୍ମାଣାତ୍ମକ ଅଟନ୍ତି, ସେଇଠି ଅବିଶ୍ୱାସ, ବ୍ୟକ୍ତିର କାର୍ଯ୍ୟ ଏବଂ ଉତ୍ସାହକୁ ଖଣ୍ଡ-ଖଣ୍ଡ କରିଥାଏ ତଥା ତାହାର କାର୍ଯ୍ୟ ଶକ୍ତି ନଷ୍ଟ ହୋଇଯାଏ । ଯଦି ବ୍ୟକ୍ତି ସନ୍ଦେହ ଏବଂ ଅନିଶ୍ଚିତତା ସ୍ଥାନରେ ଆତ୍ମବିଶ୍ୱାସର ସାହାରା ନିଏ ତେବେ କାର୍ଯ୍ୟ କରିବାର ବଳ ବହୁଗୁଣ ବଢ଼ିଯାଏ, କାହିଁକିନା ସେତେବେଳେ ମନର ଏକାଗ୍ରତା ଯୋଗୁ ବିରୋଧୀ ଶକ୍ତିକୁ ଦମନ କରିବାରେ ସାହାଯ୍ୟ ମିଳିଥାଏ । ଆତ୍ମବିଶ୍ୱାସ ଯୋଗୁଁ ହିଁ ବ୍ୟକ୍ତି ସ୍ଥିରତା ଏବଂ ଦୃଢ଼ତାର ସହ ନିଜ ଲକ୍ଷ୍ୟ ସ୍ଥଳ ଆଡ଼କୁ ଆଗେଇ ଚାଲିଯାଏ । ସେତେବେଳେ ସେ ଡାହାଣ-ବାମକୁ ଦେଖିନଥାଏ । ଏହି କାରଣରୁ ତାର ଶକ୍ତିଗୁଡ଼ିକ ଅପଚୟ ନହୋଇ ସଂଗଠିତ ହୋଇ ରହିଥାଏ । ଜ୍ଞାନର ଅନ୍ୱେଷଣ କରୁଥିବା ଅନେକ ଆବିଷ୍କାରକ, ସୁଧାରକ ତଥା ସେନାପତି ଆଦି ମନୁଷ୍ୟମାନଙ୍କ ମଧ୍ୟରେ ଦୃଢ଼ ନିଶ୍ଚୟର ଭାବନା କାର୍ଯ୍ୟକାରୀ ହୁଏ ଯେତେବେଳେ ଏହାର ବିପରୀତ ଯଦି ଆପଣ ଅସଫଳ ମନୁଷ୍ୟମାନଙ୍କ ବିଶ୍ଳେଷଣ କରିବେ ଏବଂ ତାଙ୍କ କାର୍ଯ୍ୟଗୁଡ଼ିକୁ ପରଖିବେ ତେବେ ଆପଣଙ୍କୁ ଜଣାଯିବ କି ସେମାନଙ୍କ ସବୁଠାରୁ ବଡ଼ ଦୁର୍ବଳତା ତାଙ୍କ ନିକଟରେ ଆତ୍ମବିଶ୍ୱାସର ଅଭାବ ଥିଲା । ସେମାନଙ୍କ ନିକଟରେ ଆତ୍ମବିଶ୍ୱାସ ନଥାଏ ଯାହା ସଫଳ ବ୍ୟକ୍ତିମାନଙ୍କ ଏକ ବିଶିଷ୍ଟ ଗୁଣ ଅଟେ ।

ସଫଳ ମନୁଷ୍ୟମାନଙ୍କ ବିଷୟରେ ସବୁବେଳେ ଲୋକେ କହନ୍ତି- "କିଏ ଯାଣେ ତାଙ୍କୁ ଭଗବାନ କେମିତି ଗଢ଼ିଛନ୍ତି ଏବଂ ତାଙ୍କ ନିକଟରେ କ'ଣ ବିଶିଷ୍ଟତା ଦେଇଛନ୍ତି ।" ସେମାନେ ଏହା ଜାଣନ୍ତି ନାହିଁ କି ତାଙ୍କ ନିକଟରେ ଅନ୍ୟ କୌଣସି ଗୁଣ ମଧ୍ୟରେ ଆତ୍ମବିଶ୍ୱାସ ମାତ୍ରା ଅଧିକ ଥାଏ । ତାଙ୍କ ନିକଟରେ ଏହି ଦୃଢ଼ ନିଶ୍ଚୟ ଥାଏ ଯାହା କୌଣସି ମଧ କାର୍ଯ୍ୟକୁ ପୂର୍ଣ୍ଣ କରିବା ପର୍ଯ୍ୟନ୍ତ ନେଇଯାଏ । ଏମିତି ଭାବିବା ଭୁଲ୍ ଯେ ଭଗବାନ କିଛି ବିଶିଷ୍ଟ ମନୁଷ୍ୟଙ୍କୁ ହିଁ ବିଶିଷ୍ଟ ଗୁଣ ଦେଇଛନ୍ତି । ଏମିତି ଭାବିବା ମୁର୍ଖତା ଅଟେ, କାହିଁକିନା ସ୍ରଷ୍ଟା ନିଜ ସୃଷ୍ଟି ସହ ଏମିତି କ୍ରୁର ପରିହାସ କରିନପାରେ କି ତାଙ୍କ ମଧ୍ୟରେ ସମ୍ଭାବନା ସତ୍ୟ ହେବା ବିଶ୍ୱାସ ତ ଜନ୍ମାଇଦିଏ, କିନ୍ତୁ କାର୍ଯ୍ୟ କରିବାର ଶକ୍ତି ଦିଏନି । ସେ ସମସ୍ତ ବ୍ୟକ୍ତିଙ୍କୁ କାର୍ଯ୍ୟ କରିବାର ଏକ ପ୍ରକାର ଶକ୍ତି ଦେଇଛନ୍ତି, କିନ୍ତୁ ବହୁତ କମ୍ ଲୋକ ହିଁ ସେହି ଶକ୍ତିକୁ ଚିହ୍ନି ପାରନ୍ତି ଏବଂ ସେଥିରୁ ଫାଇଦା ଉଠାନ୍ତି । ବ୍ୟକ୍ତିକୁ ଦରକାର କି ନା ସେ ନିଜକୁ ନିଜେ ଏବଂ ନା କୌଣସି ଅନ୍ୟ ବ୍ୟକ୍ତିକୁ ଏହି ଅଧିକାର ଦେଉ କି କେହି ତା'ର ଆତ୍ମବିଶ୍ୱାସକୁ ବିଚଳିତ କରିବ । ତା ଆତ୍ମନିର୍ଭରତାକୁ ନଷ୍ଟ କରିବ, କାହିଁକିନା ଏହି ତ' ସେହି ଗୁଣ ଅଟେ ଯାହାଦ୍ୱାରା କାର୍ଯ୍ୟ-ସିଦ୍ଧି ପ୍ରାପ୍ତ ହୋଇଥାଏ ।

ଯେତେବେଳେ ଆତ୍ମବିଶ୍ୱାସ ହିଁ ଅସ୍ଥିର ହୋଇଯାଏ ତେବେ ମନୁଷ୍ୟ ଜୀବନର ସଫଳତାର ସବୁ ଢ଼ାଞ୍ଚା ହିଁ ଏପଟ ସେପଟ ହୋଇଯାଏ । ଯେତେବେଳ ପର୍ଯ୍ୟନ୍ତ ଆପଣଙ୍କ ମଧ୍ୟରେ ଆସ୍ଥା, ଆଶା ଏବଂ ଅସୀମ ବିଶ୍ୱାସ ଅଛି ସେତେବେଳ ପର୍ଯ୍ୟନ୍ତ ଆପଣଙ୍କ

ମଧ୍ୟରେ ପ୍ରତ୍ୟେକ କାର୍ଯ୍ୟକୁ ସଫଳତାର ଶୀର୍ଷରେ ପହଞ୍ଚାଇବା ପାଇଁ ଶକ୍ତି ବିରାଜମାନ ରୁହେ । ଆତ୍ମବିଶ୍ୱାସ କାରଣରୁ ହିଁ ଶାରିରୀକ ଭାବେ କମ୍ ଶକ୍ତି ଥିବା ବ୍ୟକ୍ତି ମଧ୍ୟ ଅନେକେ ଆଶ୍ଚର୍ଯ୍ୟଜନକ କାମ କରିଯାନ୍ତି, କାହିଁକିନା ଏହାଦ୍ୱାରା ଭୟ, ସନ୍ଦେହ, ଆଶଙ୍କାର ଭାବନା ମୂଳରୁ ଶେଷ ହୋଇଯାଏ । ଭୟ ଯେକୌଣସି କାର୍ଯ୍ୟ-ସିଦ୍ଧି ପାଇଁ ଭୟଙ୍କର ଶତ୍ରୁ ଅଟେ । କୁଶଳତାପୂର୍ବକ ସବୁ ପ୍ରକାର କାମ କରିବା ପାଇଁ ନିଶ୍ଚୟ ରହିବା ଆବଶ୍ୟକ । ଯେଉଁ ବ୍ୟକ୍ତିଙ୍କ ନିଜ ମନ ଉପରେ ବିଶ୍ୱାସ ଅଛି, ଯାହା ଏହି ବିଶ୍ୱାସ ଜନ୍ମାଏ କି ମୁଁ ଏହି କାର୍ଯ୍ୟ କରିପାରିବି, ସେ ଯେକୌଣସି କାର୍ଯ୍ୟକୁ ହାତକୁ ନେଲେ ପୂର୍ଣ୍ଣତାର ଶୀଖର ପର୍ଯ୍ୟନ୍ତ ପହଞ୍ଚାଇ ନିଶ୍ୱାସ ମାରେ । ଶିକ୍ଷକମାନଙ୍କ ପାଇଁ ଏହି କଥା ଅଧିକ ଆବଶ୍ୟକ ଅଟେ ।

ବହୁ ବାର ଏମିତି ହୁଏ କି କମ୍ ପଢ଼ିଥିବା ଶିକ୍ଷକ, ବିଦ୍ୱାନ ପ୍ରାଧ୍ୟାପକମାନଙ୍କ ଅପେକ୍ଷା ଅଧିକ ସଫଳ ହୋଇଥାନ୍ତି । ଏମିତି ଏଥିପାଇଁ ସମ୍ଭବ ହୁଏ କାହିଁକିନା ପ୍ରାୟ ଅଧିକ ଶିକ୍ଷିତ ବ୍ୟକ୍ତି ନିଜ ଆତ୍ମବିଶ୍ୱାସ ହରାଇଦିଅନ୍ତି ଏବଂ ସେମାନେ ନିରନ୍ତର ପରସ୍ପର ବିରୋଧୀ ସିଦ୍ଧାନ୍ତରେ ତୁଳନା କରିବାରେ ଲାଗିରୁହନ୍ତି । ଏହାଦ୍ୱାରା ତାଙ୍କ ନିର୍ଣ୍ଣୟ କରିବା ଶକ୍ତି ଦୁର୍ବଳ ହୋଇଥାଏ, ଯାହାଦ୍ୱାରା ସେମାନେ ନିଜ ଭାବନାଗୁଡ଼ିକୁ କୌଣସି ନିଶ୍ଚୟ ସ୍ୱରୁପ ଦେଇପାରନ୍ତି ନାହିଁ । ଆତ୍ମବିଶ୍ୱାସ ଯୁକ୍ତ କମ୍ ପଢ଼ିଥିବା ବ୍ୟକ୍ତି ନିଜ ଠାରୁ ଅଧିକ ଶିକ୍ଷିତ ବ୍ୟକ୍ତିଙ୍କ ଅପେକ୍ଷା ଭାବନା ପ୍ରଧାନ କଷ୍ଟରୁ ଦୂରେଇ ରୁହନ୍ତି । ତାର ମସ୍ତିଷ୍କର ଶକ୍ତି ଏହି ଚିନ୍ତା କାରଣରୁ ଦୁର୍ବଳ ହୁଏନାହିଁ କି ସେ କେତେ ଜାଣିଛି ଏବଂ କେତେ ଜାଣିନାହିଁ ।

ସେ ଅତ୍ୟନ୍ତ ସାଧାରଣ ଭାବେ ଯେକୌଣସି କାମକୁ କରିବାର ନିଶ୍ଚୟ କରି କ୍ଷେତ୍ରକୁ ଡେଇଁପଡ଼େ, ଯେଉଁଠି ତଥାକଥିତ ସୁସଂସ୍କୃତ ବ୍ୟକ୍ତି ଦ୍ୱିଧାରେ ପଡ଼ି ରହିଯାନ୍ତି । ଏହା ଆଜିକାର ଉଚ୍ଚ ଶିକ୍ଷାର ଦୁର୍ଭାଗ୍ୟପୂର୍ଣ୍ଣ ପରିଣାମ କି ନବଯୁବକଙ୍କ ନିକଟରେ ଆତ୍ମବିଶ୍ୱାସ ସ୍ଥାନରେ ଭୀରୁତା ଜନ୍ମ ନେଉଛି । ଆପଣ ଏମିତି ନବଯୁବକଙ୍କୁ ଜାଣିଥିବେ ଯେତେବେଳେ ସେମାନେ କଲେଜରେ ପ୍ରବେଶ କରିଥିଲେ ତାଙ୍କ ମଧ୍ୟରେ ଅସୀମ ଉତ୍ସାହ ଥିଲା, ଅତୁଟ ଆତ୍ମବିଶ୍ୱାସ ଥିଲା । ସେତେବେଳେ ସେମାନେ ଭାବୁଥିଲେ ଆମେ ମଧ୍ୟ କିଛି କରିପାରିବୁ, କିନ୍ତୁ ଯେତେବେଳେ ସେମାନେ କଲେଜରୁ ପାଠପଢ଼ା ସାରିଲେ ତେବେ ଏମିତି ଜଣାପଡୁଥିଲା କି ତାଙ୍କର ସମସ୍ତ ଶକ୍ତି ଶେଷ ହୋଇଯାଇଛି । ତାଙ୍କ ଗୁଣ ଗୁଡ଼ିକ ସ୍ଥାନରେ ଧିରେ ଧିରେ ଭୀରୁତା, ଅବିଶ୍ୱାସ ଏବଂ ଆଶଙ୍କା ସ୍ଥାନ ପାଇ ସାରିଛି । ତାଙ୍କ ମଧ୍ୟରେ ଟିକେ ମଧ୍ୟ ଆତ୍ମବିଶ୍ୱାସ ନଥିଲା କି ସେମାନେ କୌଣସି କଥାକୁ ନିଶ୍ଚୟପୂର୍ବକ କହିପାରିବେ । ସେମାନେ ପ୍ରତ୍ୟେକ କଥାରେ ଡରୁଛନ୍ତି । ଏମିତି ପ୍ରକାରେ ତାଙ୍କର ଶକ୍ତି ସବୁ ଦିଗରୁ ଶେଷ ହୋଇଯାଏ ।

ଏହି କଥା ସର୍ବବ୍ୟାପୀ ଏବଂ ଜଣାଶୁଣା ଯେ ବୈଜ୍ଞାନିକମାନେ ଜନବସତି ଠାରୁ ଦୂରରେ ରହିବାକୁ ବାଧ୍ୟ ହୁଅନ୍ତି, କିନ୍ତୁ ବଡ଼ ବଡ଼ ବିଦ୍ୱାନମାନଙ୍କ ମଧ୍ୟ ଏଭଳି ସ୍ୱଭାବ ଆସିଯାଏ କି ସେମାନେ ଦୁନିଆରୁ ଅଲଗା ଘୁରିବୁଲନ୍ତି । ଏହାର କାରଣ ହେଲା ସେମାନେ ସ୍ୱଭାବରେ ଡରୁଆ ହୋଇଯାନ୍ତି ଏବଂ ତାଙ୍କଠାରେ କାର୍ଯ୍ୟ କରିବାର ଶକ୍ତି ବହୁତ

କମ୍ ଥାଏ । ନିଜସ୍ୱ ଆଗ୍ରହର ଭାବନା ତ ତାଙ୍କ ମଧ୍ୟରେ ପ୍ରାୟ ସମାପ୍ତ ହୋଇଯାଏ ଏବଂ ସେହି ସ୍ଥାନରେ ନିଜକୁ ନିଜେ ଦୀନ-ହୀନ ଭାବିବାକୁ ଲାଗନ୍ତି । ବିନମ୍ରତା, ଧୈର୍ଯ୍ୟ ଏବଂ ସହିଷ୍ଣୁତା ବହୁତ ଉପଯୁକ୍ତ ଗୁଣ ଅଟେ, କିନ୍ତୁ ସେତେବେଳ ପର୍ଯ୍ୟନ୍ତ ଯେତେବେଳ ଯାଏଁ ସେମାନେ ଠିକ୍ ସ୍ଥାନରେ ରୁହନ୍ତି, ସେମାନଙ୍କ ମଧ୍ୟରେ କୌଣସି ପ୍ରକାର ଛଳନା ନଥାଏ । ଯେତେବେଳେ ସେଗୁଡ଼ିକ ଆତ୍ମବିଶ୍ୱାସର ପରିଧୀକୁ ଟପି ଯାଆନ୍ତି ସେତେବେଳେ ସେଗୁଡ଼ିକ ମନୁଷ୍ୟର ଦୁର୍ଭାଗ୍ୟର କାରଣ ହୋଇଯାଆନ୍ତି ।

ଯେତେବେଳେ ବ୍ୟକ୍ତି ମଧ୍ୟରେ ନମ୍ରତା, ଧୈର୍ଯ୍ୟ, ସହିଷ୍ଣୁତା, ଆତ୍ମବିଶ୍ୱାସ ଏବଂ ସ୍ୱାଗ୍ରହ ରହେନାହିଁ ସେତେବେଳେ ବହୁ ବ୍ୟକ୍ତି ଆଶଙ୍କାରେ ପଡ଼ି କ୍ରିୟାଶୀଳ ରହିପାରନ୍ତି ନାହିଁ । ଏଥିପାଇଁ ବ୍ୟକ୍ତିକୁ କାର୍ଯ୍ୟ କରିବା ପାଇଁ ଆକ୍ରମଣାତ୍ମକ ଶକ୍ତିଗୁଡ଼ିକୁ ସଦା ସୁରକ୍ଷିତ ରଖିବା ଦରକାର । ନହେଲେ ସେ ଜୀବନରେ ଅସଫଳ ହୋଇ ରହିଯିବ । ହେଲନ ୱିଲିୟମ୍ସଙ୍କ କଥାନୁସାରେ- ଯାହାଠାରେ ନିଜକୁ ନିଜେ ସ୍ଥାପିତ କରିବାର ସାହସ ଏବଂ ଶକ୍ତି ଅଛି ଏବଂ ଯିଏ ଶାନ୍ତିପୂର୍ବକ ଏହି କଥାକୁ ପ୍ରତୀକ୍ଷା କରିପାରେ, ଭାଗ୍ୟ ସ୍ୱୟଂ ତା ଇଚ୍ଛାଗୁଡ଼ିକୁ ପୂରଣ କରିବାକୁ ତା ଦୁଆରେ ଠିଆହୋଇ କବାଟ ବାଡ଼େଇବ । ଯଦି କୌଣସି ଅତ୍ୟଧିକ ଶକ୍ତିସମ୍ପନ୍ନ ବ୍ୟକ୍ତିକୁ ମଧ୍ୟ ସମ୍ମୋହନ ଦ୍ୱାରା ମୂର୍ଚ୍ଛା କରିଦିଆଯାଏ ତେବେ ସେ ନିଜ ଚୌକିରୁ ହଲି ପାରିବନି, କିନ୍ତୁ ସମ୍ମୋହନ ଶେଷ ହୋଇଯିବା କ୍ଷଣି ସେ ହଲି ମଧ୍ୟ ପାରିବ ଏବଂ କହି ମଧ୍ୟ ପାରିବ ।

ଏହି ପ୍ରକାରେ କୌଣସି ଦୁର୍ବଳ ନାରୀ ମଧ୍ୟ ଯଦି କୌଣସି ବ୍ୟକ୍ତିକୁ ନିଆଁ ଅଥବା ବନ୍ୟାରୁ ଉଦ୍ଧାର କରିବାକୁ ଚାହେଁ ତେବେ ସେ ନିଜ ଠାରୁ ଦୁଇଗୁଣା ଓଜନ ବ୍ୟକ୍ତିକୁ ମଧ୍ୟ ନିଜ କାନ୍ଧରେ ଉଠାଇ ନେଇଆସିବ, ଏସବୁ ତା'ର ମାନସିକ ଦୃଷ୍ଟିକୋଣ ଉପରେ ନିର୍ଭର କରେ, ଶାରିରୀକ ଶକ୍ତି ଉପରେ ନୁହେଁ । ଯଦ୍ୟପି ଏହି ଦୁଇ କାର୍ଯ୍ୟରେ ମାଂସପେସୀର ସକ୍ରିୟ ହେବା ଜରୁରୀ ଅଟେ । ଯଦି ଆପଣ ଏହି ସତ୍ୟ ଉପରେ ଧ୍ୟାନ ଦେବେ ତା'ହେଲେ ଆପଣଙ୍କୁ ବିଚାର ଏବଂ ମାନସିକ ଦୃଷ୍ଟିକୋଣର ମହତ୍ତ୍ୱ ପରିଷ୍କାର ଜଣାଯିବ । ଯୁଦ୍ଧର କ୍ଷେତ୍ର ହେଉ କିମ୍ବା ବେପାର-ଧନ୍ଦା, ଯେଉଁ ବ୍ୟକ୍ତିମାନେ ସଫଳତା ପାଇଛନ୍ତି, ସେମାନଙ୍କ ପଛରେ ମାନସିକ ଦୃଷ୍ଟିକୋଣ ହିଁ କାର୍ଯ୍ୟ କରୁଥିବା ଜଣାପଡ଼େ । କାମ କରୁଥିବା ବେଳେ କେବଳ ଏହି ଭାବନା ସେମାନଙ୍କ ହୃଦୟରେ ବ୍ୟାପ୍ତ ରହିଥିବ- ମୁଁ ନିଜର ସବୁ ଶକ୍ତି ଲଗାଇ ଲୋକଙ୍କ ହୃଦୟରେ ଏହା ଆଙ୍କିଦେବାକୁ ଚାହେଁ କି ସଫଳତା ହାସଲ କରିବାକୁ ଠିକ୍ ଭାବେ ଚିନ୍ତା କରିବା ହିଁ ଅତ୍ୟଧିକ ଭୂମିକା ରଖେ । ଏଣୁ ଯୁବପିଢ଼ି ଉଠ! ଏବଂ ସତ୍ୟର ସାକ୍ଷାତକାର କର! ତୁମେ ସେହି ପରମପିତାଙ୍କ ପୁତ୍ର ଅଟ, ତୁମ ଭିତରେ ମହାନ କାମ କରିବା ପାଇଁ ଅପୂର୍ବ ଶକ୍ତି ଏବଂ ଅପାର ଭଣ୍ଡାର ଅଛି । ଏହି ସତ୍ୟକୁ ଠିକ୍ ଢ଼ଙ୍ଗରେ ବୁଝିନିଅ କି ତୁମର ଜନ୍ମ ସଫଳତା ପ୍ରାପ୍ତ କରିବା ପାଇଁ ହୋଇଛି । ଯିଏ ତୁମକୁ ଏହି ପୃଥିବୀକୁ ପଠାଇଛି ସେହି ଭଗବାନ ମଧ୍ୟ ଏହା ଚାହାନ୍ତି ।

ଯଦି ତୁମେ ଅସଫଳ ରହିଗଲ ତେବେ ଆପଣଙ୍କ ସ୍ରଷ୍ଟାଙ୍କ ଯୋଜନା ବିଗିଡ଼ିଯିବ ଯାହାକି ମହାପାପ ଅଟେ । ଏହା ତ ତାଙ୍କ ପ୍ରତି ବିଶ୍ୱାସଘାତ ହେବ, ତାଙ୍କର ଅପମାନ ହେବ, ତାଙ୍କର ତିରସ୍କାର ହେବ । କିନ୍ତୁ ଯଦି ତୁମେ ଏହି ତତ୍ତ୍ୱ ବୁଝିଯାଇଛ, ତେବେ ସେହି କ୍ଷଣ ତୁମ ଜୀବନରେ ଏକ ଏମିତି କ୍ରାନ୍ତି ଉତ୍ପନ୍ନ ହୋଇଯିବ କି ତୁମର ଅଧିକାଂଶ ଦୁଃଖ ଏବଂ କଷ୍ଟ ଶେଷ ହୋଇଯିବ । ଆମର ଲକ୍ଷ୍ୟ ପ୍ରାପ୍ତ କରିବାର ଶକ୍ତି ସେହି ସମୟରେ କମ୍ ହୋଇଯାଏ ଯେବେ ଆମେ ଭାବୁ କି ଆମର ଶକ୍ତି ସିମୀତ ଅଛି । ଯେଉଁ ଲୋକଙ୍କ ମନରେ ମଧ ଏହି ବିଚାର ଘର କରିଯାଇଛି କି ଆମେ ନିଜ ପରିସ୍ଥିତିରେ ଘେରି ହୋଇଯାଇଛୁ, ସେଥିରୁ ବାହାରକୁ ଯାଇପାରିବୁନି ତଥା ଆମେ ତାହାର ଶୀକାର ହୋଇଛୁ, ସେହି ବ୍ୟକ୍ତିମାନେ ଦୁଃଖୀ ଅଟନ୍ତି ।

ସେମାନଙ୍କ ଏହି ବିଚାରଗୁଡ଼ିକ ହିଁ ସେମାନଙ୍କ ଲକ୍ଷ୍ୟ ପ୍ରାପ୍ତ କରିବାର ଶକ୍ତିକୁ ଶେଷ ନହେଲେ ମଧ କମ୍ ଅବଶ୍ୟ କରିଦିଏ ଏବଂ ଏଥିପାଇଁ ସେମାନଙ୍କ ବିଚାରକୁ କାର୍ଯ୍ୟ-ରୂପ ଦେବାର ଯୋଗ୍ୟତା ମଧ ଶେଷ ହୋଇଯାଏ । ସେଥିପାଇଁ ସେମାନଙ୍କୁ ନିଜ ଜୀବନରେ ଅସଫଳତାର ସାମ୍ନା କରିବାକୁ ପଡ଼େ ଏବଂ ଦାରିଦ୍ର୍ୟରେ ଜୀବନ ଅତିବାହିତ କରିବାକୁ ପଡ଼େ । ଏହା ଚିନ୍ତାକରି ତ' ଆଶ୍ଚର୍ଯ୍ୟ ଏବଂ କରୁଣାରେ ହୃଦୟ ଭରିଯାଏ କି ଅଧିକାଂଶ ଲୋକ ଦୁର୍ଭାଗ୍ୟକୁ ନିଜେ ଡାକି ନିଅନ୍ତି । ଏହା ଏକ ମାନସିକ ରୋଗ ଅଟେ ଏବଂ ଏହାର ପରିଣାମ ସଦା ମନ୍ଦ ହୋଇଥାଏ । ଏହି ବିଶ୍ୱରେ ପ୍ରତ୍ୟେକ ମନୁଷ୍ୟ ରାଜା ହେବାପାଇଁ ଜନ୍ମ ହୋଇଛି । ଏବଂ ଏଠାରେ ପ୍ରଭୁତ୍ୱ ପ୍ରାପ୍ତ କରିବା ତାର ଜନ୍ମସିଦ୍ଧ ଅଧିକାର ଅଛି ।

ଯେତେବେଳେ କି ସେ ନିଜ ବିଚାର ଉପରେ ପ୍ରଭୁତ୍ୱ ହାସଲ କରିବାର ନିଜ ଅଧିକାରକୁ ପରିତ୍ୟାଗ କରି ଦୁର୍ବଳତା ଏବଂ ଗରିବୀକୁ ସ୍ୱୀକାର କରିନେଉଛି । ସେହି ସମୃଦ୍ଧି, ପ୍ରସନ୍ନତା ଏବଂ ସ୍ୱାଧୀନତାକୁ ଛାଡ଼ି ନିଜେ ହିଁ ସୌଭାଗ୍ୟହୀନ ଏବଂ ଦାସ ହୋଇଯାଉଛି । ଦୁର୍ଭାଗ୍ୟପୂର୍ଣ୍ଣ ବିଚାରରୁ ସେ ପର୍ଯ୍ୟନ୍ତ କୌଣସି ବ୍ୟକ୍ତି ବଞ୍ଚିପାରିବନି ଯେତେବେଳ ପର୍ଯ୍ୟନ୍ତ ତା ମନରେ ଏହି ବିଚାର ପକ୍କା ହୋଇନଯାଏ କି ସେ ଏହି ପ୍ରକାର କୁବିଚାର ଘେରରୁ ବାହାରି ପାରିବ । ଏମିତି କୌଣସି ମଧ ବିଜ୍ଞାନ ନାହିଁ ଯାହା ଏହି ସମ୍ବନ୍ଧରେ ବ୍ୟକ୍ତିର ସହାୟତା କରିପାରିବ କିମ୍ବା ଯାହା ସହାୟତାରେ ମନୁଷ୍ୟ କୌଣସି କାର୍ଯ୍ୟ କରିପାରିବ ।

ନିଶ୍ଚୟାତ୍ମକ ବୃତ୍ତି:

ଯେତେବେଳ ପର୍ଯ୍ୟନ୍ତ ବ୍ୟକ୍ତିକୁ ସ୍ୱୟଂ ଏହି ବିଶ୍ୱାସ ନହୁଏ କି ସେ ମଧ କିଛି କରିପାରିବ, ସେତେବେଳ ପର୍ଯ୍ୟନ୍ତ ସେ କିଛି ମଧ କରିପାରିବ ନାହିଁ । କ'ଣ ଏମିତି କୌଣସି ଉପାୟ ଅଛି ଯାହା ଦ୍ୱାରା ମନୁଷ୍ୟ ଉପରକୁ ନଦେଖି ଉଚ୍ଚକୁ ଉଠିପାରିବ ଅଥବା ଉନ୍ନତି ବାବଦରେ ବିଚାର ନକରି ଉନ୍ନତି ହାସଲ କରିପାରିବ ? କ'ଣ ଏମିତି କୌଣସି ଉପାୟ ଅଛି କି ମନୁଷ୍ୟ ପ୍ରତିକ୍ଷଣ ନିଜ ଅସଫଳତା ବିଷୟରେ ହିଁ ଚିନ୍ତା କରିବ, ସେହି ସମ୍ବନ୍ଧରେ ବାର୍ତ୍ତାଳାପ କରିଚାଲିବ

ଏବଂ ସଫଳ ହୋଇଯିବ? କ'ଣ ଏମିତି କୌଣସି ଉପାୟ ଅଛି କି ମନୁଷ୍ୟ ଗୋଟିଏ ସମୟରେ ଦୁଇଟି ଅଲଗା-ଅଲଗା ଦିଗକୁ ଚାଲି ପାରିବ? ଏହା ତ ଆପଣ ଜାଣିଛନ୍ତି କି ଯେଉଁଠି ସନ୍ଦେହ ରହିଥାଏ ସେଇଠି ନିଶ୍ଚୟାତ୍ମକ ବୃତ୍ତି ତିଷ୍ଠି ରହିପାରିବନି। ଯେତେବେଳ ପର୍ଯ୍ୟନ୍ତ ଆପଣ ଆପଣଙ୍କ ଶବ୍ଦକୋଶରୁ "ଦୁର୍ଭାଗ୍ୟ", "ସନ୍ଦେହ" କିମ୍ବା "ଆଶଙ୍କା" ଆଦି ଶବ୍ଦକୁ ବାହାର ନ କରିଛନ୍ତି ସେତେବେଳ ପର୍ଯ୍ୟନ୍ତ ଆପଣ କେବେ ମଧ୍ୟ ଉନ୍ନତି କରିପାରିବେନି। ଟିକେ ବିଚାରନ୍ତୁ କି କୌଣସି ବ୍ୟକ୍ତି ସେତେବେଳ ପର୍ଯ୍ୟନ୍ତ କେମିତି ଶକ୍ତିଶାଳୀ ହୋଇ ପାରିବ ଯେତେବେଳ ପର୍ଯ୍ୟନ୍ତ ତା ମନରୁ ଏହି ବିଚାର ଦୂର ହୋଇ ନଯାଇଛି କି ସେ ଦୁର୍ବଳ ଅଟେ, ବେକାର ଅଟେ। ଉଠିଲେ, ବସିଲେ, ଶୟନେ, ଜାଗରଣେ ସବୁବେଳେ ଏହି ଭାବନାରେ ଲିପ୍ତ ରହି ତ' ସେ କେବେ ମଧ୍ୟ ଖୁସି ହୋଇପାରିବନି ଏବଂ ତା'ର ମନ ସବୁବେଳେ ଦୁଃଖୀ ଏବଂ ଦୁର୍ଭାଗ୍ୟ ମଧ୍ୟରେ ବାଟବଣା ହେବ। ଯଦି କୌଣସି ମନୁଷ୍ୟ ସବୁବେଳେ ନିଜ ଦେହ ଖରାପ ସମ୍ବନ୍ଧରେ ଚିନ୍ତିତ ରହେ, ସେହି ଚର୍ଚ୍ଚା ସବୁବେଳେ କରୁଥାଏ ଏବଂ ତା' ସହ ନିଜ ସୁସ୍ଥ ଏବଂ ସୁଗଠିତ ହେବାର ଆଶା ଛାଡ଼ିଦିଏ ତେବେ କ'ଣ ଏଭଳି ବ୍ୟକ୍ତି କେବେ ସୁସ୍ଥ ଏବଂ ବଳବାନ ହୋଇପାରିବ? ଏହି ପ୍ରକାର ଯେବେ କୌଣସି ବ୍ୟକ୍ତି ହାତକୁ ନେଇଥିବା କାମ ବାବଦରେ ଏହା ଚିନ୍ତା କରୁଥାଏ କି ତା ମଧ୍ୟରେ କାମ କରିବାର କ୍ଷମତା ନାହିଁ ତେବେ ସେ କେମିତି ସଫଳ ହୋଇପାରିବ?

ବିଶ୍ୱରେ ମନକୁ ଏହାଠାରୁ ଅଧିକ ଦୁର୍ବଳ କରୁଥିବା କୌଣସି କଥା ନାହିଁ କି ବ୍ୟକ୍ତି ନିଜ କାମକୁ ପୁରା କରିବାର କ୍ଷମତା ସମ୍ବନ୍ଧରେ ଲଗାତର ଆଶଙ୍କା କରିଚାଲେ। ଏମିତି କରି ତ ସେ ନିଜ ଦୁର୍ବଳତାକୁ ସ୍ୱୀକାର କରେ। ଅଧିକାଂଶ ବ୍ୟକ୍ତିଙ୍କ ଅସଫଳ ହେବାର କାରଣ ଏହା ଅଟେ କି ସେ ଯେଉଁ କାର୍ଯ୍ୟକୁ ନିଜ ହାତକୁ ନିଅନ୍ତି, ପ୍ରାରମ୍ଭରୁ ହିଁ ତାକୁ କରିପାରିବାରେ ନିଜ ଯୋଗ୍ୟତାରେ ସନ୍ଦେହ କରିବାକୁ ଲାଗନ୍ତି। ଯେକୌଣସି କାର୍ଯ୍ୟକୁ ଆରମ୍ଭ କରିବା ପୂର୍ବରୁ ତାଙ୍କ ମନରେ ଆଶଙ୍କା ପଶିଯାଏ। ଏହି କଥା ଠିକ୍ ସେହିଭଳି ଅଟେ ଯେମିତି କୌଣସି ବ୍ୟକ୍ତି ନିଜେ ହିଁ ନିଜ ଘରେ ଏମିତି ଶତ୍ରୁକୁ ଡାକି ବସାଏ ଯାହା ଦ୍ୱାରା ଶତ୍ରୁତାର ଅତିରିକ୍ତ ଆଉ କିଛି କଥା ଆଶା କରାଯାଇ ନପାରେ। ସନ୍ଦେହ ହିଁ ସଫଳତା ରୂପୀ ପରିବାରର ଶତ୍ରୁ ଅଟେ। ଯଦି ଆପଣ ତାକୁ ନିଜ ଘରେ ପ୍ରବେଶ କରିବାକୁ ଦିଅନ୍ତି କିମ୍ବା ତାକୁ ଉଠାଇ ବାହାରକୁ ବାହାର ନକରିଛନ୍ତି ତେବେ ତାହା ଧୀରେଧୀରେ ସେ ତା ମିତ୍ରମାନଙ୍କୁ ମଧ୍ୟ ଆପଣଙ୍କ ଘରକୁ ନେଇ ଆସିବ, ଯେଉଁଥିରେ ମୁଖ୍ୟ ଅଟେ- ଆରାମ ଏବଂ ଆଳସ୍ୟ। ଏହି ଆରାମ ଏବଂ ଆଳସ୍ୟ ସେତେବେଳ ପର୍ଯ୍ୟନ୍ତ ସେହି ବ୍ୟକ୍ତିର ଘରେ ରହନ୍ତି ଯେତେବେଳ ପର୍ଯ୍ୟନ୍ତ ତା'ର ସବୁ ମହତ୍ୱାକାଂକ୍ଷା ସମ୍ପୂର୍ଣ୍ଣ ଶେଷ ହୋଇ ନଯାନ୍ତି, କାହିଁକିନା ଆପଣଙ୍କ ସମୃଦ୍ଧି ଏବଂ ସଫଳତାର ଇଚ୍ଛା ସେହି ସମୟରେ ସମ୍ପୂର୍ଣ୍ଣ ବ୍ୟର୍ଥ ହୋଇଯିବ, ଯେବେ ଆପଣ ଆରାମ ଏବଂ ଆଳସ୍ୟକୁ ନିଜ ଘରେ ସ୍ଥାନ ଦେଇଥିବେ।

ଏହି ଦୁଇଟି ଶତ୍ରୁ ଆପଣଙ୍କ ସବୁ ତେଜକୁ ଶେଷ କରିଦେବେ । ଯେଉଁ କାରଣରୁ ସଫଳତା ହାସଲ କରିବାର ଆପଣଙ୍କ ସମସ୍ତ ବଳ ଶେଷ ହୋଇଯିବ ଏବଂ ଆପଣଙ୍କ ପାଦ ଅସଫଳତା ଆଡ଼କୁ ଚାଲିବାକୁ ଲାଗିବ । ବୁଝି ନିଅନ୍ତୁ, ଯେତେବେଳେ ଆପଣ ନିଜ ମନରେ ଦୁର୍ବଳତାକୁ ସ୍ଥାନ ଦେଉଛନ୍ତି, ନିଜର ପରାଜୟକୁ ସ୍ୱୀକାର କରି ନେଉଛନ୍ତି ଏବଂ ସେହି ସମୟରେ ଆପଣ ସମାପ୍ତ ହୋଇଯାଉଛନ୍ତି । ଯଦି କୌଣସି ବ୍ୟକ୍ତି ସଂଘର୍ଷ କରିବା ଛାଡ଼ିଦିଏ ସେହି ବ୍ୟକ୍ତିର ସଫଳତାର କୌଣସି ଆଶା କରାଯାଇ ନପାରେ । ଯଦି ବିଶ୍ୱରେ କେହି ଦୟନୀୟ ଅଛନ୍ତି ତ' କେବଳ ସେହି ମନୁଷ୍ୟ, ଯିଏ ହାର୍ ମାନି ନେଇଛି, ଯିଏ ସବୁ କିଛି ଛାଡ଼ି ବସିଯାଇଛି, ଯିଏ କହେ କି ସେ କିଛି କରିପାରିବନି, ଯିଏ ମାନେ କି ଦୁନିଆ ତା' ବିରୁଦ୍ଧ ଅଟେ, ତଥା ଭାଗ୍ୟ ତା'ର ସାଥ୍ ଦେଉନାହିଁ । ଯଦି ନିଜ ମନରେ ଏହି ବିଚାର ସ୍ୱୀକାର କରି ନେଇଛନ୍ତି, ଆପଣ ତଳେ ଅଛନ୍ତି ତେବେ ଉପରକୁ କେମିତି ଉଠି ପାରିବେ, ଯଦି ଆପଣ ଏହା ବୁଝିଚାଲିବେ କି ସଫଳତା ତ' ଅନ୍ୟମାନଙ୍କ ପାଇଁ, ଆପଣଙ୍କ ପାଇଁ ନାହିଁ, ତେବେ ଆପଣ ନିଜ ଦୁର୍ଦ୍ଦଶାକୁ କେମିତି ସୁଧାରି ପାରିବେ ? ଯେବେ ଆପଣ ନିଜେ ହିଁ ନିଜର ଦୁର୍ଭାଗ୍ୟ ସମ୍ବନ୍ଧରେ ବାର୍ତ୍ତାଳାପ କରିଚାଲିବେ ତେବେ ସୌଭାଗ୍ୟଶାଳୀ କେମିତି ହୋଇପାରିବେ ?

ବୈଚାରିକ ଶକ୍ତି:

ଯଦି ଆପଣ ସବୁବେଳେ ଏହା ଚିନ୍ତା କରିଚାଲିବେ କି ଆପଣ ତ ଦରିଦ୍ର, ଦୁଖୀ ଏବଂ ଦୟନୀୟ ଅଟନ୍ତି ତ' ଆପଣ ସବୁବେଳେ ଏମିତି ହିଁ ରହିବେ କାହିଁକିନା ଯେତେବେଳ ପର୍ଯ୍ୟନ୍ତ ଆପଣ ଆପଣଙ୍କ ବିଚାରରୁ ଉପରକୁ ଉଠିପାରିବେନି ସେତେବେଳ ପର୍ଯ୍ୟନ୍ତ ଆପଣ ଦୀନ-ଦୁଃଖୀ ଏବଂ ଦୟନୀୟ ହିଁ ରହିଥିବେ । ଯଦି ଆପଣଙ୍କ ନିଜ ସମ୍ବନ୍ଧରେ ଏହି ବିଶ୍ୱାସ ଅଛି କି ଆପଣ କେବେ ମଧ୍ୟ ପ୍ରସନ୍ନ ରହି ପାରିବେନି, ସବୁବେଳେ ଭାଗ୍ୟହୀନ, ଦୁଃଖୀ ଏବଂ ଦୟନୀୟ ରହିବେ ତେବେ ସତକୁ ସତ ଆପଣ ସେହିପରି ହିଁ ହୋଇ ରହିବେ । ବିଶ୍ୱରେ ଏମିତି କୌଣସି ଔଷଧ, ଚେର-ମୂଳୀ ଅଥବା ସାଧନ ନାହିଁ, ଯାହା ଆପଣଙ୍କୁ ଏହି ପରିସ୍ଥିତିରୁ ବାହାର କରିପାରିବ । ଯେତେବେଳ ପର୍ଯ୍ୟନ୍ତ ଆପଣଙ୍କ ବିଚାର ବଦଳିବ ନାହିଁ ଆପଣଙ୍କ ସ୍ଥିତି କେମିତି ବଦଳି ପାରିବ ? ବିଚାରରେ ପରିବର୍ତ୍ତନ ହେଲେ ହିଁ ସ୍ଥିତିରେ ପରିବର୍ତ୍ତନ ଆସିବ । ଏହି କଥା ସେତିକି ସତ୍ୟ ଯେତିକି ସୂର୍ଯ୍ୟଙ୍କ ପ୍ରକାଶ ଏବଂ ବର୍ଷା ଜଳ ପାଇ କଢ଼ଗୁଡ଼ିକ ଫୁଟି ଫୁଲ ହୋଇଯାଏ । ଏହା କୌଣସି ଗୋପନୀୟ ତଥ୍ୟ ନୁହେଁ, ଏହା ତ ଏକ ବୈଜ୍ଞାନିକ ତଥ୍ୟ । ଯେ କୌଣସି ବ୍ୟକ୍ତି ମହାନ୍ କାର୍ଯ୍ୟ କରନ୍ତି ତାଙ୍କର ସଂକଳ୍ପ-ଶକ୍ତି ନିର୍ମାଣରେ କାମ କରେ । ସେମାନଙ୍କୁ ନିଜ ଆସ୍ଥା ଏବଂ କ୍ଷମତା ଉପରେ ଏତେ ଦୃଢ଼ ବିଶ୍ୱାସ ଥାଏ କି କୌଣସି ମଧ୍ୟ ବିରୋଧୀ କଥା ତାଙ୍କ ପାଖ ପଶେନାହିଁ ।

ସେମାନେ ଯେଉଁ କାର୍ଯ୍ୟକୁ ମଧ୍ୟ କରିବାକୁ ଦୃଢ଼ ନିଶ୍ଚୟ କରିନିଅନ୍ତି ତାହାକୁ ସମ୍ପୂର୍ଣ୍ଣ କରି ହିଁ ଛାଡ଼ନ୍ତି । ସେମାନଙ୍କ ମନରେ ସଂଶୟ କିମ୍ବା ଆଶଙ୍କା କେବେ ଉତ୍ପନ୍ନ ହୁଏ ନାହିଁ ।

ଦୁନିଆ ପଛକେ ତାଙ୍କ ବାବଦରେ ଏହା କହୁଥାଉ କି ଏମାନଙ୍କ ମସ୍ତିଷ୍କରେ ଭୁତ ସବାର ହୋଇଛି କିମ୍ବା ତାଙ୍କୁ ପାଗଳ କିମ୍ବା ବୋକା କହୁ । ହେଲେ ଆଜିର ସମୃଦ୍ଧ ସଭ୍ୟତା ସେହି ମହାନ୍ ମନୁଷ୍ୟମାନଙ୍କ କାର୍ଯ୍ୟର ପରିଣାମ ଅଟେ, ଯେଉଁ ବ୍ୟକ୍ତିମାନଙ୍କୁ ନିଜ ଲକ୍ଷ୍ୟରେ ଏତେ ଆସ୍ଥା ଥିଲା, ଯେଉଁମାନଙ୍କୁ କେବେ କେହି ନୁଆଁଇ ପାରିନଥିଲେ । ଯଦି ସେମାନେ ନିଜ ନିଶ୍ଚୟରୁ ହଟି ଯାଇଥାନ୍ତେ ତେବେ ସେମାନେ ଯେଉଁ ମହତ୍ତ୍ୱପୂର୍ଣ୍ଣ କାମ କରିଛନ୍ତି ତାକୁ କିଏ କରିଥାନ୍ତା ? କୋପରନିକସ୍ ଏବଂ ଗାଲିଲିଓ ଯେବେ ନିଜ ବିଜ୍ଞାନ ସମ୍ବନ୍ଧୀୟ କାର୍ଯ୍ୟରେ ଲାଗି ରହିଥିଲେ ସେତେବେଳେ ଦୁନିଆ ତାଙ୍କୁ ପାଗଳ ଭାବୁଥିଲା । ଯଦି ସେମାନେ ବିଶ୍ୱର ଶବ୍ଦ ଶୁଣି ନିଜ ନିଶ୍ଚିତ କାମରୁ ହଟି ଯାଇଥାନ୍ତେ ତେବେ ଆଜି ଏହି ସିଦ୍ଧାନ୍ତର କ'ଣ ହୋଇଥାନ୍ତା କି ଭୂ-ମଣ୍ଡଳ ଗୋଲ ଅଟେ ଏବଂ ପୃଥିବୀ ସୂର୍ଯ୍ୟ ଚାରିପଟେ ଘୁରି ବୁଲୁଛି ଏହା ନୁହେଁ କି ସୂର୍ଯ୍ୟ ପୃଥିବୀ ଚାରିପଟେ ! କଲମ୍ବସ୍ ଯେତେବେଳେ ବିଶ୍ୱ ପରିକ୍ରମାର ଭାର ଉଠାଇଥିଲେ ତେବେ ସମସ୍ତ ୟୁରୋପ ତାଙ୍କୁ ପାଗଳ କହୁଥିଲା ଏବଂ ତାଙ୍କୁ ଥଟ୍ଟା କରୁଥିଲା । ହେଲେ ଯଦି ସେ ନିଜ ବିଶ୍ୱାସ ହଜାଇ ଦେଇଥାନ୍ତେ ଏବଂ ନିଜ କାର୍ଯ୍ୟକୁ ଛାଡ଼ି ଦେଇଥାନ୍ତେ ତେବେ ସେ ଯେଉଁ ମହାନ୍ କାର୍ଯ୍ୟ କଲେ ତାହା କିଏ କରି ପାରିଥାନ୍ତା !

ସାଇରସ୍ ଡବ୍ଲ୍ୟୁ ଫିଲ୍ଡ ସମୁଦ୍ରକୁ ମାପିବା କାର୍ଯ୍ୟ ଆରମ୍ଭ କଲେ । ଟନ୍ ଟନ୍ ତାର ସମୁଦ୍ର ଭିତରେ ହଜିଗଲା । ବନ୍ଧୁ-ସମ୍ପର୍କୀୟ ଏବଂ ବିଶ୍ୱର ଲୋକେ ତାଙ୍କୁ ଏହି କାମରୁ ହଟିଯିବାକୁ ବହୁ କଥା କହିଲେ ଏବଂ ସମ୍ପତ୍ତି ନଷ୍ଟ କରୁଥିବା ଦୋଷାରୋପ କଲେ । ଯଦି ସେ ସେହି ସମୟରେ ନିଜ ବନ୍ଧୁ-ସମ୍ପର୍କୀୟଙ୍କ କଥା ମାନି ଏହି କାମକୁ ଛାଡ଼ି ବସିଯାଇଥାନ୍ତେ ତେବେ ଏହି କାର୍ଯ୍ୟକୁ କିଏ ପୁରା କରିଥାନ୍ତା ! ଫୁଲ୍ଟନ୍ ବାଷ୍ପରେ ଚାଲୁଥିବା ଜାହାଜରେ କୋଇଲା ଲଦି ନେଇଯିବାର ପରୀକ୍ଷଣ କରୁଥିଲା । ସେ କୋଇଲାର ଯେତେ ମାତ୍ରା ଜାହାଜରେ ଲଦି ନେବାକୁ ଚାହୁଁଥିଲା, ଲୋକଙ୍କ କହିବାନୁସାରେ ବାଷ୍ପ ଚାଳିତ ଜାହାଜ ଏତେ କୋଇଲା ନେଇ ପାରିବନି ଏବଂ ମଝି ସମୁଦ୍ରରେ ହିଁ ବୁଡ଼ିଯିବ । ତାକୁ ପରିହାସ କରିବା ପାଇଁ ଏକ ପୁସ୍ତକ ମଧ୍ୟ ଲେଖାଗଲା, ହେଲେ ସେ ନିଜ କାର୍ଯ୍ୟରେ ବିଚଳିତ ହେଲାନାହିଁ ଏବଂ ସେ ସମୟ ଆସିଲା କି ବାଷ୍ପ ଚାଳିତ ଜାହାଜରେ କୋଇଲା ସହ ସେହି ପୁସ୍ତକ ମଧ୍ୟ ଲଦି ସମୁଦ୍ର ପାର୍ କଲା ।

ଆଲେକଜାଣ୍ଡାର ଗ୍ରାହମ୍ ବେଲ୍‌ଙ୍କୁ ଟେଲିଫୋନ୍‌ର ଆବିଷ୍କାରକ ଅଟନ୍ତି, କିନ୍ତୁ ଯେବେ ସେ ଏହି ସମ୍ବନ୍ଧରେ ପରୀକ୍ଷଣ କରୁଥିଲେ ସେତେବେଳେ ତାଙ୍କ ପକେଟ୍‌ରୁ ସବୁ ପଇସା ଖର୍ଚ୍ଚ ହୋଇଯାଇଥିଲା । ଲୋକମାନେ ତାଙ୍କୁ ପାଗଳ କହୁଥିଲେ । ଯଦି ସେ ମଧ୍ୟ ଲୋକଙ୍କ କଥାରେ ନିଜ ଆତ୍ମବିଶ୍ୱାସ ହରାଇ ବସିଥାନ୍ତେ ତେବେ ସମ୍ଭବତଃ ଟେଲିଫୋନ୍‌ର ଆବିଷ୍କାର କିଏ ଜାଣେ କେତେ ବର୍ଷ ପରେ ହୋଇଥାନ୍ତା । ସବୋନରୋଲା ଏକ ଗରିବ ପାଦ୍ରୀ ଥିଲେ । ଯେବେ ସେ ଫଲୋରେନ୍ସରେ ପହଞ୍ଚିଲେ ତେବେ ସେ ଦେଖିଲେ କି ଚାରିଆଡ଼େ ଗରିବୀ, ରୋଗ ଏବଂ ଦୁଃଖ-କଷ୍ଟର ସାମ୍ରାଜ୍ୟ ଥିଲା । ସେ ବୁଝିଗଲେ କି କିଛି ଲୋକ ଅନ୍ୟାୟରେ ସବୁ କିଛି ଲୁଟି ନେଉଛନ୍ତି ଏବଂ ଆରାମରେ ଜୀବନ ବିତଉଛନ୍ତି । ଏହି ସ୍ଥିତି

ଦେଖି ସେ ନିଷ୍ଚୟ କଲେ କି ସେଠାକାର ଗରିବ ଏବଂ ଦଳିତ ଲୋକଙ୍କ ସ୍ତରକୁ ଉପରକୁ ଉଠାଇବା ପାଇଁ ଚେଷ୍ଟା କରିବାକୁ ପଡ଼ିବ । ତାଙ୍କୁ ଏହି ରାସ୍ତାରୁ ହଟାଇବା ପାଇଁ ବହୁତ ପ୍ରୟାସ କରାଯାଇଛି, ଅନେକ ପ୍ରଲୋଭନ ମଧ୍ୟ ଦିଆଯାଇଛି । ହେଲେ ସେ ନିଜ ନିଷ୍ଚୟରୁ ହଟିଲେ ନାହିଁ । ସେହି ସମୟରେ ଫଲୋରେନ୍ସରେ ଷଷ୍ଠ ପୋପଙ୍କ ରାଜୁତି ଚାଲୁଥିଲା । ବଡ଼ ବଡ଼ ଧନୀମାନି ବ୍ୟକ୍ତି ତାଙ୍କ ସହ ଥିଲେ । ସମସ୍ତେ ତାଙ୍କୁ ବିରୋଧ କଲେ, ହେଲେ ସେ ଏଥିରେ ମଧ୍ୟ ହତୋତ୍ସାହିତ ହେଲେ ନାହିଁ । ଏକୁଟିଆ ହିଁ ସଂଘର୍ଷ କରିଚାଲିଲେ ଏବଂ ଶେଷରେ ସେ ସେଠାକାର ନିରଙ୍କୁଶ ଏବଂ ଅତ୍ୟାଚାରୀ ରାଜାଙ୍କ ଦୌରାତ୍ମ୍ୟ ଅନ୍ତ କରିଦେଲେ । ଏବଂ ସେତେବେଳେ ଏକ ଏମିତି ରାଜ୍ୟର ସ୍ଥାପନା କଲେ ଯେଉଁଠି ଦୁର୍ବଳ ଏବଂ ଗରିବ ଲୋକଙ୍କୁ ଶୋଷଣ କରାଯାଇ ପାରିଲାନି । ଇସାଇ ପାଦ୍ରୀ ଅଥବା ପୋପ ସାମ୍ରାଜ୍ୟ ତାଙ୍କୁ ବିଶ୍ୱାସଘାତକ ଆଖ୍ୟା ଦେଇ ତାଙ୍କ ଉପରେ ଅତ୍ୟାଚାର କଲା । ସେ ସହିଦ୍ ହୋଇଗଲେ, କିନ୍ତୁ ଶେଷ ପର୍ଯ୍ୟନ୍ତ ସେ ନିଜ ଆଦର୍ଶରୁ ତଳକୁ ଖସିନଥିଲେ ।

ଏକ ଉଦାହରଣସ୍ୱରୂପ ଆତ୍ମବିଶ୍ୱାସର ମୂର୍ତ୍ତି ଏବଂ ଆତ୍ମାର ଡାକରା "ଉଲ୍ଫ" ମଧ୍ୟ ଅଟେ । ସଂସଦର ଏକ ସମିତିର ସଦସ୍ୟମାନେ ତାକୁ କାନାଡ଼ା ଯିବାକୁ ଥିବା ଶିଷ୍ଟମଣ୍ଡଳର ନେତା ନିର୍ବାଚିତ କଲେ ଏବଂ ତାକୁ ପଚରାଗଲା କି କ'ଣ ସେ ସେହି ଯୁଦ୍ଧକୁ ସମାପ୍ତ କରିପାରିବେ ? ସେ ଖୋଳରୁ ନିଜ ଖଣ୍ଡା ବାହାର କଲା ଏବଂ ଖଣ୍ଡା ବୁଲାଇ ସେହି ବଖରାର ଚାରିପଟେ ବୁଲିବାକୁ ଲାଗିଲା । ଏହାପରେ ସେ ମେଜ ଉପରେ ଜୋର୍‌ରେ ଏକ ମୁଥ ମାରିଲା ଏବଂ ଏଭଳି ଅଭିମାନ ପ୍ରଦର୍ଶନ କଲା ଯଦ୍ୱାରା ସମିତିର ସଦସ୍ୟ ତାର ନିନ୍ଦା ଓ ଆଲୋଚନା କରିବାକୁ ଲାଗିଲେ, କିନ୍ତୁ ନିଜର ଏହି ଆତ୍ମବିଶ୍ୱାସ କାରଣ ଯୋଗୁ ଯୁବକ ଉଲ୍ଫ ଆବ୍ରାହମ୍ କ୍ଷେତ୍ରରେ ଫ୍ରେଞ୍ଚ ସୈନୀକଙ୍କୁ ଆଗକୁ ବଢ଼ିବାରେ ରୋକିଥିଲେ ଏବଂ ବିଜୟ ଶ୍ରୀ ହାସଲ କରିବାରେ ସଫଳ ହୋଇଥିଲା ।

୩. ଆତ୍ମବିଶ୍ୱାସର ପ୍ରଭାବ

ଧ୍ୟାନ ଦେବା ଯୋଗ୍ୟ କଥା ଏହା ଯେ ଅଯୋଗ୍ୟତାକୁ ସ୍ୱୀକାର କରିବା ଏବଂ ଟିକେ ମାତ୍ର ସନ୍ଦେହକୁ ମଧ୍ୟ ସ୍ଥାନ ଦେବା ଅସଫଳତାକୁ ହିଁ ନିମନ୍ତ୍ରଣ ଦେବା ଅଟେ ।

ଯଦି ଆପଣ ବିଚାର କରନ୍ତି ତେବେ ବୁଝିପାରିବେ କି ଏହି ଜୀବନ ବହୁତ ଛୋଟ ଏବଂ ମନୁଷ୍ୟ ଏତେ ବ୍ୟସ୍ତ ଅଟେ କି ତାକୁ ଏତେ ସମୟ ନାହିଁ କି ସେ ଏହା ପରଖି ଚାଲିବ କି ଅମୁକ ଲୋକ ସେହି କାମକୁ କରିପାରିବ କିମ୍ବା ନୁହେଁ ଯାହାକୁ ପୂର୍ଣ୍ଣ କରିବାର ଯୋର୍ ଦେଇ ସେ କହେ । ପ୍ରାୟତଃ ଏହା ହୁଏ କି ମଣିଷ ଯାହା କିଛି କୁହେ, ତାକୁ ସ୍ୱୀକାର କରି ନିଆଯାଏ । ଏହା ପରେ ଏହି ମଣିଷ ଉପରେ ଆଶ୍ରିତ ହୁଏ କି ସେ ସେହି ବିଶ୍ୱାସକୁ ବଜାୟ ରଖିବ ଅବା ହରାଇ ଦବ । ଏହି କଥା ବିଲ୍‌କୁଲ ସେହି ପ୍ରକାର ଯେମିତି କେହି ମଣିଷ କଳା କୋଟ ଏବଂ କଳା ଟାଇ ପିନ୍ଧି ଚାଲିବ ଏବଂ ଲୋକ ତାକୁ ଓକିଲ

ସେମିତି ବର୍ତ୍ତମାନ ଏହା ପ୍ରମାଣିତ ହୋଇଗଲା ଯେ କର୍ମରୁ ହିଁ ଭାଗ୍ୟ ତିଆରି ହୁଏ, ରେଖା ତିଆରି ହୁଏ । ଅତଏବ ଆମେ ନିଜ ସ୍ୱପ୍ନ ଓ ଇଚ୍ଛା, ଯଦି ଆମ ମଧ୍ୟରେ ସାମର୍ଥ୍ୟ ଅଛି, ତେବେ ସାକାର କରିପାରିବା । ସେଗୁଡ଼ିକୁ ସମ୍ପୂର୍ଣ୍ଣ କରି ଦେଖେଇ ପାରିବା । ମଣିଷର ପ୍ରତ୍ୟେକ ସ୍ୱପ୍ନ, ପ୍ରତ୍ୟେକ ଇଚ୍ଛା ସାକାର ହୁଏ ।

ମଣିଷ କେବେ ଇଚ୍ଛା କରିଥିବ ଯେ ସେ ସମୁଦ୍ର ଲହଡ଼ିରେ ଚାଲିପାରିବ, କେବେ ସ୍ୱପ୍ନ ଦେଖିଥିବ ଯେ ସେ ଆକାଶରେ ପକ୍ଷୀଙ୍କ ପରି ଉଡ଼ିପାରିବ... କ'ଣ ଆଜି ତା'ର ଏହି ଇଚ୍ଛା, ଏହି ସ୍ୱପ୍ନ ସମ୍ପୂର୍ଣ୍ଣ ହୋଇନାହିଁ ? ମଣିଷ ସବୁବେଳେ ଜହ୍ନକୁ ଦେଖିଆସୁଛି । ଅବଶ୍ୟ ହିଁ ସେଠାକୁ ଯିବାର ଇଚ୍ଛା ମନରେ ଆସିଥିବ... ଆଜି ସେହି ଇଚ୍ଛା ସମ୍ପୂର୍ଣ୍ଣ ହୋଇଯାଇଛି । ଅତଏବ ଏହା କହିବା ଯେ ଇଚ୍ଛା ଓ ସ୍ୱପ୍ନ ବାସ୍ତବିକତା ନୁହଁନ୍ତି, ସମ୍ପୂର୍ଣ୍ଣ ହୁଏନାହିଁ, ଏକଦମ୍ ଭୁଲ୍ କଥା । ଏହା ସମ୍ପୂର୍ଣ୍ଣ ହୁଏ, କିନ୍ତୁ କାହିଁକି ଓ କେମିତି ? ବହୁ ଲୋକଙ୍କ ସ୍ୱପ୍ନ ଓ ଇଚ୍ଛା କାହିଁକି ସମ୍ପୂର୍ଣ୍ଣ ହୁଏନାହିଁ ? କିଛି ଲୋକ ଜୀବନରେ ସଫଳ ହୁଅନ୍ତି ଓ ଅଧିକାଂଶ ଲୋକ ଅସଫଳ ହୋଇଯାଆନ୍ତି । ଏହାର ରହସ୍ୟ କ'ଣ ? ପ୍ରତ୍ୟେକ ମଣିଷ ନିଜ ଜୀବନକୁ ସଫଳ କରିବାକୁ ଚାହେଁ । ଏହି ସଫଳତାର ଚାବି କ'ଣ ? ଏହାର ରହସ୍ୟ କ'ଣ ? ଏହା ଜାଣିବାକୁ ମଣିଷ ପ୍ରାରମ୍ଭରୁ ହିଁ ପ୍ରୟାସ କରିଆସୁଛି । ସେଥିପାଇଁ ସ୍ୱପ୍ନ, ଇଚ୍ଛା କେମିତି ସମ୍ପୂର୍ଣ୍ଣ ହେବ, ଏହାର ଚେଷ୍ଟା ପ୍ରତ୍ୟେକ ମଣିଷ କରେ ।

ଆକାଂକ୍ଷା:

ଏହି ସଂସାରରେ ଏମିତି କୋଉ ମଣିଷ ଅଛି, ଯିଏ ନିଜ ସ୍ଥିତିରେ ପରିବର୍ତ୍ତନ ଚାହେଁନାହିଁ, ଯିଏ ସୁଖ-ସମୃଦ୍ଧି ଚାହେଁନାହିଁ । ନିଜର ଅବରୋଧ ଯୋଗୁଁ ଯେତେବେଳେ ସେ କରି ପାରେନାହିଁ, ତେବେ ଯାହା କିଛି ତା' କବଳରେ ଅଛି, ସେଥିରେ ହିଁ କାମ ଚଳାଇଦିଏ । ଶେଷରେ ବାସ୍ତବିକତା କ'ଣ ? ପ୍ରସିଦ୍ଧ ଯୁଦ୍ଧ କାହାଣୀ ଲେଖକ ଶ୍ରୀ ଅଡମ ବିଶ୍ୱଯୁଦ୍ଧର ବାହାଦୁର ସୈନିକଙ୍କ ବିଷୟରେ ଉଲ୍ଲେଖ କରିଛନ୍ତି ଯେ ଆମେ ଯେଉଁ ଯୁବକଙ୍କୁ ସାଧାରଣ, ନିଷ୍ଫଳ ଭାବୁଥିଲୁ, ସେମାନେ ହିଁ ଯୁଦ୍ଧକ୍ଷେତ୍ରରେ ଏଭଳି କାରନାମା ଦେଖାଇଲେ ଯେ ଆମେ ଆଶ୍ଚର୍ଯ୍ୟଚକିତ ହୋଇଗଲୁ । ଉଦାହରଣ ସ୍ୱରୂପ ସେ ଜଣେ ନବଯୁବକଙ୍କ ଉଲ୍ଲେଖ କରିଛନ୍ତି । କହିଛନ୍ତି ଯେ, ଯେତେବେଳେ ସେ ସ୍କୁଲ୍‌ରେ ପଢୁଥିଲା ବହୁତ ଢିଲା ଥିଲା ଓ ଅଳସୁଆ ଥିଲା । ପ୍ରାୟ ଶ୍ରେଣୀ ଗୃହରୁ ଉଭାନ୍ ହୋଇ ଯାଉଥିଲା ଓ ପାଠପଢ଼ାରେ ଦୁର୍ବଳ ଥିଲା । ସେ ସୈନ୍ୟବାହିନୀରେ ଯୋଗ ଦେବାପାଇଁ ଚେଷ୍ଟା କଲା, କିନ୍ତୁ ଡାକ୍ତରୀ ପରୀକ୍ଷାରେ ଉତ୍ତୀର୍ଣ୍ଣ ହୋଇ ନପାରିବା କାରଣରୁ ଯୋଗ ଦେଇପାରିଲା ନାହିଁ । ତା'ର ସ୍ୱାସ୍ଥ୍ୟ ମଧ୍ୟ ଠିକ୍ ନଥିଲା । କିଛି ଦିନ ପରେ କେଜାଣି କେମିତି ସେ ସୈନ୍ୟବାହିନୀରେ ଭର୍ତ୍ତି ହେବାର ସୁଯୋଗ ପାଇଲା । ଯେତେବେଳେ ତା' ସମ୍ପର୍କୀୟମାନେ ଶୁଣିଲେ ତେବେ ତାଙ୍କୁ ବହୁତ ଆଶ୍ଚର୍ଯ୍ୟ ଲାଗିଲା ଓ ସେମାନେ

ଭାବିଲେ ଯେ ଯେତେବେଳେ ଯୁଦ୍ଧ ହେବ ତେବେ ସର୍ବ ପ୍ରଥମେ ସେ ସେଠାରୁ ପଳାଇ ଆସିବ ।

ସଂଯୋଗବଶତଃ ବିଶ୍ୱଯୁଦ୍ଧ ଆରମ୍ଭ ହେଲା । ସେ ଯୁଦ୍ଧରେ ଯୋଗ ଦେଲା । ସେ ଯୁଦ୍ଧକ୍ଷେତ୍ରରେ ଏମିତି ସାହସୀକତାର ପରିଚୟ ଦେଲା ଯେ ଲୋକେ ଆଶ୍ଚର୍ଯ୍ୟ ଚକିତ ହୋଇଗଲେ । କିଛି ଦିନ ପୂର୍ବରୁ ଅଯୋଗ୍ୟ, ଅକର୍ମଣ୍ୟ ବୋଲି ସେନାବାହିନୀରେ ଭର୍ତ୍ତି ହେବାର ସୁଯୋଗ ହରାଇଥିବା ସେହି ନବଯୁବକ, ଅଦ୍ଭୁତ କାର୍ଯ୍ୟ କରିଗଲା । ସେ ଥରେ ଜ୍ୱଳନ୍ତ ବୋମାକୁ ଖାଲରୁ ଉଠାଇ ବାହାରକୁ ଫୋପାଡ଼ି ଦେଲା ଓ ଆଉଥରେ ଭୀଷଣ ଗୁଳିଗୋଳା ବର୍ଷଣରେ ମଧ୍ୟ ଜୀବନକୁ ପାଣି ଛଡ଼େଇ ନିଜର ଜଣେ ସାଥୀର ଜୀବନ ରକ୍ଷା କଲା । ଏମିତି ଅନେକ ଯୁବକ ଆମକୁ ଆମ ଜୀବନରେ ମିଳନ୍ତି, ଯେଉଁମାନେ ଅକସ୍ମାତ୍ କୌଣସି କାର୍ଯ୍ୟରେ ସଫଳତା ପ୍ରାପ୍ତ କରି ଆମକୁ ଚକିତ କରିଦିଅନ୍ତି । ଯେତେବେଳେ କି ଯୋଗ୍ୟତାରେ ସେମାନେ ଅନ୍ୟମାନଙ୍କ ଅପେକ୍ଷା କମ୍ ହୋଇଥାନ୍ତି ।

ଏକ ସ୍ମରଣିକାରେ ପ୍ରଫେସର ହାବର୍ଡ ଶେ' ଲେଖିଛନ୍ତି, ତାଙ୍କ ଶ୍ରେଣୀରେ ଜଣେ ବିଦ୍ୟାର୍ଥୀ ବହୁ କଷ୍ଟରେ କେବଳ ଉତ୍ତୀର୍ଣ୍ଣ ହେବା ଭଳି ଅଙ୍କ ପ୍ରାପ୍ତ କରିପାରୁଥିଲା । ଅଚାନକ ବାର୍ଷିକ ପରୀକ୍ଷାରେ ସେ ସମ୍ପୂର୍ଣ୍ଣ ବିଦ୍ୟାଳୟରେ ପ୍ରଥମ ସ୍ଥାନ ଅଧିକାର କଲା ତେବେ ଲୋକେ ସ୍ତବ୍ଧ ହୋଇଗଲେ । ତା' ଉପରେ କପି କରିବା ଓ ଶିକ୍ଷକଙ୍କ ସହ ଚାଲବାଜି କରିବାର ଅଭିଯୋଗ ହେଲା । ଏତେ ଝଗଡ଼ା ହେଲା ଯେ, ଯାଞ୍ଚ କମିଟି ବସିଲା । ତାହାର ମୌଖିକ ପରୀକ୍ଷା ନେବାପାଇଁ ସ୍ଥିର କରାଗଲା । ତାହା କରାମଧ୍ୟଗଲା, ସେଥିରେ ବି ସେହି ଯୁବକ ଉତ୍ତୀର୍ଣ୍ଣ ହୋଇଗଲା । ହଠାତ୍ ଏହି ଯୁବକ ମଧ୍ୟରେ ଏତେ ବୁଦ୍ଧି କେଉଁଠୁ ଆସିଲା ?

କ'ଣ ଏହା ସେହି ଯୁବକର ଭାଗ୍ୟ ଥିଲା ଅଥବା ଭଗବାନଙ୍କ ବରଦାନ, କ'ଣ ଏହାକୁ ଚମତ୍କାର କହି ପାରିବା ?

ନାଁ ! ଏଥି ମଧ୍ୟରୁ କିଛି ମଧ୍ୟ ନଥିଲା ।

ଯେତେବେଳେ ମନକୁ ଗଭୀର ଆଘାତ ଲାଗେ ତେବେ ଆତ୍ମବିଶ୍ୱାସ ନିଜ ବିରାଟ-ବିଶାଳ ରୂପରେ ଜାଗିଉଠେ, ତା'ର ସ୍ୱପ୍ନ, ତା' ଆକାଂକ୍ଷା, ଇଚ୍ଛା ଅତ୍ୟନ୍ତ ତୀବ୍ର ହୋଇ ସାକାର ହେବା ପାଇଁ ଉତ୍ତେଜିତ ହୋଇ ଉଠନ୍ତି, ସେତେବେଳେ ମଣିଷ ଏ ପ୍ରକାରର ଅସାଧାରଣ କାର୍ଯ୍ୟ କରିଯାଏ ।

ଉପରୋକ୍ତ କଥାର ଉଦାହରଣ ପାଇଁ ଏକ ଯୁବକ ବିଷୟରେ ଉଲ୍ଲେଖ କରାଯାଉଛି । ଜଣେ ଯୁବକକୁ ତା' ଭାଉଜ ଅପମାନିତ କରି ବାହାର କରି ଦେଇଥିଲେ । ଅକର୍ମା, ମାଗଣାରେ ଭାଇର ରୋଜଗାରରେ ଖାଉଛି । ତାକୁ ଏହି କଥା ବାଧିଲା । ସେ ଘରୁ

ପଳାଇଗଲା । ସୈନ୍ୟବାହିନୀରେ ଦୈନିକ ବେତନଭୋଗୀ ମୂଲିଆ ରୂପେ କାମ କରିବାକୁ ଲାଗିଲା । ଏହାପରେ ନିଜର ସଚ୍ଚୋଟତା ଓ ପରିଶ୍ରମ ବଳରେ ଜଣେ ମେଜରଙ୍କ ସୁପାରିଶରେ ସୈନିକ ହୋଇଗଲା । ସେ ବିସ୍ମୟ କରି ଦେଖେଇଲା । ଅନ୍ୟ ପ୍ରସଙ୍ଗରେ ଜଣେ ଛାତ୍ର କୌଣସି ଝିଅ ଉପରେ ନିଜ ପ୍ରେମ ନିବେଦନ କରିବାରୁ ଉତ୍ତର ମିଳିଲା, "ଯେଉଁ ପୁଅ ପଢ଼ା-ଲେଖାରେ ଗଧ, ମୁଁ କ'ଣ ତାକୁ ବାହା ହେବି ।" କଥାଟା ଦେହକୁ ଲାଗିଲା । ସେ ଲାଗିଗଲା, ଓ ପ୍ରକୃତରେ ପ୍ରଥମ ସ୍ଥାନ ଅଧିକାର କଲା । ଉପରୋକ୍ତ ଦୁଇଟି ଘଟଣା ଏହି କଥାକୁ ପ୍ରମାଣିତ କରନ୍ତି ଯେ ମଣିଷ ମଧ୍ୟରେ କୌଣସି ନା କୌଣସି ଅଦୃଶ୍ୟ ଶକ୍ତି ଅବଶ୍ୟ ଲୁଚି ରହିଛି । ଯଦି ସେହି ଶକ୍ତି ଜାଗ୍ରତ ଓ ସକ୍ରିୟ ହୋଇଉଠେ, ତେବେ ମଣିଷ ପ୍ରତ୍ୟେକ ଇଚ୍ଛା ଓ ସ୍ୱପ୍ନ ସମ୍ପୂର୍ଣ୍ଣ କରିପାରେ ।

ନିଜର ଉଚିତ୍ ମୂଲ୍ୟାଙ୍କନ କରନ୍ତୁ:

କୌଣସି ଶକ୍ତି ରହିଛି ଯାହା ଯୋଗୁଁ ଫୁଟ୍‌ପାଥ୍‌ରେ ଜୀବନ ବିତାଉଥିବା ବ୍ୟକ୍ତି ଚକଚକିଆ ଉଆସର ମାଲିକ ହୋଇଯାଏ । ଏହି ଶକ୍ତି ଭଗବାନ କିମ୍ବା ଭାଗ୍ୟ ନୁହେଁ । ମନୋବିଜ୍ଞାନରେ ଏହାକୁ ବିଶ୍ୱାସ, ଆତ୍ମବିଶ୍ୱାସ କୁହାଯାଇଛି । ଏହାକୁ ମଣିଷର ପରମ ଶକ୍ତି ମାନ୍ୟତା ଦିଆଯାଇଛି । ଏହା ପ୍ରତ୍ୟେକ ମଣିଷ ଭିତରେ ରହିଛି । ଯଦି ଏହା ପ୍ରତ୍ୟେକ ମଣିଷ ଭିତରେ ସବୁ ସମୟରେ ଜାଗ୍ରତ ରୁହେ ତେବେ ଆଜି ସଂସାରରେ ମଣିଷ-ମଣିଷ ଠାର ଭିନ୍ନତା ରଖି ନଥାନ୍ତା । ଧନୀ-ଗରିବ, ସୁଖୀ-ଦୁଃଖୀର ଭେଦଭାବ ନ ଥାନ୍ତା । ତାହାର ହିଁ ଅଭାବ ଅଥବା ଅଧିକତା ଏହି ପ୍ରକାରର ବିଭାଜନ କରିରଖିଛି । ଯଦି ମଣିଷ ମଧ୍ୟରେ କାର୍ଯ୍ୟକର ବିଚାର ଶକ୍ତି ଥାନ୍ତା ତେବେ ସର୍ବଦା ବିଶ୍ୱାସର ହିଁ ଶାସନ ରହିଥାନ୍ତା । ଭଗବାନ ତ' ମଣିଷକୁ ଡର, ନିରାଶା ଆଦି ଭାବନାର ଅଭିଶାପ ଦେଇନାହାନ୍ତି, ବରଂ ତାକୁ ଶକ୍ତିର ବରଦାନ ଦେଇଛନ୍ତି । ଆଶ୍ଚର୍ଯ୍ୟର କଥା ଏହି ଯେ, ମଣିଷ ନିଜର ମୂଲ୍ୟାଙ୍କନ, ନିଜ ଶକ୍ତି ଅନୁସାରେ କରି ନିଜ ଦୁର୍ବଳତାକୁ ଆଧାର ମାନି ଚାଲେ । ସେ ନିଜ ମହତ୍ୱକୁ ଲଘୁତ୍ୱରେ ଦେଖେ । ତା' ମନର ମହାନ୍ ଶତ୍ରୁ ଆଳସ୍ୟ ଓ ତା'ର ଭଉଣୀ କର୍ମଠହୀନତା, ତାକୁ ନିଷ୍ଫଳ କରିଦିଅନ୍ତି । ଏହି କାରଣରୁ ଅଧିକାଂଶ ଲୋକ ଏହି କଥାକୁ ମାନି ଚାଲନ୍ତି ଯେ ସେମାନଙ୍କ ଇଚ୍ଛା, ସେମାନଙ୍କ ସ୍ୱପ୍ନ କେବେ ସମ୍ପୂର୍ଣ୍ଣ ହୋଇପାରିବ ନାହିଁ । ସେମାନେ କେବଳ ଚିନ୍ତାରେ ରହିଯିବେ । ସେମାନେ ସେଗୁଡ଼ିକୁ କେବଳ କଳ୍ପନାର ଖେଳ ମାନନ୍ତି । କେବେ ସାକାର ରୂପ ମଧ୍ୟ ଦିଆଯାଇ ପାରିବ, ସେମାନେ ଏହାର କଳ୍ପନା ମଧ୍ୟ କରିପାରନ୍ତି ନାହିଁ । ନିଜ ସ୍ୱପ୍ନ ଓ ଇଚ୍ଛାକୁ ସେମାନେ ଜୀବନର ଅଙ୍ଗ ବୋଲି ମାନି ପାରନ୍ତି ନାହିଁ । ଅଧିକାଂଶ ଲୋକ ଏହି ତଥ୍ୟକୁ ଜାଣନ୍ତି ନାହିଁ ଯେ ସେମାନଙ୍କ ସାମର୍ଥ୍ୟ ତ' ସାଧନ ମାତ୍ର । ବାସ୍ତବିକ ସାମର୍ଥ୍ୟ ତ' ଉପରୋକ୍ତ

ଶକ୍ତିରୁ ଉତ୍ପନ୍ନ ହୁଏ, ଯେତେବେଳେ କି ଲୋକେ ସାମର୍ଥ୍ୟ ଥାଇ ମଧ୍ୟ ଉପରୋକ୍ତ ଶକ୍ତିର ଅଭାବରେ ଅସଫଳ ରହି ଯାଇଛନ୍ତି । ଯୁଦ୍ଧ ସମ୍ବନ୍ଧରେ ଅନେକ ସେନାପତିଙ୍କ ଦ୍ୱାରା କୁହାଯାଇଥିବା ଏହି କଥାରେ ସତ୍ୟତା ଅଛି ଯେ ଯୁଦ୍ଧକ୍ଷେତ୍ରରେ ଅସ୍ତ୍ର ଲଢ଼ନ୍ତି ନାହିଁ, ବରଂ ତାକୁ ସୈନିକ ଲଢ଼ାନ୍ତି । ସେହି ସମୟରେ ଉପରୋକ୍ତ ଶକ୍ତିର ଉଦୟ ହେଲେ ସେମାନେ ଶତ୍ରୁ ପକ୍ଷକୁ ଦଳି ଦିଅନ୍ତି ।

ଅନେକ ଥର ପ୍ରତ୍ୟକ୍ଷ ଜୀବନରେ ଏମିତି ଦେଖାଯାଇଛି । ଥରେ ଜଣେ ବ୍ୟକ୍ତି ମହାପାପ କରି ନିଜ ଘରେ ପଶିଗଲା । ଲୋକେ ମାରିବାକୁ ଆସିଲା ବେଳକୁ ସେ ଛାତ ଉପରେ ଚଢ଼ି ନିଜ ବନ୍ଧୁକ ଧରିଲା ଓ ସମସ୍ତଙ୍କୁ ଗୁଳି ମାରିବାକୁ ଧମକ ଦେଲା । ଲୋକେ ଡରିଗଲେ । ଏହି ସମୟରେ ଜଣେ ଯୁବକ ଆଗକୁ ଆସିଲା । ତା' ହାତରେ କେବଳ ଗୋଟିଏ ଠେଙ୍ଗା ଥିଲା । ଯୁବକ ଜଣକ ତାକୁ ଯୁଦ୍ଧ ଡାକରା ଦେଲା ଏବଂ ଭୂଇଁରେ ଠେଙ୍ଗା ବାଡ଼େଇଲା । ଧମକ ଦେଲା, ବନ୍ଧୁକ ଫୋପାଡ଼ି ଦେ, ନ ହେଲେ ଠେଙ୍ଗାରେ ତୋ ମୁଣ୍ଡ ଫଟେଇ ଦେବି ଓ ବର୍ତ୍ତମାନ କବାଟ ଭାଙ୍ଗି ଭିତରକୁ ପଶିଯିବି । ଏଥି ସହିତ ସେହି ଯୁବକ କବାଟରେ ଠେଙ୍ଗା ବାଡ଼େଇବା ଆରମ୍ଭ କରିଦେଲା । ଛାତ ଉପରେ ଠିଆ ହୋଇଥିବା ସେହି ବ୍ୟଭିଚାରୀ ଉଦ୍‌ବିଗ୍ନ ହୋଇଗଲା । ଡରିଯାଇ ସେ ବନ୍ଧୁକ ତଳକୁ ପକାଇଦେଲା । କେବଳ ଠେଙ୍ଗା ବଳରେ ଯୁବକ ଜଣକ ସେହି ବନ୍ଧୁକଧାରୀକୁ ପରାସ୍ତ କରିଦେଲା । ଏମିତି ଢଙ୍ଗରେ ତାକୁ ଯୁଦ୍ଧ ଡାକରା ଦେଲା ଓ ଏମିତି ଆତ୍ମବିଶ୍ୱାସର ସହ କବାଟ ଭାଙ୍ଗିବାକୁ ଆରମ୍ଭ କରିଦେଲା ଯେ ବନ୍ଧୁକଧାରୀକୁ ପୂର୍ଣ୍ଣ ବିଶ୍ୱାସ ହୋଇଗଲା ଯେ ସେ ଠେଙ୍ଗାରେ ତା' ମୁଣ୍ଡ ଫଟାଇଦେବ । ଏହି ଭୟ ଯୋଗୁଁ ସେ ବନ୍ଧୁକ ପକାଇଦେଲା । ଇତିହାସରେ ଏହି ପ୍ରକାରର ଆଉ ଏକ ଘଟଣାର ଉଲ୍ଲେଖ ଅଛି । ଗୋଲିୟଥ ଯେତେବେଳେ ଇସ୍ରାଏଲୀୟଙ୍କ ଶିବିରରେ ପହଞ୍ଚି ସେମାନଙ୍କୁ ଯୁଦ୍ଧ ଡାକରା ଦେଲେ, ସେତେବେଳେ ସେମାନେ ତାଙ୍କ ଆହ୍ୱାନ ଶୁଣି ଥରିଉଠିଲେ ।

ଗୋଲିୟଥଙ୍କ ସହ ଲଢ଼ିବାକୁ କାହାର ସାହସ ହେଲାନାହିଁ । ଗୋଲିୟଥ ସେମାନଙ୍କୁ ବାରମ୍ବାର ଆହ୍ୱାନ ଦେଉଥିଲେ, ସେତିକିବେଳେ ଡେବିଡ୍ ନାମକ ଜଣେ ସାଧାରଣ ଯୁବକ ତାଙ୍କ ସହ ଲଢ଼ିବାକୁ ପ୍ରସ୍ତୁତ ହୋଇଗଲେ । ସେ ଗୋଲିୟଥଙ୍କ ଆହ୍ୱାନ ସ୍ୱୀକାର କଲେ । ଯେତେବେଳେ ସେ ଗୋଲିୟଥଙ୍କ ସହ ଲଢ଼ିବା ପାଇଁ ଆଗକୁ ଆସିଲେ ତେବେ ଅନେକ ଯୋଦ୍ଧା ତାଙ୍କୁ ନିଜର ଅସ୍ତ୍ର ଦେଲେ ଯେ ସେ ସେମାନଙ୍କ ସହ ମୁକାବିଲା କରନ୍ତୁ । ଗୋଲିୟଥ ବିଭିନ୍ନ ପ୍ରକାରର ଅସ୍ତ୍ରରେ ପ୍ରସ୍ତୁତ ଥିଲେ ।

ଡେବିଡ୍ ଯୋଦ୍ଧାଙ୍କ ଅସ୍ତ୍ର ନେବାକୁ ମନା କରିଦେଲେ । ସେ କହିଲେ ସେ ନିଜ ଅସ୍ତ୍ର ସାହାଯ୍ୟରେ ହିଁ ଲଢ଼ିବେ । ତାଙ୍କ ପାଖରେ କେବଳ ପଥର ଫୋପାଡ଼ିବା ବାଟୁଳିଖଡ଼ା ଥିଲା । ଯେତେବେଳେ ସେ ଗୋଲିୟଥଙ୍କ ସମ୍ମୁଖକୁ ଆସିଲେ, ତେବେ ଗୋଲିୟଥ ହସିବାକୁ

ଲାଗିଲେ । କହିଲେ, "ତୁ ମୋର ମୁକାବିଲା କରିବୁ? ତୋ ପାଖରେ ତ' ଅସ୍ତ୍ର ହିଁ ନାହିଁ । ମୁଁ ତୋତେ ଖଣ୍ଡ-ଖଣ୍ଡ କରି ଶାଗୁଣାଙ୍କୁ ଖୁଆଇ ଦେବି ।" ଡେବିଡ୍ ଦୃଢ଼ତାର ସହ କହିଲେ, "ଇସ୍ରାଏଲର ବିଶ୍ୱାସ ମୋ ପାଖରେ ଅଛି । ମୁଁ ତୁମର ମୁଣ୍ଡ ଫଟେଇ ଦେବି ।" ଓ ସତରେ ଡେବିଡ୍ ପ୍ରଥମ ଆକ୍ରମଣ ଏମିତି କଲେ ଯେ ଗୋଲିୟଥଙ୍କ ମୁଣ୍ଡ ଛିନ୍ନଭିନ୍ନ ହୋଇଗଲା । ଡେବିଡ୍ଙ୍କ ବାଟୁଲିଖଡ଼ାରୁ ବାହାରିଥିବା ଗୋଟିଏ ପଥର ଗୋଲିୟଥଙ୍କୁ ଶେଷ କରିଦେଲା । ଏଥିରୁ ସ୍ପଷ୍ଟ ଯେ ସଫଳତାର କୌଣସି ଚାବି ଅଛି, ତେବେ ତାହା ଉପରୋକ୍ତ ଶକ୍ତି ଅଟେ, ଯାହା ପ୍ରତ୍ୟେକ ଅବସ୍ଥାରେ ଆମର ଇଚ୍ଛା, ଆମର ସ୍ୱପ୍ନ ପୂରଣ କରିଦେବାର ସାମର୍ଥ୍ୟ ରଖିଥାଏ । ଏହି ଶକ୍ତିର ନାମ ହେଲା ଆତ୍ମବିଶ୍ୱାସ । ଆତ୍ମବିଶ୍ୱାସ ଉତ୍ପନ୍ନ କରନ୍ତୁ । ସଫଳତା ଆପଣଙ୍କ ପାଦ ତଳକୁ ଆସିବ । ଯେ କୌଣସି ସଫଳ ବ୍ୟକ୍ତି ଅଥବା ବିଜେତାର ଇତିହାସ ଦେଖନ୍ତୁ, ତା' ସଫଳତାର କାରଣ ତା'ର ଆତ୍ମବିଶ୍ୱାସ ହିଁ ଅଟେ ।

ସଂସାରର ସବୁଠୁ ବଡ଼ ଚମତ୍କାରୀ ଶକ୍ତିର ନାମ ହେଲା ଆତ୍ମବିଶ୍ୱାସ । ମାନବ ଜୀବନର ସମସ୍ତ ସଫଳତା କେବଳ ବିଶ୍ୱାସର ଆଧାରରେ ଠିଆ ହୋଇଛି । ବିଶ୍ୱାସ ବଳରେ ହିଁ ଆପଣ ନିଜ ଇଚ୍ଛା ଓ ନିଜର ପ୍ରତ୍ୟେକ ସ୍ୱପ୍ନ ସାକାର କରିପାରିବେ, ଭଲାରେ ତାହା କେତେ ହିଁ ଅସମ୍ଭବ ହେଉ ନା କାହିଁକି । ଆତ୍ମବିଶ୍ୱାସୀ ମଣିଷ ପାଇଁ କୌଣସି କାର୍ଯ୍ୟ ଅସମ୍ଭବ ନୁହେଁ । ଯେତେବେଳେ ଆତ୍ମବିଶ୍ୱାସ ଜାଗିଉଠେ, ତେବେ ମଣିଷର କାର୍ଯ୍ୟ ଶକ୍ତି ଆପେ ଆପେ ଦୁଇଗୁଣା ହୋଇଯାଏ । ଆତ୍ମବିଶ୍ୱାସ ଜାଗ୍ରତ ହେବା କ୍ଷଣି ଆମ ଶରୀରର ବିଭିନ୍ନ ପ୍ରକାରର ସୁପ୍ତ ଓ ଜାଗ୍ରତ ଶକ୍ତି ସକ୍ରିୟ ହୋଇଯାନ୍ତି । ଆତ୍ମବିଶ୍ୱାସ ବଳରେ କୁହାଯାଇଥିବା ପ୍ରତ୍ୟେକ ଶବ୍ଦ, ମଣିଷ କାର୍ଯ୍ୟ ରୂପରେ ବଦଳାଇ ପାରେ । ଆତ୍ମବିଶ୍ୱାସ ବଳରେ ହିଁ ସେ ବଡ଼ ବଡ଼ ସଙ୍କଟରୁ ପାର୍ ପାଇଯାଏ । ଯେଉଁ ମଣିଷର ଆତ୍ମବିଶ୍ୱାସ ନାହିଁ, ସେ ନିଜ ଜୀବନରେ କିଛି ମଧ୍ୟ କରିପାରେ ନାହିଁ । ସେ ନିଜ ଜୀବନ ମଣିଷ ହୋଇ ମଧ୍ୟ ସାଧାରଣ ପଶୁଙ୍କ ପରି ବିତାଇଥାଏ । ବିନା ଆତ୍ମବିଶ୍ୱାସରେ ସେ ଜୀବନ୍ତ ଶବ ସମାନ ଅଟେ । ତା'ର ସମସ୍ତ ଇଚ୍ଛା, ସମସ୍ତ ସ୍ୱପ୍ନ କେବଳ ମନରେ ଅର୍ଥାତ୍ କଳ୍ପନାରେ ହିଁ ରହିଯାଏ । ଯେଉଁଭଳି ପୃଥିବୀରୁ ଉପରକୁ ଫିଙ୍ଗା ଯାଇଥିବା ପଥର ଫେରିଆସି ତଳେ ପଡ଼ିଯାଏ, ସେହିପରି ତା'ର ସମସ୍ତ ଇଚ୍ଛା, ସବୁ ସ୍ୱପ୍ନ କେବଳ ଉପରକୁ ଲମ୍ଫ ଦିଅନ୍ତି, ସବୁ ତଳେ ପଡ଼ି ମରିଯାଆନ୍ତି । ସେ ନିଜ ଜୀବନରେ ମଧ୍ୟ କୌଣସି ଲକ୍ଷ୍ୟକୁ ପ୍ରାପ୍ତ କରିପାରେ ନାହିଁ ।

ଆତ୍ମବିଶ୍ୱାସରେ ବହୁତ ଶକ୍ତି ଅଛି । ଯେପରି ପୃଥିବୀର ଗୁରୁତ୍ୱାକର୍ଷଣ ଶକ୍ତିକୁ ଭାଙ୍ଗି ପଥରକୁ ଫୋପାଡ଼ିଲେ ତାହା କେବେ ପୃଥିବୀକୁ ଆସିପାରେ ନାହିଁ, ସେହିପରି ଆତ୍ମବିଶ୍ୱାସ ବଳରେ କାମ କରୁଥିବା ବ୍ୟକ୍ତି ନିଜ ଲକ୍ଷ୍ୟ ପର୍ଯ୍ୟନ୍ତ ପହଞ୍ଚି ହିଁ ନିଶ୍ୱାସ ମାରେ ।

ଆତ୍ମବିଶ୍ୱାସ ଓ ଆତ୍ମବିଶ୍ୱାସହୀନତାରେ ପୃଥିବୀ ଏବଂ ଆକାଶର ପ୍ରଭେଦ ଅଛି। ଏଥିରୁ ବଞ୍ଚିତ ବ୍ୟକ୍ତି ଜୀବନରେ ପ୍ରତି ପାଦରେ ପରାଜିତ ହୋଇଥାଏ। ଯାହା ଭିତରେ ଆତ୍ମବିଶ୍ୱାସ ଅଛି, ସେ ସବୁବେଳେ ନିଜ ବିଜୟ ପତାକା ଉଡ଼ାଇ ଚାଲେ। ଯେଉଁ ଲୋକଙ୍କୁ ନିଜ ଶକ୍ତି ଉପରେ ବିଶ୍ୱାସ ନାହିଁ, ସେମାନେ ଦୁନିଆରେ କୌଣସି ପ୍ରକାରର ଶକ୍ତି ପ୍ରାପ୍ତ କରିପାରିବେ ନାହିଁ।

ସଂସାରରେ ଯେତିକି ମହାନ୍ କାର୍ଯ୍ୟ ହୋଇଛି, ସବୁ ଆତ୍ମବିଶ୍ୱାସ ବଳରେ ହୋଇଛି। ଇତିହାସ ଏହାର ସାକ୍ଷୀ ଅଟେ। ନେପୋଲିୟନ ବୋନାପାର୍ଟ କ'ଣ ଥିଲେ? କେବଳ ଆତ୍ମବିଶ୍ୱାସ ବଳରେ ସେ ବିଶ୍ୱକୁ ଦୋହଲାଇ ଦେଇଥିଲେ। ହିଟଲର କ'ଣ ଥିଲେ? କେମିତି ଥିଲା ତାଙ୍କ ଜୀବନ, ମଧ୍ୟବିତ୍ତ ପରିବାରରେ ଜନ୍ମ ନେଇ ଏତେ ବଡ଼ ସ୍ୱେଚ୍ଛାଚାରୀ ହୋଇଗଲେ ଯେ ଦୁନିଆ ପ୍ରକମ୍ପିତ ହେଲା। ନିଜର ଆତ୍ମବିଶ୍ୱାସ ବଳରେ ଜଣାନାହିଁ ମଣିଷ କେତେ ଆବିଷ୍କାର କରି ଦେଇଛି। ଆତ୍ମବିଶ୍ୱାସ ସେହି ମହାନ୍ ଶକ୍ତିର ନାମ, ଯିଏ ସଫଳତାକୁ ନିଜର ଦାସୀ କରେ। କିଛି ଲୋକ ଅତ୍ୟନ୍ତ ନିରାଶାବାଦୀ ହୋଇଥାନ୍ତି। ଏହି ଭାବନା ସେମାନଙ୍କ ମନରେ ଘର କରିଯାଏ ଯେ ସେମାନେ ଅବିରତ ଭୁଲ୍ କରିଛନ୍ତି। ପ୍ରତ୍ୟେକ କାର୍ଯ୍ୟରେ ତାଙ୍କୁ ଅସଫଳତାର ମୁହଁ ଦେଖିବାକୁ ପଡ଼ିଛି। ଅତଏବ ବର୍ତ୍ତମାନ ସେମାନେ କେବେ କିଛି କରିପାରିବେ ନାହିଁ। ଏହିଭଳି ନିରାଶାପୂର୍ଣ୍ଣ ଭାବନା କେବଳ ସେମାନଙ୍କ ମନରେ ଆସେ, ଯେଉଁମାନଙ୍କ ମଧ୍ୟରେ ଆତ୍ମବିଶ୍ୱାସ ନଥାଏ।

ସନ୍ଦେହକୁ ଛାଡ଼ନ୍ତୁ:

ସନ୍ଦେହ ରଖୁଥିବା ବ୍ୟକ୍ତି ବିଫଳ ହୁଏ ଓ ଶେଷରେ ନଷ୍ଟ ହୋଇଯାଏ। ଯେଉଁ ବ୍ୟକ୍ତି ମନରେ ଉଦାସୀନତା ଅଛି, ସେ ନିଜ ଜୀବନରେ କିଛି କରିପାରେ ନାହିଁ। ସରଳ ସିଦ୍ଧାନ୍ତ ଅଟେ, ଯେତେବେଳେ ମନରେ ହିଁ ସଫଳତାର ବିଶ୍ୱାସ ନାହିଁ, ତେବେ ଜୀବନରେ ସଫଳତା କେମିତି ମିଳିବ! ପୁନଃ ଏ ପ୍ରକାରର ବ୍ୟକ୍ତିକୁ ସଂସାରର କୌଣସି ଶକ୍ତି ସଫଳତା ପ୍ରଦାନ କରାଇ ପାରିବ ନାହିଁ। ଯେତେବେଳେ ନିଜର ହାତ-ଗୋଡ଼ ଦୃଢ଼ ନାହିଁ ତେବେ ଅନ୍ୟର ସାହାରା ନେଇ ଚାଲିଲେ କେତେଦିନ ଜୀବନକୁ ଟଣାଯାଇ ପାରିବ। ନିଜ ଆତ୍ମବିଶ୍ୱାସର ଅଭାବରେ ମଣିଷ ନିଜ ଜୀବନ ଦୁଃଖମୟ କରିଦିଏ! ତା' ପାଇଁ ଜୀବନରେ କୌଣସି ସୁଖ ନଥାଏ।

ପ୍ରତ୍ୟେକ ସଫଳ ପୁରୁଷ ମଧ୍ୟରେ ଆତ୍ମବିଶ୍ୱାସ ଥିଲା, ଏହି କାରଣରୁ ସେମାନେ ସଫଳ ହୋଇଗଲେ ଅନ୍ୟଥା ତାଙ୍କ ଜୀବନ ମଧ୍ୟ ସାଧାରଣ ହୋଇ ରହିଥାନ୍ତା। ବିଜୟ ଉପରେ ଅତୁଟ ବିଶ୍ୱାସ, ନିଜ ସାମର୍ଥ୍ୟ ଉପରେ ଅତୁଟ ଶ୍ରଦ୍ଧା ସଫଳତାର ପ୍ରଥମ ଚାବି ଅଟେ। ଅତୁଟ ଆତ୍ମବିଶ୍ୱାସ ବଳରେ ମଣିଷ ଅଳ୍ପ ସମୟ ପାଇଁ ମୃତ୍ୟୁକୁ ମଧ୍ୟ ପଛକୁ ଠେଲିଦିଏ।

ଜଣେ ଯୁବତୀ ମୋର ପରିଚିତ ଅଟନ୍ତି । ମୁଁ ତାଙ୍କ ବାସ୍ତବିକତା ଜାଣିଛି । ସେ ରୋଗରେ ପଡ଼ିଥିଲେ । ସେଥିପାଇଁ କଲେଜ ଛାଡ଼ିଲେ । ବହୁତ ଦୁର୍ବଳ ହୋଇଗଲେ । ଡାକ୍ତରମାନେ ହାତ ଟେକି ଦେଇଥିଲେ । ସେ ମରିଯିବେ । ଏହା ସତ୍ତ୍ୱେ ଯୁବତୀଙ୍କୁ ନିଜ ଉପରେ ସମ୍ପୂର୍ଣ୍ଣ ଆତ୍ମବିଶ୍ୱାସ ଥିଲା । ସେ କହିଲେ, ନା ଡାକ୍ତର ! ମୁଁ ବର୍ତ୍ତମାନ ମରିବି ନାହିଁ । ନିଜ ଆତ୍ମବିଶ୍ୱାସ ବଳରେ ସେ ସୁସ୍ଥ ହୋଇଗଲେ । ତାଙ୍କର ସ୍ୱାସ୍ଥ୍ୟ ଠିକ୍ ହୋଇଗଲା । ସେ ଆଜି ମଧ୍ୟ ଜୀବିତ । ତାଙ୍କ ନାଁ ହେଲା ଜେନ୍ ଏଡମ୍ସ । ମୁଁ ଜେନ୍ ଏଡମ୍ସଙ୍କୁ ତାଙ୍କ ଜୀବିତ ରହିବାର ରହସ୍ୟ ପଚାରିଲି, ତେବେ ସେ ଜବାବ ଦେଲେ, ରୋଗ ଘେରି ରହିଥିଲା । ବହୁତ ଦୁର୍ବଳ ହୋଇ ଯାଇଥିଲି । ଉଠି ବସିବା ତ' ଦୂରର କଥା, କଡ଼ ଲେଉଟାଇବାର ଶକ୍ତି ମଧ୍ୟ ନଥିଲା । କିନ୍ତୁ ମୋ ଭିତରେ ଏତେ ଆତ୍ମବିଶ୍ୱାସ ଥିଲା ଯେ ମୁଁ ଜୀବିତ ରହିବି ବୋଲି ସମ୍ପୂର୍ଣ୍ଣ ଭରସା ଥିଲା । ନିଜ ସାଙ୍ଗରେ ମୁଁ ସମକକ୍ଷ ଲଢ଼େଇ କରି ଚାଲିଲି ଓ ଦିନେ ଠିକ୍ ହୋଇଗଲି । ଜଣେ ମଣିଷ ବହୁତ ଦୁର୍ବଳ ଥିଲା, କିନ୍ତୁ ଜଣେ ମନୋବୈଜ୍ଞାନିକ ତା' ମନରେ ଏମିତି ଆତ୍ମବିଶ୍ୱାସ ଭରିଦେଲେ ଯେ ସେ ଛଅଜଣ ଲୋକଙ୍କ ସମକକ୍ଷ ଓଜନ ଏକୁଟିଆ ଉଠାଇବାକୁ ଲାଗିଲା । ହେଲେ, ତା' ମଧ୍ୟରେ ଏତେ ଶକ୍ତି କେଉଁଠୁ ଆସିଗଲା ? ନିଶ୍ଚୟ ହିଁ ନିଜ ଆତ୍ମବିଶ୍ୱାସ ବଳରେ ସେ ଏ ପ୍ରକାର କରୁଥିଲା । କିଛି ଦିନ ପରେ ସେହି ମନୋବୈଜ୍ଞାନିକଙ୍କ ଠାରୁ ସେ ଦୂରେଇ ଗଲା । ତାକୁ ଆତ୍ମବିଶ୍ୱାସ ଦେବା ପାଇଁ କେହି ରହିଲେ ନାହିଁ । କିଛି ଦିନ ପରେ ତା' ଦ୍ୱାରା ଜଣେ ମଣିଷର ସମକକ୍ଷ ଓଜନ ମଧ୍ୟ ଉଠାଇବା ଜଟିଳ ହୋଇଗଲା ।

ଆତ୍ମବିଶ୍ୱାସ ବିନା ଆମେ ପ୍ରଗତି ପଥରେ ଆଗକୁ ଯାଇପାରିବା ନାହିଁ । ଆମର କାର୍ଯ୍ୟ, ଆମର ସଫଳତା, ଆମ ଆତ୍ମବିଶ୍ୱାସଠାରୁ ଆଗକୁ ଯାଇପାରିବ ନାହିଁ । ଯେହେତୁ ସେଗୁଡ଼ିକ କେବଳ ଆତ୍ମବିଶ୍ୱାସର ଅନୁସରଣ କରନ୍ତି । ଏହା ସତ୍ୟ ଯେ ଆମର ସଙ୍କୁଚିତ ବିଚାର ଆମକୁ ସୀମାରେ ବାନ୍ଧି ରଖିଦିଅନ୍ତି । ଯେତେବେଳ ପର୍ଯ୍ୟନ୍ତ ଏହି ସୀମାକୁ ଭାଙ୍ଗି ଆମେ ଆତ୍ମବିଶ୍ୱାସର ପଣତ ନ ଧରିଛେ, ସେତେବେଳ ପର୍ଯ୍ୟନ୍ତ ଆମର ଇଚ୍ଛା, ଆମର ସ୍ୱପ୍ନ ମନ ଭିତରେ ରହିଯିବେ । କ'ଣ ଜଣେ ମନୋବୈଜ୍ଞାନିକ କୌଣସି କୁହୁକ ମନ୍ତ୍ର ଜାଣିଛି ? ଏମିତି କଦାପି ନୁହେଁ । ସେତେବେଳେ ବ୍ୟକ୍ତି ମଧ୍ୟରେ ଏତେ ଶକ୍ତି କେଉଁଠାରୁ ଆସିଯାଏ ? କ'ଣ ମନୋବୈଜ୍ଞାନିକ ତାକୁ ଦେଇଥାଏ ? ନା, ଏମିତି କଦାପି ନୁହେଁ । ଏହି ଶକ୍ତି ତ' ମଣିଷ ଭିତରେ ରହିଛି । ମନୋବୈଜ୍ଞାନିକ ତ' କେବଳ ସେହି ଶକ୍ତିକୁ ଜାଗ୍ରତ କରିବାର କାମ କରନ୍ତି ।

ଯେ କୌଣସି ବ୍ୟକ୍ତିର ଶକ୍ତି ତା' ହାତରେ ନୁହେଁ, ମନରେ ଥାଏ । ବିପଦ କିମ୍ବା ସଙ୍କଟ ସମୟରେ ଯଦି ମନ ସହ ମଣିଷର ମାଂସପେଶୀର ସମ୍ବନ୍ଧ ଭାଙ୍ଗି ଦିଆଯାଏ, ତେବେ କ'ଣ ଗୋଟିଏ ମଧ୍ୟ ମାଂସପେଶୀ ନିଜ ଇଚ୍ଛା ଅନୁସାରେ କାର୍ଯ୍ୟ କରିପାରିବ ?

ଯେମିତି-ଯେମିତି ଆମର ଆତ୍ମବିଶ୍ୱାସ ବଢ଼ିଚାଲେ, ସେମିତି-ସେମିତି ଆମ ମନର ଶକ୍ତି ବଢ଼ିଚାଲେ । ଆମର ପ୍ରଭାବ, ଆମ ଶକ୍ତିର ସୀମା ଆମ ଆତ୍ମବିଶ୍ୱାସର ପରିମାଣ ସହ ସମାନ୍ତର ହୋଇଥାଏ । ଯେତିକି ଆତ୍ମବିଶ୍ୱାସ, ସେତିକି ହିଁ ଶକ୍ତି । ଆତ୍ମବିଶ୍ୱାସୀ ବ୍ୟକ୍ତି ଇତିହାସରେ ଅମର ହୋଇଯାଇଛନ୍ତି । ସେମାନଙ୍କୁ ଏହାର ସମ୍ପୂର୍ଣ୍ଣ ବିଶ୍ୱାସ ଥିଲା ଯେ ସେମାନଙ୍କ ସ୍ୱପ୍ନ, ତାଙ୍କ ଇଚ୍ଛା ଅବଶ୍ୟ ପୂର୍ଣ୍ଣ ହେବ । ସେମାନେ ଆତ୍ମବିଶ୍ୱାସ ବଳରେ ଅବିରତ ଆଗେଇ ଚାଲିଲେ । ଶେଷରେ ନିଜର ଲକ୍ଷ୍ୟ ସାଧନ କରିପାରିଲେ । ଯେଉଁମାନଙ୍କୁ ଜଣାଅଛି ଯେ ସେମାନଙ୍କୁ କ'ଣ କରିବାର ଅଛି, ସେମାନଙ୍କ ଲକ୍ଷ୍ୟ କ'ଣ ? ସେମାନଙ୍କ ପାଇଁ ଦୁନିଆ ଆପେ ଆପେ ରାସ୍ତା ଦେଖାଇ ଦିଏ ।

ପ୍ରବଳ ଆତ୍ମବିଶ୍ୱାସ ବଳରେ ହିଁ ମହାତ୍ମା ଗାନ୍ଧି ଭାରତକୁ ସ୍ୱାଧୀନ କଲେ । ପ୍ରବଳ ଆତ୍ମବିଶ୍ୱାସ ବଳରେ ହିଁ ଯେତେବେଳେ ଆମେରିକାରେ ଗୃହଯୁଦ୍ଧ ଆରମ୍ଭ ହେଲା ଓ ରାଷ୍ଟ୍ରପତି ନିର୍ବାଚନ ଆସିଲା ତେବେ ଲିଙ୍କନଙ୍କ ମନରେ ବିଚାର ଆସିଲା, ସେ କାହିଁକି ରାଷ୍ଟ୍ରକୁ ନିୟନ୍ତ୍ରଣ ନ କରିବେ ଓ ରାଷ୍ଟ୍ରପତି ନିର୍ବାଚନରେ ନ ଲଢ଼ିବେ । ତାଙ୍କୁ ବିଶ୍ୱାସ ଥିଲା, ଓ ସମ୍ପୂର୍ଣ୍ଣ ଆତ୍ମବିଶ୍ୱାସ ଥିଲା, ଏହି ନିର୍ବାଚନରେ ବିଜୟୀ ହେବେ । ଶେଷରେ ଆବ୍ରାହମ ଲିଙ୍କନ ନିର୍ବାଚନରେ ବିଜୟୀ ହେଲେ ଓ ଆମେରିକାର ରାଷ୍ଟ୍ରପତି ହେଲେ । ଏହି ପ୍ରବଳ ଆତ୍ମବିଶ୍ୱାସ ଯୋଗୁଁ 'ଜୋନ୍ ଅଫ୍ ଆର୍କ' ଫ୍ରାନ୍ସ ସେନାର ସେନାପତି ହୋଇପାରିଲେ । ତାଙ୍କୁ ଏହା ସମ୍ପୂର୍ଣ୍ଣ ଆତ୍ମବିଶ୍ୱାସ ଥିଲା ଯେ ଭଗବାନ ତାଙ୍କୁ ନିଜ ଦେଶକୁ ସ୍ୱାଧୀନ କରିବା ପାଇଁ ପଠାଇଛନ୍ତି । ଯଦି ତାଙ୍କ ମଧ୍ୟରେ ଏହି ପ୍ରକାରର ଭାବନା ନ ଥାନ୍ତା, ତେବେ ତାଙ୍କ ମହତ୍ତ୍ୱ ଜଣେ ସାଧାରଣ ସୈନିକ ଭଳି ହୋଇଥାନ୍ତା । ଆତ୍ମବିଶ୍ୱାସ ଅଭାବରେ ସେ କେବେ ନେତୃତ୍ୱ କରିପାରି ନ ଥାନ୍ତେ କିନ୍ତୁ ଆତ୍ମବିଶ୍ୱାସ ବଳରେ ସେ ଚାର୍ଲ୍ସଙ୍କୁ ଏହା ବୁଝାଇବାରେ ସଫଳ ହେଲେ ଯେ ଏହି ସମୟରେ ତାଙ୍କ ନେତୃତ୍ୱରେ ଫ୍ରାନ୍ସର ସେନା ନିଜ ଦେଶକୁ ରକ୍ଷା କରିପାରିବ । ତାଙ୍କୁ ଦୃଢ଼ ବିଶ୍ୱାସ ଥିଲା, ସେ ଏହିଭଳି କରିପାରିବେ । ଜୋନ୍‌ଙ୍କ ସେହି ପ୍ରବଳ ଆତ୍ମବିଶ୍ୱାସ ହିଁ ତାଙ୍କ ପାଇଁ ବରଦାନ ହୋଇଗଲା । ଜୋନ୍ ଅଫ୍ ଆର୍କଙ୍କୁ ଯୁଦ୍ଧ କଳାର ଜ୍ଞାନ ନଥିଲା, ଏହା ସତ୍ତ୍ୱେ ମଧ୍ୟ ସେ ନିଜ ଆତ୍ମବିଶ୍ୱାସ ବଳରେ ଏକ ପରାଜିତ ସେନାକୁ ବିଜୟୀ କରିଦେଲେ । ତାଙ୍କ ରାସ୍ତାରେ ବହୁତ ବାଧା ସୃଷ୍ଟି ହୋଇଛି, କିନ୍ତୁ ସେ ସବୁକୁ ଦଳି ଚକଟି ଆଗେଇ ଚାଲିଲେ । ସଫଳତା ହାସଲ କଲେ ।

ଏହିପରି, କ'ଣ କେବେ ନେପୋଲିୟନ ବିଧିବଦ୍ଧ ସୈନିକ ଶିକ୍ଷା ନେଇଥିଲେ ? କିନ୍ତୁ ନେପୋଲିୟନଙ୍କ ଆତ୍ମବିଶ୍ୱାସ ତାଙ୍କୁ ଅପରାଜିତ ସେନାପତି କରିଦେଲା । ଭାଗ୍ୟ ନାଁରେ ସେ ବଦ୍ଧ ହେଲେ ଅନ୍ୟଥା ବିଶ୍ୱ ବିଜେତା ହୋଇଥାନ୍ତେ । ନିଜର ଆତ୍ମବିଶ୍ୱାସ ଯୋଗୁଁ ନେପୋଲିୟନ ଇତିହାସ ପୁରୁଷ ହୋଇଗଲେ । ଉତ୍ତର ଧ୍ରୁବର ଅନ୍ୱେଷଣ

କରୁଥିବା ପିୟରେଙ୍କ ଆତ୍ମବିଶ୍ୱାସ ଭାବନାର ଅନ୍ୟ ଉଦାହରଣ ଖୋଜିଲେ ମିଳେନାହିଁ । ତାଙ୍କ କଷ୍ଟର କଳ୍ପନା କରାଯାଇ ନପାରେ । କିଏଜାଣେ କେତେଥର ତାଙ୍କୁ ନିଜ ଜୀବନ ବାଜି ଲଗାଇବାକୁ ପଡ଼ିଛି । ତାଙ୍କ ଜାହାଜ ଭାଙ୍ଗିଗଲା । ସାଥୀମାନେ ଅଲଗା ହୋଇଗଲେ । ସେ ଅବିଚଳିତ ରହିଗଲେ । ସେ କୌଣସି ପରିସ୍ଥିତିରେ ଉତ୍ତର ଧ୍ରୁବ ନଦେଖି ଫେରିବାକୁ ଚାହୁଁନଥିଲେ । ଶେଷରେ ଦିନେ ସେ ଉତ୍ତର ଧ୍ରୁବ ପାଇଗଲେ ।

ଆତ୍ମବିଶ୍ୱାସ ଏକ ଏମିତି ଶକ୍ତି ଯିଏ ବଡ଼ ବଡ଼ ପାହାଡ଼କୁ ମଧ୍ୟ ଦୋହଲାଇ ଦିଏ । ଯାହା ମନରେ ଆତ୍ମବିଶ୍ୱାସ ଆସିଗଲା, ତା'ର ସମସ୍ତ ସ୍ୱପ୍ନ, ସମସ୍ତ ଇଚ୍ଛା ଆପେ ଆପେ ପୂର୍ଣ୍ଣ ହୋଇଯାଏ । ଛୋଟିଆ ପଦବୀରେ କାମ କରୁଥିବା ସହସ୍ରାଧିକ ଲୋକ ଅଛନ୍ତି । କେବଳ କିଛି ଲୋକ ହିଁ ଉଚ୍ଚ ପଦବୀକୁ ପହଞ୍ଚି ପାରନ୍ତି । ଏହାର ଏକମାତ୍ର କାରଣ ସେମାନଙ୍କ ଆତ୍ମବିଶ୍ୱାସ ଅଟେ । ଅନ୍ୟ ଲୋକେ ନିଜକୁ ସୀମିତ କରି ନିଅନ୍ତି । ମୁଖ୍ୟ କଥା ହେଲା ଯେ ଯେମିତି ଆପଣଙ୍କ ବିଶ୍ୱାସ ହେବ, ସେମିତି ଆପଣଙ୍କ ଜୀବନ ହେବ । ନିଜ ଜୀବନକୁ ଆଶାରେ ଭରପୂର, ସ୍ଫୂର୍ତିମୟ ଓ ଉଲ୍ଲାସରେ ପରିପୂର୍ଣ୍ଣ କରନ୍ତୁ । ପୁନଃ ଦେଖନ୍ତୁ, ଏମିତି କେଉଁ କାମ ଅଛି, ଯାହା ଆପଣ କରିପାରିବେ ନାହିଁ! ଆପଣ କେବେ ଯାଏଁ ସଫଳ ହୋଇପାରିବେ ନାହିଁ ?

ଆପଣଙ୍କ ଜୀବନରେ ଯେତେବେଳେ ମଧ୍ୟ ବିଶୃଙ୍ଖଳା ଦେଖାଦିଏ, ତାହାର ଏକମାତ୍ର କାରଣ ହେଲା ଆପଣଙ୍କ ମନରେ ସନ୍ଦେହ ଓ ଆତ୍ମବିଶ୍ୱାସର ଅଭାବ । ଏହାକୁ ଆପଣ ବାହାର କରି ଦିଅନ୍ତୁ । ଆପଣଙ୍କ ଜୀବନ ପ୍ରକାଶିତ ହେବ । ଯେଉଁ ମଣିଷ ଆତ୍ମବିଶ୍ୱାସ ରଖିଥାଏ, ନିଜର କାର୍ଯ୍ୟଦକ୍ଷତା ଉପରେ ଭରସା ରଖିଥାଏ, ସେ ନିଜ କାର୍ଯ୍ୟରେ ନିଶ୍ଚିତ ରୂପେ ସଫଳ ହୋଇଥାଏ । ଜୀବନକୁ ବାସ୍ତବିକ ରୂପେ ବିତାଇବାର ଏକମାତ୍ର ସାଧନ, କେବଳ ଆତ୍ମବିଶ୍ୱାସ ଅଟେ । ଏହା ଦ୍ୱାରା ହିଁ ମନୁଷ୍ୟ ନିଜ ଶକ୍ତିର ପ୍ରବାହ ଗଙ୍ଗା ଭଳି ଅବିରତ ଗତିଶୀଳ ରଖି ପ୍ରତ୍ୟେକ ଇଚ୍ଛା, ପ୍ରତ୍ୟେକ ସ୍ୱପ୍ନ ସାକାର କରିପାରେ । ଆପଣ ସେତିକି ହିଁ ଆଗକୁ ଯାଇ ପାରିବେ, ଯେତିକି ଆତ୍ମବିଶ୍ୱାସ ଆପଣଙ୍କ ଭିତରେ ଅଛି । ସଂସାରର ଏହି ସେନାରେ ଆତ୍ମବିଶ୍ୱାସର ଧ୍ୱଜା ହିଁ ଆପଣଙ୍କୁ ଯୁଦ୍ଧକ୍ଷେତ୍ରରେ ଆଗକୁ ନେଇଯାଇ ପାରିବ । ସବୁ ପ୍ରକାର ଲୋକେ ଆପଣଙ୍କୁ କିଛି ନ ବୁଝନ୍ତୁ, ଆପଣଙ୍କୁ କେହି ପ୍ରାଧାନ୍ୟ ନ ଦିଅନ୍ତୁ, କିନ୍ତୁ ଦିନେ ଆପଣ ନିଜ ଆତ୍ମବିଶ୍ୱାସ ବଳରେ ସେହି ସମସ୍ତଙ୍କ ଠାରୁ ବିଶିଷ୍ଟ ବ୍ୟକ୍ତି ହୋଇପାରିବେ ଓ ସେମାନେ ସବୁ ଆପଣଙ୍କୁ ସେତେବେଳେ ମାନ-ସମ୍ମାନ ଦେବାକୁ ଲାଗିବେ । ଆପଣ ନିଜକୁ ସେମାନଙ୍କ ଠାରୁ ସେତେବେଳେ ଅଲଗା ଗଢ଼ିପାରିବେ, ଯେତେବେଳେ ଆପଣଙ୍କ ଆତ୍ମବିଶ୍ୱାସ ସେହିମାନଙ୍କ ଠାରୁ ପ୍ରବଳ ହେବ । ଦୁନିଆ ସେତେବେଳେ ଆପଣଙ୍କ ମୂଲ୍ୟ ଓ ବିଶାଳତ୍ୱ ବୁଝିବ, ଯେତେବେଳେ ଆପଣ କିଛି କରି ଦେଖାଇବେ ।

ଆପଣଙ୍କ ମନର ରାଜ୍ୟରେ ବିଶ୍ୱାସ ହିଁ ସେନାପତି ଅଟେ । ଆପଣଙ୍କ ଶରୀରର ସମସ୍ତ ଶକ୍ତି କେବଳ ତାହାର ଆଜ୍ଞା ବଳରେ ହିଁ ଚାଲନ୍ତି । ଯେ ପର୍ଯ୍ୟନ୍ତ ଆପଣଙ୍କ ଆତ୍ମବିଶ୍ୱାସ ସେଗୁଡ଼ିକୁ କାର୍ଯ୍ୟ କରିବା ପାଇଁ ଅଗ୍ରସର କରେ, ସେ ପର୍ଯ୍ୟନ୍ତ ସମକକ୍ଷ ସଙ୍ଗ ଦିଏ । ଯେ ପର୍ଯ୍ୟନ୍ତ ଆପଣଙ୍କ ଆତ୍ମବିଶ୍ୱାସ ଅଟଳ ରହିଛି, ସେତେବେଳ ପର୍ଯ୍ୟନ୍ତ ଆପଣଙ୍କ ଶକ୍ତି ସମାନ ରହିବ, ଆପଣ ସବୁ କିଛି କରିଚାଲିବେ । ଭଗବାନଙ୍କ ଅପରାଜିତ ଶକ୍ତି ସହ ଆପଣଙ୍କ ସମ୍ବନ୍ଧ କେବଳ ଆତ୍ମବିଶ୍ୱାସ ଯୋଗୁଁ ହୋଇପାରିବ । ଯେତେବେଳେ ଆମର ଆତ୍ମବିଶ୍ୱାସ ଭଗବାନଙ୍କ ସହ ନିଜ ସମ୍ପର୍କ ତିଆରି କରିଦିଏ, ତେବେ ସେହି ସମୟରେ ଆମେ ଅଦ୍ଭୁତ ଶକ୍ତିରେ ଭରପୂର ହୋଇଯାଉ । ପ୍ରତ୍ୟେକ ସଫଳତା ସେତେବେଳେ ଆମ ପାଦତଳେ ଲୋଟିବା ଆରମ୍ଭ କରିଦିଅନ୍ତି ।

ଆତ୍ମବିଶ୍ୱାସ ଯେତେବେଳେ ଆପଣଙ୍କ ମନରେ ରହିଯାଏ, ତେବେ ମନ ସନ୍ଦେହ, ଚିନ୍ତାରୁ ଏକଦମ୍ ମୁକ୍ତ ହୋଇଯାଏ । ସେ ନିର୍ଭୟ ରୂପେ ନିଜ କାର୍ଯ୍ୟ କରିଚାଲେ । ସେ ସବୁବେଳେ ଆପଣଙ୍କୁ ଉନ୍ନତି ପଥରେ ଆଗେଇ ନେଇଯାଏ । ମନେ ରଖନ୍ତୁ, ଆତ୍ମବିଶ୍ୱାସରୁ ସଫଳତା, ତାହାର ପରିଣାମ, ଅସାଧାରଣ, ଅଗଣିତ ଅଟେ । ସେଗୁଡ଼ିକୁ ଗଣିପାରିବା ସମ୍ଭବ ନୁହେଁ । ବୈଜ୍ଞାନିକ, ଆବିଷ୍କାରକଙ୍କୁ ଦେଖନ୍ତୁ । କେତେ କଷ୍ଟ, ଲଗାତର୍ କଠିନ ପରିଶ୍ରମ, ଚିନ୍ତନ, ମନନ, ମାନସମନ୍ଥନ ପରେ ସେମାନେ କିଛି କରିପାରିଥିବେ... ଏହା ଉପରେ କେବେ ଆପଣ ଚିନ୍ତା କରିଛନ୍ତି ? ସେମାନେ କେବେ ସାହସ ହାରିଦେଇ ଅଥବା ହାତ ବାନ୍ଧି ବସି ନଥିଲେ, ନିରାଶ, ଶୋକାବହ ହୋଇନାହାନ୍ତି, ଅବିରତ ପରିଶ୍ରମ କରି ଚାଲିଲେ । ସେମାନଙ୍କୁ ଏହାର ସମ୍ପୂର୍ଣ୍ଣ ବିଶ୍ୱାସ ଥିଲା ଯେ ସେମାନେ ନିଜ ଲକ୍ଷ୍ୟ ସାଧନ କରି ହିଁ ରହିବେ । ଶେଷରେ ଏହା ହିଁ ହେଲା । ମଣିଷ ମଧ୍ୟରେ ଯେତିକି ପ୍ରବଳ ଆତ୍ମବିଶ୍ୱାସ, ଆକାଂକ୍ଷା ରହିବ, ଯେତିକି ହିଁ ଦୃଢ଼ତା ତା' ମଧ୍ୟରେ ଆସିବ, ସେ ସେତିକି ହିଁ ଶୀଘ୍ର ସଫଳତା ହାସଲ କରିବ । ବର୍ବର ଯୁଗରୁ ନେଇ ଆମର ଆଜିକାର ସଭ୍ୟତା ଓ ସଂସ୍କୃତିର ବିକାଶ କେବଳ ମନୁଷ୍ୟର ଆତ୍ମବିଶ୍ୱାସ ଦ୍ୱାରା ହିଁ ସମ୍ଭବ ହୋଇଛି । ବିଶ୍ୱାସର ଏହି ସୋପାନ ଉପରେ ଚଢ଼ି ମନୁଷ୍ୟ ସଭ୍ୟତାର ଆକାଶ ଆଡ଼କୁ ହାତ ବଢ଼ାଇ ଚାଲିଛି । ସବୁଠାରୁ ବଡ଼ ଅସୁବିଧା ହେଲା ଆତ୍ମବିଶ୍ୱାସର ଏହି ମହତ୍ତା-ମହାନତା ସତ୍ତ୍ୱେ ଏହାର ବିଶାଳତ୍ୱ ବୁଝିବା ପରେ ମଧ୍ୟ ଏହାକୁ କାର୍ଯ୍ୟକାରୀ କରୁଥିବା ଲୋକ ହାତଗଣତି ଅଟନ୍ତି । ଏହାର କାରଣ ହେଲା ଆମେ ନିଜର ଆତ୍ମବିଶ୍ୱାସ ଜାଗ୍ରତ ତ' କରିଦେଉ, କିନ୍ତୁ କିଛି ସମୟ ପରେ ତାହା ଥଣ୍ଡା ହୋଇଯାଏ । ଆମେ ନିଜର ଆତ୍ମବିଶ୍ୱାସକୁ ସ୍ଥାୟୀ କରି ରଖନ୍ତି ନାହିଁ । ଏହା ସତ୍ୟ ଯେ ଯେଉଁମାନେ ଆତ୍ମବିଶ୍ୱାସ ଓ ଭଗବାନଙ୍କ ଭରସାରେ ଆଗକୁ ବଢ଼ନ୍ତି, ସେମାନଙ୍କୁ ସଫଳତା ମିଳିଥାଏ ।

ସବୁଠାରୁ ଦୁଃସାଧ କାମ ହେଲା ନିଜ ଆତ୍ମବିଶ୍ୱାସକୁ କାଏମ୍ ରଖିବା, ନିଜ ସାମର୍ଥ୍ୟର ସନ୍ଧାନ ଓ ବିଶ୍ୱାସକୁ ଧରି ରଖିବା ଅଟେ ।

ଗୁପ୍ତ ଶକ୍ତି:

ମଣିଷକୁ ଯେତେବେଳେ ନିଜର ଗୁପ୍ତ ଶକ୍ତିର ଜ୍ଞାନ ହୋଇଯାଏ, ତେବେ ତା'ର ସନ୍ଦେହ ଦୂର ହୋଇଯାଏ । ତା' ମନରେ ବିଶ୍ୱାସର ଚେର ଦୃଢ଼ ହୋଇଯାଏ, ତେବେ ତା'ର ସମସ୍ତ ଶକ୍ତି ଜାଗ୍ରତ ହୋଇଯାଇଥାଏ । ଦୁନିଆର ପାଖାପାଖି ସବୁ ଧର୍ମରେ ଭଗବାନଙ୍କ ଅସ୍ତିତ୍ୱ ଅଛି ଓ ସେହି ବାକ୍ୟ ପାଖାପାଖି ସମାନ ରୂପେ ପ୍ରତ୍ୟେକ ଧାର୍ମିକ ଗ୍ରନ୍ଥରେ ପାଇବେ ଯେ ଯିଏ ଭଗବାନଙ୍କ ଉପରେ ବିଶ୍ୱାସ କରେ, ସେ ଭଗବାନଙ୍କ ସବୁଠାରୁ ବଡ଼ ଭକ୍ତ ଅଟେ । ବିଶ୍ୱାସ ହିଁ ସେହି ଜୀବନ ଜ୍ୟୋତି ଅଟେ, ଯାହା ଅନ୍ଧକାରରେ ଆଲୋକ ଦେଇଥାଏ । ଜୀବନର ତମାମ୍ ସଂକଟ ଓ ଅସଫଳତାର ମୁକାବିଲା ମଣିଷ କେବଳ ଆତ୍ମବିଶ୍ୱାସ ବଳରେ କରିପାରେ । ଆପଣ ନିଜକୁ ଭଗବାନଙ୍କ ଅଂଶ ବୋଲି ଭାବନ୍ତୁ । ଯେତେବେଳେ ଭଗବାନ ଶକ୍ତିଶାଳୀ ଅଟନ୍ତି ତେବେ ଆପଣ ମଧ ଶକ୍ତିଶାଳୀ ଅଟନ୍ତି । ଏହି କଥାକୁ ଗଣ୍ଠି କରି ରଖନ୍ତୁ ଯେ ନିଜର ଇଚ୍ଛା ଓ ସ୍ୱପ୍ନକୁ ସମ୍ପୂର୍ଣ୍ଣ କରିବା ପାଇଁ ଆପଣଙ୍କର ଜନ୍ମ ହୋଇଛି । ଆପଣଙ୍କୁ ସବୁ ପ୍ରକାରର ସଂଘର୍ଷ କରି ନିଜର ଜୀବନ ସଫଳ କରିବାର ଅଛି । ଏଥିରେ ଆପଣ କୌଣସି ପ୍ରକାରର ସନ୍ଦେହ କରି ନିଜ ଆକାଂକ୍ଷା, ସ୍ୱପ୍ନକୁ ନଷ୍ଟ ହେବାକୁ ଦିଅନ୍ତୁ ନାହିଁ । ଉଦାସ, ନିରାଶ ହୋଇ ନିଜ ଗୋଡ଼ରେ କୁରାଢ଼ୀ ମାରନ୍ତୁ ନାହିଁ ।

ଏ ସଂସାର ଆପଣଙ୍କ ପାଇଁ । ଏହି ସଂସାରରେ ସବୁକିଛି ଅଛି, ଯାହା ଆପଣଙ୍କୁ ଦରକାର । ଜୀବନରେ ଆପଣଙ୍କୁ ଯେଉଁ ମହତ୍ କାର୍ଯ୍ୟ କରିବାର ଅଛି, ସେଗୁଡ଼ିକୁ କରିବାରେ ଆପଣ ବିଳମ୍ବ କରନ୍ତୁ ନାହିଁ । ଭଗବାନ ଏଥିପାଇଁ ଆପଣଙ୍କୁ ଯଥେଷ୍ଟ ଶକ୍ତି ଦେଇଛନ୍ତି । ଭଗବାନ ନିଜେ ମଧ ଏହି କାର୍ଯ୍ୟରେ ଆପଣଙ୍କୁ ସାହାଯ୍ୟ କରିବା ପାଇଁ ପ୍ରସ୍ତୁତ ଅଛନ୍ତି ।

ଆପଣଙ୍କୁ ଭଗବାନଙ୍କ ଏହି ଶକ୍ତିର ଉପଯୋଗ କରିବାର ଅଛି । ଏହି ପ୍ରକାରର ପ୍ରେରଣା ଏବଂ ଶକ୍ତି ପ୍ରାପ୍ତ କରିବା ପାଇଁ ଆପଣ ଆତ୍ମବିଶ୍ୱାସର ପଣତ ଧରନ୍ତୁ । ନିଜକୁ ଚିହ୍ନନ୍ତୁ । ଆପଣଙ୍କର ଅସ୍ତିତ୍ୱ କ'ଣ? ଏହାକୁ ଦେଖନ୍ତୁ, ସଂକଟରେ ଟିକେ ହେଲେ ଦୋଳାୟମାନ ହୁଅନ୍ତୁ ନାହିଁ । ଅସଫଳତା ପାଇଲେ ମଧ ଆତ୍ମବିଶ୍ୱାସକୁ ହରାନ୍ତୁ ନାହିଁ । ତା'କୁ ନିଜ ମନରେ ରହିବାକୁ ଦିଅନ୍ତୁ । ଦିନେ ନା ଦିନେ ଆପଣ ସଫଳ ହେବା ସୁନିଶ୍ଚିତ ।

ଆତ୍ମବିଶ୍ୱାସର ସହ ଯେତେବେଳେ ଈଶ୍ୱରୀୟ ବିଶ୍ୱାସ ମିଶିଯାଏ, ତେବେ ତାହା ଅସାଧାରଣ ଶକ୍ତି ହୋଇଯାଏ । ପ୍ରବଳ ଆତ୍ମବିଶ୍ୱାସୀ ହୋଇ ଆପଣ ଜୀବନକୁ ସଫଳ

କରିପାରିବେ । ଅତଏବ ଆତ୍ମବିଶ୍ୱାସ ବଜାୟ ରଖନ୍ତୁ । ଆତ୍ମବିଶ୍ୱାସ ଯୋଗୁଁ ଆପଣଙ୍କ ଶରୀରରେ ଶକ୍ତିର ସାଗର ସମାନ ଭାବେ ତରଙ୍ଗାୟିତ ହେବ ।

ଜଣେ ଦାର୍ଶନିକଙ୍କୁ ଏକ ବ୍ୟକ୍ତି ପଚାରିଲେ, "ଜୀବନର ବିଘ୍ନ କ'ଣ ?" - ଦାର୍ଶନିକ ଉତ୍ତର ଦେଲେ, "ଭୟ, ଅବିଶ୍ୱାସ, ନିରାଶା ଓ ସନ୍ଦେହ ।" "ଜୀବନର ରହସ୍ୟ କ'ଣ ?" "ଆତ୍ମବିଶ୍ୱାସ, ଉତ୍ସାହ ଓ ଶକ୍ତି !" ଦାର୍ଶନିକଙ୍କ ଉତ୍ତର ଥିଲା ।

ମଣିଷ ଜୀବନରେ ଅସାଧାରଣ ପରିବର୍ତ୍ତନ କେବଳ ଏହି ଆଧାରରେ ହୋଇଥାଏ । ଅତଏବ ନିଜ ଶକ୍ତିକୁ ଉଜାଗର କରନ୍ତୁ । ନିଜ ଇଚ୍ଛା, ନିଜ ସ୍ୱପ୍ନ ଆପଣ ସେତେବେଳେ ସାକାର କରିପାରିବେ ଯେତେବେଳେ ଆପଣ ଏହି କଥାକୁ ବିଶ୍ୱାସ କରିବେ ଯେ ଆପଣଙ୍କୁ କ'ଣ କରିବାର ଅଛି । ଜୀବନର ପ୍ରତି ମୁହୂର୍ତ୍ତ ମୂଲ୍ୟବାନ୍ ଅଟେ । ଯେଉଁ କ୍ଷଣ ଚାଲି ଯାଇଛି, ତାହା ଫେରି ପାରିବ ନାହିଁ । ଏହିଭଳି ଆପଣ ନିଜର ଗୋଟିଏ-ଗୋଟିଏ ମୁହୂର୍ତ୍ତ ହରାଇ ଅମୂଲ୍ୟ ସମ୍ପତ୍ତି ହରାଇ ବସନ୍ତି । ଆପଣ ନିଜର ବିଶାଳତ୍ୱକୁ ତ' ବୁଝନ୍ତୁ ।

ଦୁନିଆର କେଉଁ ମଣିଷ ଏମିତି ଅଛି, ଯିଏ ସ୍ୱପ୍ନ ଦେଖେନାହିଁ ଓ ଅଭିଳାଷ ରଖେନାହିଁ । କୌଣସି ମଣିଷ ଏହାକୁ ନିନ୍ଦା କରେନାହିଁ । ରାସ୍ତାରେ ଜରାଜୀର୍ଣ୍ଣ ଅବସ୍ଥାରେ ଭିକ୍ଷା କରୁଥିବା କୁଷ୍ଠରୋଗୀ ମଧ୍ୟ ରାଜକୁମାରୀର ସ୍ୱପ୍ନ ଦେଖେ, ଓ କଳ୍ପନା କରେ ଯେ ସେ ପ୍ରାସାଦରେ ବିଳାସପୂର୍ଣ୍ଣ ଜୀବନ ଅତିବାହିତ କରୁଛି । ଧନୀ ହେଉ ଅଥବା ଗରିବ, ସମସ୍ତେ ସ୍ୱପ୍ନ ଦେଖନ୍ତି । ସମସ୍ତେ ନିଜ ଜୀବନରେ କିଛି ନା କିଛି ଅଭିଳାଷ ରଖନ୍ତି । ଏହା ବ୍ୟତିରେକ ମଣିଷ ଜୀବିତ ରହିପାରିବ ନାହିଁ ।

ସ୍ୱପ୍ନ ଓ ଅଭିଳାଷ:

ମନୋବୈଜ୍ଞାନିକଙ୍କ କଥାନୁସାରେ ଯଦି ମଣିଷ ସ୍ୱପ୍ନ ଦେଖିବ ନାହିଁ, ଅଭିଳାଷ ରଖିବ ନାହିଁ ତେବେ ସେ ପାଗଳ ହୋଇଯିବ । ତା' ଜୀବନର ସନ୍ତୁଳନ ହିଁ ବିଗିଡ଼ିଯିବ । ସେତେବେଳେ ମଣିଷ ଓ ପଶୁ ମଧ୍ୟରେ କୌଣସି ପାର୍ଥକ୍ୟ ରହିବ ନାହିଁ । ଏହି ସ୍ୱପ୍ନ ଓ ଅଭିଳାଷ ହିଁ ତାକୁ ଜୀବିତ ରଖେ । ସବୁ ପ୍ରକାରେ ସେ ଏଗୁଡ଼ିକୁ ସମ୍ପୂର୍ଣ୍ଣ କରିବା ପାଇଁ ଉଦ୍ୟମୀ ରହିଛି । ଏହା ତାକୁ ବଞ୍ଚିବା ଓ ସଂଘର୍ଷ କରିବାର ପ୍ରେରଣା ଦେଇଥାଏ । ଯଦି ଏହା ନଥାନ୍ତା ତେବେ ସେ କିଛି ମଧ୍ୟ କରି ନଥାନ୍ତା । ପଶୁଙ୍କ ପରି ରହିଥାନ୍ତା । ଲୁଟ୍‌ପାଟ୍ କରି ପେଟ ଭରିଥାନ୍ତା ଓ ଶୋଇ ରହିଥାନ୍ତା । କିନ୍ତୁ ସ୍ୱପ୍ନ ଓ ଇଚ୍ଛା ମଣିଷକୁ ବିଭିନ୍ନ ପ୍ରକାରର କାମ କରିବାକୁ ପ୍ରେରଣା ଦିଅନ୍ତି । ପ୍ରତ୍ୟେକ ବ୍ୟକ୍ତି କିଛି ନା କିଛି ସୃଷ୍ଟି କରିବାକୁ ଚାହେଁ । ସତ କଥା ହେଲା ମଣିଷର ସ୍ୱପ୍ନ ଓ ଅଭିଳାଷର ସୀମା ନାହିଁ । ଏହା ଅନେକ ଅଟେ । ଗୋଟିଏ ସ୍ୱପ୍ନ କିମ୍ବା ଗୋଟିଏ ଅଭିଳାଷ ସମ୍ପୂର୍ଣ୍ଣ ହୋଇଗଲେ ସେ

ଅନ୍ୟଟି ପାଇଁ ଉଦ୍ୟମୀ ହୋଇଉଠେ । ମଣିଷ ଜୀବନରେ ସବୁ ପ୍ରକାରେ ତୃପ୍ତି ଅଛି ! ସେ ସର୍ବଦା ଏହି ଘୂର୍ଣ୍ଣନରେ ଲାଗିରୁହେ । ବୈରାଗୀ, ସାଧୁ-ସନ୍ୟାସୀ ଏହାକୁ ଅନେଶ୍ୱତର ଫେର କିମ୍ବା ମାୟାମୋହର ଜାଲ ମାନନ୍ତି ।

ମଣିଷ ଖାଲି ହାତରେ ଏହି ଦୁନିଆକୁ ଆସେ ଓ ଖାଲି ହାତରେ ଏଠାରୁ ଚାଲିଯାଏ । ଏହା ସତ୍ୟ ଯେ ନିଜ ସହ ସେ ନା' କିଛି ଆଣେ ନା' କିଛି ମଧ୍ୟ ନେଇଯାଏ । ତାହାର ସବୁକିଛି ଏଠାରେ ପଡ଼ିରୁହେ । ଏହା ସତ୍ତ୍ୱେ ସେ ଆହୁରି-ଆହୁରି ଘୋଷା ଲଗାଇଥାଏ । ତାକୁ ତୃପ୍ତି ହିଁ ମିଳେନାହିଁ । ଦିନେ ସେ ମରିଯାଏ । ତା'ର ଏହି ହସୁଥିବା-କଥା କହୁଥିବା ସୁଖୀ ଶରୀର ମାଟିରେ ମିଶିଯିବ, ଏହି ସତ୍ୟକୁ ସେ ଜାଣିଛି । ପ୍ରତ୍ୟେକକୁ ଏହାର ଧାରଣା ଅଛି, କିନ୍ତୁ ଏହା ସତ୍ତ୍ୱେ ସେ ନିରନ୍ତର ଏଥିରେ ଲାଗିରୁହେ ।

ବେଳେ-ବେଳେ ନିରପେକ୍ଷ ଭାବେ ଚିନ୍ତା କଲେ ମଣିଷର ଏହି ବ୍ୟବହାର ବଡ଼ ଆଶ୍ଚର୍ଯ୍ୟଜନକ ଲାଗେ, କିନ୍ତୁ ପ୍ରକୃତିର ରଚନାକୁ ଦେଖି, ପ୍ରକୃତିର ନିୟମ ବ୍ୟବସ୍ଥାର ପ୍ରସଙ୍ଗରେ ମଣିଷର ଏହି ପ୍ରକାର ବ୍ୟବହାର କରିବା, ସର୍ବଥା ଉଚିତ ଲାଗେ । ଏହା ପ୍ରକୃତିର ନିୟମ ଅଟେ । ଯେଉଁଠି କି ପ୍ରତ୍ୟେକ ବସ୍ତୁ ଜଡ଼ ହେଉ ଅଥବା ଚେତନ, ସ୍ୱଳ୍ପସ୍ଥାୟୀ ଅଟେ । ତାହା ଗଢ଼ିହୁଏ ଓ ବିକୃତ ହୁଏ । ଏହି କଥା ଅଲଗା ଯେ କେଉଁ ଜଡ଼ ଅଥବା ଚେତନକୁ ଗଢ଼ିବା-ବିକୃତ ହେବାରେ କେତେ ସମୟ ଲାଗେ । ପର୍ବତ, ଚଟ୍ଟାଣ ଓ ସମୁଦ୍ରୀୟ ରଚନାର ସୃଜନ, ବର୍ଦ୍ଧନ, ନାଶ ହେବାରେ ସହସ୍ର ବର୍ଷ ଲାଗିଯାଏ । ଏହା ନିଶ୍ଚିତ ଯେ ପ୍ରତ୍ୟେକ ବସ୍ତୁ ପରିବର୍ତ୍ତନଶୀଳ ଓ ସ୍ୱଳ୍ପସ୍ଥାୟୀ ଅଟେ । ସମସ୍ତଙ୍କର ନିଜ-ନିଜ ସମୟ ଅଛି । ଅତଏବ ମଣିଷର ମଧ୍ୟ ଏକ ସମୟସୀମା ରହିଛି । ଯେଉଁ ପ୍ରକାର ଏହା ଶାଶ୍ୱତ ତଥ୍ୟ ଯେ ଅନ୍ୟ ଜଡ଼ ଅଥବା ଚେତନ ନିଜର କାର୍ଯ୍ୟକଳାପ ସ୍ଥଗିତ ରଖନ୍ତି ନାହିଁ, ଯଦି ମଣିଷ ମଧ୍ୟ ଏମିତି କରେ, ତେବେ ସେଥିରେ ତା' ଉପରେ ଦୋଷାରୋପ କରିବା ମୂର୍ଖତା ଅଟେ ।

ମାୟାମୋହ ଓ ସଂସାରର ଅସାରତା ଅଥବା ସ୍ୱଳ୍ପସ୍ଥାୟୀର ନିବେଦନ ଦେବା ମଣିଷ ସହ ବିଶ୍ୱାସଘାତ କରିବା ଓ ତାକୁ କର୍ତ୍ତବ୍ୟରୁ ବିଚ୍ୟୁତ କରିଦେବା ଅଟେ ।

ଅତଏବ ନିଜ ଅଭିଳାଷ ଓ ସ୍ୱପ୍ନ ସମ୍ପୂର୍ଣ୍ଣ କରିବା ପ୍ରତ୍ୟେକ ମଣିଷର କର୍ତ୍ତବ୍ୟ । ଏହା ମାନବ ଜୀବନର ସାର୍ଥକତା ଅଟେ ।

୪. ଆତ୍ମବିଶ୍ୱାସ

ଯେଉଁ ପ୍ରକାରେ ପୃଥିବୀରୁ ଉପରକୁ ଫିଙ୍ଗା ଯାଇଥିବା ପଥର ଅନ୍ତରୀକ୍ଷରେ ପହଞ୍ଚିପାରେ ନାହିଁ, ସେହି ପ୍ରକାରେ ଅବିଶ୍ୱାସୀ ମନ, ଜୀବନରେ ଉଚ୍ଚ ଲକ୍ଷ୍ୟସ୍ଥଳରେ ପହଞ୍ଚିପାରିବ ନାହିଁ।

ଆତ୍ମବିଶ୍ୱାସୀ ମଣିଷ ପାଇଁ କେଉଁ କାର୍ଯ୍ୟ ଅସମ୍ଭବ ଅଟେ! ଆତ୍ମବିଶ୍ୱାସକୁ ଜାଗ୍ରତ କରି ଆମେ ଆମର ଶକ୍ତି ଦୁଇଗୁଣା କରିନେଉ। ଆତ୍ମବିଶ୍ୱାସ ବଳରେ କୁହାଯାଇଥିବା ଶବ୍ଦ ସହସ୍ର ଲୋକଙ୍କ ମଧ୍ୟରେ ସେହି ବିଶ୍ୱାସର ସଂଚାର କରିପାରେ, ଯାହା ବଳରେ ସେମାନେ ଅତି ଭୟଙ୍କର ସଂକଟରେ ମଧ୍ୟ ପର୍ବତ ପରି ଅଟଳ ରହିବେ। ସର୍ବଶକ୍ତିମାନ ଭଗବାନଙ୍କ ପ୍ରତି ବିଶ୍ୱାସ ନଥିଲେ ମଣିଷ କଦାପି ତାହା ଗଢ଼ିପାରିବ ନାହିଁ, ଯାହା ଗଢ଼ିବାର ଆକାଂକ୍ଷା ରଖିଥାଏ। ଏମିତି ବ୍ୟକ୍ତିର ସମ୍ପୂର୍ଣ୍ଣ ପ୍ରାର୍ଥନା ଶୂନ୍ୟରୁ ଫେରିଆସେ। ଯେତେ ମଧ୍ୟ ପରିଶ୍ରମ କରାଯାଉ, ଅବିଶ୍ୱାସ ଏମିତି ଘାତକ ଶସ୍ତ୍ର ଅଟେ, ଯାହା ଦ୍ୱାରା ସଫଳତାର ସମ୍ଭାବନା ଉଭେଇଯାଏ। ଯେଉଁ ପ୍ରକାରେ ପୃଥିବୀରୁ ଉପରକୁ ଫିଙ୍ଗା ଯାଇଥିବା ପଥର ଅନ୍ତରୀକ୍ଷରେ ପହଞ୍ଚିପାରେ ନାହିଁ, ସେହି ପ୍ରକାରେ ଅବିଶ୍ୱାସୀ ମନ, ଜୀବନରେ ଉଚ୍ଚ ଲକ୍ଷ୍ୟସ୍ଥଳରେ ପହଞ୍ଚିପାରିବ ନାହିଁ।

ପଥର ଉପରକୁ ଯାଇ ଗୁରୁତ୍ୱାକର୍ଷଣ ନିୟମକୁ ଭାଙ୍ଗେ ଓ ଅବିଶ୍ୱାସୀ ମଣିଷ ନିଜର ସଫଳତା ଉପରେ ସନ୍ଦେହ କରି ଜୀବନର ନିୟମକୁ ଭାଙ୍ଗିଥାଏ। ଆତ୍ମବିଶ୍ୱାସୀ ଏବଂ

ଆତ୍ମବିଶ୍ୱାସ ନଥିବା ବ୍ୟକ୍ତି ମଧ୍ୟରେ ପୃଥିବୀ ଓ ଆକାଶର ପାର୍ଥକ୍ୟ ଥାଏ । ଆତ୍ମବିଶ୍ୱାସ ନଥିବା ବ୍ୟକ୍ତିର ଜୀବନ ଅବିରତ ପରାଜୟ ଆଡ଼କୁ ରହିଥାଏ । ଆତ୍ମବିଶ୍ୱାସୀ ମଣିଷର ଜୀବନ ଅବିରତ ଗତିରେ ବିଜୟ ଆଡ଼କୁ ଅଗ୍ରସର ହୋଇଚାଲେ । ସଂସାରରେ ଯେଉଁ ବିଶାଳ କାର୍ଯ୍ୟ ହୋଇଛି, ସବୁ ଆତ୍ମବିଶ୍ୱାସ ବଳରେ ହୋଇଛି । ଯେଉଁ ଲୋକଙ୍କୁ ନିଜ ଶକ୍ତି ଉପରେ ବିଶ୍ୱାସ ନାହିଁ, ସେମାନେ ନା' ତ' ଶକ୍ତି ପାଇ ପାରିବେ ଓ ନା' ହିଁ ଲକ୍ଷ୍ୟରେ କୃତକାର୍ଯ୍ୟ ହୋଇପାରିବେ । ଜଣେ ନବଯୁବତୀ ନିଜ ଚିଠିରେ ଲେଖନ୍ତି- ମୁଁ ମୋ ଜୀବନରେ ଅବିରତ ଭୁଲ୍ କରିଛି । ମତେ କେବେ ମଧ୍ୟ ନିଜ ଉପରେ ଭରସା ହୋଇନାହିଁ । ବୋଧହୁଏ ଭବିଷ୍ୟତରେ ମଧ୍ୟ ହେବନାହିଁ । ସେହି ଯୁବତୀଙ୍କ ଅସଫଳତାର କାରଣ ତାଙ୍କ ଭିତରେ ଆତ୍ମବିଶ୍ୱାସର ଅଭାବ । ସଂଶୟୀ ସର୍ବଦା ବିଫଳ ଓ ପରିଶେଷରେ ଅତ୍ୟନ୍ତ ଦୟନୀୟ ଭାବେ ନଷ୍ଟ ହୋଇଯାଏ ।

ଏହି ପ୍ରକାରେ, ନିରାଶାପୂର୍ଣ୍ଣ ବ୍ୟକ୍ତି ମଧ୍ୟ କୌଣସି କାର୍ଯ୍ୟରେ ସଫଳ ହୋଇପାରିବ ନାହିଁ । ଉନ୍ନତି କରୁଥିବା ବ୍ୟକ୍ତିଙ୍କ ହୃଦୟ ମଧ୍ୟରେ ପ୍ରଥମେ ସଫଳତାର ବୀଜ ରୋପଣ ହୁଏ । ଅସମ୍ପୂର୍ଣ୍ଣ ଆତ୍ମବିଶ୍ୱାସ ଯୋଗୁଁ ମଣିଷ ନିଜ ଜୀବନକୁ ନଷ୍ଟ କରିଦିଅନ୍ତି ।

ନେପୋଲିୟନ, ୱେବ୍‌ଷ୍ଟରଙ୍କ ଭଳି ମହାପୁରୁଷଙ୍କୁ ଯଦି ନିଜ ଯୋଗ୍ୟତା ଉପରେ ବିଶ୍ୱାସ ହୋଇ ନଥାନ୍ତା ତେବେ ସେମାନେ କେବେ ମଧ୍ୟ କିଛି କରିପାରି ନଥାନ୍ତେ । ବିଜୟ ଉପରେ ଅଟଳ ବିଶ୍ୱାସ, ନିଜର ସାମର୍ଥ୍ୟ, ଅତୁଟ ନିଷ୍ଠା, ସଫଳତାର ପ୍ରଥମ ସର୍ତ୍ତ ଅଟେ ।

ଜେନ୍ ଏଡମ୍ସ କଲେଜ ଛାଡ଼ି ଆସିଲା ବେଳକୁ ତାଙ୍କୁ ଦେହ ଦେଖି ଡାକ୍ତରମାନେ କହିଥିଲେ ଯେ ସେ ଛଅ ମାସରୁ ଅଧିକ ବଞ୍ଚିବେ ନାହିଁ, କିନ୍ତୁ ଜେନ୍ ଏଡମ୍ସଙ୍କ ସାମ୍ନାରେ ଏକ ଉଦ୍ଦେଶ୍ୟ ଥିଲା । ସେ ଡାକ୍ତରଙ୍କ କଥା ନଶୁଣି ନିଜ ଉଦ୍ଦେଶ୍ୟ ପୂରଣ କରିବାକୁ ଲାଗିଗଲେ । ସେ ଅନେକ ବର୍ଷ ପର୍ଯ୍ୟନ୍ତ ଜୀବିତ ରହିଲେ ଓ ମାନବ କଲ୍ୟାଣ ପାଇଁ 'ହଲ୍ ହାଉସ୍' ସ୍ଥାପନାରେ ସଫଳ ହେଲେ । ଜଣେ ମଣିଷ ସର୍ବଥା କ୍ଷୀଣକାୟ ଓ ଦୁର୍ବଳ ଥିଲା । ତାକୁ ଜଣେ ମନୋବୈଜ୍ଞାନିକ ମନ୍ତ୍ରମୁଗ୍ଧ କରି ତା' ମଧ୍ୟରେ ଏମିତି ଆତ୍ମବିଶ୍ୱାସ ଉଜାଗର କଲେ ଯେ ସେ ଛଅଜଣ ଲୋକଙ୍କ ଓଜନ ଏକୁଟିଆ ଉଠାଇବାରେ ସଫଳ ହେଲା ।

ତା' ମଧ୍ୟରେ ଏହି ଅସାମାନ୍ୟ ଅସୀମ ଶକ୍ତି କେଉଁଠୁ ଆସିଲା ? ଉତ୍ତର ହେଲା ଯେ ମନୋବୈଜ୍ଞାନିକ ତା' ମଧ୍ୟରେ ଯେଉଁ ବିଶ୍ୱାସର ଭାବନା ଭରି ଦେଇଥିଲେ, ତାହାରି ବଳରେ ସେ ଏମିତି କରିପାରିଲା । ଏହା ପରେ ଯେତେବେଳେ ତାକୁ କହିଦିଆଗଲା ଯେ ତା' ମଧ୍ୟରେ ବୋଝ ଉଠାଇବାର ଶକ୍ତି ନାହିଁ, ତେବେ ସେ ବିଶ୍ୱାସହୀନ ହୋଇଗଲା ଓ ଶୀଘ୍ର ଭୂଇଁରେ ପଡ଼ିଗଲା । ଆମେ ଆତ୍ମବିଶ୍ୱାସ ବିନା ପ୍ରଗତି ପଥରେ ଆଗକୁ ଯାଇପାରିବା ନାହିଁ । ଆମର ସଫଳତା ଆମ ଆତ୍ମବିଶ୍ୱାସଠାରୁ ଆଗରେ ଯାଇପାରିବ ନାହିଁ । ସେ ତ' ଆତ୍ମବିଶ୍ୱାସର ଅନୁସରଣ କରେ । ଆମର ସଂକୁଚିତ ବିଚାର ଆମକୁ

ନିଜର ସୀମାବନ୍ଧନରେ ବାନ୍ଧି ରଖନ୍ତି । ସେଗୁଡ଼ିକୁ ଲଘିଂ ଯେତେବେଳ ପର୍ଯ୍ୟନ୍ତ ଆମେ ବିଶ୍ୱାସ ରାଜ୍ୟରେ ପାଦ ନ ପକାଇଛେ, ଆମେ ଆମ ଆଶା-ଆକାଂକ୍ଷାର ସ୍ୱପ୍ନକୁ ସମ୍ପୂର୍ଣ୍ଣ କରିପାରିବା ନାହିଁ । ଯଦି ଜଣେ ମନୋବୈଜ୍ଞାନିକ ସେକ୍ସପିୟର ଅଥବା ୱେବ୍‌ଷ୍ଟରଙ୍କୁ ମଧ୍ୟ ଏହା ବିଶ୍ୱାସ କରାଇଥାନ୍ତା ଯେ ସେମାନେ ମୂର୍ଖ ଅଟନ୍ତି ତେବେ ବୋଧହୁଏ ସେମାନେ ଜୀବନରେ କିଛି ସଫଳତା ହାସଲ କରିପାରିବେ ନାହିଁ । ଏଠାରେ ପ୍ରଶ୍ନ ହେଲା ଯେ ମନୋବୈଜ୍ଞାନିକଙ୍କ କଥାକୁ ମାନିବାର ଶକ୍ତି ମଣିଷ ମଧ୍ୟରେ କେଉଁଠୁ ଆସେ ? ମନୋବୈଜ୍ଞାନିକ କ'ଣ ସେହି ବ୍ୟକ୍ତି ଉପରେ କୁହୁକ କରିଦିଏ ? ବାସ୍ତବରେ ମଣିଷ ଭିତରେ ଶକ୍ତି ଥାଏ । ମନୋବୈଜ୍ଞାନିକ ତ' ସେହି ଶକ୍ତିକୁ ବାହାରକୁ ପ୍ରକଟ କରିବା କାର୍ଯ୍ୟ କରେ ।

କୌଣସି ମଲ୍ଲଯୋଦ୍ଧାର ଶକ୍ତି କେବଳ ତା' ଭୁଜରେ ରୁହେନାହିଁ, ତା' ମନରୁ ଆସେ । ତା' ହୃଦୟରୁ ଯଦି ସେହି ମାଂସପେଶୀଗୁଡ଼ିକର ସମ୍ବନ୍ଧ କାଟି ଦିଆଯାଏ ତେବେ ତା' ମଧ୍ୟରେ ତାହାର ଦଶମାଂଶ ଶକ୍ତି ମଧ୍ୟ ବାକି ରହିବ ନାହିଁ । ଯେମିତି-ଯେମିତି ଆତ୍ମବିଶ୍ୱାସରେ ବୃଦ୍ଧି ହୁଏ, ସେମିତି-ସେମିତି କାର୍ଯ୍ୟ କରିବାରେ ସାମର୍ଥ୍ୟ ମଧ୍ୟ ବଢ଼ିଥାଏ ।

ପ୍ରବଳ ଆତ୍ମବିଶ୍ୱାସ ବଳରେ ହିଁ ଆବ୍ରାହମ୍ ଲିଙ୍କନ୍ ଆମେରିକାର ରାଷ୍ଟ୍ରପତି ହେଲେ । ଲିଙ୍କନଙ୍କ ମଧ୍ୟରେ ସହୃଦୟତା ଥିଲା । ସେ ଅହଙ୍କାରରୁ ବହୁ ଦୂରରେ ଥିଲେ । ଯେତେବେଳେ ଆମେରିକାରେ ଗୃହଯୁଦ୍ଧର ବାଦଲ ଛାଇଗଲା ଓ ରାଷ୍ଟ୍ରପତି ନିର୍ବାଚନ ଆସିଲା, ତେବେ ଲିଙ୍କନଙ୍କ ମଧ୍ୟରେ ପ୍ରେରଣା ଆସିଲା ଯେ ସେ କାହିଁକି ରାଷ୍ଟ୍ରର ଲଗାମ୍ ନ ଧରିବେ । ସେ ରାଷ୍ଟ୍ରପତି ପଦବୀ ପାଇଁ ପ୍ରାର୍ଥୀ ହେଲେ । ରାଜନୀତିଜ୍ଞଙ୍କୁ ସେ ଜଣାଇଦେଲେ ଯେ ସେ ହିଁ ଏହି ତତ୍କାଳ ସ୍ଥିତିରେ ଦେଶକୁ ନିୟନ୍ତ୍ରଣ କରିପାରିବେ । ଦୁନିଆରେ କେତେ ଏମିତି ଲୋକ ଅଛନ୍ତି, ଯେଉଁମାନେ ନିଜ ଆତ୍ମାର ପ୍ରତିଧ୍ୱନୀକୁ ଶବ୍ଦରେ ପ୍ରକଟ କରନ୍ତି ।

ଶବ୍ଦର ଶକ୍ତିକୁ ଚିହ୍ନନ୍ତୁ:

ମଣିଷ ଯାହା କିଛି ଚିନ୍ତାକରେ, ତାହାକୁ କଣ୍ଠସ୍ୱରରେ ପ୍ରକଟ କରେ । ତାହାର ସ୍ୱଭାବ, ତାହାର ଆଦର୍ଶ ତା' କଣ୍ଠସ୍ୱରରୁ ହିଁ ପ୍ରକଟ ହୁଏ । ଏହା ଠିକ୍ ଯେ ମୁଖମଣ୍ଡଳ ମନୋଭାବର ଦର୍ପଣ ହୋଇଥାଏ । କିନ୍ତୁ ମାନବ ଜୀବନ ତ' ତା ମନୋଭାବର ପ୍ରତିବିମ୍ବ ଅଟେ । ଆମ ପାଟିରୁ ବାହାରିଥିବା କଣ୍ଠସ୍ୱରରେ ଏମିତି ଶକ୍ତ ଯୋଗ୍ୟତା ଅଛି ଯାହାର ଜୀବନ ଉପରେ ପ୍ରଭାବ ପଡ଼ିଥାଏ । ଶବ୍ଦର ଶକ୍ତିକୁ ଜାଣିପାରି ଯୀଶୁ ଖ୍ରୀଷ୍ଟ କହିଥିଲେ- "ସ୍ୱର୍ଗ ଏବଂ ପୃଥିବୀ ଲୋପ ହୋଇପାରେ, କିନ୍ତୁ ମୋ କଣ୍ଠସ୍ୱର ଅମର ଅଟେ ।" ବାସ୍ତବରେ ମନରୁ ବାହାରିଥିବା ଶବ୍ଦରେ ଅଧିକ ଶକ୍ତି ଥାଏ । ଜୀବନକୁ ପ୍ରେରଣାମୟ ଏବଂ ଜୀବନ୍ତ କରୁଥିବା ଶକ୍ତି ଶବ୍ଦ-ଶକ୍ତି ଅଟେ । ପାଟିରୁ ବାହାରୁଥିବା କଣ୍ଠସ୍ୱରରେ ଏକ ଚମତ୍କାର

ଥାଏ, ଯାହାର ମନ ଉପରେ ଅଲିଭା ପ୍ରଭାବ ପଡ଼ିଥାଏ । ବେରଡନ୍ ଯୁଦ୍ଧରେ ଫ୍ରାନ୍ସ ସୈନିକଙ୍କୁ ଏହି ବିଶ୍ୱାସ-ଘୋଷରୁ ବିଜୟ ହାସଲ ହୋଇଥିଲା । ଜେନେରାଲ ପେଣ୍ଟୋ ପ୍ରତ୍ୟେକ ସିପାହୀ ମନରେ ଏହି ମନ୍ତ୍ର ଭରି ଦେଇଥିଲେ ଯେ ଜର୍ମାନର ସେନା ଫ୍ରାନ୍ସ ମାଟିରେ ପଶିପାରିବେ ନାହିଁ । ସେନାନାୟକଙ୍କ ଏହି ଅଦମ୍ୟ ବିଶ୍ୱାସରୁ ସୈନିକଙ୍କ ଶକ୍ତି ଯୋଗ୍ୟତା ଦୁଇଗୁଣା-ଚାରିଗୁଣା ବଢ଼ିଗଲା । ଦୃଢ଼ କଣ୍ଠସ୍ୱରରେ କରାଯାଇଥିବା ଆଶାବାନ ଘୋଷଣା ବିଜୟର ମୂଳମନ୍ତ୍ର ହେଲା । ଫ୍ରାନ୍ସ ସୈନିକ ଏହି କଣ୍ଠସ୍ୱର ବଳରେ ଭୀଷଣ ବୋମା ବର୍ଷଣରେ ମଧ୍ୟ ହସି-ହସି ଆଗେଇ ଚାଲିଲେ । କଠିନ କାରାବରଣ ଅଥବା ମୃତ୍ୟୁ ଭୟ ସେମାନଙ୍କୁ ପରାସ୍ତ କରିବାରେ ସଫଳ ହୋଇପାରିଲା ନାହିଁ । ଯୁଦ୍ଧ କ୍ଷେତ୍ରରେ ଉପସ୍ଥିତ ଜଣେ ଜର୍ମାନ ଡାକ୍ତର କହିଥିଲେ- ମୃତ ସୈନିକଙ୍କ ମଧ୍ୟରେ ସ୍ପଷ୍ଟ ଆତ୍ମବିଶ୍ୱାସ ବାରି ହେଉଥିଲା । ମୂର୍ଚ୍ଛିତ ଥିବା ସୈନିକ ମଧ୍ୟ ଏହା ବୁଦ୍‌ବୁଦ ହେଉଥିଲେ- ଜର୍ମାନ୍ ସେନାବାହିନୀ ଫ୍ରାନ୍ସ ମାଟିରେ ପାଦ ଥାପିପାରିବ ନାହିଁ । ଶେଷରେ ଏହା ହିଁ ହେଲା । ଜର୍ମାନ୍, ଫ୍ରାନ୍ସ ମାଟିରେ ପ୍ରବେଶ କରିବାରେ ଅସମର୍ଥ ହେଲା ।

ମାନବ ସଭ୍ୟତାର ବିକାଶରେ କଣ୍ଠସ୍ୱରର ମହତ୍ୱପୂର୍ଣ୍ଣ ଯୋଗଦାନ ଅଛି । ମନୋଭାବର ଶକ୍ତି ଦ୍ୱାରା କଣ୍ଠସ୍ୱର ହିଁ ମଣିଷର ମନୋକାମନାକୁ ସମ୍ପୂର୍ଣ୍ଣ କରିପାରେ । କଣ୍ଠସ୍ୱର ହିଁ ମନୋଭାବର ବାହନ ଅଟେ । ଯଦି କଣ୍ଠସ୍ୱରରେ ପ୍ରେମ, ସେବା ଏବଂ ମୈତ୍ରୀ ଭାବନା ଅଛି, ତେବେ ସେଥିରୁ ଅନ୍ୟମାନଙ୍କ ହୃଦୟରେ ମଧ୍ୟ ସେହି ଭାବନାର ସଂଚାର ହେବ । କିନ୍ତୁ ଯଦି କଣ୍ଠସ୍ୱରରେ ଈର୍ଷା, ଦ୍ୱେଷ, ଘୃଣା ଅଛି ତେବେ ତାହା ଅନ୍ୟମାନଙ୍କ ମନରେ ମଧ୍ୟ ସେମିତି ଭାବନା ଜାଗ୍ରତ କରିବ । ମନରେ କୁହାଯାଇଥିବା ଶବ୍ଦରେ ଯେଉଁ ଶକ୍ତି ଅଛି, ମୁହଁରୁ ବ୍ୟକ୍ତ କରାଯାଇଥିବା ଶବ୍ଦରେ ସେଥିରୁ ବହୁତ ଅଧିକ ପ୍ରଭାବ ଅଛି । ମୁହଁରୁ ଶବ୍ଦ ରୂପେ ପ୍ରକଟ କରାଯାଉଥିବା ମତ ମନ ଉପରେ ନିଜର ଗଭୀର ପ୍ରଭାବ ପକାଏ । କୌଣସି ଉତ୍କୃଷ୍ଟ ଭାଷଣକୁ ଶୁଣି ମନ ଉପରେ ଯେଉଁ ପ୍ରଭାବ ପଡ଼େ, ତାହା କୌଣସି ଗ୍ରନ୍ଥକୁ ପଢ଼ି ମଧ୍ୟ ପଡ଼େନାହିଁ ।

ପୁସ୍ତକରେ ଲିଖିତ ଶବ୍ଦକୁ ପଢ଼ି ଆମେ ଭୁଲି ଯାଇପାରୁ, କିନ୍ତୁ କଣ୍ଠସ୍ୱରକୁ ଭୁଲିବା ଟିକେ କଠିନ । ପଠିତ ଶବ୍ଦର ପ୍ରଭାବ ମଧ୍ୟ ମନ ଉପରେ ଅବଶ୍ୟ ପଡ଼େ, କିନ୍ତୁ ଏତେ ନୁହେଁ, ଯେତିକି କଣ୍ଠସ୍ୱରର । ଏମିତି ନୁହେଁ ଯେ କେବଳ ଅନ୍ୟମାନଙ୍କ ଦ୍ୱାରା କୁହାଯାଉଥିବା ଶବ୍ଦ ହିଁ ଆମ ହୃଦୟରେ ଅଲିଭା ପ୍ରଭାବ ପକାନ୍ତି । ଏହି ସ୍ଥିର ସଂକଳ୍ପ ଦ୍ୱାରା ଆମ ହୃଦୟର ଦୋଷଗୁଡ଼ିକ ଦୂର ହୋଇପାରେ । ଅନୁଭବ-ସିଦ୍ଧି କଥା ହେଲା ଯେ ଯଦି ଆମେ ଚାହିଁବା ତେବେ ନିଜ ମନ ସହ ବାର୍ତ୍ତାଳାପ କରିପାରିବା । ମନ କଥାଗୁଡ଼ିକୁ ଶୁଣେ ଏବଂ ସ୍ୱୀକାର ମଧ୍ୟ କରେ । ଏହାର ଆବଶ୍ୟକତା ରହିଛି ଯେ ମନ ସହ କଥାବାର୍ତ୍ତା ମଉନ ରୂପେ ନହୋଇ ସ୍ପଷ୍ଟ ଶବ୍ଦରେ କୁହାଯାଉ । ଘୋର ନିରାଶା ଏବଂ ଅସଫଳତାରେ

ମଧ୍ୟ ବହୁତ ଲୋକ ନିଜ ମନ ସହ ବାର୍ତ୍ତାଳାପ କରି ଅସାଧାରଣ ସଫଳତା ଓ ବିଜୟ ହାସଲ କରିଛନ୍ତି ।

ଲଜ୍ଜା, ସଂକୋଚ ଓ ହୀନଭାବନା:

ଜଣେ ବ୍ୟକ୍ତି ଲଜ୍ଜା, ସଂକୋଚ ଏବଂ ହୀନଭାବନାରେ ଗ୍ରସ୍ତ ଥିଲା । ସେ ଲୋକଙ୍କ ସାମ୍ନାକୁ ଯିବାକୁ ଏବଂ କଥା ହେବାକୁ ଭୟ କରୁଥିଲା । ତା' ମଧ୍ୟରେ ଆତ୍ମବିଶ୍ୱାସ ତ' ନଥିଲା, ଏଥିସହ ତାର ଏହି ଭ୍ରମ ଥିଲା ଯେ, ସେ ବେଇମାନ ଅଟେ, କିନ୍ତୁ ବାସ୍ତବରେ ସେ ସଚ୍ଚୋଟ ଏବଂ ପରିଶ୍ରମୀ ବ୍ୟକ୍ତି ଥିଲା । ଆପଣ ଯଦି ନିଜର ବର୍ତ୍ତମାନ ସ୍ଥିତିରେ ଅସନ୍ତୁଷ୍ଟ ଅଛନ୍ତି, ଯଦି ଆପଣ ଭାବୁଛନ୍ତି ଯେ ଆପଣ ନିଜ ଆଦର୍ଶ ଅନୁକୂଳ ପ୍ରଗତି କରିନାହାନ୍ତି ଅଥବା କୌଣସି ବାଧା ଅଛି, ଯାହା ଆପଣଙ୍କୁ ଆଗକୁ ଯିବାକୁ ଦେଉନାହିଁ ତେବେ ଆପଣ ସେହି ବାଧାକୁ ଖୋଜି ବାହାର କରନ୍ତୁ ।

ନିଜ ଚିତ୍ତରେ ନଜର ପକାନ୍ତୁ, ଆତ୍ମସାକ୍ଷାତ୍କାର କରନ୍ତୁ । ନିଜର ବାଧାକୁ ଖୋଜିବାର ମାର୍ଗ ନିଜେ ନିଜ ସହ କଥାବାର୍ତ୍ତା ହେବା ଅଟେ । ନିଜର ସମ୍ପୂର୍ଣ୍ଣ କ୍ଷମତା ଏବଂ ଶକ୍ତିକୁ ଚିହ୍ନନ୍ତୁ ଓ କେଉଁଠି ଏକୁଟିଆ ବସି ନିଜକୁ କୁହନ୍ତୁ- "ଆଗକୁ ଯିବାରେ, ଉନ୍ନତି କରିବାରେ କେଉଁ ବାଧା ରହିଛି ? ତୁମେ ନିଜର ସହକର୍ମୀଙ୍କ ଠାରୁ ପଛୁଆ କାହିଁକି ରହିଛ ? ତୁମେ କାହିଁକି ସାମାନ୍ୟ ଜୀବନ ଅତିବାହିତ କରୁଛ ?" ସେହି ବାଧାକୁ ଖୋଜନ୍ତୁ ଓ ତାକୁ ଶୀଘ୍ର ଦୂର କରି ଦିଅନ୍ତୁ, ଅନ୍ୟଥା ଆପଣଙ୍କ ବିକାଶ ଅଟକିଯିବ ।

ଏକ ସୂଚୀପତ୍ର ତିଆରି କରନ୍ତୁ, ଯେଉଁଥିରେ ଗୋଟିଏ ପଟେ ସଫଳତା ଓ ଅନ୍ୟ ପଟେ ଅସଫଳତାର କାରଣ ଲେଖାଥିବ ।

ଦୈନିକ ସଫଳତା ପାଇଁ ପ୍ରତିଜ୍ଞା କରନ୍ତୁ-

୧. ମୁଁ ସବୁବେଳେ ଲୋକ ହିତରେ କାମ କରିବି ।

୨. ମୋର ବାକ୍ୟ ସର୍ବଦା ଶକ୍ତିପ୍ରଦ, ଉତ୍ସାହଜନକ, ହର୍ଷପ୍ରଦ, ସ୍ଫୁର୍ତ୍ତିଦାୟକ ତଥା ପ୍ରେରଣାପ୍ରଦ ହେବ ।

୩. ମୁଁ ସର୍ବଦା ନିଜ ତଥା ଅନ୍ୟମାନଙ୍କ ଭିତରେ ଗୁଣ ହିଁ ଦେଖିବି ।

୪. ମୁଁ ସେହି କାର୍ଯ୍ୟ, ପଦାର୍ଥ ତଥା ସଫଳତାର ଆକାଂକ୍ଷା କରିବି, ଯେଉଁଥିରେ ମଣିଷ ଜାତି ସତ୍ୟ ଏବଂ ସ୍ୱାଧୀନତାର ମାର୍ଗରେ ପ୍ରଗତି କରିପାରିବ ।

୫. ମୁଁ ବିପଦ ଆସିଲେ କେବେ ମଧ୍ୟ ସାହସ ହରାଇବି ନାହିଁ ବରଂ ଦୁଇଗୁଣା ଶକ୍ତି ଏବଂ ଗତିରେ କାର୍ଯ୍ୟ କରିବି । ଏହି ପ୍ରକାର ମୁଁ ପ୍ରତ୍ୟେକ ବିପଦକୁ ସୁଖଦ କରିଦେବି ।

୬. ମୁଁ ସମସ୍ତଙ୍କଠାରୁ ଗୌରବଶାଳୀ ହେବି ।

୭. ମୁଁ ଜୀବନରେ ଆହୁରି ଅଧିକ ସଫଳତା ପାଇବି । ମୁଁ ଜାଣିଛି ଯେ ମୁଁ ପାଇପାରିବି ।

୮. ମୁଁ ସଫଳତାର ମହାମନ୍ତ୍ର ଆତ୍ମବିଶ୍ୱାସ ଦ୍ୱାରା ନିଜର କ୍ଷମତା ଏବଂ ଶକ୍ତିକୁ ଚିହ୍ନିବି ।

ଆତ୍ମବିଶ୍ୱାସୀ ମଣିଷର କଣ୍ଠସ୍ୱରରେ ଏମିତି ବଳ ଥାଏ ଯେ ଲୋକେ ତାକୁ ହିଁ ସତ୍ୟ ମାନି ତା' ଉପରେ ବ୍ୟବହାର କରିବାକୁ ତତ୍ପର ହୋଇଯାଆନ୍ତି ।

ଆମକୁ ପ୍ରତିଜ୍ଞାର ଅସୀମ ଶକ୍ତିକୁ ଜାଣିନେବା ଉଚିତ । ସଂସାରର ଗୌରବଶାଳୀ ଦାର୍ଶନିକ, ବିଚାରକ ଏବଂ ଲେଖକଙ୍କୁ କେବେ ମଧ୍ୟ ପ୍ରମାଣ ଦ୍ୱାରା ନିଜ କଥାକୁ ପ୍ରମାଣିତ କରିବା ଆବଶ୍ୟକ ପଡ଼େନାହିଁ । ସେମାନଙ୍କ ଆତ୍ମବିଶ୍ୱାସ ହିଁ ତାଙ୍କର ସବୁଠୁ ବଡ଼ ଦଲିଲ୍ ହୋଇଥାଏ । ଯଦି ନିଜ କଥା ପ୍ରମାଣିତ କରିବା ପାଇଁ ସେମାନେ ମଧ୍ୟ ଯୁକ୍ତିର ସାହାରା ନେଇଥାନ୍ତେ, ତେବେ ବୋଧହୁଏ ଲୋକେ ତାଙ୍କର ବିଶ୍ୱାସ କରି ନଥାନ୍ତେ । ବିଶ୍ୱାସପୂର୍ବକ କୁହାଯାଇଥିବା ଶବ୍ଦଗୁଡ଼ିକ ଉପରେ ସନ୍ଦେହ କରିବା ଜଟିଳ ହୋଇଥାଏ ।

ଭୟ, ସଂକୋଚ, ବ୍ୟାକୁଳତା ଛାଡ଼ି ନିଜସହ ବାର୍ତ୍ତାଳାପ କରି ଆପଣ ମଧ୍ୟ ଏମିତି ଆତ୍ମବିଶ୍ୱାସର ସମ୍ପାଦନ କରିପାରିବେ । ଏହା କୁହନ୍ତୁ ନାହିଁ ଯେ ଯଦି ହୁଏ ତେବେ ମୁଁ ଚେଷ୍ଟା କରିବି, ଅପିତୁ ଦୃଢ଼ ବିଶ୍ୱାସପୂର୍ବକ କୁହନ୍ତୁ "ମୁଁ ଏହି କାର୍ଯ୍ୟକୁ ନିଶ୍ଚୟ କରିପାରିବି ।" ଏହା ମଧ୍ୟ ମନେରଖନ୍ତୁ ଯେ ଆପଣ ଯାହା କିଛି କୁହନ୍ତି, ତାହାର ସତ୍ୟତାରେ ଆପଣଙ୍କୁ ବିଶ୍ୱାସ ହେବା ଉଚିତ । ଯେଉଁ ଶବ୍ଦର ଉଚ୍ଚାରଣ ଆପଣ କରନ୍ତି ସେଗୁଡ଼ିକୁ ଯଦି ଆପଣ ନିଜ ମନରେ ସ୍ୱୀକାର କରିବେ ନାହିଁ, ତେବେ ଆପଣଙ୍କ ସେହି ଶବ୍ଦ ସର୍ବଥା ନିର୍ଜିବ ଅଟେ । ଆପଣଙ୍କ ପ୍ରତ୍ୟେକ ଶବ୍ଦ ପଛରେ ସମ୍ପୂର୍ଣ୍ଣ ମାନସିକ ଶକ୍ତିର ବଳ, ଆପଣଙ୍କ ଆତ୍ମିକ ଶକ୍ତିର ସମ୍ପୂର୍ଣ୍ଣ ସମର୍ଥନ ରହିବା ଆବଶ୍ୟକ ଅଟେ । ଭଗବାନଙ୍କ ଦୃଷ୍ଟିରେ ସବୁ ଲୋକ ସମାନ ଅଟନ୍ତି । ସେ ପିତା ଅଟନ୍ତି, ସେ ସମସ୍ତଙ୍କୁ ଏକ ପ୍ରକାର ଅଧିକାର ଏବଂ ବରଦାନ ଦିଅନ୍ତି । କର୍ମ କରୁଥିବା ଲୋକର ଇଚ୍ଛା ସେ ନିଶ୍ଚୟ ପୂରଣ କରନ୍ତି । ନିଜର ପ୍ରତିଜ୍ଞାକୁ ସବୁ ସମୟରେ ଦୋହରାନ୍ତୁ । ତାକୁ ପୂରଣ କରିବା ପାଇଁ ଚେଷ୍ଟାରେ ଲାଗିପଡ଼ନ୍ତୁ । ସୁଯୋଗ ଆଉ କେବେ ଆସିବ ନାହିଁ, ତାକୁ ଆପଣ ନିଜେ ହିଁ ଆଣିବେ । ସେହି ସମୟରେ ଆପଣଙ୍କ ପ୍ରତିଜ୍ଞାର ଚମତ୍କାର ପ୍ରକଟ ହେବ । ଯେତେ ଥର ଆପଣ ପ୍ରତିଜ୍ଞା ଦୋହରାଇବେ, ସେତିକି ଥର ଆପଣଙ୍କ ଶକ୍ତିରେ ବୃଦ୍ଧି ହେବ । ଚାହିଁଲେ କେହି ଆପଣଙ୍କ ନିନ୍ଦା କରୁ ଅଥବା ଗୁଣଗାନ, ଆପଣ ନିଜ ଲକ୍ଷ୍ୟକୁ ଛାଡ଼ନ୍ତୁ ନାହିଁ ।

ଜୀବନୋଦ୍ଦେଶ୍ୟ:

ଲକ୍ଷ ଲକ୍ଷ ଲୋକ ଆପଣଙ୍କୁ ବିରୋଧ କରନ୍ତୁ, ତେବେ ମଧ୍ୟ ନିଜର ଉଦ୍ଦେଶ୍ୟକୁ ଭୁଲନ୍ତୁ ନାହିଁ, ନିଜ ବଳ ଉପରେ ଅବିଶ୍ୱାସ କରନ୍ତୁ ନାହିଁ । ଆପଣଙ୍କୁ ସଂସାରରେ ଯେଉଁ କାର୍ଯ୍ୟ କରିବାର ଅଛି, ତାହା ତ' ଆପଣଙ୍କ ଦ୍ୱାରା ହିଁ ହୋଇପାରିବ, ତାକୁ

ଅନ୍ୟର ଭରସାରେ ଛାଡ଼ନ୍ତୁ ନାହିଁ। ନିଜର ଶକ୍ତ ଯୋଗ୍ୟତାର ସମ୍ଭାବନାକୁ ଚିହ୍ନନ୍ତୁ। ଏହା ଜୀବନକୁ ଉପରକୁ ଉଠାଇବାର ଏକ ବିଧି ଅଟେ। ନିଜ ସହ ଏକ ଅନ୍ତରଙ୍ଗ ସଖା ଭଳି ବାର୍ତ୍ତାଳାପ କରି ହିଁ ଆପଣ ନିଜ ମନକୁ ଚିହ୍ନି ପାରିବେ। ଦୁର୍ଗୁଣ ଦ୍ୱାରା ଭୟଭୀତ ହେବା ଅଥବା ନିରାଶ ହେବାର ଆବଶ୍ୟକତା ନାହିଁ, ଏମିତି କୌଣସି ଦୁର୍ଗୁଣ ନାହିଁ, ଯାହା ଦୃଢ଼ ମତ ଏବଂ ପୂର୍ଣ୍ଣ ନିଷ୍ଚୟ ଦ୍ୱାରା ଦୂର କରାଯାଇ ପାରିବ ନାହିଁ।

ପ୍ରତ୍ୟେକ ମଣିଷ ମଧ୍ୟରେ ଏମିତି ଶକ୍ତି ଅଛି, ଯାହା ଦୁର୍ଗୁଣ ସହ ଲଢ଼ି ତାକୁ ପରାସ୍ତ କରିପାରିବ। ଭଗବାନ ସମସ୍ତଙ୍କ ମଧ୍ୟରେ ଅଛନ୍ତି ଓ ଈଶ୍ୱରୀୟ ଗୁଣ ମଧ୍ୟ ସମସ୍ତଙ୍କ ଭିତରେ ଅଛି। ଦୁର୍ଗୁଣର ଅନ୍ଧକାର ଈଶ୍ୱରୀୟ ଜ୍ୟୋତି ଦ୍ୱାରା କ୍ଷଣକ ମଧ୍ୟରେ ଛିନ୍ନଭିନ୍ନ ହୋଇଯିବ। ଆବଶ୍ୟକ କାର୍ଯ୍ୟକୁ ଭୁଲିବା ଅଭ୍ୟାସ, ପ୍ରତି କଥାରେ ଆଶଙ୍କା କରିବା, ସନ୍ଦେହ କରିବା, ଏସବୁ ଦୁର୍ଗୁଣ ଅଟେ, ଯାହା ଈଶ୍ୱରୀୟ ଶକ୍ତିର ବିଶ୍ୱାସର ଅଭାବରେ ବଢ଼ନ୍ତି। ଯେଉଁ କାର୍ଯ୍ୟର ଆକାଂକ୍ଷା ଆପଣଙ୍କ ହୃଦୟରେ ଅଛି, ତାହା ଉପରେ ଆବଶ୍ୟକତାଠାରୁ ଅଧିକ ବିଚାର-ବିମର୍ଷ କରନ୍ତୁ ନାହିଁ। ଦ୍ୱନ୍ଦ୍ୱରେ ପଡ଼ିବା କୌଣସି ଗୁଣ ନୁହେଁ, ବରଂ ଏକ ଏମିତି ଦୁର୍ଗୁଣ ଅଟେ, ଯାହା ସୁନେଲି ଭବିଷ୍ୟତକୁ ଅନ୍ଧକାରପୂର୍ଣ୍ଣ କରିଦିଏ।

ଆଦର୍ଶ ହିଁ ସବୁଠାରୁ ବଡ଼ ଲକ୍ଷ୍ୟ ଅଟେ। ପୁନଃ ଯଦି ଆପଣ କୌଣସି ବ୍ୟକ୍ତିକୁ ହିଁ ଆଦର୍ଶ ରୂପେ ପ୍ରତିଷ୍ଠିତ କରିବାକୁ ଚାହୁଁଛନ୍ତି, ତେବେ ଏମିତି କୌଣସି ବ୍ୟକ୍ତିକୁ ନିଜର ଆଦର୍ଶ କରନ୍ତୁ, ଯାହାଙ୍କ କାର୍ଯ୍ୟ ଦକ୍ଷତା ଏବଂ ଆତ୍ମବିଶ୍ୱାସର ସମସ୍ତେ ପ୍ରଶଂସା କରୁଥିବେ। କାର୍ଯ୍ୟ କରିବାକୁ ଯାଇ ଆରମ୍ଭରୁ ଭୁଲ୍ ହେବାର ସମ୍ଭାବନା ରହିଛି, କିନ୍ତୁ ଏଥିରେ ଅଧୀର ହେବା ଆବଶ୍ୟକତା ନାହିଁ। ଅଧୀର ହୋଇ ପଛଘୁଞ୍ଚା ଦେବା ଭୀରୁତା ଅଟେ।

ପ୍ରଗତିର ପଥରେ ଆଗକୁ ଯିବା ପାଇଁ ନିଜେ ନିଜ ସହ କଥାବାର୍ତ୍ତା କରନ୍ତୁ, ଆତ୍ମସାକ୍ଷାତକାର କରନ୍ତୁ, ସବୁ ପ୍ରକାରେ କଥାବାର୍ତ୍ତାରେ ସମୟ, ଆବଶ୍ୟକତା ଏବଂ ବ୍ୟକ୍ତି ଅନୁସାରେ ପ୍ରଭେଦ ଥାଉ। କିନ୍ତୁ ବିଶୁଦ୍ଧ ମନରେ କରାଯାଇଥିବା ପ୍ରତିଜ୍ଞା, ବାରମ୍ବାର ଦୋହରା ଯାଇଥିବା ସଂକଳ୍ପ ଦ୍ୱାରା ଶକ୍ତିଗୁଡ଼ିକ ଦୁଇଗୁଣା-ଚାରିଗୁଣା ବଢ଼ିଯାନ୍ତି। ଦୃଢ଼ ନିଷ୍ଚୟର ସହ କରାଯାଇଥିବା ଏମିତି ପ୍ରତିଜ୍ଞାକୁ ସମ୍ପୂର୍ଣ୍ଣ କରିବାରେ ଈଶ୍ୱରୀୟ ଶକ୍ତିଗୁଡ଼ିକ ମଧ୍ୟ ସହାୟକ ହୋଇଥାନ୍ତି।

ବିଶ୍ୱ ମହାଯୁଦ୍ଧର ବାହାଦୁର ସୈନିକଙ୍କ ବିଷୟରେ ଶ୍ରୀ ବ୍ରାଡ୍ସ ଲେଖିଛନ୍ତି- "ଆମେ ଯେଉଁ ନବଯୁବକଙ୍କୁ ଅତ୍ୟନ୍ତ ସାଧାରଣ ଭାବୁଥିଲୁ, ଯୁଦ୍ଧରେ ସେମାନଙ୍କ ଅଦ୍ୱିତୀୟ କାରନାମା ଶୁଣି ବଡ଼ ଆଶ୍ଚର୍ଯ୍ୟ ହେଲା। ଉଦାହରଣସ୍ୱରୂପ ଜଣେ ନବଯୁବକ; ଯିଏ ସ୍କୁଲ୍‌ରେ ବହୁତ ଶିଥିଳ ଥିଲା ଓ ପ୍ରାୟ ଶ୍ରେଣୀରେ ଅନୁପସ୍ଥିତ ରହୁଥିଲା, ସେ ସୈନ୍ୟବାହିନୀରେ ଯୋଗ ଦେବାପାଇଁ ଚେଷ୍ଟା କଲା, କିନ୍ତୁ ସେ ସଫଳ ହୋଇପାରିଲା

ନାହିଁ । କିଛି ଦିନ ପରେ କେଜାଣି କେମିତି ସେ ସୈନ୍ୟବାହିନୀରେ ଭର୍ତ୍ତି ହେବାରେ ସଫଳ ହୋଇଗଲା । ଏହି ଖବର ଶୁଣି ତା' ସମ୍ପର୍କୀୟମାନେ ଆଶଙ୍କା କଲେ ଯେ ସେ କିଛିଦିନ ମଧ୍ୟରେ ଯୁଦ୍ଧ କ୍ଷେତ୍ରରୁ ଫେରି ଆସିବ ।

କିନ୍ତୁ ସେ ଭୟଙ୍କର ଯୁଦ୍ଧ କ୍ଷେତ୍ରରେ ଏମିତି ଦୁର୍ଗମ ସାହସର ପ୍ରଦର୍ଶନ କଲା ଯେ ସମସ୍ତେ ଶୁଣି ଆଶ୍ଚର୍ଯ୍ୟ ଚକିତ ହୋଇଗଲେ । ସେହି ନବଯୁବକ, ଯିଏ କିଛି ଦିନ ପୂର୍ବରୁ ଅଯୋଗ୍ୟ, ଅକର୍ମଣ୍ୟ ବୋଲି ବିବେଚନା କରାଯାଉଥିଲା, ସେ ଥରେ ଜଳୁଥିବା ବୋମାକୁ ଖାଲରୁ ଉଠାଇ ବାହାରକୁ ଫୋପାଡ଼ି ଦେଲା ଓ ଆଉଥରେ ଭୀଷଣ ଗୁଳିଗୋଳା ବର୍ଷଣରେ ମଧ୍ୟ ଜୀବନକୁ ପାଣି ଛଡ଼େଇ ନିଜର ଜଣେ ସାଥୀର ଜୀବନ ରକ୍ଷା କଲା ।"

ଆତ୍ମବିଶ୍ୱାସ ଦ୍ୱାରା ହିଁ ଅସମ୍ଭବ ଲାଗୁଥିବା କାର୍ଯ୍ୟ ସମ୍ଭବ ହୋଇଯାଏ । ଜୀବନରେ ଅତ୍ୟନ୍ତ ସାଧାରଣ ଦେଖାଯାଉଥିବା ବ୍ୟକ୍ତି ଅକସ୍ମାତ୍ କୌଣସି କାର୍ଯ୍ୟରେ ଅଦ୍ୱିତୀୟ ରୂପେ ସଫଳ ହୋଇ ଚକିତ କରିଦିଅନ୍ତି । ସବୁ ପ୍ରକାରେ ସେମାନେ ଅନ୍ୟମାନଙ୍କଠାରୁ କମ୍ ଯୋଗ୍ୟତା ରଖିଥାନ୍ତୁ, କିନ୍ତୁ ସେମାନଙ୍କ ଆତ୍ମବିଶ୍ୱାସ ତାଙ୍କୁ ଅନ୍ୟମାନଙ୍କଠାରୁ ଅଧିକ ସଫଳ କରିଦିଏ । ସଫଳତାର ଉଚ୍ଚ ଶିଖରକୁ ଚଢ଼ିବାରେ ସେମାନଙ୍କ ଆତ୍ମବିଶ୍ୱାସ ବିଶୁଦ୍ଧ ସହାୟକ ପ୍ରମାଣିତ ହୋଇଥାଏ । ଯଦି ମଣିଷ ମଧ୍ୟରେ ସମୀଚୀନ ବିଚାର ଶକ୍ତି ଥା'ନ୍ତା, ତେବେ ସଂସାରରେ ସର୍ବଦା ବିଶ୍ୱାସର ହିଁ ଶାସନ ଥାନ୍ତା । ମଣିଷ ନିଜର ମୂଲ୍ୟାଙ୍କନ, ନିଜର ଶକ୍ତି ଅନୁସାରେ ନକରି, ନିଜର ଦୁର୍ବଳତା ଅନୁସାରେ କରେ ।

ମଣିଷ ନିଜର ବିଶାଳତ୍ୱ ବିଜୟ ଦ୍ୱାରା ମାପିବା ବଦଳରେ ନିଜର ପରାଜୟ ଦ୍ୱାରା ମାପିଥାଏ । ଅଧିକାଂଶ ଲୋକ ନିଜର ବିଜୟର ଆକାଂକ୍ଷାଗୁଡ଼ିକୁ କେବଳ ସ୍ୱପ୍ନ ଭାବନ୍ତି, ସେମାନେ ସେଗୁଡ଼ିକୁ ନିଜ ଜୀବନର ଅଙ୍ଗ କରିପାରନ୍ତି ନାହିଁ । ଏମିତି ଲୋକ ଜୀବନରେ ଆଗକୁ ଯାଇପାରନ୍ତି ନାହିଁ । ବାସ୍ତବିକ ଯୋଗ୍ୟତା ତ' ବିଶ୍ୱାସ ଦ୍ୱାରା ଉତ୍ପନ୍ନ ହୋଇଥାଏ । ମଣିଷ ତାହାରି ସତ୍ତା ଦ୍ୱାରା ଅସମ୍ଭବକୁ ସମ୍ଭବ କରିଥାଏ ।

ଯୁଦ୍ଧ କ୍ଷେତ୍ରରେ ଦୃଢ଼ତାର ସହ ଲଢ଼ିଥିବା ଜଣେ ବୀରର ଏହି ବିବୃତ୍ତି ଜୀବନ ସଂଗ୍ରାମରେ ଲାଗିଥିବା ମଣିଷ ପାଇଁ ଅତ୍ୟନ୍ତ ମହତ୍ୱପୂର୍ଣ୍ଣ ଅଟେ- ଯୁଦ୍ଧରେ ବନ୍ଧୁକ ଲଢ଼େନାହିଁ, ତାକୁ ଧରିଥିବା ସୈନିକର ଆତ୍ମବିଶ୍ୱାସ ଲଢ଼ିଥାଏ ।

ଜଣେ ଅପରାଧୀ ପଛରେ ତାକୁ ମାରିବା ପାଇଁ ଲୋକମାନେ ଏକଜୁଟ ହୋଇଗଲେ । ସେହି ଅପରାଧୀ ବନ୍ଧୁକ ଉଠାଇ ନିଜ ଘରର ଛାତକୁ ଚଢ଼ିଗଲା ଓ କହିଲା- ଯଦି କିଏ ମୋ ପାଖକୁ ଆସିବ ତେବେ ମୁଁ ତାକୁ ଗୁଳି ମାରିଦେବି । ଲୋକେ ଥରିଉଠିଲେ, ସେତିକିବେଳେ ଭିଡ଼ ମଧ୍ୟରୁ ବାହାରି ଜଣେ ଯୁବକ ଆଗକୁ ଆସିଲା । ତାକୁ ଆହ୍ୱାନ ଦେଇ ବନ୍ଧୁକ ପକାଇବାକୁ କହିଲା । ନହେଲେ ମୁଁ ମୋ ଠେଙ୍ଗାରେ ତୋର ମୁଣ୍ଡ ଫଟେଇ ଦେବି ବୋଲି କହିଲା । ସେହି ଅପରାଧୀ ଡରିଗଲା । ସେ ବନ୍ଧୁକ ପକେଇ ଦେଲା ଓ ଧରା ପଡ଼ିଗଲା ।

ଏମିତି ଅନେକ ଉଦାହରଣ ଅଛି ଯେତେବେଳେ ଲୋକେ ଶକ୍ତ ଯୋଗ୍ୟତା ଥାଇ ମଧ୍ୟ ବିଶ୍ୱାସ ଅଭାବରୁ ଅସଫଳ ହୋଇଛନ୍ତି । ଗୋଲିୟଥ ଯେତେବେଳେ ଇଜରାଏଲୀଙ୍କ ଶିବିରରେ ପହଞ୍ଚି ସେମାନଙ୍କୁ ଲଢ଼ିବା ପାଇଁ ଆହ୍ୱାନ ଦେଲେ, ସେତେବେଳେ ଆଗକୁ ଆସି ତାଙ୍କୁ ମୁକାବିଲା କରିବାର କୌଣସି ଯୋଦ୍ଧାଙ୍କ ମଧ୍ୟରେ ସାହସ ହେଲାନାହିଁ । ସେତେବେଳେ ଡେବିଡ୍ ନାମକ ଜଣେ ସାଧାରଣ ଯୁବକ ତାଙ୍କ ସହିତ ଲଢ଼ିବାକୁ ପ୍ରସ୍ତୁତ ହୋଇଗଲା । ଯେତେବେଳେ ସେ ଆଗକୁ ପାଦ ବଢ଼ାଇଲା, ତେବେ ଅନେକ ଲୋକ ଶସ୍ତ୍ର ଦେଲେ, କିନ୍ତୁ ଡେବିଡ୍ ସେଗୁଡ଼ିକୁ ନେବାକୁ ମନା କରିଦେଲା । ତା ପାଖରେ ଏକ ବାଟୁଳି ଖଡ଼ା ଥିଲା (ଏକ ପ୍ରକାରର ଧନୁ, ଯେଉଁଥିରେ ପଥର ଫୋପାଡ଼ନ୍ତି) । ସେ କହିଲା "ମୁଁ ମୋ ସାଧନରେ ଯୁଦ୍ଧ କରିବି ।" ରାସ୍ତାରୁ କିଛି ପଥର ଉଠାଇ ନିଜର ବାଟୁଳି ଖଡ଼ାରେ ଯୋଖି ଯୁଦ୍ଧ କରିବା ପାଇଁ ଆଗେଇଲା । ସେହି ନିରସ୍ତ ଯୁବକକୁ ଯୁଦ୍ଧ ପାଇଁ ଆସୁଥିବା ଦେଖି ଗୋଲିୟଥ ଗର୍ଜି ଉଠିଲେ, "ଆସ, ମୋ ସମ୍ମୁଖକୁ ଆସ, ମୁଁ ତୁମର ଖଣ୍ଡ-ଖଣ୍ଡ କରିଦେବି ।" ଡେବିଡ୍ ବିଶ୍ୱାସର ସହ ଉତ୍ତର ଦେଲା "ତୁମେ ମୋ ସମ୍ମୁଖରେ ଢାଲ ଓ ଖଣ୍ଡା ନେଇ ଆସିଛ, ମୋ ସାଥିରେ ଇଜରାଏଲର ଦୃଢ଼ ବିଶ୍ୱାସ ଅଛି, କେବଳ ଏହି ଶକ୍ତି ଦ୍ୱାରା ମୁଁ ତୁମକୁ ହରାଇଦେବି ।" ଦେଖୁ ଦେଖୁ ତା' ବାଟୁଳି ଖଡ଼ାରୁ ବାହାରିଥିବା ଏକ ପଥର ଖଣ୍ଡ ଗୋଲିୟଥଙ୍କ ମୁଣ୍ଡକୁ ଛିନ୍ନଭିନ୍ନ କରି ତାଙ୍କ କାମ ଶେଷ କରିଦେଲା ।

ତାକୁ ପରମାତ୍ମାଙ୍କ ଶକ୍ତି ଉପରେ ବିଶ୍ୱାସ ଥିଲା । ସେହି ଶକ୍ତ ଯୋଗ୍ୟତା ଦ୍ୱାରା ସେହି ମହାରଥୀକୁ ପରାସ୍ତ କରିବାରେ ସେ ସଫଳ ହେଲା । ସେ ବିଶ୍ୱାସର କବଚରେ ସୁରକ୍ଷିତ ଥିଲା ।

ବିଶ୍ୱାସର ଅଭାବରେ ସମ୍ଭବ ବିଜୟ ଅସମ୍ଭବ ଅଟେ । ବିଶ୍ୱାସକୁ ଦୃଢ଼ କରନ୍ତୁ । ସଫଳତା ଆପଣଙ୍କ ପାଦ ତଳକୁ ଆସିବ ।

ସଂସାରର ଚମତ୍କାର ବିଶ୍ୱାସ ହିଁ ଅଟେ । ମଣିଷର ସମ୍ପୂର୍ଣ୍ଣ ସଫଳତାର ଭବନ ବିଶ୍ୱାସ ଆଧାରରେ ହିଁ ତିଷ୍ଠି ରହିଛି । ଯେକୌଣସି ବିଜେତାକୁ ଦେଖନ୍ତୁ । ତାଙ୍କ ବିଜୟର ରହସ୍ୟ ତାଙ୍କର ଅଟଳ ବିଶ୍ୱାସ ଅଟେ ।

ବିଶ୍ୱାସ ବଳରେ ଯେକୌଣସି କାର୍ଯ୍ୟରେ ମଧ୍ୟ ଆପଣ ସଫଳ ହୋଇପାରିବେ ।

୫. ଆତ୍ମଜ୍ଞାନର ପ୍ରଭାବ

ନିଜ ସହ କଥାବାର୍ତ୍ତା ହେଲେ ମନର ସମସ୍ତ ସଙ୍କୋଚ ସମାପ୍ତ ହୋଇଯାଏ ଓ ନିଜର ନୂଆ-ନୂଆ ମାର୍ଗ ଆପେ ଆପେ ମିଳିଯାଏ । ଅଧିକାଂଶ ସମସ୍ୟାର ସମାଧାନ ମଧ୍ୟ ହାସଲ ହୋଇଯାଏ ।

ଆତ୍ମଜ୍ଞାନ ମାନେ ଆତ୍ମ-ସାକ୍ଷାତ୍କାର । ନିଜର ଆତ୍ମା, ନିଜ ମନ ସହ କଥାବାର୍ତ୍ତା ହୋଇ ଆପଣ ନିଜର ଆତ୍ମଜ୍ଞାନ ବଢ଼ାଇ ପାରିବେ, ଏହି ପ୍ରକ୍ରିୟାରେ ନିଜର ମାନସିକ ଶକ୍ତିଗୁଡ଼ିକୁ ଜାଗ୍ରତ କରିପାରିବେ । ଯେଉଁ ବ୍ୟକ୍ତି ଲଜ୍ଜା, ସଂକୋଚରେ ଭରି ରୁହନ୍ତି, ସେମାନେ ଏକାନ୍ତରେ ନିଜ ମନ ସହ କଥାବାର୍ତ୍ତା କରିବା ଆରମ୍ଭ କରିଦିଅନ୍ତୁ, ତେବେ ସେମାନଙ୍କ ସମସ୍ତ ଲଜ୍ଜା, ସମସ୍ତ ସଙ୍କୋଚ ଶେଷ ହୋଇଯାଏ । ମୋର ଜଣେ ପରିଚିତ ଅଛନ୍ତି । ସେ ଅତ୍ୟଧିକ ଲାଜୁଆ ସ୍ୱଭାବର ଥିଲେ ଓ ଏଥିସହ ବିନୀତ ମଧ୍ୟ । ଲୋକଙ୍କ ସହ କଥାବାର୍ତ୍ତା ହେବା ସମୟରେ ସେ ଅଧିକ ଉଦ୍‌ବିଗ୍ନ ହେଉଥିଲେ । ସେ ଏକାନ୍ତରେ ନିଜ ସହ ଜୋର୍-ଜୋର୍‌ରେ କଥା ହେବା ଆରମ୍ଭ କରିଦେଲେ । କିଛି ଦିନ ପରେ ତାଙ୍କର ସମସ୍ତ ସଙ୍କୋଚ, ଲଜ୍ଜା ସମାପ୍ତ ହୋଇଗଲା । ସେ ଲୋକଙ୍କ ସହ ଖୋଲାଖୋଲି କଥା ହେବାକୁ ଲାଗିଲେ, ଯୁକ୍ତି କରିବାକୁ ଲାଗିଲେ ଓ ଜଣେ ବହୁତ ଭଲ ବକ୍ତା ହୋଇଗଲେ । ବକ୍ତାମାନେ ନିଜେ ପୂର୍ବରୁ ଏକାନ୍ତରେ ହିଁ କଥାହେବା, ଭାଷଣ ଦେବାର ଅଭ୍ୟାସ କରନ୍ତି । ପରେ, ସେମାନେ ମଞ୍ଚକୁ ଆସି ଭାଷଣ ଦିଅନ୍ତି । ନିଜ ସହ କଥାବାର୍ତ୍ତା ହେଲେ ମନର ସମସ୍ତ ସଙ୍କୋଚ ସମାପ୍ତ ହୋଇଯାଏ ଓ ନିଜର ନୂଆ-ନୂଆ ମାର୍ଗ ଆପେ ଆପେ ମିଳିଯାଏ । ଅଧିକାଂଶ ସମସ୍ୟାର ସମାଧାନ ମଧ୍ୟ ହାସଲ ହୋଇଯାଏ ।

ଅବିରତ ଅଙ୍କ ପରାମର୍ଶ ଦ୍ୱାରା ସଂସାରର ବହୁତ ବଡ଼ ଦୁର୍ବଳତା ସମାପ୍ତ ହୋଇଯାଇଥାଏ । ଏହି ପ୍ରକ୍ରିୟାରେ ଅନେକ ମାନସିକ ଶକ୍ତି ଜାଗ୍ରତ ହୋଇଯାଏ । ବାସ୍ତବରେ ଆମ ଭିତରେ ବାରୁଦ ଭଳି ଶକ୍ତିଗୁଡ଼ିକ ଶୋଇ ରହିଛନ୍ତି । ସେଥିରେ ଅଗ୍ନି ସ୍ପର୍ଶ କରାଇବାର ଆବଶ୍ୟକତା ରହିଛି । ସେ ନିଜର ବିସ୍ଫୋଟକ ରୂପ ପ୍ରକଟ କରିପାରେ । "ମୁଁ ଏହି କାର୍ଯ୍ୟକୁ ନିଶ୍ଚୟ କରିବି । ଏହି କାର୍ଯ୍ୟ କରିବାର ଶକ୍ତି ମୋ ଭିତରେ ଅଛି । ମୁଁ ଏହାକୁ ସମ୍ପୂର୍ଣ୍ଣ କରିକି ରହିବି ।" ବାରମ୍ବାର କହିବା ଦ୍ୱାରା ମନରେ ସଂକଳ୍ପ ଜାଗିଉଠେ ଓ କାର୍ଯ୍ୟଦକ୍ଷତା ବୃଦ୍ଧି ପାଏ । ସନ୍ଦେହ ଓ ଉତ୍ସାହହୀନତା ସମାପ୍ତ ହୋଇଯାଏ ।

ସର୍ବୋତ୍ତମ ମାର୍ଗ:

ଆତ୍ମବାର୍ତ୍ତାଳାପ କରି ଆପଣ ନିଜ ମନର ସମସ୍ତ ଦୁର୍ବଳତାକୁ ଖୋଜି ଧରିପାରିବେ ଯେ, କଥା କ'ଣ ? ଆପଣଙ୍କ କାମ କାହିଁକି ହୋଇପାରୁନାହିଁ ? କେଉଁ ବାଧା ଆସିଯାଇଛି ? ଆପଣଙ୍କର ଦୁର୍ବଳତା କ'ଣ ? ଆପଣ ଯଦି ନିଜ ବର୍ତ୍ତମାନ ସ୍ଥିତିରେ ଅସନ୍ତୁଷ୍ଟ ଅଛନ୍ତି, ଯଦି ଆପଣ ଆଶାନୁରୂପ ପ୍ରଗତି କରି ପାରୁନାହାନ୍ତି, କୌଣସି ବାଧା ଆସିଯାଇଛି, ତେବେ ଆପଣ ଆତ୍ମବାର୍ତ୍ତାଳାପ କରନ୍ତୁ । ଆପେ ଆପେ ସମସ୍ତ କଥାର ଜବାବ୍ ଆପଣଙ୍କୁ ମିଳିଯିବ । ଆପଣଙ୍କ ନିଜର ତମାମ୍ ବାଧା ଆପଣଙ୍କ ସାମ୍ନାକୁ ଆସିଯିବ ଓ ଆପଣଙ୍କୁ ସବୁ ଜଣା ପଡ଼ିଯିବ ।

ଆତ୍ମବାର୍ତ୍ତାଳାପ କୁହୁକର ପ୍ରଭାବ ପକାଏ । ଏହା ସର୍ବୋତ୍ତମ ମାର୍ଗ ଅଟେ । ନିଜର ମନ ଉପରେ ଦୃଷ୍ଟି ଦିଅନ୍ତୁ । ନିଜର ଆତ୍ମା ସହ ସାକ୍ଷାତକାର କରନ୍ତୁ । ଏକାନ୍ତରେ ବସି ନିଜ ପ୍ରଶ୍ନର ଉତ୍ତର ଖୋଜନ୍ତୁ । ଆପଣଙ୍କ ଲକ୍ଷ୍ୟ କାହିଁକି ହାସଲ କରିପାରୁ ନାହାନ୍ତି ? ଉନ୍ନତିର ପଥରେ କେଉଁ ବାଧା ରହିଛି ? ନିଜର ସହପାଠୀଙ୍କ ଠାରୁ କାହିଁକି ପଛୁଆ ଅଛନ୍ତି ? ସାମାନ୍ୟ ଜୀବନ କାହିଁକି ଅତିବାହିତ କରୁଛନ୍ତି ? କମ୍ ଯୋଗ୍ୟତା ଥିବା ବ୍ୟକ୍ତି କେମିତି ଆଗେଇ ଯାଇଛନ୍ତି ? ଏହି ପ୍ରକାରର ପ୍ରଶ୍ନ ଯେତେବେଳେ ଆପଣ ନିଜକୁ ପଚାରିବେ, ସେତେବେଳେ ସମସ୍ତ ଉତ୍ତର ଆପଣଙ୍କୁ ମିଳିଯିବ । ଆପଣ ନିଜକୁ ପରୀକ୍ଷା କରନ୍ତୁ । ନିଜର ଦୁର୍ବଳତାକୁ ପରୀକ୍ଷା କରନ୍ତୁ ।

ସଫଳତା ପାଇଁ ଉତ୍ସାହ, ସାହସ, ଧୈର୍ଯ୍ୟ, ପ୍ରସନ୍ନତା, ଆଶା, ଉଚ୍ଚାକାଂକ୍ଷା, ଆତ୍ମବିଶ୍ୱାସ ଆବଶ୍ୟକ ଅଟେ । ଯାହା ମଧ୍ୟରେ ଉତ୍ସାହ ନାହିଁ, ଅଧୀରତା, ନିରାଶା, ଅନାସକ୍ତ, ହୀନ ଭାବନା ଅଛି ଓ ଆତ୍ମବିଶ୍ୱାସର ଅଭାବ ଅଛି, ସେ ଜୀବନରେ କେବେ ସଫଳ ହୋଇପାରିବ ନାହିଁ । ଆପଣଙ୍କ ମଧ୍ୟରେ ଯଦି ଏ ସମସ୍ତ ଦୁର୍ବଳତା ଅଛି ତେବେ ଏଗୁଡ଼ିକୁ ମନରୁ ବାହାର କରି ଦିଅନ୍ତୁ । ସଫଳତା ପାଇଁ ଯେଉଁ ଗୁଣ ଅଛି, ତାହା ଉପରେ କାର୍ଯ୍ୟ କରନ୍ତୁ । ମନ ସହ ବାର୍ତ୍ତାଳାପ କରି ଜୀବନରେ ଏକ ଆଶ୍ଚର୍ଯ୍ୟଜନକ ପରିବର୍ତ୍ତନ ଅଣାଯାଇ ପାରିବ । ଜୀବନରେ ସଫଳତା ପାଇଁ ଆବଶ୍ୟକ ସମସ୍ତ ଗୁଣକୁ ହାସଲ

କରାଯାଇ ପାରିବ । ଦୃଢ଼ ନିଷ୍ଠୟ ଦ୍ୱାରା ଅଦ୍ଭୁତ ଶକ୍ତି ପ୍ରାପ୍ତ ହୁଏ । ଦୃଢ଼ ନିଷ୍ଠୟ ବଳରେ ଆପଣ ଅଧିକାଂଶ କାର୍ଯ୍ୟ କରିପାରିବେ ।

ନିଜ ସହ କଥା ହେବା ସମୟରେ ନିଜକୁ ଭଗବାନଙ୍କ ପୁତ୍ର ଅଥବା ଏକ ଅଙ୍ଗ ଭାବନ୍ତୁ । ମନରେ ଏହି ବିଶ୍ୱାସ ଜାଗ୍ରତ କରନ୍ତୁ ଯେ ଆପଣଙ୍କ ମଧ୍ୟରେ ଅପୂର୍ବ ଶକ୍ତି ଅଛି, ଓ ଏହି କାର୍ଯ୍ୟରେ ଭଗବାନ ମଧ୍ୟ ସାହାଯ୍ୟ କରିବେ ଓ ଆପଣ ଏହାକୁ ନିଷ୍ଠୟ କରିପାରିବେ । ଆପଣ ନିଜକୁ ସାକାର ରୂପ ମାନନ୍ତୁ, ନିଜକୁ ଶକ୍ତିମାନ ମାନନ୍ତୁ, ଏହା ସ୍ଥିର କରିଦିଅନ୍ତୁ ଯେ ଆପଣ ଭୀରୁ ନୁହଁନ୍ତି, ବରଂ କାର୍ଯ୍ୟଦକ୍ଷତା ଆପଣଙ୍କ ମଧ୍ୟରେ ଖୁନ୍ଦି ହୋଇଛି । ଯେଉଁ କାର୍ଯ୍ୟକୁ ନିଜ ହାତକୁ ନେଇଛନ୍ତି, ତାହା କରିକି ରହିବେ । ନିଜକୁ ତୁଚ୍ଛ, ଅକର୍ମଣ୍ୟ କଦାପି ଭାବନ୍ତୁ ନାହିଁ । ନିଜ ମନକୁ ସବୁବେଳେ ଉତ୍ସାହରେ ଭରି ରଖନ୍ତୁ । ନିଜ କର୍ତ୍ତବ୍ୟ କରିବା ସମୟରେ ବିମୁଖ ହୁଅନ୍ତୁ ନାହିଁ । ପରିଶ୍ରମ କରିବାକୁ ଉଦ୍‌ବିଗ୍ନ ହୁଅନ୍ତୁ ନାହିଁ । ନିଜ ମନରେ ସମ୍ପୂର୍ଣ୍ଣ ଆଶା ନେଇ ଆପଣ ନିଜ କାର୍ଯ୍ୟରେ ଲାଗିଯାଆନ୍ତୁ ।

ସକାଳୁ ଉଠି ପ୍ରତିଦିନ ଏହି କଥାଗୁଡ଼ିକୁ ପ୍ରତିଜ୍ଞା ରୂପେ ନିଷ୍ଠୟ ଦୋହରାନ୍ତୁ-

୧. ମୁଁ ସମସ୍ତଙ୍କ ଠାରୁ ଶକ୍ତିଶାଳୀ ହେବି ।

୨. ମୁଁ ନିଜ ଜୀବନରେ ଆହୁରି ଅଧିକ ସଫଳତା ପାଇବି । ମୁଁ ଏହି କାର୍ଯ୍ୟକୁ ଆହୁରି ଭଲ ଭାବେ କରିପାରିବି ।

୩. ମୁଁ ନିଜ ଦୋଷଗୁଡ଼ିକୁ ନିଷ୍ଠୟ ସମାପ୍ତ କରିବି ।

୪. ମୁଁ ସଂକଟ ଆସିଲେ କେବେ ଅଧୀର ହେବିନାହିଁ । ଧୈର୍ଯ୍ୟ, ସାହସ ଏବଂ ଦୁଇଗୁଣା ଶକ୍ତି ସହ କାମ କରିବି । ସଂକଟ ସମୟରେ ସମ୍ପୂର୍ଣ୍ଣ ଶକ୍ତି ଲଗାଇଦେବି ।

୫. ମୁଁ ନିଜର ଲକ୍ଷ୍ୟ ହାସଲ କରିକି ରହିବି ।

୬. ମୁଁ ନିଜ ଜୀବନଶୈଳୀ ଉପରକୁ ଉଠାଇବି । ଏଥିପାଇଁ ଅବିରତ କଠିନ ପରିଶ୍ରମ କରି ଚାଲିବି ।

୭. ମୁଁ ସର୍ବଦା କାର୍ଯ୍ୟରତ ରହିବି ।

୮. ମୁଁ ନିଜର ପ୍ରତ୍ୟେକ କାର୍ଯ୍ୟ ସମୟରେ କରିବି । ଲୋକଙ୍କୁ ଦିଆଯାଇଥିବା ବଚନର ପାଳନ କରିବି ।

୯. ମୁଁ ନିଜର ବ୍ୟବହାର ବିନମ୍ର ରଖିବି ।

୧୦. ମୁଁ ଭୁଲ୍ କାର୍ଯ୍ୟ କରିବି ନାହିଁ ।

ସର୍ବପ୍ରଥମେ, ସକାଳେ ଆଖି ଖୋଲିବା କ୍ଷଣି ଏହି ଦଶଟି କଥାର ସ୍ମରଣ କରନ୍ତୁ, ଯଦି ଆପଣଙ୍କ କୋଠରୀ ଏକାନ୍ତରେ ଅଛି ଓ କେହି ଯିବା-ଆସିବା କରୁନାହାନ୍ତି, ତେବେ ଗୋଟିଏ ବୋର୍ଡରେ ଲେଖି ଟାଙ୍ଗି ଦିଅନ୍ତୁ । ପ୍ରତିଦିନ ଏଗୁଡ଼ିକୁ ଦୋହରାନ୍ତୁ । ଓ ଏଗୁଡ଼ିକ ଉପରେ କାର୍ଯ୍ୟ କରନ୍ତୁ । ଏହି ପ୍ରକାରେ ଆପଣ ନିଜ ମନରେ ଏକ ଗୌରବଶାଳୀ

ଘୋଷଣାର ସ୍ଥାପନା କରିବେ । ଯେତେବେଳେ ଆପଣ ଏଗୁଡ଼ିକ ଉପରେ କାର୍ଯ୍ୟ କରିବେ ତେବେ ଆପଣଙ୍କ ଜୀବନ ବଦଳିଯିବ । ଆପଣ ସବୁକିଛି ପାଇ ପାରିବେ । ଆପଣଙ୍କ ଆଧ୍ୟାତ୍ମିକ ତଥା ଶାରୀରିକ ଶକ୍ତି ବଢ଼ିବ । ଆପଣଙ୍କ ଅସଫଳ ଜୀବନ ସଫଳ ହେବ । ଆପଣଙ୍କ ମଧ୍ୟରେ ଏକ ପ୍ରକାର ଦୈବୀ ଶକ୍ତି ଆସିଯିବ ।

ପ୍ରତିଜ୍ଞା:

ଏହି ପ୍ରକାରର ପ୍ରତିଜ୍ଞା ଜୀବନର ଧାରା ବଦଳାଇ ଦେବ । ଏହି ମହାମନ୍ତ୍ର ଦୋହରାଇଲେ ଆପଣଙ୍କୁ ଅସୀମ ଶକ୍ତି ମିଳିବ ଓ ଆପଣଙ୍କ କାର୍ଯ୍ୟଦକ୍ଷତା ମଧ୍ୟ ବୃଦ୍ଧି ପାଇବ । ପ୍ରତିଜ୍ଞାରେ ଅସୀମ ଶକ୍ତି ରହିଥାଏ । ନିଜ ସହ ବାର୍ତ୍ତାଳାପ କରି ଆପଣ ନିଜର ଆତ୍ମଜ୍ଞାନ ବଢ଼ାଇ ପାରିବେ । ଏହି ଆତ୍ମଜ୍ଞାନର ପ୍ରଭାବ ସମାନ ଭାବେ ଆପଣଙ୍କୁ ଉତ୍ସାହରେ ଭରି ରଖିଦେବ । ଏଥି ସହିତ ଆପଣ ପରମପିତା ପରମେଶ୍ୱରଙ୍କ ଉପରେ ମଧ୍ୟ ସମ୍ପୂର୍ଣ୍ଣ ଆସ୍ଥା ରଖନ୍ତୁ । ନିଜକୁ ତାଙ୍କର ହିଁ ଅଂଶ ମାନନ୍ତୁ । ଭଗବାନଙ୍କ ପୁତ୍ର ମାନି ଚାଲନ୍ତୁ । ଏହି ପ୍ରକାରେ ଆପଣଙ୍କ ଉତ୍ସାହ କେବେ କମ୍ ହେବନାହିଁ । ଆପଣଙ୍କ ନିଶ୍ଚୟ ସର୍ବଦା ଦୃଢ଼ ହୋଇ ରହିବ । ନିଜକୁ କେବେ ଆପଣ ଦୁର୍ବଳ କିମ୍ବା ଅବଶ ଅନୁଭବ କରିବେ ନାହିଁ । ଆପଣଙ୍କୁ ସର୍ବଦା ପ୍ରତ୍ୟେକ କାର୍ଯ୍ୟରେ ପ୍ରସନ୍ନତାର ଆନନ୍ଦ ହିଁ ମିଳିଚାଲିବ । ସଂସାରର ଗୌରବଶାଳୀ ଦାର୍ଶନିକ, ବୈଜ୍ଞାନିକ, ଲେଖକଙ୍କୁ କେବେ ହେଲେ ପ୍ରମାଣ ଦ୍ୱାରା ନିଜ କଥା ପ୍ରମାଣିତ କରିବାର ଆବଶ୍ୟକତା ପଡ଼େନାହିଁ । ସେମାନଙ୍କ ନିଜର ଆତ୍ମଜ୍ଞାନ ହିଁ ଏହାର ସବୁଠୁ ବଡ଼ ପ୍ରମାଣ ହୋଇଥାଏ । ଯଦି ସେମାନେ ନିଜ କଥାକୁ ପ୍ରମାଣିତ କରିବାକୁ ଚେଷ୍ଟା କରିବେ ତେବେ ଲୋକେ ସେମାନଙ୍କ ଉପରେ ବିଶ୍ୱାସ କରିବେ ନାହିଁ । ସେମାନଙ୍କ ବିବୃତ୍ତିରେ ବିଶ୍ୱାସ ଥାଏ ।

ବିଶ୍ୱାସପୂର୍ବକ କୁହାଯାଇଥିବା ଶବ୍ଦରେ ଏତେ ଶକ୍ତି ଥାଏ ଯେ ତାହା ଆପଣଙ୍କୁ ମୋହିନିଏ । ଆପଣଙ୍କ ମନ ଉପରେ ସେଗୁଡ଼ିକର ଏତେ ପ୍ରଭାବ ପଡ଼େ ଯେ ସହଜରେ ଆପଣ ସବୁକିଛି ଉପରେ ବିଶ୍ୱାସ କରନ୍ତି । ଆତ୍ମବିଶ୍ୱାସୀ ମଣିଷର କଣ୍ଠସ୍ୱରରେ ଜୁହୁକ ଥାଏ । ସେମାନଙ୍କ ଠାରେ କିଛି ଏମିତି ବଳ ଥାଏ ଯେ ଲୋକେ ସନ୍ଦେହ ହିଁ କରିପାରନ୍ତି ନାହିଁ । ଆତ୍ମବିଶ୍ୱାସ ସହ କୁହାଯାଇଥିବା ଶବ୍ଦର ସିଧା ପ୍ରଭାବ ହୃଦୟ ଉପରେ ପଡ଼ିଥାଏ । ଏହି କାରଣରୁ ଶୁଣୁଥିବା ବ୍ୟକ୍ତି କୌଣସି ପ୍ରକାରର ସନ୍ଦେହ କରେନାହିଁ । ସେମାନଙ୍କ ଉପରେ ସହଜରେ ବିଶ୍ୱାସ କରିନିଏ । ନିଜ ସହ ବାର୍ତ୍ତାଳାପ କରି ମଧ୍ୟ ନିଜ ହୃଦୟକୁ ଏହିଭଳି ପ୍ରଭାବିତ କରିପାରିବେ । ନିଜ ମନରୁ ଭୟ, ସଙ୍କୋଚ, ଅଧୀରତା ବାହାର କରିଦିଅନ୍ତୁ । ଯେଉଁ କାର୍ଯ୍ୟକୁ କରୁଛନ୍ତି, ବିଶ୍ୱାସପୂର୍ବକ କରନ୍ତୁ । ଏହି କଥାକୁ ମନରେ ଭଲ ଭାବେ ସଞ୍ଚିତ କରନ୍ତୁ ଯେ ଆପଣ ସେହି କାର୍ଯ୍ୟରେ ସଫଳତା ହାସଲ କରିକି ରହିବେ । ଯେତେବେଳେ ଆପଣଙ୍କୁ ଏତିକି ବିଶ୍ୱାସ ହୋଇଯିବ ଓ ଏହି ବିଶ୍ୱାସ ବଳରେ ହିଁ ଆପଣ ନିଜର କାର୍ଯ୍ୟ ଆରମ୍ଭ କରିବେ ତେବେ ନିଶ୍ଚୟ ହିଁ ଆପଣଙ୍କୁ

ସଫଳତା ମିଳିବ । ଆପଣଙ୍କ ସଫଳତାର ଦ୍ୱାର ଆପେ ଆପେ ଖୋଲିଯିବ । ନିଜର ଆତ୍ମାକୁ ଆପଣ ଉଚ୍ଚ ସ୍ତରରେ ସ୍ଥିର କରନ୍ତୁ । ସେଥିରେ ଆପଣ ଈଶ୍ୱରୀୟ ରୂପକୁ ପ୍ରକାଶିତ କରନ୍ତୁ । ସେତେବେଳେ ଆପଣ ଦେଖିବେ ଯେ ଆପଣଙ୍କ ପଥରେ ଆସୁଥିବା ପ୍ରତ୍ୟେକ ବାଧା, ଆପଣଙ୍କ ପ୍ରତ୍ୟେକ ସଙ୍କଟ କେଉଁଭଳି ଆପେ ସମାପ୍ତ ହୋଇଯାଉଛି । ଆପଣଙ୍କ ଦୃଢ଼ ସଂକଳ୍ପ ସବୁବେଳେ ଆପଣଙ୍କ ପଥ ତିଆରି କରିବେ ।

ଆତ୍ମବାର୍ତ୍ତାଳାପ ଦ୍ୱାରା ଆପଣଙ୍କ ଆତ୍ମାକୁ ମାର୍ଗଦର୍ଶନ ପ୍ରାପ୍ତ ହେବ । ଏହି ମାର୍ଗଦର୍ଶନରେ ଚାଲି ଆପଣ ନିଜ ଜୀବନକୁ ସଫଳ କରିପାରିବେ । ଆତ୍ମବାର୍ତ୍ତାଳାପରେ ଆପଣଙ୍କ ମନକୁ ଅତିରିକ୍ତ ଶକ୍ତି ହାସଲ ହୋଇଥାଏ । ଆପଣ ନିଜ ଦୁର୍ବଳତାଗୁଡ଼ିକୁ ସହଜରେ ଧରି ପାରିବେ । ଆତ୍ମବାର୍ତ୍ତାଳାପ ରୂପେ ଭଗବାନ ଆପଣଙ୍କୁ ଏମିତି ବିବେଚନ ଶକ୍ତି ଦେଇଛନ୍ତି, ଯାହାକୁ ବ୍ୟବହାର କରି ଆପଣ ନିଜେ ନିଜର ପରୀକ୍ଷା କରିପାରିବେ, ଆପଣଙ୍କୁ କୌଣସି ପରୀକ୍ଷକ ଅଥବା ନିର୍ଦ୍ଦେଶକର ଆବଶ୍ୟକତା ନାହିଁ ।

ଆପଣଙ୍କ ଆତ୍ମବାର୍ତ୍ତାଳାପ ହିଁ ଆପଣଙ୍କ ଗୁରୁ ଅଟେ । ଏହି କଥାକୁ ଆପଣ ସବୁବେଳେ ମନେ ରଖନ୍ତୁ ଯେ ଯାହା କିଛି ଆପଣ କରୁଛନ୍ତି, ତାହାର ସତ୍ୟତା ଉପରେ ଆପଣଙ୍କୁ ବିଶ୍ୱାସ ହେବା ଉଚିତ । ଯେଉଁ ଶବ୍ଦଗୁଡ଼ିକୁ ଆପଣ ଉଚ୍ଚାରଣ କରନ୍ତି ତାହା ଆପଣଙ୍କ ମନ ସ୍ୱୀକାର କରୁଥିବା ଉଚିତ । ଏମିତି ନହେଲେ ସେହି ଶବ୍ଦ ଆପଣଙ୍କ ପାଇଁ ନିର୍ଜୀବ ଅଟନ୍ତି । ଆପଣଙ୍କ ପ୍ରତ୍ୟେକ ଶବ୍ଦ ପଛରେ ମାନସିକ ବଳ ରହିବା ଉଚିତ । ଭଗବାନ ସମସ୍ତଙ୍କୁ ସମାନ ଭାବେ ଗଢ଼ିଛନ୍ତି । ସେ କାହା ସହିତ କୌଣସି ପ୍ରକାରର ପକ୍ଷପାତ କରିନାହାନ୍ତି । ସମସ୍ତଙ୍କୁ ସମାନ ଭାବେ ଶକ୍ତି ଦେଇଛନ୍ତି । ଯଦି କୌଣସି ମଣିଷ ଭଗବାନ ଦେଇଥିବା ଶକ୍ତିର ହସ୍ତକ୍ଷେପ ନ କରେ ତେବେ ଏହା ତାହାର ଦୁର୍ଭାଗ୍ୟ ହିଁ କୁହାଯିବ । ଭଗବାନ ପ୍ରତ୍ୟେକ ବ୍ୟକ୍ତିକୁ ନିଜର ଇଚ୍ଛା ପୂରଣ କରିବାର ଶକ୍ତି ପ୍ରଦାନ କରିଛନ୍ତି ।

ଆତ୍ମଶକ୍ତି:

ପ୍ରତ୍ୟେକ ମଣିଷର ମନରେ ସବୁ ପ୍ରକାରର ଶକ୍ତି ବାସ କରନ୍ତି । ଏହା ଏକ ପ୍ରକାର ଭଗବାନଙ୍କ ବରଦାନ ଅଟେ । ଏହି ବରଦାନର ଲାଭ ଯଦି କେହି ଉଠାଇ ପାରେନାହିଁ, ତେବେ ଏଥିରେ ଦୋଷ କାହାର ? ନିଜର ପ୍ରତ୍ୟେକ ପ୍ରତିଜ୍ଞାକୁ ପ୍ରତ୍ୟେକ ସମୟରେ ଦୋହରାନ୍ତୁ । ତାକୁ ସମ୍ପୂର୍ଣ୍ଣ କରିବାରେ ଲାଗି ପଡ଼ନ୍ତୁ । ସୁଯୋଗ ଆଉ କେବେ ଆସିବ ନାହିଁ । ବାରମ୍ବାର ଚେଷ୍ଟା କରନ୍ତୁ । ପ୍ରତ୍ୟେକ ଚେଷ୍ଟାରେ ଆପଣଙ୍କ ଶରୀରରେ ନୂଆ ଶକ୍ତି ଆସିବ । ଆପଣଙ୍କର କେହି ନିନ୍ଦା କରୁ, ଗୁଣଗାନ କରୁ, ଆପଣ ନିଜ ଲକ୍ଷ୍ୟକୁ ଛାଡ଼ନ୍ତୁ ନାହିଁ । ସାରା ଦୁନିଆ ଆପଣଙ୍କ ବିରୋଧୀ ହୋଇଯାଉ, ତେବେ ମଧ୍ୟ ଆପଣ ନିଜର ଲକ୍ଷ୍ୟ ଛାଡ଼ନ୍ତୁ ନାହିଁ । ନିଜ ମାର୍ଗରେ ଆଗେଇ ଚାଲନ୍ତୁ ।

ନୋବେଲ ପୁରସ୍କାର ବିଜେତା ଗୁରୁଦେବ ରବିନ୍ଦ୍ରନାଥ ଟାଗୋର ଠିକ୍ କହିଛନ୍ତି- ଯଦି କେହି ତୁମ ସହିତ ଚାଲୁନାହାଁନ୍ତି ତେବେ ତୁମେ ନିଜ ରାସ୍ତାରେ ଏକୁଟିଆ ଆଗେଇ ଚାଲ । ବାସ୍ତବରେ ସଫଳତା ହାସଲ କରିବାର ଏହା ଏକ ଏମିତି ମୂଳମନ୍ତ୍ର ଅଟେ ଯେ ଆପଣ ନିଶ୍ଚୟ ସଫଳ ହେବେ । ଆପଣ ନିଜ ବଳରେ ସମସ୍ତ କାର୍ଯ୍ୟ କରନ୍ତୁ । କାହାରି ଭରସାରେ ମଧ୍ୟ ରୁହନ୍ତୁ ନାହିଁ । ନିଜ ବଳରେ କାର୍ଯ୍ୟ କରନ୍ତୁ । ଯେତେବେଳେ ଆପଣ ନିଜ ଗୋଡ଼ରେ ଠିଆ ହୋଇଯିବେ, ତେବେ ଆପଣ ପଡ଼ିଯିବାର ପ୍ରଶ୍ନ ହିଁ ଉଠିପାରିବ ନାହିଁ । ନିଜର ଶକ୍ତ ଯୋଗ୍ୟତାର ସମ୍ଭାବନାକୁ ଚିହ୍ନନ୍ତୁ । ଜୀବନକୁ ଉପରକୁ ଉଠାଇବା ପାଇଁ ନିଜକୁ ନିଜର ଅନ୍ତରଙ୍ଗ ସଖା ମାନି ଆପଣ ଯେତେବେଳେ ବାର୍ତ୍ତାଳାପ କରନ୍ତି, ତେବେ ଆପଣଙ୍କୁ ଏକ ନୂଆ ଦିଗ ମିଳିଥାଏ । ଦୁର୍ଗୁଣକୁ ଡରିବା କିମ୍ବା ନିରାଶ ହେବାର ଆବଶ୍ୟକତା ନାହିଁ । ଯଦି ଆପଣଙ୍କ ମଧ୍ୟରେ କୌଣସି ଦୁର୍ଗୁଣ ଅଛି, ତେବେ ଅଧୀର ହୁଅନ୍ତୁ ନାହିଁ । ଆପଣ ଦୃଢ଼ତାର ସହ ତାକୁ ସମାପ୍ତ କରିବାକୁ ଚେଷ୍ଟା କରନ୍ତୁ । ଆପଣ ନିଶ୍ଚୟ ସଫଳ ହେବେ । ଦୁର୍ଗୁଣ କିମ୍ବା ଭୁଲ୍ କାମ କେବେ ଅଚାନକ ଆପଣଙ୍କ ଦ୍ୱାରା ହୋଇଯାଏ, ତେବେ ମଧ୍ୟ ଉଦ୍‌ବିଗ୍ନ ହୁଅନ୍ତୁ ନାହିଁ । ଯାହାଙ୍କ ମଧ୍ୟରେ ଧୈର୍ଯ୍ୟ ଅଛି, ସେମାନେ ନିଶ୍ଚୟ ସଫଳ ହୁଅନ୍ତି ।

ପ୍ରତ୍ୟେକ ମଣିଷର ଶରୀର-ମନରେ ଭଗବାନ ଏକ ଏମିତି ଶକ୍ତି ଦେଇଛନ୍ତି ଯେ ସେ ପ୍ରତ୍ୟେକ ଦୁର୍ଗୁଣ ଠାରୁ ମୁକ୍ତି ପାଇପାରେ । ଦୁର୍ଗୁଣକୁ ଲଢ଼େଇ କରି ପରାସ୍ତ କରାଯାଇ ପାରିବ । ଆପଣ ନିଜେ ଦେଖିଥିବେ, କିଛି ଲୋକ ହଠାତ୍ ସିଗାରେଟ୍‌କୁ ଗୋଟିଏ ମୁହୂର୍ତ୍ତରେ ଛାଡ଼ି ଦିଅନ୍ତି । ଏହାର କାରଣ ସେମାନଙ୍କ ଦୃଢ଼ ଇଚ୍ଛାଶକ୍ତି ଅଟେ । ଆପଣ ଦୁର୍ଗୁଣ ଦୂର କରିବାର ସଂକଳ୍ପ କରନ୍ତୁ, ଅବିରତ ଚେଷ୍ଟା କରନ୍ତୁ, ତାହା ନିଶ୍ଚୟ ଦୂର ଓ ସମାପ୍ତ ହେବ । ଦୁର୍ଗୁଣକୁ ଡରନ୍ତୁ ନାହିଁ, ତା' ସହିତ ଲଢ଼େଇ କରନ୍ତୁ । କିଛି ଲୋକ ନିଜର ଦୁର୍ଗୁଣ ଯୋଗୁଁ ଆଲୋଡ଼ିତ ହୋଇଯାଆନ୍ତି ଓ ସେମାନଙ୍କ ମନ ଭାଙ୍ଗିବାକୁ ଲାଗେ, କିନ୍ତୁ ଏମିତି କରିବା ଅପେକ୍ଷା ଯଦି ତାକୁ ଦୂର କରିଦିଆଯାଏ, ଯାହା ବହୁତ ଭଲ ହେବ । ଦୁର୍ଗୁଣ ସବୁବେଳେ ଆପଣଙ୍କ ସଫଳତାରେ ବାଧକ ହୋଇଥାଏ । ଏହା ମଧ୍ୟ ନିଶ୍ଚିତ କଥା ଯେ ପ୍ରତ୍ୟେକ ମଣିଷ ମଧ୍ୟରେ କିଛି ନା କିଛି ଅବଗୁଣ ରହିଥାଏ । ଏହି କାରଣରୁ ପ୍ରତ୍ୟେକ ମଣିଷକୁ, ଯଦି ସେ ନିଜ ଜୀବନରେ ସଫଳତା ହାସଲ କରିବାକୁ ଚାହୁଁଥାଏ, ତେବେ ତାକୁ ନିଜର ଦୁର୍ଗୁଣଗୁଡ଼ିକୁ ଜବତ୍ କରିବାକୁ ହେବ ।

ନିଜର ଦୁର୍ବଳତାଗୁଡ଼ିକୁ ଜାଣନ୍ତୁ:

ଆପଣ ଯେତେବେଳ ପର୍ଯ୍ୟନ୍ତ ନିଜର ଦୁର୍ବଳତାଗୁଡ଼ିକୁ ଦୂର କରିବେ ନାହିଁ, ସେତେବେଳ ପର୍ଯ୍ୟନ୍ତ ଆପଣଙ୍କ କାର୍ଯ୍ୟ ଅଟକି ରହିବ । ପ୍ରାୟ ଏମିତି ମଧ୍ୟ ହୁଏ ଯେ ନିଜର ଏହି ଦୁର୍ବଳତା କିମ୍ବା ଦୁର୍ଗୁଣ କାରଣରୁ ମଣିଷ ସାରା ଜୀବନ ଅସଫଳ ରହିଯାଏ ।

ବାସ୍ତବରେ ଦୁର୍ଗୁଣ କ'ଣ? ଦୁର୍ଗୁଣ ଆମର ଇନ୍ଦ୍ରିୟଗୁଡ଼ିକର ଦୁର୍ବଳତା ଯୋଗୁଁ ଉତ୍ପନ୍ନ ହୋଇଥାନ୍ତି । ଯେତେବେଳେ କି ଇନ୍ଦ୍ରିୟଗୁଡ଼ିକ ଉପରେ ଆମର କର୍ତ୍ତୃତ୍ୱ ରୁହେନାହିଁ ତେବେ ଆମେ ଏଗୁଡ଼ିକର ଦାସ ହୋଇଯାଉ । ଯେତେବେଳ ପର୍ଯ୍ୟନ୍ତ ଆମେ ଇନ୍ଦ୍ରିୟଗୁଡ଼ିକୁ ତୃପ୍ତି ନ କରୁଛେ, ସେତେବେଳ ପର୍ଯ୍ୟନ୍ତ ଆମକୁ ଶାନ୍ତି ମିଳେନାହିଁ । ଆମେ ସୁଖ-ଶାନ୍ତିର ଅନୁଭବ କରିପାରନ୍ତି ନାହିଁ ।

ଏମିତି ଅନେକ ଉଦାହରଣ ଅଛି, ମଦ ନିଶା, ଜୁଆ କିମ୍ବା ସ୍ତ୍ରୀ ଆସକ୍ତି, ଚାଲବାଜି, ମିଛ କହିବା, ଠକାମି ଆଦି ଅନେକ ପ୍ରକାରର ଦୁର୍ଗୁଣ, କୁକର୍ମ ଅଛି, ଯାହାର ଆମେ ଦାସ ହୋଇଯାଇଥାଉ । ଏଗୁଡ଼ିକରୁ ମୁକ୍ତି ପାଇବାର ଏକମାତ୍ର ଉପାୟ ହେଲା ଆମେ ଇନ୍ଦ୍ରିୟଗୁଡ଼ିକୁ ନିଜ ଅକ୍ତିଆରରେ ରଖିବା । ଦୁର୍ଗୁଣ ଆପେ ଆପେ ଦୂର ହୋଇଯିବ । ଆପଣ ଖରାପ କାମ କରିଦେଲେ, ତାହା ଉପରେ କେବେ ଅନୁତାପ କରନ୍ତୁ ନାହିଁ । ଅନୁତାପରେ କୌଣସି ଲାଭ ହେବନାହିଁ । ଅନୁତାପ ସ୍ଥାନରେ ଆପଣ ଏମିତି ବ୍ୟବସ୍ଥା ଚିନ୍ତା କରନ୍ତୁ ଯେ ଦ୍ୱିତୀୟ ଥର ସେହି କାମ ଆପଣଙ୍କ ଦ୍ୱାରା ନହେଉ । ଏହାର ଚେଷ୍ଟା ସବୁବେଳେ କରିବା ଉଚିତ । କିଛି ଦୁର୍ଗୁଣ ଏମିତି ଥାନ୍ତି, ଯେଉଁଗୁଡ଼ିକୁ ଆମେ ସହଜରେ ଧରିପାରନ୍ତି ନାହିଁ । ଆବଶ୍ୟକ କାର୍ଯ୍ୟକୁ ଭୁଲିବା ଅଭ୍ୟାସ, ସବୁ କଥାରେ ଆଶଙ୍କା କରିବା, ସନ୍ଦେହ କରିବା, ଏସବୁ ଦୁର୍ଗୁଣ ଅଟନ୍ତି । ଏସବୁ ଆଡ଼କୁ ନଜର ରୁହେନାହିଁ । ଏହି ସାଧାରଣ କଥାରେ ମଧ୍ୟ ଆପଣ ନିଜର ସଫଳତାର ପଥରେ ବାଧା ପାଇପାରିବେ । ଏହିଭଳି ଆମକୁ ଛୋଟ-ଛୋଟ କଥା ଉପରେ ମଧ୍ୟ ନଜର ଦେବା ଉଚିତ । ଆଦର୍ଶ ହିଁ ସବୁଠାରୁ ବଡ଼ ସତ୍ୟ ଅଟେ । ତଥାପି, ଯଦି ଆପଣ କୌଣସି ବ୍ୟକ୍ତିକୁ ନିଜ ଆଦର୍ଶ ରୂପେ ପ୍ରତିଷ୍ଠିତ କରିବାକୁ ଚାହୁଁଛନ୍ତି, ତେବେ ତାକୁ ଏହି ରୂପରେ ରଖନ୍ତୁ ଯେ, ସେ ଆପଣଙ୍କ ମୁହଁର ଅନୁକୂଳ ନଥିଲେ ନିଜର ଅନୁକୂଳ କରନ୍ତୁ ।

ଆମେ ମହାପୁରୁଷଙ୍କୁ ନିଜର ଆଦର୍ଶ କରି ନିଜେ ପ୍ରଗତି କରିପାରିବା । ଆଉ ଗୋଟିଏ କଥା ମନେରଖନ୍ତୁ, ଭୁଲ୍ ଆପଣଙ୍କ ଦ୍ୱାରା ହୋଇପାରେ । ଏହା ଉପରେ ଆପଣ ଅନୁତାପ କରନ୍ତୁ ନାହିଁ । ଅନୁତାପ କଲେ କିମ୍ବା ଅଧୀର ହେଲେ ଆମେ ନିଜ କାମ ବିଗାଡ଼ିବା । ତାକୁ ସମ୍ପୂର୍ଣ୍ଣ ଭୁଲିଯାଆନ୍ତୁ ଓ ନିଜର କାମ ଆରମ୍ଭ କରିଦିଅନ୍ତୁ । ନିଜର ସମ୍ପୂର୍ଣ୍ଣ ଇଚ୍ଛାଶକ୍ତିକୁ ଏହା ପଛରେ ନିୟୋଜିତ କରିଦିଅନ୍ତୁ । ଆପଣ ଯେମିତି-ଯେମିତି ନିଜର ଭୁଲ୍‌ଗୁଡ଼ିକୁ ସୁଧାରି ଚାଲିବେ, ସେମିତି-ସେମିତି ଆପଣ ସଫଳତାର ନିକଟତର ହୋଇଯିବେ । ନିଜର ପାଦ ସବୁଥର ସମ୍ଭାଳିକରି ଆଗକୁ ପକାନ୍ତୁ । ଏହା ଆପଣଙ୍କୁ ସଫଳ କରିବ । ସବୁବେଳେ ନିଜ ମନରେ ବିଜୟର କାମନା ରଖନ୍ତୁ । ନିଜର ବିଶ୍ୱାସ ବଜାୟ ରଖନ୍ତୁ ।

ଆପଣଙ୍କ ମୁଖମଣ୍ଡଳରେ ସବୁବେଳେ ଆତ୍ମବିଶ୍ୱାସର ତେଜ ଚମକିବା ଉଚିତ। ଆପଣଙ୍କ ଆତ୍ମବିଶ୍ୱାସ ଅତ୍ୟନ୍ତ ପ୍ରବଳ ହେବା ଉଚିତ। ନିଜ ସହ ବାର୍ତ୍ତାଳାପ କରି ଆପଣ ନିଜର ଆତ୍ମଜ୍ଞାନର ପ୍ରଭାବ ବଢ଼ାଇ ପାରିବେ। ତାହାର ଫାଇଦା ଉଠାଇ ପାରିବେ। ଆତ୍ମବାର୍ତ୍ତାଳାପ ସକାଳୁ ନିଦ ଭାଙ୍ଗିଲେ ଏବଂ ରାତିରେ ଶୋଇବା ପୂର୍ବରୁ କରିବା ଉଚିତ। ଏହି ପ୍ରକାରେ, ଆପଣ ଅଧିକ ଲାଭ ଉଠାଇ ପାରିବେ।

ଆତ୍ମବାର୍ତ୍ତାଳାପ କରିବା ସମୟରେ ଆପଣ ସମାନ ଭାବେ ନିଜର ସଂକଳ୍ପ ଦୋହରାନ୍ତୁ। ଏଥିସହ ଆତ୍ମବାର୍ତ୍ତାଳାପ ଦ୍ୱାରା ନିଜର ସମୀକ୍ଷା ମଧ୍ୟ କରିନିଅନ୍ତୁ। ଏହି ଦିନ, ଏହି ସପ୍ତାହ, ଏହି ମାସ ଆପଣ କ'ଣ-କ'ଣ କରିବାର ଥିଲା ? କ'ଣ-କ'ଣ ରହିଗଲା ? ଅମୁକ କାର୍ଯ୍ୟ କାହିଁକି ହେଲାନାହିଁ ? ଏ ପ୍ରକାରର ପ୍ରଶ୍ନ କରି ନିଜର ବିବେଚନ ନିଜେ କରନ୍ତୁ। ଆପଣଙ୍କ ଦୁର୍ବଳତା ଆପଣଙ୍କୁ ସାମ୍ନାକୁ ଆସିଯିବ। ଆପଣ ସେତେବେଳେ ସେଗୁଡ଼ିକୁ ଦେଖନ୍ତୁ ଯେ କେମିତି ତାହା ଦୂର ହୋଇପାରିବ। ଜୀବନର ପ୍ରତି ମୁହୂର୍ତ୍ତକୁ କାମରେ ଲଗାନ୍ତୁ। ଆପଣଙ୍କ ପ୍ରତ୍ୟେକ କ୍ଷଣ ମୂଲ୍ୟବାନ ଅଟେ। ଯେତେବେଳ ପର୍ଯ୍ୟନ୍ତ ଆପଣ ତାହାର ମୂଲ୍ୟ ନ ଜାଣିଛନ୍ତି, ସେତେବେଳ ପର୍ଯ୍ୟନ୍ତ ଆପଣଙ୍କ ଜୀବନ ସ୍ଥିତି ପରିବର୍ତ୍ତିତ ରହିବ। ନିଜ ଜୀବନକୁ ସୁବ୍ୟବସ୍ଥିତ ଓ ନିୟମିତ କରନ୍ତୁ। ଏହିଭଳି ସର୍ବଦା କାର୍ଯ୍ୟରତ ରହି ଆପଣ ସଫଳତା ହାସଲ କରିପାରିବେ। ନିଜ ଆତ୍ମଜ୍ଞାନର ପ୍ରଭାବ ଯେତେ ଅଧିକ ଆପଣ ପକାଇ ପାରିବେ, ସେତିକି ହିଁ ଅଧିକ ମଙ୍ଗଳ ହେବ। ଅଧିକାଂଶ ଲୋକ ନିଜ ଜୀବନରେ ବହୁତ ଯୋଗ୍ୟ ହୋଇଥାନ୍ତି। ଏହି ଯୋଗ୍ୟତା ସତ୍ତ୍ୱେ ନିଜର ସାରା ଜୀବନରେ ବହୁତ କମ୍ କାମ କରିପାରନ୍ତି। ଏହାର କାରଣ ହେଲା ସେମାନେ ନିଜର ଯୋଗ୍ୟତା ଅଭିମାନରେ ଅନେକ କାମ ଏକସଙ୍ଗେ ଆରମ୍ଭ କରିଦିଅନ୍ତି ଅଥବା ସେମାନେ ନିରାଶାବାଦୀ ହୋଇଯାଆନ୍ତି। ସେମାନେ ନିଜ କାମରେ ହିଁ ଜୀରାରୁ ଶିରା ବାହାର କରନ୍ତି, ଓ ଅସଫଳତାର ଭାବନା ସେମାନଙ୍କ ମନରେ ଆସିଯାଏ।

ଅବଶ୍ୟକତାଠାରୁ ଅଧିକ ବୁଦ୍ଧିମତ୍ତା:

ସେମାନେ ନିଜର ଅତ୍ୟଧିକ ଯୋଗ୍ୟତାର ଜାଲରେ ଏଭଳି ଫଶିଯାଆନ୍ତି, ଯେଉଁଭଳି ବୁଢ଼ିଆଣୀ ଜାଲରେ ମାଛି ଫଶିଯାଏ। ସେମାନଙ୍କ ନିଜ ମନରେ ନିଜର ଅସହାୟତା ଓ ବିବଶତାର ଭାବ ଉତ୍ପନ୍ନ ହେବାକୁ ଲାଗେ। ଆପଣ ସେମାନଙ୍କ ବିଦ୍ୱତ୍ତା, ଯୋଗ୍ୟତାରେ ପ୍ରଭାବିତ ହୁଅନ୍ତି, କିନ୍ତୁ ସେମାନଙ୍କ ଅସଫଳ ଓ ଦୁଃଖୀ ଜୀବନ ଦେଖି ଆପଣଙ୍କୁ ଆଶ୍ଚର୍ଯ୍ୟ ଲାଗେ। ସେମାନଙ୍କ ଏହି ବିଶେଷତାର ଆପଣ ଚର୍ଚ୍ଚା କରନ୍ତି। ସେମାନଙ୍କ ଲୁହା ମାନନ୍ତି, କିନ୍ତୁ ବିବଶ ଆପଣଙ୍କ ମୁହଁରୁ ବାହାରି ଯାଏ- ବିଚରାର ଭାଗ୍ୟ ଖରାପ, ଭାଗ୍ୟ ସାଥ୍ ଦେଉନାହିଁ। ଏମିତି କିଛି ନୁହେଁ। ଧ୍ୟାନପୂର୍ବକ ଦେଖାଗଲେ ଏଥିରେ ସେହି ବିଦ୍ୱାନ ପୁରୁଷର

ହିଁ ଦୋଷ ନଜର ଆସିବ । ସେ ନିଜେ ନିଜ ଜୀବନ, ଅନିୟମିତ, ଅବ୍ୟବସ୍ଥିତ କରି ରଖିଥିବ ।

ଏମିତି ବ୍ୟକ୍ତିଙ୍କ ହାତରେ ଗୋଟିଏ ନୁହେଁ, ଏକସଙ୍ଗେ ଅନେକ କାମ ଥାଏ । ସେମାନଙ୍କ ଯୋଜନାଗୁଡ଼ିକ ଉଚ୍ଚ କୋଟୀର ହୋଇଥାଏ ଓ ସେଗୁଡ଼ିକର ପ୍ରଶଂସାରେ ହିଁ ସେମାନେ ସମୟ ବିତାଇବେ । ସେଗୁଡ଼ିକୁ କାର୍ଯ୍ୟକାରୀ କରିବା ପାଇଁ ତାଙ୍କ ପାଖରେ ସମୟ ନଥିବ । କେଉଁଠି ନା କେଉଁଠି ସେ ଦିଗଭ୍ରମିତ ରୁହନ୍ତି । ସେହି ସ୍ଥିତି ଯୋଗୁଁ ନିଜର ସମ୍ପୂର୍ଣ୍ଣ ଯୋଗ୍ୟତା ଓ ସାମର୍ଥ୍ୟ ସତ୍ତ୍ୱେ ସେମାନେ ନିଜ ଜୀବନରେ ଅସଫଳ ରୁହନ୍ତି, ଆବଶ୍ୟକତାଠାରୁ ବେଶୀ ବୁଦ୍ଧିମାନୀରେ କାମ କରିବା ମଧ୍ୟ ବିପଦଜ୍ଜନକ ହୋଇଥାଏ । ସେତେବେଳେ କାମରେ ସବଳତା ନୁହେଁ ପାଗଳାମି ଅଥବା ଖାମଖିଆଲୀ ଭାବ ଆସିଯାଏ । କାମରେ ଛଳନା ହୋଇଯାଏ ।

ଯଦି ଆପଣ ବୁଦ୍ଧିମାନ ଓ ଆପଣଙ୍କ ମଧ୍ୟରେ ଉତ୍ସାହ ଏବଂ ସାମର୍ଥ୍ୟ ମଧ୍ୟ ଭରପୁର ଅଛି, ତେବେ ଦୟାକରି ନିଜର ଅଭିମାନରେ ପଡ଼ି ଏକସଙ୍ଗେ ଅନେକ କାମ କରନ୍ତୁ ନାହିଁ । ଥରକୁ ଗୋଟିଏ ହିଁ କାମ ହାତକୁ ନିଅନ୍ତୁ, ତାକୁ ସମ୍ପୂର୍ଣ୍ଣ କରି ଅନ୍ୟ କାମରେ ହାତ ପକାନ୍ତୁ । ଏହିଭଳି ଆପଣ ନିଜର ସମସ୍ତ ଲକ୍ଷ୍ୟ ପାଇପାରିବେ । ପ୍ରଶଂସା କମ୍, କାମ ଅଧିକ କରନ୍ତୁ । ରୁଚି ଓ ନିଷ୍ଠାର ସହ କରନ୍ତୁ । ଦୋଷ ଦର୍ଶନ, ଶଙ୍କା-କୁଶଙ୍କା, ତର୍କ-ବିତର୍କକୁ ସ୍ଥାନ ଦିଅନ୍ତୁ ନାହିଁ । ସେତେବେଳେ ଆପଣ ସଫଳ ହୋଇପାରିବେ । ଏହା ବ୍ୟତୀତ ଏକ ଆଶ୍ଚର୍ଯ୍ୟଜନକ ସତ୍ୟ ହେଲା ସଂସାରରେ ଏମିତି ଲୋକ ବିରଳ ଥିବେ ଯେଉଁମାନେ ନିଜର ଆତ୍ମାର ପ୍ରତିଧ୍ୱନୀକୁ କଣ୍ଠସ୍ୱରରେ ପ୍ରକଟ କରନ୍ତି ।

ମଣିଷ ଯାହା କିଛି ଚିନ୍ତା କରେ, ତାକୁ ଶବ୍ଦରେ ପ୍ରକଟ କରେ । ମଣିଷର ସମସ୍ତ ସ୍ୱଭାବ, ସମସ୍ତ ଆଦର୍ଶ, ତା'ର ବାର୍ତ୍ତାଳାପ (ଶବ୍ଦ) ଦ୍ୱାରା ହିଁ ଜଣାଯାଇପାରେ । ବାସ୍ତବରେ ମଣିଷର ଶବ୍ଦାବଳୀ ତା' ଆତ୍ମାର ଦର୍ପଣ ଅଟେ । ସେହି ମଣିଷର ବର୍ତ୍ତମାନ ଓ ଭବିଷ୍ୟତ ଜୀବନର ସଙ୍କେତ କରିଥାଏ । ମଣିଷର ଓଠରୁ ବାହାରିଥିବା ଶବ୍ଦଗୁଡ଼ିକର ଅଧିକ ପ୍ରଭାବ ଥାଏ । ଆଜି ବିଜ୍ଞାନ କହେ ଯେ ଶବ୍ଦ ଅମର ଅଟେ । ମଣିଷର ମୁହଁରୁ ବାହାରିଥିବା ଶବ୍ଦ କେବେ ମରେନାହିଁ, ତାହା ସ୍ଥାୟୀ ଭାବରେ ରୁହେ । ସେଗୁଡ଼ିକର ଅସ୍ତିତ୍ୱ ଅଛି । ଶବ୍ଦକୁ ହିଁ ନାଦବ୍ରହ୍ମ କୁହାଯାଇଛି । ମହାପୁରୁଷଙ୍କ ମହାବାଣୀ ଆମ ସାମ୍ନାରେ ଅଛି । ବାସ୍ତବରେ ମନରୁ ବାହାରିଥିବା ଶବ୍ଦରେ ସଶକ୍ତ ଭୌତିକ ପଦାର୍ଥଠାରୁ ବେଶୀ ଶକ୍ତି ଥାଏ ।

ଜୀବନକୁ ପ୍ରେରଣା ଦେଉଥିବା, ପ୍ରାଣବନ୍ତ କରୁଥିବା ଶକ୍ତି 'ଶବ୍ଦ' ହିଁ ଅଟେ । ବ୍ୟକ୍ତିର ମୁଖରୁ ବାହାରୁଥିବା ଶବ୍ଦରେ ଏକ ପ୍ରକାରର ଚମତ୍କାର ଥାଏ । ତାହାର ତତ୍କାଳ ପ୍ରଭାବ ଦେଖିବାକୁ ମିଳେ । ମନ ଉପରେ ଅଲିଭା ପ୍ରଭାବ ପଡ଼େ । ଏହି ଶବ୍ଦଶକ୍ତି ବଳରେ ଆପଣ କୌଣସି ବ୍ୟକ୍ତିକୁ ନିଜର ବନ୍ଧୁ ଅଥବା ଶତ୍ରୁ କରିପାରିବେ । ଶବ୍ଦର

ଏହି ଚମତ୍କାରୀ ପ୍ରୟୋଗ ଆପଣ ନିଜ ଉପରେ ମଧ୍ୟ କରି ଦେଖନ୍ତୁ । ଆପଣ ନିଜ ପ୍ରତିଜ୍ଞାକୁ ବାରମ୍ବାର ଦୋହରାନ୍ତୁ । ନିଜର ଆତ୍ମଜ୍ଞାନକୁ ଚିହ୍ନନ୍ତୁ । ନିଜ ମତଗୁଡ଼ିକୁ ବାରମ୍ବାର ପ୍ରକଟ କରନ୍ତୁ ତେବେ ଆପଣଙ୍କ ଶକ୍ତିଗୁଡ଼ିକ ଏକତ୍ରିତ ହୋଇ କ୍ରିୟାଶୀଳ ହୋଇଯିବେ । ଆପଣଙ୍କୁ ଗୋଟିଏ ନୂଆ ଜୀବନ ପ୍ରାପ୍ତ ହେବ ।

ଶବ୍ଦ-ଶକ୍ତି :

ଏହି ଶବ୍ଦ-ଶକ୍ତିର ମହତ୍ତ୍ୱ ଯୋଗୁଁ ଜୟଘୋଷର ନିର୍ମାଣ କରାଯାଇଛି । ଯୁଦ୍ଧକ୍ଷେତ୍ର ହେଉ ଅଥବା ଶୋଭାଯାତ୍ରା, ପ୍ରତ୍ୟେକର ନିଜର ଏକ ଜୟଘୋଷ ରହିଥାଏ । ପ୍ରତ୍ୟେକ ଶୋଭାଯାତ୍ରା, ବିକ୍ଷୋଭ ଓ ଆନ୍ଦୋଳନର ସ୍ଲୋଗାନ୍ ଥାଏ । ଶବ୍ଦରେ ସେତେବେଳେ ଆକାଶ ଗୁଞ୍ଜରିତ ହୋଇଉଠେ । ଶବ୍ଦ ବାୟୁମଣ୍ଡଳରେ ଉଡ଼ିବୁଲେ । ଶବ୍ଦ ଆତ୍ମବିଶ୍ୱାସକୁ ପ୍ରୋତ୍ସାହନ ଦିଏ । ଯୁଦ୍ଧକ୍ଷେତ୍ରର ସ୍ଲୋଗାନ୍ ତ' ଅପାର ଶକ୍ତିଦାୟକ ହୋଇଥାଏ । ଶବ୍ଦ ଶକ୍ତିର ନିଜର ପ୍ରଭାବ ଥାଏ । ଏହି ତଥ୍ୟ ସର୍ବବିଦିତ ଅଟେ । ଶବ୍ଦର ପ୍ରଭାବ ମନ, ମସ୍ତିଷ୍କ ଉପରେ ଅତ୍ୟନ୍ତ ତୀବ୍ରତା ସହ ହୋଇଥାଏ । ଶବ୍ଦ ଆମ ମତର ବାହନ ଅଟେ । ଯଦି ଆମର ଶବ୍ଦ ପ୍ରତି ପ୍ରେମ, ସ୍ନେହ ଏବଂ ବନ୍ଧୁତ୍ୱର ଭାବନା ଅଛି, ତେବେ ଆମ ସାମ୍ନାରେ ଠିଆ ହୋଇଥିବା ବ୍ୟକ୍ତି ଉପରେ ତାହାର ଅନୁରୂପ ପ୍ରଭାବ ପଡ଼ିବ । ଆମ ଶବ୍ଦରେ ଈର୍ଷା, ଘୃଣା, କଟୁତା, ଶତ୍ରୁତା ଅଛି, ତେବେ ସାମ୍ନାରେ ଥିବା ବ୍ୟକ୍ତି ଉପରେ ମଧ୍ୟ ସେହିପରି ପ୍ରଭାବ ପଡ଼ିବ । ମନର ଭାବନାକୁ ଶବ୍ଦ ହିଁ ବ୍ୟକ୍ତ କରନ୍ତି ।

ମାନବ ସଭ୍ୟତାର ବିକାଶରେ ଶବ୍ଦର ଖୁବ୍‌ବେଶୀ ଯୋଗଦାନ ଅଛି । ବିଚାର ଶକ୍ତି ଦ୍ୱାରା ଉତ୍ପନ୍ନ ଶବ୍ଦ ହିଁ ମଣିଷର କାମନାଗୁଡ଼ିକର ପରିପୂର୍ଣ୍ଣକରଣ କରନ୍ତି । ଶବ୍ଦରୁ ହିଁ ଆମକୁ ଆତ୍ମଜ୍ଞାନ ହାସଲ ହୋଇଥାଏ । ଆତ୍ମଜ୍ଞାନର ପ୍ରଭାବ ଆମର ସମସ୍ତ କ୍ରିୟା ପ୍ରଣାଳୀ ଉପରେ ପଡ଼ିଥାଏ । ଶବ୍ଦରେ ନିର୍ମାଣର ଅଦ୍ଭୁତ କ୍ଷମତା ଅଛି, ହେଲେ ସେଥିରେ ଦୃଢ଼ତା ଥିବା ଆବଶ୍ୟକ ।

ଶବ୍ଦ-ଶବ୍ଦ ମଧ୍ୟରେ ପ୍ରଭେଦ ମଧ୍ୟ ଅଛି । ମନରୁ କୁହାଯାଇଥିବା ଶବ୍ଦର ଶକ୍ତି ଓଠରୁ ବାହାରିଥିବା ଶବ୍ଦର ଶକ୍ତି ଠାରୁ ଅତ୍ୟଧିକ ଶକ୍ତିଶାଳୀ ହୋଇଥାଏ । ଯେତେବେଳେ ଶବ୍ଦ ମୁହଁରୁ ବାହାରେ, ତେବେ ତାହା ଶୁଣୁଥିବା ଲୋକଙ୍କ ମନ ଉପରେ ନିଜର ପ୍ରଭାବ, ନିଜର ଶକ୍ତି ଓ ପ୍ରୟୋଗ ମଧ୍ୟ ସାମର୍ଥ୍ୟ ଅନୁସାରେ ପକାଇଥାଏ । କୌଣସି ନେତାଙ୍କ ଉତ୍କୃଷ୍ଟ ଭାଷଣ ଶୁଣି ଆମେ ଭାବବିହ୍ୱଳ ହୋଇ ଉଠନ୍ତି । ଶବ୍ଦ ଶକ୍ତି ବଳରେ ଶୋଭାଯାତ୍ରାର ଲୋକେ ଭଙ୍ଗାରୁଜା କରିବା ପାଇଁ ତତ୍ପର ହୋଇଯାଆନ୍ତି । ଶବ୍ଦ ଶକ୍ତି ଦ୍ୱାରା ଲୋକଙ୍କୁ ପ୍ରବର୍ତ୍ତାଇ ଯେକୌଣସି କାମ କରାଯାଇପାରେ । ଶୁଣିଥିବା ଶବ୍ଦ ବେଳେ ବେଳେ ଏତେ ପ୍ରଭାବୀ ହୋଇଥାଏ ଯେ ମନ ଉପରେ ଏମିତି ଅଧିକାର ଜମାନ୍ତି ଯେ ସେଗୁଡ଼ିକୁ

ଭୁଲିବା ଅସମ୍ଭବ ହୋଇଥାଏ । ଗ୍ରନ୍ଥଗୁଡ଼ିକରେ ପଢ଼ିଥିବା ଶବ୍ଦ ଆମେ ଭୁଲିଯାଉ, କିନ୍ତୁ ମନ ଉପରେ ପ୍ରଭାବ ପକାଉଥିବା ଶୁଣିଥିବା ଶବ୍ଦ ଆମେ ଭୁଲି ପାରୁନାହିଁ ।

ମହାପୁରୁଷ, ସାଧୁ-ସନ୍ଥମାନେ ନିଜ ପ୍ରବଚନ ଦ୍ୱାରା ଏହି ଶବ୍ଦ-ଶକ୍ତିରେ ଲୋକଙ୍କ ଜୀବନରେ ମୌଳିକ ପରିବର୍ତ୍ତନ କରିଦିଅନ୍ତି । ତିରସ୍କାର ରୂପେ କୁହାଯାଇଥିବା ଶବ୍ଦ ଶୁଣି ଲୋକେ ଆତ୍ମହତ୍ୟା ମଧ୍ୟ କରନ୍ତି । ଜଣେ ପତ୍ନୀଙ୍କ ବ୍ୟଙ୍ଗବାଣ ଶୁଣି ସ୍ୱାମୀ ଟ୍ରେନ୍‌ରେ କଟି ଆତ୍ମହତ୍ୟା କରିଦିଏ । ଶବ୍ଦ-ଶକ୍ତିର ପ୍ରଭାବ ଅକାଟ୍ୟ ଓ ଅଲିଭା ହୋଇଥାଏ । ଏହା ନୁହେଁ ଯେ କେବଳ ଅନ୍ୟମାନଙ୍କ ସାମ୍ନାରେ କୁହାଯାଇଥିବା ଶବ୍ଦର ହିଁ ପ୍ରଭାବ ପଡ଼ିଥାଏ, ବରଂ ପ୍ରାୟ ନିଜକୁ କୁହାଯାଇଥିବା ଶବ୍ଦ ଅଥବା ପ୍ରତିଜ୍ଞା ଆମର ଜୀବନ ପରିବର୍ତ୍ତିତ କରିଦିଅନ୍ତି । ପ୍ରତିଜ୍ଞା କିମ୍ବା ସଂକଳ୍ପ ମନ ଭିତରେ ନିଜକୁ ନିଜେ କରାଯାଇଥାଏ ।

ଏହିଭଳି ଅନେକ ଥର ନିଜକୁ ନିଜେ କୁହାଯାଇଥିବା ଶବ୍ଦ ଦ୍ୱାରା ଆମେ ନିଜର ଅଧିକାଂଶ ଦୁର୍ଗୁଣ ସମାପ୍ତ କରିଦେଉ । ଏଗୁଡ଼ିକର କୁହୁକ ପରି ପ୍ରଭାବ ଥାଏ । ଅନେକ ଲୋକ ମନେମନେ ପ୍ରତିଜ୍ଞା କଲେ, ରାଣ ଖାଇଲେ ଓ ସେଗୁଡ଼ିକୁ ସମ୍ପୂର୍ଣ୍ଣ କରିକି ହିଁ ଛାଡ଼ିଲେ, ପ୍ରତିଜ୍ଞା ତ' ନିଜକୁ କରାଯାଇଥାଏ । ନିଜକୁ ନିଜେ କହିଥିବା ଶବ୍ଦର ମଧ୍ୟ ବହୁତ ଗଭୀର ପ୍ରଭାବ ପଡ଼ିଥାଏ । ଏହି ପ୍ରକାରର ଶବ୍ଦ-ଶକ୍ତି ଆମର କାୟା ପରିବର୍ତ୍ତନର ମଧ୍ୟ କ୍ଷମତା ରଖେ ।

ଆମେ ଆତ୍ମସୁଧାର ମଧ୍ୟ କରିପାରିବା । ଅନୁଭବ ପ୍ରମାଣିତ କଥା ହେଉଛି, ଆମେ ଚାହିଁଲେ ନିଜ ସହ କଥାବାର୍ତ୍ତା ହୋଇପାରିବା । ମନ କଥାଗୁଡ଼ିକୁ ସ୍ୱୀକାର କରେ ଓ ମହତ୍ୱ ଦେଇଥାଏ । ଆବଶ୍ୟକତା ରହିଛି ଯେ ମନ ଭିତରେ ମଉନ ରୂପେ ଆମେ କଥାଗୁଡ଼ିକୁ ନିଶ୍ଚୟ ଚିନ୍ତା କରିବା । ଉଚ୍ଚ ସ୍ୱରରେ କଥା କରିବା ଦ୍ୱାରା ମନ ଉପରେ ତାହାର ଦୁଇଗୁଣା ପ୍ରଭାବ ପଡ଼ିଥାଏ ଓ ନିରାଶା, ଅସଫଳତାର ମୁହୂର୍ତ୍ତରେ ଅଧିକାଂଶ ଲୋକ ମନରୁ ଉଚ୍ଚ ସ୍ୱର କଥା କହି ଅସାଧାରଣ ସଫଳତା ପାଇଛନ୍ତି ।

ମନରୁ ଉଚ୍ଚ ସ୍ୱର କଥା କହିବା ଦ୍ୱାରା ଆତ୍ମଜ୍ଞାନ ଉତ୍ପନ୍ନ ହୋଇଥାଏ ଓ ଆତ୍ମଜ୍ଞାନର ପ୍ରଭାବରେ ଆମକୁ ନିଜର ତ୍ରୁଟି ଓ ଦୁର୍ବଳତା ଜଣାପଡ଼େ । ଏଥିସହ ଆଗକୁ ମଧ୍ୟ ମାର୍ଗଦର୍ଶନ ହୋଇଯାଏ ।

୬. ଆତ୍ମବିଶ୍ୱାସର ଫଳ

ଯେଉଁ ଲୋକେ ସଫଳତାକୁ କେବଳ ଭାଗ୍ୟର ଖେଳ ଭାବନ୍ତି, ସେମାନଙ୍କୁ ନିଜର ନକ୍ଷତ୍ରମାନେ ସବୁବେଳେ ଭାଗ୍ୟଚକ୍ରରେ ନଜର ଆସନ୍ତି । ଏହି କାରଣରୁ ସେମାନେ ନିଜର ସାରା ଜୀବନରେ ସଫଳତା ହାସଲ କରିପାରିବେ ନାହିଁ ।

ଆତ୍ମବିଶ୍ୱାସ ଅଭାବରେ ମଣିଷ ବାମନ ସମାନ ଅଟେ ।

ବାମନପଣ ଯେତେବେଳେ ମନରେ ଆସେ, ତେବେ ମଣିଷ କେବେ ଉଠିପାରିବ ନାହିଁ । ପୁନଃ ସେ ପ୍ରତ୍ୟେକ ସୁଖଠାରୁ ଦୂରକୁ ଚାଲିଯାଏ । ସେ ନିଜକୁ ନିଜେ ଦୁର୍ଭାଗ୍ୟଶାଳୀ ଭାବେ । ସେ ଏ ପ୍ରକାରର କଥା ଚିନ୍ତାକରି ନିଜେ ନିଜ ଗୋଡ଼ରେ କୁରାଢ଼ୀ ମାରେ । କ'ଣ ଏମିତି ବ୍ୟକ୍ତି କେବେ ପ୍ରଗତି କରିପାରିବ ? କିଛି ଲୋକ ସବୁବେଳେ ଏହା ଚିନ୍ତା କରନ୍ତି ଯେ ସେମାନଙ୍କ ନକ୍ଷତ୍ର ଭାଗ୍ୟଚକ୍ରରେ ହିଁ ଅଛି । ଏହିଭଳି ଲୋକ ଯେଉଁମାନେ ସଫଳତାକୁ କେବଳ ଭାଗ୍ୟର ଖେଳ ଭାବନ୍ତି, ସେମାନଙ୍କୁ ନିଜର ନକ୍ଷତ୍ର ସବୁବେଳେ ଭାଗ୍ୟଚକ୍ରରେ ଦେଖାଯାଆନ୍ତି । ଏହି କାରଣରୁ ସେମାନେ ନିଜ ଜୀବନରେ ସଫଳତା ହାସଲ କରିପାରନ୍ତି ନାହିଁ ଓ କେବଳ ନକ୍ଷତ୍ରଙ୍କୁ ଧରି କାନ୍ଦୁଥାନ୍ତି । ସେମାନେ ନିଜର ବ୍ୟକ୍ତିତ୍ୱର ଉଚିତ ଉପଯୋଗ କରିପାରନ୍ତି ନାହିଁ । ନିଜ ହାତରେ ସେମାନେ ନିଜର ସ୍ୱର୍ଣ୍ଣିମ ଭବିଷ୍ୟତ ନଷ୍ଟ କରନ୍ତି । ଜଣେ ଗରିବ ଯୁବକ ଥିଲା । ଯେତେବେଳେ ସେ

କୋଡ଼ିଏ ବର୍ଷର ଥିଲା ତେବେ ମା' ମରିଗଲା । ଏକୋଇଶ ବର୍ଷରେ ବାପା ମରିଗଲେ । ଦାଦା ପାଳନ-ପୋଷଣ କରୁଥିଲେ ହେଲେ ସେ ରୋଗରେ ପଡ଼ିଗଲେ ।

ସନ୍ଦେହ ହୋଇଗଲା ଯେ, ସେ ଅମଙ୍ଗଳିଆ ଅଟେ । ତାକୁ ଘରୁ ବାହାର କରିଦିଆଗଲା । ଯେତେବେଳେ ସେ ଚାକିରି ସନ୍ଧାନରେ ବାରଦୁଆର ଶୁଙ୍ଘିପିଣ୍ଡା ହେଉଥିଲା, ତେବେ ଦିନେ ସନ୍ଧ୍ୟାରେ ଦୁର୍ଘଟଣା ହୋଇଗଲା । ଆହତ ହୋଇ ଡାକ୍ତରଖାନାରେ ପଡ଼ିରହିଲା । ଡାକ୍ତରଖାନାରୁ ବାହାରି ଚାକିରି ପାଇଲା, ତେବେ ଦୁଇଦିନ ପରେ ତା' ଉପରେ ଚୋରି ଅଭିଯୋଗ ଆସିଲା, ସେ ଆଲୋଡ଼ିତ ହୋଇଗଲା । ବାରମ୍ବାର ଚିନ୍ତା କରିବାକୁ ଲାଗିଲା, କ'ଣ ସେ ପ୍ରକୃତରେ ଏତେ ଅମଙ୍ଗଳିଆ ଅଟେ । ତା' ମନରେ ସନ୍ଦେହ ଆସିଗଲା । ବହୁତ କାନ୍ଦିଲା । ତୃତୀୟ ଦିନ ରାତିରେ ପାର୍କରେ ଶୋଇଥିଲା । ପୁଲିସ ଧରି ନେଇଗଲା । ଚୋର ବୋଲି ତା' ଉପରେ ମୋକଦ୍ଦମା ଚାଲିଲା । ଜେଲ୍ ଗଲା କିନ୍ତୁ ପ୍ରମାଣ ଅଭାବରୁ ସେ ଖଲାସ ହେଲା । ହଠାତ୍ ସେ ନିଜ ମଧ୍ୟରେ ଭଲ ଧାରଣା ଆଣିବା ଆରମ୍ଭ କରିଦେଲା ଓ ମଜୁରୀ କରିବାକୁ ଲାଗିଲା । କିଛି ଟଙ୍କା ସଞ୍ଚୟ କରି ସେ ଗୋଟିଏ ଦୋକାନ ଖୋଲିଲା । ପୁନଃ ବ୍ୟବସାୟ ବଢ଼ାଇ ଚାଲିଲା ।

ଦିନେ ସେହି ଅଶୁଭକର ଯୁବକ ମଞ୍ଚେଷ୍ଟର୍‌ର ସବୁଠୁ ବଡ଼ କପଡ଼ା ମିଲ୍‌ର ମାଲିକ ହୋଇଗଲା । ଯଦି ସେ ନିଜ ମନରେ ଏହି କଥାର ବିଶ୍ୱାସ ଜମାଇ ରଖିଥାନ୍ତା ଯେ ସେ ଅଶୁଭକର ଅଟେ, ଗୋଟିଏ ପରେ ଗୋଟିଏ ଯେଉଁ ପ୍ରକାରର ଘଟଣା ଘଟୁଥିଲା, ତେବେ କ'ଣ ସେ ସଫଳତା ହାସଲ କରି ପାରିଥାନ୍ତା ? ସେ ନିଜର ଅତୀତ ଦୁର୍ବୋଧ ଜୀବନ ହଜାଇ ଦେଇଥିଲା ।

ଆତ୍ମବିଶ୍ୱାସ ହରାନ୍ତୁ ନାହିଁ:

ଘଟଣା ଘଟିଚାଲେ, ଜୀବନରେ ଘଟୁଥିବା କୌଣସି ଘଟଣାର ଭାଗ୍ୟ ସହ କିଛି ସମ୍ବନ୍ଧ ନଥାଏ । ମଣିଷ ଜୀବନରେ ଘଟୁଥିବା ଘଟଣାଗୁଡ଼ିକୁ ଭାଗ୍ୟର ପ୍ରତୀକ ମାନି ଆମେ ଆମର ସଫଳତାର ମାର୍ଗ ନିଜେ ବନ୍ଦ କରନ୍ତି । ଆତ୍ମବିଶ୍ୱାସ ବଜାୟ ରଖନ୍ତୁ । ଏହି ଘଟଣାର ପ୍ରଭାବରେ ଆସି ନିଜର ଆତ୍ମବିଶ୍ୱାସ ହରାଇବା ଉଚିତ ନୁହେଁ । ଘଟଣା ତ' ଘଟିଚାଲିବ । ଯେତେବେଳ ପର୍ଯ୍ୟନ୍ତ ଆପଣଙ୍କ ମଧ୍ୟରେ ଆତ୍ମବିଶ୍ୱାସ ଅଛି, ସେତେବେଳ ପର୍ଯ୍ୟନ୍ତ ଆପଣ ସମାନ ଭାବେ କାର୍ଯ୍ୟ କରିଚାଲିବେ ।

ବାସ୍ତବରେ ଆପଣ ନିଜ ଭାଗ୍ୟର ସ୍ୱରୂପ ନିଜେ ନିର୍ଦ୍ଧାରିତ କରନ୍ତି । ଯଦି ଆମକୁ ନିଜ ଉପରେ ବିଶ୍ୱାସ ଅଛି, ତେବେ ଆମେ ସେହି ସାରଥୀ ଭଳି ଅଟୁ, ଯାହାର ନିଜ ରଥର ଘୋଡ଼ାଙ୍କ ଉପରେ ସମ୍ପୂର୍ଣ୍ଣ ନିୟନ୍ତ୍ରଣ ଥାଏ । ଆତ୍ମବିଶ୍ୱାସ ଯୋଗୁଁ ଆମେ ନିଜର ସମସ୍ତ ଶକ୍ତିକୁ ନିଜ ନିୟନ୍ତ୍ରଣରେ ରଖିପାରିବା । ଆପଣ କାହାଣୀ ଶୁଣିଥିବେ । ଏଥି ମଧ୍ୟରୁ ଗୋଟିଏ

କାହାଣୀ ହାତିମତାଇର ପ୍ରସିଦ୍ଧ ଅଟେ। ଉଲ୍ଲେଖ ରହିଛି ଯେ ହାତିମକୁ ଦେଖି ପାହାଡ଼, ନଦୀ ବାଟ ଛାଡ଼ି ଦେଉଥିଲେ। ଜଣାନାହିଁ ଏହି କଥା କେତେ ସତ, ଅଥବା ଏହା ଶତ-ପ୍ରତିଶତ ସତ ଯେ ନିଜର ଆତ୍ମବିଶ୍ୱାସ ବଳରେ ମଣିଷ ବିପଦର ପାହାଡ଼, ଦୁଃଖର ନଦୀ ଭିତରେ ମଧ୍ୟ ରାସ୍ତା ତିଆରି କରିପାରେ। ଦୁଃଖ-କଷ୍ଟର ପାହାଡ଼ ଆତ୍ମବିଶ୍ୱାସ ଆଗରେ ମୁଣ୍ଡ ନୁଆଁଇ ହଟିଯାଆନ୍ତି। ନିଜର ଆତ୍ମବିଶ୍ୱାସ କାଏମ୍ ରଖନ୍ତୁ। ସଫଳତା ଆପଣଙ୍କ ପାଦ ତଳକୁ ଆସିବ।

ଆତ୍ମବିଶ୍ୱାସ ମଣିଷକୁ ସଫଳତାର ଉଚ୍ଚତମ ଶ୍ରେଣୀ ପର୍ଯ୍ୟନ୍ତ ନେଇ ଯାଇପାରିବ। ଆପଣ ସବୁକିଛି ପାଇପାରିବେ। ଦୁନିଆର ଇତିହାସରେ ଏହାର ପ୍ରମାଣ ଭରି ରହିଛି। ନିଜର କାମ ବାଛି ନିଅନ୍ତୁ। କାମ ବାଛିବା ସବୁଠାରୁ ପ୍ରଥମ ଆବଶ୍ୟକତା ଅଟେ। କାମ ବାଛିବା ପରେ ପରିସ୍ଥିତିର, ସମସ୍ୟାର, ଭଲ-ମନ୍ଦର ବିଶ୍ଳେଷଣ କରନ୍ତୁ। ଏହି ବିଶ୍ଳେଷଣରେ ଯଦି କିଛି ଏମିତି ବାଧା ଆସେ ଯେ ଆପଣଙ୍କ ମନ ଉଦ୍‌ବିଗ୍ନ ହେଉଛି କିମ୍ବା ଜଟିଳତା ଆସିଯାଉଛି, ତେବେ ଅଧୀର ହୁଅନ୍ତୁ ନାହିଁ।

କଠୋର ନିର୍ଣ୍ଣୟ:

କୌଣସି କାର୍ଯ୍ୟକୁ ନିଜର ଲକ୍ଷ୍ୟ କରିବା ସମୟରେ କିଛି ଏମିତି ସମସ୍ୟା ଆସିପାରେ, ଯାହାର କୌଣସି ସମାଧାନ ଆପଣଙ୍କ ପାଖରେ ନଥିବ, ବୁଦ୍ଧି ଜୁଟୁ ନଥିବ, କିନ୍ତୁ କେବଳ ଏହି କାରଣରୁ କାର୍ଯ୍ୟକୁ କରିବା ଛାଡ଼ନ୍ତୁ ନାହିଁ। ସମସ୍ୟାର ସମାଧାନ ଦେଖାନଯିବା ପରେ ମଧ୍ୟ ଆପଣ ଚେଷ୍ଟା ଆରମ୍ଭ କରିଦିଅନ୍ତୁ। ଏମିତି ଏକ ସମୟ ଆସିବ ଯେ ସବୁ ସମସ୍ୟାର ସମାଧାନ ହୋଇଯିବ। କାର୍ଯ୍ୟର ନିର୍ଣ୍ଣୟ କରିବା ପରେ ଅଣ୍ଟା ଭିଡ଼ି କାମରେ ଲାଗିଯାଆନ୍ତୁ। ପକ୍କା ନିଷ୍ପତ୍ତି କରିନିଅନ୍ତୁ ଯେ, କୌଣସି ଶକ୍ତି ଆପଣଙ୍କୁ ନିଜର ସଂକଳ୍ପ ବଦଳାଇବା ପାଇଁ ବାଧ୍ୟ କରିପାରିବ ନାହିଁ। ଏହା ନିଶ୍ଚୟ ଆପଣଙ୍କୁ ଏକ ଅପୂର୍ବ ଶକ୍ତି ଦେବ।

ଆତ୍ମବିଶ୍ୱାସ ବ୍ୟକ୍ତିକୁ ବଳବାନ୍ କରିଦିଏ। ଆପଣଙ୍କ କ୍ରିୟାକଳାପରେ ଦୁଇଗୁଣା ଶକ୍ତି ଆସିଯାଏ। ମନେ ରଖନ୍ତୁ, ଆତ୍ମବିଶ୍ୱାସ ମନର ସେନାପତି ଅଟେ। ସେନାପତି ଯେତେବେଳେ ଉତ୍ସାହରେ ଭରିଯାଏ, ତେବେ ତା' ସେନାର ସଂଚାଳନ ତୀବ୍ର ଗତିରେ ହୋଇଥାଏ। ବାଧାଗୁଡ଼ିକ ହାର୍ ମାନି ପଳାଇଯାଆନ୍ତି। ସାହସ ଆମର ସାରଥୀ ଶକ୍ତିଗୁଡ଼ିକୁ ପରିଚାଳିତ କରିଥାଏ। ଅଧିକାଂଶ ଲୋକ କେବଳ ଏଥିପାଇଁ ଅସଫଳ ହୋଇଯାଆନ୍ତି ଯେ ସେମାନେ ନିଜର ସମସ୍ତ କ୍ଷମତାର ବ୍ୟବହାର କରିପାରନ୍ତି ନାହିଁ। ସେମାନଙ୍କ ମଧ୍ୟରେ ସେହି ପ୍ରକାରର ଆତ୍ମବିଶ୍ୱାସ ନଥାଏ, ଯିଏ ସବୁ ସମ୍ପତ୍ତି ଏକା ଥରକେ ଲଗାଇ ଖେଳିଥାଏ। ତା' ମନରେ କେଉଁଠି ନା କେଉଁଠି କୌଣସି ସନ୍ଦେହ ନିଶ୍ଚୟ ଲୁଚି ରହିଥାଏ। ଯେଉଁମାନଙ୍କୁ ନିଜ ଦକ୍ଷତା ଉପରେ ବିଶ୍ୱାସ ଥାଏ, ସେମାନେ ସମସ୍ତ

ପ୍ରକାରର ବାଧାଗୁଡ଼ିକୁ ଦୂର କରିଦିଅନ୍ତି । ସେମାନଙ୍କର କୌଣସି ଅଭିଯୋଗ ନଥାଏ । ସେମାନେ ପ୍ରତ୍ୟେକ ସଙ୍କଟ, ଅଭାବର ସାମ୍ନା କରନ୍ତି । ଆମର ନିଜ ମନ ଆମ ଦକ୍ଷତାଗୁଡ଼ିକର ମାପଦଣ୍ଡ ଅଟେ । ଯଦି ମନ ହିଁ ଦୁର୍ବଳ ଅଛି ତେବେ ଆମର ଦକ୍ଷତା ମଧ୍ୟ ଦୁର୍ବଳ ହେବ ।

ନିରାଶ ଓ ଅନ୍ଧବିଶ୍ୱାସୀ ବ୍ୟକ୍ତି ଭଲାରେ କଣ କରିପାରିବ, ସେ ସଙ୍କଟ କିମ୍ବା ଅଭାବର ଗୋଟିଏ ଧକ୍କା ମଧ୍ୟ ସହ୍ୟ କରିପାରିବ ନାହିଁ । ଭୟ, ସନ୍ଦେହ, ଭୀରୁତାକୁ ମନରୁ ବାହାର କରିଦେବା ଉଚିତ । ଶକ୍ତି ମହତ୍ୱାକାଂକ୍ଷାକୁ ଉଦାତ୍ତ ଭାବେ କାର୍ଯ୍ୟଶୀଳ କରାଇଥାଏ । ଆମ ସାମ୍ନାରେ ଲକ୍ଷ୍ୟ ସ୍ୱଷ୍ଟ ହେବା ଉଚିତ ଓ ପୁଣି ବିଶ୍ୱାସ ଦୃଢ଼ ହେବା ଉଚିତ ।

କର୍ମଠ ବ୍ୟକ୍ତିତ୍ୱ:

ଆମର ଧାରଣା ହିଁ ଆମ ବ୍ୟକ୍ତିତ୍ୱର ଅଂଶ ଅଟେ । ଯଦି ଧାରଣା ଆମ ମନର ଗଭୀରତାରୁ ମନ୍ଥିହୋଇ ବାହାରେ, ତେବେ ଆମ ବ୍ୟକ୍ତିତ୍ୱ ପ୍ରେରଣା ହାସଲ କରିପାରିବ ନାହିଁ । ଆଜି ଦୁନିଆର ସମସ୍ତ ମହତ୍ୱପୂର୍ଣ୍ଣ ଉପଲବ୍ଧି କାଲି ପର୍ଯ୍ୟନ୍ତ ଅସମ୍ଭବ ଥିଲା । ଏହି ସ୍ୱପ୍ନଗୁଡ଼ିକୁ କେତେ ଜଟିଳତା ଓ କେଉଁଭଳି ସଂଘର୍ଷ ପରେ ଲୋକମାନେ ପୂର୍ଣ୍ଣ କରିଛନ୍ତି, ଏହାର କଳ୍ପନା ସୁଦ୍ଧା ରୋମାଞ୍ଚକ ଅଟେ ।

ଉଡ଼ା ଜାହାଜ ତିଆରି କରିଥିବା ଜେପଲୀନଙ୍କୁ ଲୋକେ ପାଗଳ କହୁଥିଲେ । ତାଙ୍କୁ ଦେଖି ଛୁଆମାନେ ତାଳି ମାରୁଥିଲେ ଯେ ହେଇ ଦେଖ ପାଗଳ ଯାଉଛି । ଲୋକଙ୍କ ଅତୁଟ ବିଶ୍ୱାସ ଥିଲା ଯେ ମଣିଷ କେବେ ପବନରେ ଉଡ଼ିପାରିବ ନାହିଁ, କିନ୍ତୁ ଯେତେବେଳେ ଜେପଲୀନ ବ୍ରଦର୍ସ ଉଡ଼ିଲେ ତେବେ ଦୁନିଆ ସ୍ତବ୍ଧ ହୋଇଗଲା ।

ଆକାଶରେ ଉଡ଼ିବା କଥା ଛାଡ଼ନ୍ତୁ, ବର୍ତ୍ତମାନ ତ' ମଣିଷ ଜହ୍ନ ଉପରେ ମଧ୍ୟ ପହଞ୍ଚି ସାରିଛି । ଏସବୁ ମହାପୁରୁଷ ଯଦି ହାତବାନ୍ଧି ବସି ଯାଇଥାନ୍ତେ ତେବେ କ'ଣ ହୋଇଥାନ୍ତା ? ବସି ଦେଖିଲେ କୌଣସି କାମ ହୁଏନାହିଁ । ସେ ସମସ୍ତ ଲୋକ ଯେଉଁମାନଙ୍କୁ ନିଜ ସ୍ୱପ୍ନ, ଆଦର୍ଶକୁ ବାସ୍ତବରେ ବଦଳାଇବାର ଥିଲା, କେବେ ବସି ନାହାନ୍ତି, ଅଟକି ନାହାନ୍ତି । ସେମାନେ ସମାନ ଭାବେ ତୀବ୍ର ଗତିରେ ଆଗେଇ ଚାଲିଲେ । ଶେଷରେ ଦିନେ ସେମାନେ ସଫଳତା ହାସଲ କରିପାରିଲେ । ଆଗକୁ ଦେଖିବା ପ୍ରତ୍ୟେକ ବ୍ୟକ୍ତି ପାଇଁ ସ୍ୱାଭାବିକ ଅଟେ । ବ୍ୟକ୍ତିର କଳ୍ପନାର ପ୍ରାସାଦ ତିଆରି କରିବା ସ୍ୱାଭାବିକ ଅଟେ । ଏହି ପ୍ରାସାଦର ନକ୍ସାକୁ ମୁଣ୍ଡରୁ ଯଥାର୍ଥ କରି ଧରାପୃଷ୍ଠକୁ ଆଣିବା, କେବଳ ନିର୍ଭୀକ ପୁରୁଷଙ୍କ କାମ ଅଟେ । ଦୁନିଆର ସମସ୍ତ କର୍ମଠ ଲୋକଙ୍କୁ ସଫଳତା ବସି-ବସି ମିଳିନାହିଁ । ସେମାନେ ନିରନ୍ତର ଲାଗି ରହିଥିଲେ । ସେମାନଙ୍କୁ ଅନେକ କଷ୍ଟ କରିବାକୁ ପଡ଼ିଛି । କ୍ରମବଦ୍ଧ ଚେଷ୍ଟା ହିଁ ସଫଳତାକୁ ନିକଟତର କରାଏ ।

ଯେତେବେଳେ କୌଣସି ବସ୍ତୁକୁ ହାସଲ କରିବାର ଅଦମ୍ୟ ଆକାଂକ୍ଷା ଥାଏ, ତେବେ ତାକୁ ହାସଲ କରିବା ପାଇଁ କ୍ରମବଦ୍ଧ ଯୋଜନା କରି ହିଁ ଚାଲିବାକୁ ପଡ଼ିଥାଏ । ଖଣିରୁ ଲୁହା ବାହାର କରିବା ହିଁ ପର୍ଯ୍ୟାପ୍ତ ହୋଇ ନଥାଏ । ତାକୁ ବ୍ୟବହାର ଯୋଗ୍ୟ କରିବା ପାଇଁ ତରଳାଇ ଗଢ଼ିବାକୁ ପଡ଼ିଥାଏ । ସୁନା ଯେତେବେଳେ ଗରମ କରାଯାଏ, ସେତେବେଳେ ସେ କୁନ୍ଦନ ହୋଇଥାଏ । ସେହିପରି ପରିଶ୍ରମ କରିବା ଦ୍ୱାରା ହିଁ ସଫଳତା ମିଳିଥାଏ । କିଛି ଲୋକ ପର୍ଯ୍ୟାପ୍ତ ବୁଦ୍ଧିମାନ ହୋଇଥିଲେ ମଧ୍ୟ ସଫଳ ହୋଇପାରନ୍ତି ନାହିଁ । ସେମାନଙ୍କୁ ଦେଖି, ସେମାନଙ୍କ ସହ ମିଶି ଆପଣଙ୍କୁ ଆଶ୍ଚର୍ଯ୍ୟ ହୁଏ ଯେ ସେମାନେ କାହିଁକି ସଫଳ ନୁହଁନ୍ତି । ହେଲେ କାହିଁକି ? ଆପଣ ଦେଖିବେ ଯେ ସେମାନଙ୍କ ମଧ୍ୟରେ କାର୍ଯ୍ୟ ଶକ୍ତିର ଅଭାବ ଅଛି ଅଥବା ନିଜ କାର୍ଯ୍ୟ ସେମାନେ ବହୁତ ଅବ୍ୟବସ୍ଥିତ ଢଙ୍ଗରେ କରୁଥିବେ । ଏହି କାରଣରୁ ସଫଳତା ହାସଲ କରିବା ସେମାନଙ୍କ ପାଇଁ ଜଟିଳ ହୋଇଯାଉଛି । ବାସ୍ତବରେ କାର୍ଯ୍ୟଶକ୍ତିର ବ୍ୟବସ୍ଥିତ ଢଙ୍ଗରେ ବ୍ୟବହାର କରିବା ହିଁ ବ୍ୟକ୍ତିକୁ ସଫଳ କରାଇଥାଏ । କାର୍ଯ୍ୟ ଶକ୍ତିର ବ୍ୟବହାର ଉଚିତ ଢଙ୍ଗରେ କଲେ ମଣିଷ ସଫଳ ହୋଇଥାଏ । ନିଜ ମନ କାର୍ଯ୍ୟଶକ୍ତିର ଢାଞ୍ଚାରେ ଢାଳିବା ପରେ ହିଁ କିଛି ହାସଲ କରାଯାଇପାରେ ।

କାର୍ଯ୍ୟଶକ୍ତିର ନିଜର ମହତ୍ତ୍ୱ ଅଛି । କିଛି ଲୋକ କାମ କରିବାର ଲାଳସାକୁ ଅହଙ୍କାର ଭାବନ୍ତି । ସଙ୍କୋଚ କିମ୍ବା ମାନ୍ଦାପଣରେ କାମ ଚାଲେନାହିଁ । ଏହି କାରଣରୁ କାର୍ଯ୍ୟଶକ୍ତିର ଲାଳସା ଅହଙ୍କାରର ପ୍ରତୀକ ହୋଇଯାଇଥାଏ, କିନ୍ତୁ କାର୍ଯ୍ୟଶକ୍ତିକୁ ଅହଙ୍କାର କୁହାଯାଇପାରିବ ନାହିଁ । ଅହଙ୍କାର ନୀଚପଣର ପ୍ରତୀକ ଅଟେ । କାର୍ଯ୍ୟଶକ୍ତି ମଣିଷକୁ ଅଦମ୍ୟ ସାହସ ଦେଇଥାଏ । ନିଜ ମନରେ କେବେ ମଧ୍ୟ ଅନିଶ୍ଚୟ ରଖନ୍ତୁ ନାହିଁ । ଅନିଶ୍ଚୟ ସଦା ଶକ୍ତିଗୁଡ଼ିକୁ ଏକତ୍ର ହେବାକୁ ଦିଏନାହିଁ । ଏହି କାରଣରୁ ଆପଣ କାର୍ଯ୍ୟ କରିପାରିବେ ନାହିଁ । ନିଶ୍ଚୟ ହିଁ ସମସ୍ତ ସଂକଳ୍ପକୁ ଗୋଟିଏ ସ୍ଥାନରେ ଏକତ୍ରିତ କରି ସମ୍ପୂର୍ଣ୍ଣ ଶକ୍ତି ଦେଇଥାଏ ଓ ମଣିଷ ସେତେବେଳେ ସେଥିରେ ସଫଳତା ହାସଲ କରିନିଏ ।

ଦୃଢ଼ ନିଶ୍ଚୟ:

ଯୋଜନା, ନିର୍ଣ୍ଣୟ, ଶକ୍ତି ସତ୍ତାର ବ୍ୟବହାର କେବଳ ନିଶ୍ଚୟ ଆଧାରରେ ହିଁ କରାଯାଇପାରେ । ନିଶ୍ଚୟ ମଣିଷର ଶୋଇଥିବା ବିଶ୍ୱାସକୁ ଜଗାଇଦିଏ । ନିଶ୍ଚୟର ସ୍ପର୍ଶ ମାତ୍ରକେ ପ୍ରତିଭା ଉତ୍‌ଥିତ ହୋଇଉଠେ । ତାହାର ରୂପରଙ୍ଗ ଉଦ୍ଭାସିତ ହୋଇଯାଏ । ସେତେବେଳେ ମଣିଷ ବହୁତ ବଡ଼ ବଡ଼ ସ୍ଥିତିର ସାମ୍ନା କରିବାରେ ସକ୍ଷମ ହୋଇଯାଏ । ଏହି ନିଶ୍ଚୟ କଲମ୍ବୋସଙ୍କୁ ଅଥଳ ସମୁଦ୍ର ପାର୍ କରାଇଲା । ଏହି ନିଶ୍ଚୟ ନେପୋଲିୟନଙ୍କୁ ଆଲ୍ପସ୍ ପର୍ବତ ପାର୍ କରାଇଲା । ଏହି ନିଶ୍ଚୟ ସ୍କଟ୍‌ଙ୍କୁ ଧ୍ରୁବର ସମ୍ପୂର୍ଣ୍ଣ ଇତିହାସ ହାସଲ କରାଇଲା । ଏହି ନିଶ୍ଚୟ ଦ୍ୱାରା ଏଡମଣ୍ଡ ହିଲାରୀ ଓ ତେନ ସିଂହ ନୋରକେ ମାଉଣ୍ଟ

ଏଭ୍‌ରେଷ୍ଟ ଉପରେ ଚଢ଼ିଗଲେ । ଦୁନିଆର ସମସ୍ତ ମହାପୁରୁଷ ନିଶ୍ଚୟ ବଳରେ ହିଁ ବିପଦଗୁଡ଼ିକର ସାମ୍ନା କରିଛନ୍ତି । ନିଶ୍ଚୟ ବଳରେ ହିଁ ସେମାନେ ବାରମ୍ବାର ଭାଙ୍ଗିବା ସତ୍ତ୍ୱେ ବିପଦ ସହ ଲଢ଼ିଲେ ଓ ନିଶ୍ଚୟ ବଳରେ ହିଁ ସଫଳତାକୁ ହାସଲ କଲେ ।

ନିଶ୍ଚୟ ଆତ୍ମବିଶ୍ୱାସରୁ ଆସିଥାଏ । ଆପଣଙ୍କ ଆତ୍ମବିଶ୍ୱାସ ଜଗାଇ ନିଶ୍ଚୟ କରନ୍ତୁ । ସବୁ ଠିକ୍ ହୋଇଯିବ । କୌଣସି ବାଧା ଆପଣଙ୍କ ପଥ ରୋକିପାରିବ ନାହିଁ । ନିଜର ନିଶ୍ଚୟ-ନିର୍ଣ୍ଣୟ କରନ୍ତୁ । ତା' ଉପରେ ଲାଗିରହିଥାନ୍ତୁ । ସଫଳତାକୁ ଆପଣଙ୍କ ପାଖକୁ ଆସିବାକୁ ପଡ଼ିବ । ଆମେ ସେତେବେଳେ ହୀନ ହୋଇଥାଉ, ଯେତେବେଳେ ନିଜକୁ ନିଶ୍ଚୟରେ ଦୋଳାୟମାନ ହେଉ କିମ୍ବା ଆମର ନିଶ୍ଚୟ ଦୁର୍ବଳ ହୋଇଯାଏ । ଏମିତି କରିବା ଦ୍ୱାରା ସଫଳତା ଆମଠାରୁ ବହୁ ଦୂରକୁ ଚାଲିଯାଏ । ଥରେ ଯେଉଁ ନିଶ୍ଚୟ ଆପଣ କରନ୍ତି, ତା' ଉପରେ ଏକଦମ୍ ଅଟଳ ରୁହନ୍ତୁ । ଟିକେ ହେଲେ ଘୁଞ୍ଚନ୍ତୁ ନାହିଁ । ଆପଣଙ୍କ ନିଶ୍ଚୟର ପରୀକ୍ଷା ନେବା ପାଇଁ ଗୋଟିଏ ପରେ ଗୋଟିଏ ବାଧା ଆସିବ । ଗୋଟିଏ ପରେ ଗୋଟିଏ ସମସ୍ୟା ଓ ବିପଦ ଠିଆହେବେ । ଯଦି ଆପଣ ବିଚଳିତ ହୋଇଗଲେ, ତେବେ କଥା ସରିଗଲା ।

ଆପଣଙ୍କ ନିଶ୍ଚୟ ଯେମିତି ଟିକେ ହେଲେ ନ ଝୁଲେ । ସଫଳତା ଆପଣଙ୍କ ପାଖକୁ ଆସିବା ପୂର୍ବରୁ ଆପଣଙ୍କର ସବୁ ପ୍ରକାରର ପରୀକ୍ଷା ନିଏ ଯେ, ଆପଣ ତାହାର ଯୋଗ୍ୟ ଅଟନ୍ତି ଅଥବା ନୁହେଁ? ଯେତେବେଳେ ସେ ବହୁତ ପରୀକ୍ଷା କରିଦିଏ, ସେତେବେଳେ ଆପଣଙ୍କ ପାଖକୁ ଆସେ । ଡିଜରାୟଲୀଙ୍କ ଉକ୍ତିରେ- ସଫଳତାକୁ ହାସଲ କରିବା ନୂଆ ଜୀବନ ପ୍ରାପ୍ତ କରିବା ଅଟେ । ଅତଏବ ଗୋଟିଏ ନୂଆ ଜୀବର ଜନ୍ମର ପ୍ରସବ ପୀଡ଼ାକୁ ତ' ଭୋଗିବାକୁ ହିଁ ପଡ଼ିବ । ସଫଳତା ବହୁତ ବଳିଦାନ ମାଗିଥାଏ । ଡିଜରାୟଲୀଙ୍କ କହିବାନୁସାରେ- ନିଶ୍ଚୟ ସୁଦୃଢ଼ ଅଛି ତେବେ ସଫଳତା ମଧ୍ୟ ନିଶ୍ଚିତ ଅଛି ।

ମୋର ବନ୍ଧୁଗଣ! ସଂକଳ୍ପ ସ୍ଥିର କରନ୍ତୁ । ଆତ୍ମବିଶ୍ୱାସ ଜଗାନ୍ତୁ । ନିଶ୍ଚୟ କରନ୍ତୁ । ଓ ଆଗେଇ ଚାଲନ୍ତୁ । ସଫଳତା ଆପଣଙ୍କ ପାଖକୁ ନିଶ୍ଚିତ ଆସିବ । ଥରେ ନିର୍ଣ୍ଣୟ କରିଦେଲେ ବିଶ୍ୱର କୌଣସି ଶକ୍ତି ଦୃଢ଼ ନିଶ୍ଚୟୀ ବ୍ୟକ୍ତିକୁ ଅଟକାଇ ପାରିବ ନାହିଁ । ସେହିପରି ନିଜକୁ ନିଜେ ମହାନ୍ ଭାବିବା କଥା ଅନେକ ଥର ଅବାଗିଆ ଲାଗେ; କିନ୍ତୁ ଗଭୀରତାର ସହ ଚିନ୍ତା କରାଯାଏ ତେବେ ଏଥିରେ କୌଣସି ପ୍ରକାରର ବିଚିତ୍ରତା ନାହିଁ । ଯେକୌଣସି କାମ ସେତେବେଳେ ଆରମ୍ଭ କରାଯାଇପାରେ, ଯେତେବେଳେ କରିବା ଲୋକକୁ ଏହାର ସମ୍ପୂର୍ଣ୍ଣ ବିଶ୍ୱାସ ଥିବ ଯେ ସେ ସେହି କାମକୁ ସମ୍ପୂର୍ଣ୍ଣ କରିପାରିବ । ମହାନ୍ ଲକ୍ଷ୍ୟ ହାସଲ କରିବାର ପ୍ରେରଣା ତାହାର ହିଁ ମନରେ ଆସିପାରେ, ଯିଏ ଦୃଢ଼ ନିଶ୍ଚୟ ଥିବାସହ ତା' କାନ୍ଧ ଉପରେ ବୁଦ୍ଧିମତାର ମସ୍ତକ ରଖିଥିବ । ଯେକୌଣସି ବ୍ୟକ୍ତି ନିଜ ଉପରେ ଭରସା ବିନା ଆଗକୁ ଯାଇପାରିବ ନାହିଁ ।

ଯୋଗ୍ୟତା:

ଯୋଗ୍ୟତା ବିନା ସମସ୍ତ ଆଦର୍ଶ ବ୍ୟର୍ଥ ଅଟେ । ଆପଣଙ୍କୁ ଆରମ୍ଭରେ କୁହାଯାଇପାରେ ଯେ ଆପଣ ଏତେ ଯୋଗ୍ୟ ନୁହଁନ୍ତି, କିନ୍ତୁ ଏମିତି କଥା ନୁହେଁ । ଯେତେବେଳେ ଆପଣ ଦୃଢ଼ ନିଶ୍ଚୟ ଓ ଆତ୍ମବିଶ୍ୱାସ ବଳରେ କାର୍ଯ୍ୟରେ ଲାଗିଯିବେ ତେବେ ନିଶ୍ଚିତ ହିଁ ସମସ୍ତ ଯୋଗ୍ୟତା ଆପଣଙ୍କ ମଧ୍ୟରେ ଆସିଯିବ । ପରିସ୍ଥିତିଗୁଡ଼ିକ ଆପଣଙ୍କୁ ସବୁକିଛି ଶିଖାଇଦିଏ । ରସି ବାରମ୍ବାର ଘଷିହେଲେ ପଥରରେ ମଧ୍ୟ ଦାଗ ହୋଇଯାଏ । ଜୀବନର ସମସ୍ତ ଉପଲବ୍ଧି ଅଥବା ସଫଳତାର ଉଦ୍‌ଗମ ନିଶ୍ଚୟ ହିଁ ଇଚ୍ଛା ଶକ୍ତିରୁ ହୋଇଥାଏ । ଯେଉଁ ଇଚ୍ଛା ଆପଣଙ୍କ ମନରେ ଥିବ, ସେଥିରେ ଆପଣ ଦିନରାତି ଅନୁପ୍ରାଣିତ ରହିବେ । ତାହା ବ୍ୟକ୍ତିତ୍ୱର ଏକ ଅଙ୍ଗ ହୋଇଯିବ । ସର୍ବଦା ଚେଷ୍ଟା ଯେକୌଣସି ଇଚ୍ଛାକୁ ଅସମ୍ପୂର୍ଣ୍ଣ ରହିବାକୁ ଦିଅନ୍ତି ନାହିଁ ।

ଏହା ପ୍ରସିଦ୍ଧ ଯେ ଇଚ୍ଛାରେ ବିଶାଳ ଶକ୍ତି ଥାଏ । ଇଂରାଜୀରେ ପ୍ରସିଦ୍ଧ ଲୋକକଥା ହେଲା Where there is a will, there is a way ଅର୍ଥାତ୍ ଯେଉଁଠି ଇଚ୍ଛା ଅଛି, ସେଇଠି ରାସ୍ତା ଅଛି ।

ଗୋଟିଏ ପରେ ଗୋଟିଏ କାର୍ଯ୍ୟ ଯେତେବେଳେ ଚରମ ଗତିରେ ଆସିଯାଏ, ତେବେ ତାହାର ଆକର୍ଷଣରେ ସମସ୍ତ ଇପ୍ସିତ କାର୍ଯ୍ୟ ସମ୍ପନ୍ନ ହୋଇଚାଲେ । ଯେତେବେଳେ ମଧ୍ୟ ଆପଣ କୌଣସି ବ୍ୟକ୍ତିକୁ ସଫଳ ପାଇବେ ତେବେ ଆପଣଙ୍କୁ ଜଣାଯିବ ଯେ ସେହି ସଫଳତା ପାଇଁ ତା'ର ସମସ୍ତ ଚେଷ୍ଟା ଉତ୍ତରଦାୟୀ ଥିଲା । ସେ ସମଗ୍ର ଭାବେ ନିଜକୁ ସମର୍ପିତ କରି ରଖିଥିଲା । ଅବାଞ୍ଛିତ କାର୍ଯ୍ୟଗୁଡ଼ିକ ଦ୍ୱାରା ପେଟ ପାଇଁ ଦାନା ତ' ଯୋଗାଡ଼ କରାଯାଇ ପାରିବ, କିନ୍ତୁ ସଫଳତା କିମ୍ବା ଇଚ୍ଛାପୂର୍ତ୍ତି ହେବା ଜଟିଳ ଅଟେ । ନିଜ ଶକ୍ତିଗୁଡ଼ିକର ଉଚିତ ମୂଲ୍ୟାଙ୍କନ କରି ବାତାବରଣକୁ ନିଜ ଅନୁକୂଳ ଢାଳିଦେବା କଳାର ପ୍ରଥମ ଶିକ୍ଷା ଆତ୍ମବିଶ୍ୱାସର ଶ୍ରେଣୀରୁ ମିଳିଥାଏ । ନିଜ ଉପରେ ବିଶ୍ୱାସ ରଖନ୍ତୁ । ନିଜ ଶକ୍ତିଗୁଡ଼ିକ ଉପରେ ଭରସା ରଖନ୍ତୁ । ମନେରଖନ୍ତୁ, ଆପଣଙ୍କ ଭିତରେ ସେହି ଶକ୍ତି ଅଛି, ଯାହା ଥରେ ଜାଗ୍ରତ ହେଲେ ମଣିଷକୁ ସଚ୍ଚୋଟ, ପରିଶ୍ରମୀ ହିଁ ନୁହେଁ ବରଂ ସଫଳ ଓ ସଂସ୍କୃତିସମ୍ପନ୍ନ କରିଦିଏ, ବିଶ୍ୱାସ ଆତ୍ମାର ସେହି ଅନନ୍ତ ସମ୍ଭାବନାର ଦ୍ୱାର ଖୋଲିଦିଏ, ଯାହା ଆମକୁ ଉଚ୍ଚରୁ ଉଚ୍ଚ ସ୍ତର ଆଡ଼କୁ ନେଇଯାଏ । ଆମ ଶକ୍ତିଗୁଡ଼ିକ ସହସ୍ର ଗୁଣା ହୋଇଯାଆନ୍ତି ।

ଭୟର କୁହୁଡ଼ିରେ ଢାଙ୍କି ହୋଇଥିବା ରାସ୍ତା, ଆଶଙ୍କାର ଅନ୍ଧକାରରେ ଲୁପ୍ତ କ୍ଷମତା, କିଂକର୍ତ୍ତବ୍ୟବିମୂଢ଼ ହୋଇଥିବା ଉଦ୍ୟମ, ସବୁକିଛି ଆତ୍ମବିଶ୍ୱାସର କିରଣରେ ପ୍ରକାଶିତ ହୋଇଥାଏ । ବିଶ୍ୱାସ କେବେ ହାର୍ ମାନେନାହିଁ । ଆପଣଙ୍କ ଜୀବନ କଲ୍ୟାଣମୟ ହୋଇପାରିବ, ଯେତେବେଳେ ଆପଣ ନିଜ ମଧ୍ୟରେ ଆତ୍ମବିଶ୍ୱାସ ପାଇଯାଆନ୍ତି ଓ ଉଦ୍ୟମୀ ହୋଇଯାଆନ୍ତି ।

ବିଶ୍ୱର ଇତିହାସରେ ଏ ପ୍ରକାରର ଅଗଣିତ ଉଦାହରଣ ଭରି ରହିଛି, ଯେତେବେଳେ ସବୁକିଛି ହଜି ଯାଇଥିଲେ, ହାତଛଡ଼ା ହୋଇଯିବା ସତ୍ତ୍ୱେ ଲୋକମାନେ ନିଜର ଲକ୍ଷ୍ୟ ପାଇଗଲେ ଓ ଜୀବନ ସଫଳ କରି ଚାଲିଲେ । ଆପଣଙ୍କ ଭିତରେ ମଧ ବହୁତ ଶକ୍ତି ଅଛି । ନିଜର ଲକ୍ଷ୍ୟ ତିଆରି କରନ୍ତୁ ଓ ନିଜ ଦିଗ ଆଡ଼କୁ ଚାଲନ୍ତୁ । କୌଣସି କଥାର ଅଭାବ ଅନୁଭବ କରନ୍ତୁ ନାହିଁ ଓ ସେତେବେଳେ ଦେଖିବେ ଯେ ସଫଳତା କେମିତି ଆପଣଙ୍କ ପାଖକୁ ଆସିବ ନାହିଁ? କିଛି ସମୟ ପରେ ଆପଣ ନିଜ ମଧ୍ୟରେ ଏକ ପରିବର୍ତ୍ତନ ଦେଖିବେ । ଉଠନ୍ତୁ! ଜାଗନ୍ତୁ! ସଫଳତା ଆପଣଙ୍କ ଆଡ଼କୁ ଆସୁଛି । ତାହାର ସ୍ୱାଗତ କରିବା ପାଇଁ ପ୍ରସ୍ତୁତ ରୁହନ୍ତୁ । ସଭ୍ୟତାର ଆଶ୍ଚର୍ଯ୍ୟଜନକ ବିକାଶର ଇତିହାସ ଏହି ଅଗଣିତ ଜ୍ଞାତ-ଅଜ୍ଞାତ ଚେଷ୍ଟାଗୁଡ଼ିକର ପ୍ରତିଫଳ ଅଟେ, ଯିଏ ବିପଦ ସହ ଲଢ଼ି ମଣିଷକୁ ପାଷାଣ ଯୁଗରୁ ବାହାର କରି ରକେଟ୍ ଯୁଗକୁ ନେଇ ଆସିଛି । ଏହି କର୍ମଠ ଲୋକମାନେ ଯେଉଁ କଷ୍ଟ ସହିଥିବେ, ବିପଦକୁ ସାମ୍ନା କରିଥିବେ, କ'ଣ ଆପଣ ତାହାର କଳ୍ପନା କରିପାରିବେ?

ଏହି ଲୋକମାନେ ଘଞ୍ଚ ଜଙ୍ଗଲ ଓ ଭୟଙ୍କର ଜୀବଜନ୍ତୁରେ ଭରା ଅଗଢ଼ା ପୃଥିବୀକୁ କେମିତି ସଜେଇଥିବେ ଓ ଏହି ଯୋଗ୍ୟତାର ସାଧନ ଖୋଜିଥିବେ ଯେ ମଣିଷ କେମିତି ଖୁସିରେ ରହିପାରିବ । ଯଦି କର୍ମଠ ଲୋକେ ନିଜର ମୂକ ସାଧନାରେ ଲାଗି ନଥାନ୍ତେ ତେବେ କ'ଣ ଆଜି ମଣିଷର ଏହି ରୂପ ହୋଇଥାନ୍ତା । ସଭ୍ୟତାର ଏହି ସାରଥୀ ନିଜର ନିଶ୍ଚୟରେ ପକ୍କା ଥିଲେ । ସେମାନଙ୍କ ମଧ୍ୟରେ ଅଦମ୍ୟ ଇଚ୍ଛା ଶକ୍ତି ଥିଲା । ସେମାନେ ସମାନ ଭାବେ ସଂଘର୍ଷ କରି ଚାଲିଲେ ଓ ପ୍ରତ୍ୟେକ ବାଧା ଉପରେ ବିଜୟ ହାସଲ କରି ମଣିଷକୁ ସୁଖୀ କରିବାର ସାଧନ ଖୋଜି ଚାଲିଲେ ।

ଫ୍ରାନ୍ସର ବହୁତ ବଡ଼ ଜେନେରାଲ ଥରେ ତାଙ୍କ ସିପାହୀଙ୍କୁ ସମ୍ବୋଧିତ କରିବାକୁ ଯାଇ କହିଥିଲେ ଯେ, ଆମକୁ ସେତେବେଳ ପର୍ଯ୍ୟନ୍ତ ନିଜକୁ ମଣିଷ କହିବାର ଅଧିକାର ନାହିଁ, ଯେତେବେଳ ପର୍ଯ୍ୟନ୍ତ ଆମେ ନିଜକୁ ଦୁନିଆର ପ୍ରତ୍ୟେକ ସମସ୍ୟା ଉପରେ ବିଜୟ ପ୍ରାପ୍ତ କରିବାର କ୍ଷମତା ହାସଲ ନ କରିଛେ । ନିଜ ଦକ୍ଷତା ବଳରେ ମଣିଷ କ'ଣ କରି ନପାରେ । ସଫଳତା ଘରେ ବସି ମିଳେନାହିଁ । ସଫଳତା ପ୍ରାପ୍ତ କରିବା ପୂର୍ବରୁ ଦୃଢ଼ ଆତ୍ମବିଶ୍ୱାସ ଆବଶ୍ୟକ ଅଟେ । ଏହି ବିରାଟ ବ୍ରହ୍ମାଣ୍ଡର କାର୍ଯ୍ୟପ୍ରଣାଳୀ ଅପୂର୍ବ ଅଦ୍ଭୁତ ଢଙ୍ଗରେ ସୁନିୟୋଜିତ ଅଛି । ପ୍ରକୃତି ନିଜେ ଆମକୁ ଏହି କଥାର ଶିକ୍ଷା ଦିଏ ଯେ ସଫଳତାର ଭେଦ କ'ଣ ଅଟେ? କୌଣସି ଗଛ ଉତ୍ପନ୍ନ କରିବା ପୂର୍ବରୁ ତାହାର ମଞ୍ଜି ଲଗାଇବା ଆବଶ୍ୟକ ଅଟେ । ସେହିଭଳି ସଫଳତା ପ୍ରାପ୍ତ କରିବା ପାଇଁ ତାହାର ମଞ୍ଜି ଲଗାଇବାକୁ ପଡ଼ିଥାଏ ।

ଯଦି ଆପଣଙ୍କ ଭିତରେ ଆତ୍ମବିଶ୍ୱାସ ନାହିଁ, ତେବେ ଆପଣଙ୍କ ସମସ୍ତ ଜ୍ଞାନ, ସମସ୍ତ ଯୋଗ୍ୟତା ବ୍ୟର୍ଥ ଅଟେ । ଆତ୍ମବିଶ୍ୱାସ ଅଭାବରେ ସେଗୁଡ଼ିକ ଆପଣଙ୍କର କେଉଁଠି ମଧ୍ୟ ସାଥ୍ ଦେଇପାରିବେ ନାହିଁ, ନା' ଆପଣ ଏଗୁଡ଼ିକରୁ ଲାଭ ଉଠାଇ ପାରିବେ । ଏମାନଙ୍କ ରୂପ ମାଳାରେ ଗୁନ୍ଥାଯାଇଥିବା ମୋତି ଭଳି ହୋଇଥାଏ, ଯେଉଁଗୁଡ଼ିକ ଏଣେ-ତେଣେ ଖେଳାଇ ହୋଇଥିବା ଦେଖାଯାଆନ୍ତି । ଆତ୍ମବିଶ୍ୱାସ ସବୁ ପ୍ରକ୍ରିୟାର ଚେତନ ପ୍ରେରଣା ରୂପେ ଧରାଯାଇଛି । ଆପଣଙ୍କ ଆଖପାଖରେ ଏମିତି ଲୋକ ନିଶ୍ଚିତ ଥିବେ, ଯେଉଁମାନେ ଅବିରତ ଅନ୍ୟର ଦକ୍ଷତା, କାର୍ଯ୍ୟ ସମ୍ବନ୍ଧରେ ଟିକା-ଟିପ୍ପଣୀ କରୁଥାନ୍ତି । ବିନା କଥାରେ ଜୀରାରୁ ଶିରା ବାହାର କରୁଥିବା ଲୋକେ ବାସ୍ତବରେ ଦୁଇ ମୁଣ୍ଡିଆ ସାପ ହୋଇଥାନ୍ତି । ଆପଣ ଏମାନଙ୍କୁ ଭୃକ୍ଷେପ କରନ୍ତୁ ନାହିଁ । ଏମାନଙ୍କ ଭଲ-ମନ୍ଦ କହିବାରେ ଆପଣଙ୍କ ଉପରେ କ'ଣ ପ୍ରଭାବ ପଡ଼ି ପାରିବ !

ଏ ପ୍ରକାରର ଲୋକମାନେ କେବଳ ଆପଣଙ୍କୁ ନୁହେଁ ବରଂ ସମସ୍ତଙ୍କୁ ପରିହାସ କରନ୍ତି, ସେହି ଲୋକମାନେ ସମସ୍ତଙ୍କୁ ନିଜର ବୋକାମୀର ଶିକାର କରନ୍ତି । ଆପଣ ସେମାନଙ୍କ କଥା ଉପରେ ବିଲ୍‌କୁଲ ଧ୍ୟାନ ଦିଅନ୍ତୁ ନାହିଁ । ସେମାନଙ୍କ ଉପରେ ଧ୍ୟାନ ଦେଲେ ଆପଣ ନିଜର ଆତ୍ମବିଶ୍ୱାସ ହରାଇ ବସିବେ । ଏମାନଙ୍କ ଆଡ଼କୁ ଉପେକ୍ଷା ସହ ପିଠି କରିଦିଅନ୍ତୁ ! ନିଜର ଆତ୍ମବିଶ୍ୱାସ କାଏମ୍ ରଖି ନିଜ କାର୍ଯ୍ୟ ସମାନ ଭାବେ କରିଯାଆନ୍ତୁ । ଏହି କଥାକୁ ଆପଣ ବୁଝିନିଅନ୍ତୁ ଯେ ଚୋରି କରାଯାଇଥିବା ଧନ ମିଳିପାରିବ, ଜଟିଳ ରୋଗର ଚିକିତ୍ସା ହୋଇପାରିବ, କିନ୍ତୁ ଯଦି ଆତ୍ମବିଶ୍ୱାସ ହଜିଗଲା ତେବେ ତାହା ମିଳିବ ନାହିଁ ।

ଆତ୍ମବିଶ୍ୱାସ ସଫଳତାର ସବୁଠୁ ବଡ଼ ଶକ୍ତି ଅଟେ । ଲୋକଙ୍କଠାରୁ ଦୂରେଇ ରୁହନ୍ତୁ । ସବୁବେଳେ ନିଜ କାର୍ଯ୍ୟରେ ଲାଗି ରୁହନ୍ତୁ । ଦୁନିଆ ନିଜେ ବଦଳେ ନାହିଁ । ଦୁନିଆକୁ ବଦଳାଇବାକୁ ପଡ଼ିଥାଏ । ଯେତେବେଳେ ଆପଣ ଦୁନିଆକୁ ବଦଳାଇବାକୁ ଚେଷ୍ଟା କରିବେ, ତେବେ ଏସବୁ ନିଶ୍ଚିତ ହେବ । ଦୁନିଆର କୌଣସି ଏମିତି କାମ ନାହିଁ, ଯାହା ମଣିଷ କରିପାରିବ ନାହିଁ । ମଣିଷ ସବୁକିଛି କରିପାରିବ । ବର୍ତ୍ତମାନ ଏହି କଥାର ସମସ୍ତ ପ୍ରମାଣ ଅଛି । ଦୁନିଆର କୌଣସି ଏମିତି ଐଶ୍ୱର୍ଯ୍ୟ ନାହିଁ, ଯାହା ମଣିଷ ହାସଲ କରିପାରିବ ନାହିଁ । ଯଦି ତା' ଭିତରେ ଆତ୍ମବିଶ୍ୱାସ ଅଛି, ଏହା ବ୍ୟତୀତ ଦୃଢ଼ ସଂକଳ୍ପ ଅଛି, ତେବେ ସେ ସବୁକିଛି କରିପାରିବ ।

ସାହସ ଓ ସଂକଳ୍ପ ଦ୍ୱାରା କ'ଣ ନହୋଇ ପାରିବ ।

ଜଣେ ସିପାହୀ ଥରେ ନେପୋଲିୟନଙ୍କ ପାଖକୁ ଏତେ ଶୀଘ୍ର ଘୋଡ଼ାରେ ବସି ସୂଚନା ଆଣିଲା ଯେ, ସିପାହୀ ଓହ୍ଲାଇବା ପରେ ଘୋଡ଼ା ନେପୋଲିୟନ୍‌ଙ୍କ ସାମ୍ନାରେ ତଳେ ପଡ଼ି ମରିଗଲା, କିନ୍ତୁ ସେହି ସିପାହୀ ଏକଦମ୍ ଅବିଚଳିତ ଭାବରେ ସିଧା ନେପୋଲିୟନ୍‌ଙ୍କ ହାତରେ ସୂଚନା ଦେଲା ।

ନେପୋଲିୟନ ମଧ୍ୟ ତୁରନ୍ତ ଉତ୍ତର ଲେଖିଲେ ଏବଂ କହିଲେ, "ବର୍ତ୍ତମାନ ନେଇକିଯାଅ ।" ସିପାହୀ ମାନିଗଲା । ସେ ବୁଲି ମଲା ଘୋଡ଼ାକୁ ଥରେ ଦେଖିଲା ତା'ପରେ ଆଗକୁ ବଢ଼ିବାକୁ ଲାଗିଲା । "ଶୁଣ" ନେପୋଲିୟନ ତାକୁ କହିଲେ । ସେ ଅଟକିଗଲା ।

"ତୁମେ ମୋ ଘୋଡ଼ା ନେଇ ଯାଅ"- ନେପୋଲିୟନ କହିଲେ ।

ସୈନିକ ଚକିତ ହୋଇଗଲା । ନେପୋଲିୟନଙ୍କ ଘୋଡ଼ା ଫ୍ରାନ୍ସର ସର୍ବଶ୍ରେଷ୍ଠ ଘୋଡ଼ା ଥିଲା । ସେ ଭୟରେ କହିଲା, "ଆପଣ କ'ଣ କହୁଛନ୍ତି ?"

"ନା । ତୁମେ ମୋ ଘୋଡ଼ା ନେଇ ଯାଅ ।"

ସିପାହୀ ନେପୋଲିୟନଙ୍କ ଘୋଡ଼ାରେ ହିଁ ଗଲା । ସେ ଫେରିବାପରେ ନେପୋଲିୟନ ତାକୁ କ୍ୟାପ୍‌ଟେନ କରିଦେଲେ ।

ମଣିଷକୁ ତା'ର କର୍ମଠତାର ପୁରସ୍କାର ଏହି ପ୍ରକାରେ ଅଚାନକ ମିଳିଥାଏ । ଘୋଡ଼ା ପଡ଼ି ମରିଗଲା, କିନ୍ତୁ ସେହି ସିପାହୀ ଟିକେ ହେଲେ ବିଚଳିତ ହେଲାନାହିଁ । ସେ ସର୍ବ ପ୍ରଥମେ ନେପୋଲିୟନଙ୍କୁ ଚିଠି ଦେଲା । ଏହା ତା'ର କର୍ମଠତାର ପ୍ରମାଣ ଥିଲା ।

ଯେତେବେଳ ପର୍ଯ୍ୟନ୍ତ ଆପଣ ଏକାଗ୍ର ହୋଇ ମନ ଭିତରେ ଏ ପ୍ରକାର କର୍ମଠ ହୋଇ ରହିବେ, ସେତେବେଳ ପର୍ଯ୍ୟନ୍ତ ଆପଣଙ୍କୁ ସଫଳତା ମିଳିବା ଜଟିଳ ହେବନାହିଁ ।

ଆପଣଙ୍କୁ ନିଜର ଆତ୍ମବିଶ୍ୱାସ ସମ୍ପୂର୍ଣ୍ଣ ତିଆରି କରିବାକୁ ହିଁ ପଡ଼ିବ ।

୭. ଆତ୍ମ-ପ୍ରେରଣା

ଯେତେବେଳ ପର୍ଯ୍ୟନ୍ତ ମଣିଷ ନିଜ ମନ ସହ ସାକ୍ଷାତକାର, ଆତ୍ମାଳାପ କରେନାହିଁ, ସେତେବେଳ ପର୍ଯ୍ୟନ୍ତ ଏହି ଶକ୍ତି ଶୋଇ ରହିଥାଏ । ଯେତେବେଳେ ଏହା ଜାଗ୍ରତ ହୋଇଯାଏ ତେବେ ମଣିଷକୁ ନିଜ ଭିତରେ ଏକ ଦୈବୀ-ଶକ୍ତିର ଅନୁଭୂତି ହେବାକୁ ଲାଗିଥାଏ ।

ମଣିଷ ଭିତରେ ଏକ ଶକ୍ତି ରହିଥାଏ ଯାହାକୁ ପରମାତ୍ମା କୁହାଯାଏ । ତାହା ଦିବ୍ୟ ଶକ୍ତି ଭଳି ଆମ ନିଜ ଭିତରେ ଉପସ୍ଥିତ ରହିଥାଏ । ଯେତେବେଳ ପର୍ଯ୍ୟନ୍ତ ମଣିଷ ନିଜ ମନ ସହ ସାକ୍ଷାତକାର, ଆତ୍ମାଳାପ କରେନାହିଁ, ସେତେବେଳ ପର୍ଯ୍ୟନ୍ତ ଏହି ଶକ୍ତି ଶୋଇ ରହିଥାଏ । ଯେତେବେଳେ ଏହା ଜାଗ୍ରତ ହୋଇଯାଏ ତେବେ ମଣିଷକୁ ନିଜ ଭିତରେ ଏକ ଦୈବୀ-ଶକ୍ତିର ଅନୁଭୂତି ହେବାକୁ ଲାଗିଥାଏ । ତାକୁ ନିଜ ଉଦାରତାର ଜ୍ଞାନ ହୋଇଥାଏ । ଏହି ଜ୍ଞାନ ଆତ୍ମ-ପ୍ରେରଣା ଅଟେ । ଉଦାହରଣସ୍ୱରୂପ, ଏକ ସମୟରେ ଗୋଟିଏ ସିଂହୀର ଛୁଆ ଜଙ୍ଗଲରେ ଖେଳୁଥିଲା । ତା' ମା' ଶୋଇଥିଲା । ଜଙ୍ଗଲର ନୂଆ ନୂଆ ଜିନିଷ ସିଂହ ଛୁଆର ମନ ଆକର୍ଷିତ କରିବାରୁ ସେ ବାହାରକୁ ଆସିଲା । ତା' ମନକୁ ଆସିଲା ଯେ, ସେ ସଂସାରର ସେହି ସବୁ ଜିନିଷକୁ ଦେଖିବ, ଯାହା ସେ ଏ ପର୍ଯ୍ୟନ୍ତ ଦେଖିନାହିଁ ।

ସେ ଯଥେଷ୍ଟ ଦୂରକୁ ପଳାଇଗଲା ଓ ରାସ୍ତା ଭୁଲିଗଲା । ନିଜ ମା'କୁ ଡାକି-ଡାକି ସେ ଏଣେ-ତେଣେ ଦୌଡ଼ୁଥିବା ବେଳେ ତା' ଆଗକୁ ଏକ ମେଣ୍ଢା ଆସିଗଲା । ସେହି ମେଣ୍ଢାର ଛୁଆମାନେ କିଛି ଦିନ ପୂର୍ବରୁ ହିଁ ମରିଥିଲେ । ସିଂହଛୁଆକୁ କାନ୍ଦୁଥିବା ଦେଖି ମମତା ଜାଗ୍ରତ ହେବାରୁ ମେଣ୍ଢା ତାକୁ ନିଜ ଘରକୁ ନେଇଗଲା ଓ ସେହି ସିଂହଛୁଆକୁ ସ୍ନେହର ସହ ପାଳିଲା । ଦିନ ବିତିବାକୁ ଲାଗିଲା ଓ ମେଣ୍ଢାର ସ୍ନେହ ତା' ପାଖରେ ଅବିରତ ବଢ଼ିବାକୁ ଲାଗିଲା । କିଛି ଦିନ ପରେ ସେହି ସିଂହ ଛୁଆ ମେଣ୍ଢାଠାରୁ ମଧ୍ୟ ଉଚ୍ଚା ହୋଇଗଲା । ସେ ତାକୁ ଦେଖି ବେଳେବେଳେ ଡରି ମଧ୍ୟ ଯାଉଥିଲା । ଅକସ୍ମାତ୍ ଦିନେ ସେହି ବଣରେ ଏକ ସିଂହ ବାହାରିଲା । ସେ ପାହାଡ଼ ଶିଖରରେ ଚଢ଼ି ଗର୍ଜନ କରିବାକୁ ଲାଗିଲା । ତା' ଗର୍ଜନ ଶୁଣି ସେହି ମେଣ୍ଢା ଥରି ଉଠିଲା । କିନ୍ତୁ ସେହି ସିଂହଛୁଆ ମନରେ ସେହି ଗର୍ଜନର ଅଲଗା ପ୍ରତିକ୍ରିୟା ହେଲା । ତା' ମନରେ ସମୁଦ୍ର ଭଳି କିଛି ଅନୁଭବ ହେଲା । ସିଂହର ଗର୍ଜନରେ ତା' ପ୍ରକୃତିର ଏକ ଏମିତି ଅଙ୍ଗ ଛୁଇଁ ଯାଇଥିଲା, ଯାହା ଏପର୍ଯ୍ୟନ୍ତ ଅଦୃଶ୍ୟ ଥିଲା । ତାକୁ ଆଭାସ ହେଲା ଯେ, ତା' ମଧ୍ୟରେ ଏମିତି କିଛି ଅଛି, ଯାହାର ଧାରଣା ତାକୁ ନଥିଲା । ସେ ମଧ୍ୟ ଉଚ୍ଚ ସ୍ୱରରେ ଗର୍ଜନ କରିବାକୁ ଲାଗିଲା । ନିଜର ମେଣ୍ଢା ମା' ଆଡ଼କୁ କରୁଣ ଦୃଷ୍ଟି ପକାଇ ସେ ଡିଆଁ ମାରିଲା ଓ ସେହି ସିଂହ ପାଖରେ ପହଞ୍ଚିଗଲା । ବହୁତ ଦିନ ପରେ ତାକୁ ନିଜର ବାସ୍ତବିକ ରୂପର ଧାରଣା ହେଲା । ସେ ତ' ନିଜକୁ ମେଣ୍ଢାର ଛୁଆ ବୋଲି ଭାବୁଥିଲା । ତା' କଳ୍ପନାରେ ମଧ୍ୟ ଏହା କେବେ ଆସିନଥିଲା ଯେ, ସେ ମେଣ୍ଢାଠାରୁ ଅଧିକ ବଳବାନ୍ ଅଟେ । କେଉଁଠି ସେ କୁକୁର ଭୁକିଲେ ଭୟରେ ସଙ୍କୁଚିତ ହେଉଥିଲା ଓ କେଉଁଠି ବର୍ତ୍ତମାନ ସେ ନିଜର ବାସ୍ତବିକ ସ୍ୱରୂପ ଜାଣିନେବା ପରେ ସିଂହ ସାମ୍ନାରେ ଠିଆହୋଇ ଯାଇଥିଲା ।

ଯେତେବେଳ ପର୍ଯ୍ୟନ୍ତ ତାକୁ ଏହା ଭ୍ରମ ଥିଲା ଯେ ସେ ମେଣ୍ଢାର ଛୁଆ ଅଟେ, ସେତେବେଳ ପର୍ଯ୍ୟନ୍ତ ସେ ମେଣ୍ଢା ପରି ହିଁ ଶକ୍ତି ରଖୁଥିଲା, ପୁନଃ ଯେତେବେଳେ ତାକୁ ଜଣାଗଲା ଯେ ସେ ଅନ୍ୟ ପ୍ରଜାତିର, ସେତେବେଳେ ତା' ଶକ୍ତି ମଧ୍ୟ ଶୀଘ୍ର ବଢ଼ିଗଲା । ଯେତେବେଳେ ସେ ନିଜକୁ ମେଣ୍ଢା ଭାବି ବସିଥିଲା, ସେହି ସମୟରେ ଯଦି ତାକୁ ସିଂହର ସାମ୍ନା କରିବାକୁ କୁହାଯାଇଥାନ୍ତା ତେବେ ସେ ଥରି ଉଠିଥାନ୍ତା, କିନ୍ତୁ ନିଜର ଅସଲ ସ୍ୱରୂପ ଜଣାପଡ଼ିବାରୁ ତାହାର ଶକ୍ତି ଅନେକ ଗୁଣ ବଢ଼ିଗଲା । ସିଂହର ଗର୍ଜନ ଶୁଣିବା ପୂର୍ବରୁ ତା' ମଧ୍ୟରେ ସିଂହର ନୁହେଁ, ମେଣ୍ଢାର ଗୁଣ ଥିଲା । କିନ୍ତୁ ପ୍ରତିଧ୍ୱନୀ ଦ୍ୱାରା ତାହାର ସିଂହତ୍ୱ ଜାଗି ଉଠିଲା । ଏବେ ସେ ମେଣ୍ଢାର ଜୀବନ କେମିତି ଅତିବାହିତ କରିପାରିଥାନ୍ତା ? ବର୍ତ୍ତମାନ ତ' ସେ ଜଙ୍ଗଲର ରାଜା ଥିଲା । ଏହି ଘଟଣାରୁ ସ୍ପଷ୍ଟ ହୋଇଯାଏ ଯେ ପ୍ରତ୍ୟେକ ବ୍ୟକ୍ତି ମଧ୍ୟରେ ତାହାର ସିଂହତ୍ୱ ରହିଥାଏ ।

ଯେତେବେଳେ ଏମିତି ସୁଯୋଗ ଆସେ ଯେ ତା'ର ମନରେ କୌଣସି ପ୍ରତିଧ୍ୱନୀ ଗଭୀର ଭାବେ ଛପି ତା' ପରାକ୍ରମକୁ ଆହ୍ୱାନ ଦିଏ ତେବେ ଏହି ଭାବ ଜାଗିଉଠେ। ସେତେବେଳେ ତାକୁ ନିଜର ପୂର୍ବ ଅବସ୍ଥା ଉପରେ ଆଶ୍ଚର୍ଯ୍ୟ ଲାଗେ। ନିଜ ମହତ୍ତ୍ୱର ଧାରଣା ହେବା କ୍ଷଣି ସେ ସିଂହ ପରି ଗର୍ଜନ କରିବାକୁ ଲାଗେ।

ଯେତେବେଳେ ମଣିଷକୁ ଏହା ଅନୁଭବ ହୋଇଯାଏ ଯେ, ସେ ସେହି ଦିବ୍ୟ ଶକ୍ତିର, ଯାହାକୁ ପରମାତ୍ମା କୁହାଯାଏ, ଏକ ଭାଗ ଅଟେ, ତାହାର ସେହି ଅସୀମ ଶକ୍ତି ସହ ଅବିଚ୍ଛିନ୍ନ ସମ୍ବନ୍ଧ ଅଛି, ତେବେ ତାକୁ ନିଜ ଭିତରେ ଏକ ଦୈବୀ ଶକ୍ତିର ଅନୁଭୂତି ହେବାକୁ ଲାଗେ। ତା' ପାଇଁ କୌଣସି କାର୍ଯ୍ୟ ଏମିତି ନଥାଏ ଯାହା ତାହାର ସାମର୍ଥ୍ୟଠାରୁ ବାହାରେ ଥିବ; ସେତେବେଳେ ତାହାର ଦୁର୍ବଳତା ମୂଳରୁ ନଷ୍ଟ ହୋଇଯାଏ; ସେତେବେଳେ ଈଶ୍ୱରୀୟ ଶକ୍ତି ତା' ଅଙ୍ଗ-ଅଙ୍ଗରେ, ତାହାର ଅନ୍ତରାତ୍ମାରେ ଆସିଯାଏ, ସେତେବେଳେ ମଣିଷକୁ ସଫଳତାର ଚାବି ମିଳିଯାଏ।

ବସ୍ତି ବାସିନ୍ଦା, ଅନ୍ନହୀନ, ବସ୍ତ୍ରହୀନ ଛୁଆମାନଙ୍କ ମଧ୍ୟରେ କିଏଜାଣେ କେତେକ ଦେଶର ଭାବି ନେତା ଲୁଚିଥିବେ। ସେମାନଙ୍କର ଦୋଷ କ'ଣ? କେବଳ ଏହା କି ସେମାନଙ୍କୁ ନିଜର ଶକ୍ତି ଜଣାନାହିଁ ଯେ ଭବିଷ୍ୟତର ମହାନ ମାନବ ସେମାନଙ୍କ ମଧ୍ୟରେ ହିଁ ଲୁଚି ରହିଛି। ଏହି ସମସ୍ତ ଲୋକ ଯିଏ ଆଜି ବଡ଼ ସାଧାରଣ ଅବସ୍ଥାରେ ଅଛନ୍ତି, କିଏ କିରାଣି ଅଟେ, ରୋଷେୟା ଅଟେ, ଚପରାସୀ ଅଟେ, ଭିକାରୀ ଅଟେ, କାଲି ମହାପୁରୁଷ ମଧ୍ୟ ହୋଇପାରିବ। ଏଥିପାଇଁ କେବଳ ଏହି କଥାର ଆବଶ୍ୟକତା ଅଛି ଯେ ସେମାନେ ନିଜର ସିଂହତ୍ୱକୁ ଚିହ୍ନନ୍ତୁ। ଯେଉଁ ଦିନ ସେମାନେ ନିଜର ଏହି ଶକ୍ତିକୁ ଚିହ୍ନିନେବେ, ସେହି ଦିନ ସେମାନେ ନିଜ ଜୀବନ ବଦଳାଇ ଦେବେ। ଯେତେବେଳେ ମଣିଷକୁ ନିଜର ଶକ୍ତି, ନିଜ ପୌରୁଷ, ନିଜ ସିଂହତ୍ୱର ଧାରଣା ହୋଇଯାଏ, ତେବେ ସେ ନିଜ ବ୍ୟବହାର ହିଁ ବଦଳାଇ ଦିଏ।

୮. ଅନ୍ତଃପ୍ରେରଣା

> **ଏହା ଉପରେ ମଧ୍ୟ କେବେ ଆପଣ ଚିନ୍ତା କରିଛନ୍ତି, ଆପଣଙ୍କ ମନରେ ଏମିତି ଜମାପୁଞ୍ଜି ଅଛି ଯେ ତାହାରି ବଳରେ ଆପଣ ସଂସାରର ପ୍ରତ୍ୟେକ ବସ୍ତୁ ହାସଲ କରିପାରିବେ । ସେତେବେଳେ କାହିଁକି ଏହାକୁ ବ୍ୟର୍ଥ ଯିବାକୁ ଦିଅନ୍ତି ?**

ଆଜି ଆପଣ କ'ଣ ଅଟନ୍ତି, ଏହାର କିଛି ମହତ୍ତ୍ୱ ନାହିଁ । ମହତ୍ତ୍ୱ ଏହି କଥାର ଅଟେ ଯେ, ଆପଣ ଭବିଷ୍ୟତରେ କ'ଣ ହେବାକୁ ଚାହୁଁଛନ୍ତି । ଏହା ଏକ ସର୍ବମାନ୍ୟ ନିୟମ ଓ ସିଦ୍ଧାନ୍ତ ଅଟେ ଯେ ନିଜର ଜମାପୁଞ୍ଜିକୁ କେହି ହାନିକାରକ ବ୍ୟବସାୟରେ ଲଗାଇବା ପାଇଁ ପ୍ରସ୍ତୁତ ହୁଏନାହିଁ । ସେ ଜାଣିଥାଏ ଯେ ଏମିତି ଅବସ୍ଥାରେ ସେ ପ୍ରଗତି କରିପାରିବ ନାହିଁ । ପ୍ରତ୍ୟେକ ବ୍ୟକ୍ତି ସେହି ବ୍ୟବସାୟରେ ନିଜର ଜମାପୁଞ୍ଜି ଲଗାଏ, ଯେଉଁଥିରେ ତାକୁ କିଛି ଲାଭର ଆଶା ରହିଥାଏ । ମଣିଷର ମନରେ ଯେଉଁ ଜମାପୁଞ୍ଜି ଅଛି, ତାହାର ମୂଲ୍ୟ ଭୌତିକ ଜମାପୁଞ୍ଜି ଠାରୁ ବହୁତ ଅଧିକ । ସେତେବେଳେ ଆପଣ ନିଜର ଏହି ମନର ଜମାପୁଞ୍ଜିକୁ ହାନିକାରକ ବ୍ୟବସାୟରେ କାହିଁକି ଲଗାନ୍ତି ? କାହିଁକି ଏ ପ୍ରକାରର କାମ କରନ୍ତି ଯେ ଯାହା ବ୍ୟର୍ଥ ଚାଲିଯାଏ । ଏହା ଉପରେ ମଧ୍ୟ କେବେ ଆପଣ ଚିନ୍ତା କରିଛନ୍ତି, ଆପଣଙ୍କ ମନରେ ଏମିତି ଜମାପୁଞ୍ଜି ଅଛି ଯେ ତାହାରି ବଳରେ ଆପଣ ସଂସାରର ପ୍ରତ୍ୟେକ ବସ୍ତୁ ହାସଲ କରିପାରିବେ । ସେତେବେଳେ କାହିଁକି ଏହାକୁ ବ୍ୟର୍ଥ ଯିବାକୁ ଦିଅନ୍ତି ?

ଆତ୍ମ ଶକ୍ତିର ସଦୁପଯୋଗ:

ଏହାର ସଦୁପଯୋଗ କରନ୍ତୁ । ଆପଣଙ୍କ ପାଖରେ ଜମାପୁଞ୍ଜିର ବିଶାଳ ଭଣ୍ଡାର ଅଛି ଓ ଆପଣ ଛୋଟ-ଛୋଟ ପୁଞ୍ଜି ପଛରେ ଦୌଡୁଛନ୍ତି । ଏଥିରୁ ବଡ଼ ଦୁର୍ଭାଗ୍ୟ କ'ଣ ହୋଇପାରେ ! ଏହା ମଣିଷର ବିଡ଼ମ୍ବନା ହିଁ କୁହାଯିବ । ଆପଣ ନିଜକୁ ଏତେ ଦୁର୍ବଳ ଓ ଗରିବ କାହିଁକି ଭାବୁଛନ୍ତି ? ପ୍ରତ୍ୟେକ ବ୍ୟକ୍ତି ଭିତରେ ବିଭିନ୍ନ ଯୋଗ୍ୟତାର ଅପାର, ଅଥଳ ପୁଞ୍ଜି ଅଛି । ସେହି ପୁଞ୍ଜିର ବ୍ୟବହାର ଲାଭକାରୀ କାର୍ଯ୍ୟରେ ନ କରିବା ଯୋଗୁଁ ହିଁ ମଣିଷ କ୍ଷତିରେ ପଡ଼େ । ଯଦି ଏହି ଅମୂଲ୍ୟ ପୁଞ୍ଜି ଥାଇ ଆପଣ ଦୁଃଖମୟ ଜୀବନ ଅତିବାହିତ କରୁଛନ୍ତି, ତେବେ ଆପଣ ନିଜେ ଏହି କଥାର ନିର୍ଣ୍ଣୟ କରନ୍ତୁ ଯେ ଆପଣ କେତେ ଅଭାଗା ଅଟନ୍ତି । ଏମିତି ଅବସ୍ଥା ପାଇଁ ସେତେବେଳେ କିଏ ଦୋଷୀ ଅଟେ ? କ'ଣ ଆପଣ କେବେ ନିଜ ମନର ଗୁଣର ପୁଞ୍ଜିକୁ ନିଜ କାର୍ଯ୍ୟରେ ଲଗାଇଛନ୍ତି ? ଯେତେବେଳ ପର୍ଯ୍ୟନ୍ତ ଆପଣ ପୁଞ୍ଜି ନ ଲଗାଇବେ ଆପଣଙ୍କୁ ଲାଭ କେମିତି ମିଳିବ ?

ନିଜର ବ୍ୟକ୍ତିତ୍ୱକୁ ଗୌରବଶାଳୀ କରନ୍ତୁ । ନିଜ ବ୍ୟକ୍ତିତ୍ୱର ଗୁଣଗୁଡ଼ିକୁ ଉପରକୁ ଉଠାନ୍ତୁ । ନିଜ ଜୀବନର ଏକ ନିଶ୍ଚିତ କାର୍ଯ୍ୟକ୍ରମ ତିଆରି କରନ୍ତୁ । ଯୋଜନା ତିଆରି କରି କାର୍ଯ୍ୟ କରନ୍ତୁ । ଏମିତି କଲେ ଆପଣଙ୍କ ସମସ୍ତ ଶକ୍ତି ଯାହା ଏପର୍ଯ୍ୟନ୍ତ ନିଷ୍କ୍ରିୟ ଥିଲେ, ଜାଗିଉଠିବେ । ଆପଣଙ୍କ ସୁପ୍ତ ପ୍ରତିଭା ଜାଗ୍ରତ ହୋଇଉଠିବ । ଏମିତି ନୁହେଁ ଯେ ଆପଣଙ୍କୁ ନିଜ ଶକ୍ତିଗୁଡ଼ିକର ଆଭାସ ହୋଇନାହିଁ । କେବେହେଲେ ଆପଣଙ୍କୁ ଆଭାସ ହୋଇଥିବ ଯେ ଆପଣଙ୍କ ଭିତରେ କିଛି ଚମତ୍କାରୀ ଶକ୍ତି ଅଛି । ଏହି ଶକ୍ତି କେବେ ତ' ଆପଣଙ୍କ ଜୀବନରେ ଆସିଥିବ ଓ ବିଜୁଳି ପରି ଚମକି ଚାଲିଯାଇଥିବ । କିଛି ତ' ଆପଣ ନିଶ୍ଚିତ ଅନୁଭବ କରିଥିବେ ।

ଥରେ ନିଜ ମନର ଶକ୍ତିକୁ ଜାଗ୍ରତ କରି ତ' ଦେଖନ୍ତୁ । ଯେତେବେଳେ ସେହି ଶକ୍ତି ଜାଗିଉଠିବ, ତେବେ ଦୁନିଆର କୌଣସି ବସ୍ତୁ ଆପଣଙ୍କ ପାଇଁ ଦୁର୍ଲଭ ରହିବ ନାହିଁ । ଯେଉଁ ଲୋକମାନେ ନିଜ ଶକ୍ତିକୁ ଚିହ୍ନି ନେଇଛନ୍ତି, ତାହାର ଅନେକ ଉଦାହରଣ ଅଛି, ସେମାନେ ଅତ୍ୟନ୍ତ ହୀନ ଅବସ୍ଥାରେ ଥିଲେ । ନିଜର ମନର ପୁଞ୍ଜିକୁ ଉଚିତ ବ୍ୟବହାର କରି ସେମାନେ ଉପରକୁ ଉଠିଗଲେ । ସେମାନେ ସମାଜର ଟୀବ୍ର ପୁଞ୍ଜୀ ଓ ଅନୁକରଣୀୟ ହୋଇଗଲେ । ସେମାନଙ୍କ ଆଲୋକରେ ସହସ୍ର ଲୋକ ପ୍ରେରଣା ନେଲେ । କିଛି ତ' ନିଜ କାର୍ଯ୍ୟ ଯୋଗୁଁ ମଣିଷ ହୋଇଥିବା ସତ୍ତ୍ୱେ ଭଗବାନଙ୍କ ଅବତାର ହୋଇଗଲେ । ଏହି ଉଚ୍ଚତା ପର୍ଯ୍ୟନ୍ତ ପହଞ୍ଚିବାର ଏକମାତ୍ର ଆଧାର ଏହା ଥିଲା ଯେ ସେମାନେ ସଫଳତାର ଚାବି ପାଇଗଲେ । ନିଜ ଶକ୍ତିକୁ ଚିହ୍ନିନେବା ଓ ତାହାର ସଦୁପଯୋଗ କରିବା ହିଁ ସଫଳତାର ଚାବି ଅଟେ । ପ୍ରକୃତି ମଣିଷ ପାଇଁ ସବୁକିଛି ରଖିଛି । ମଣିଷ ଯାହା କିଛି ଚାହେଁ, ତାକୁ ଦେବାପାଇଁ ପ୍ରକୃତି ଏକ୍‌ଦମ ପ୍ରସ୍ତୁତ ଅଛି । ପ୍ରକୃତି ଗୋଟିଏ

ହିଁ ପ୍ରତିବନ୍ଧକ ଲଗାଇ ରଖିଛି । ସେ ମଣିଷ ଦ୍ୱାରା କାମନା କରାଯାଉଥିବା ପ୍ରତ୍ୟେକ ବସ୍ତୁ ଉପରେ ତାଲା ପକାଇ ରଖିଛି ।

ଅଜ୍ଞାନତା:

ତାଲା ପଡ଼ିଛି । ଆପଣ ଚାବି ନେଇଆସନ୍ତୁ, ତାଲା ଖୋଲି ନେଇଯାଆନ୍ତୁ । ଚାବି ଆପଣଙ୍କୁ ତିଆରି କରିବାକୁ ହେବ । ଆପଣଙ୍କ ମନ ଅତ୍ୟନ୍ତ ବୁଦ୍ଧିମାନ ଅଟେ । ସେ ପ୍ରତ୍ୟେକ ତାଲାର ଚାବି ତିଆରି କରିବା ଜାଣିଛି । ଏଥିପାଇଁ ଆପଣଙ୍କୁ ନିଜ ମନକୁ ଜାଗ୍ରତ କରି ସମ୍ବନ୍ଧିତ ତାଲାର ଚାବି ତିଆରି କରିବା ପାଇଁ ପ୍ରେରିତ କରିବାକୁ ପଡ଼ିବ । ଯେତେବେଳେ ଆପଣ ଚାବି ତିଆରି କରିଦେବେ, ସେହି ବସ୍ତୁ ଆପଣଙ୍କର ହୋଇଯିବ । ତା' ଉପରେ ଆପଣଙ୍କର ଅଧିକାର ହୋଇଯିବ ।

ଯଦି ଆପଣ ଚାବି ତିଆରି କରି ପାରୁନାହାନ୍ତି, ତେବେ ଏହାର କାରଣ ଆପଣଙ୍କ ଅଜ୍ଞାନତା ଓ ବିଶ୍ୱାସହୀନତା । ଆପଣ ମନୁଷ୍ୟ ଅଟନ୍ତି । ଏହି ପ୍ରକାରର ଦୁର୍ବଳତା ଆପଣଙ୍କ ମଧ୍ୟରେ ନରହିବା ଉଚିତ । ମଣିଷ ରୂପେ ଆପଣ ଚେତନ ଜଗତର ସର୍ବଶ୍ରେଷ୍ଠ ପ୍ରାଣୀ ଅଟନ୍ତି । ଏହି ପ୍ରକାରର ଦୁର୍ବଳତା ନିତାନ୍ତ ଅଶୋଭନୀୟ ଅଟେ । ସଂସାରର ସବୁ ପ୍ରାନ୍ତର ଲୋକ- ବୀର, ନେତା, ବୈଜ୍ଞାନିକ, ସନ୍ଥ ଆଦି ମହାପୁରୁଷ ନିଜ ଜୀବନରେ ସେତେବେଳେ ସଫଳ ହେଲେ, ଯେତେବେଳେ ସେମାନେ ନିଜର ଏହି ଶକ୍ତିକୁ ଚିହ୍ନିନେଲେ, ଯେତେବେଳେ ସେମାନଙ୍କୁ ନିଜ ଶକ୍ତିର ଧାରଣା ହେଲା, ଏଗୁଡ଼ିକର ପ୍ରୟୋଗ କଲେ, ତେବେ ନିଜର ଏହି ସୁପ୍ତ ଶକ୍ତିଗୁଡ଼ିକ ବଳରେ ସେମାନେ ମହାନ୍ ହୋଇଗଲେ । ଯାହା କିଛି ସେମାନଙ୍କ କାମନା ଥିଲା, ସବୁ ପାଇଗଲେ । ଯେଉଁ ମୁହୂର୍ତ୍ତରେ ସେମାନେ ଆଳସ୍ୟ ତ୍ୟାଗ କରି ନିଜ ମନର ବଳରେ ପରିଶ୍ରମ କରିବାକୁ ଲାଗିଲେ, ମହାନତା ଆଡ଼କୁ ଅଗ୍ରସର ହୋଇଗଲେ ।

କେବଳ ସେହି ଲୋକଙ୍କ ଠାରୁ ଆଦର୍ଶ ଜୀବନର ଆଶା କରାଯାଇପାରେ, ଯେଉଁମାନେ ନିଜ ଶକ୍ତିକୁ ଚିହ୍ନି ନେଇଛନ୍ତି । ସମାଜକୁ ପଥ-ପ୍ରଦର୍ଶନ ପାଇଁ ସବୁବେଳେ ମହାପୁରୁଷଙ୍କ ଆବଶ୍ୟକତା ହୋଇଥାଏ । ଆଜି ମଧ୍ୟ ଆମ ମଧ୍ୟରେ ମହାପୁରୁଷ ଅଛନ୍ତି, ସଫଳ ବ୍ୟକ୍ତି ଅଛନ୍ତି । ସେମାନଙ୍କ ଅନୁଭବ ଓ ଜୀବନ-ଚରିତ୍ର ଆଧାରରେ ମିଳିଥିବା ନିଷ୍କର୍ଷକୁ ଚିପୁଡ଼ି ଏହି ପୁସ୍ତକରେ ଦିଆଯାଉଛି । ସମ୍ଭବ ଅଟେ ଯେ, ବଳୟ ଭିତରେ ରହୁଥିବା କାରଣରୁ ହିଁ ଆପଣ ନିଜକୁ ଦୁର୍ବଳ ଭାବିବାକୁ ଲାଗିଲେଣି । ହୋଇପାରେ, ଚିନ୍ତନର କୌଣସି ମୁହୂର୍ତ୍ତରେ କିମ୍ବା ଅଚାନକ କୌଣସି ଆଘାତ ଲାଗିବାରୁ ଆପଣଙ୍କୁ ନିଜର ବାସ୍ତବିକ ରୂପର ଧାରଣା ହୋଇଯାଏ ତେବେ କ'ଣ ହେବ ! ଆପଣଙ୍କ ଶକ୍ତିଗୁଡ଼ିକ ଜାଗି ଉଠିବେ ଓ ଆପଣ ବାସ୍ତବରେ କିଛି କରିଯିବେ ! ଆପଣଙ୍କୁ କେବଳ ଏକ ଅଗ୍ନିକଣର ଆବଶ୍ୟକତା ଅଛି ଓ ଆପଣଙ୍କ ଭିତର ଜ୍ୱାଳାମୁଖୀ ପ୍ରଜ୍ୱଳିତ ହୋଇ ଉଠିବ । ପ୍ରତ୍ୟେକ ମଣିଷ ଭିତରେ

ବ୍ୟକ୍ତିତ୍ୱ ଲୁଚି ରହିଥାଏ । ଏହା ଅତ୍ୟନ୍ତ ପରାକ୍ରମୀ ଓ ତମାମ୍ ଇଚ୍ଛାଗୁଡ଼ିକୁ ସାକାର କରୁଥିବା ଏବଂ ସଫଳତାଗୁଡ଼ିକୁ ଟାଣିବା ବିଶିଷ୍ଟ ହୋଇଥାଏ । ଏହା ଏକ କର୍ମ-ପରାୟଣ ବ୍ୟକ୍ତିତ୍ୱ ହୋଇଥାଏ ।

ଆତ୍ମବିଶ୍ୱାସର ସୂର୍ଯ୍ୟ ଉଦୟ ହେଲେ ଏହି ବ୍ୟକ୍ତିତ୍ୱ ଜାଗିଉଠେ । ଆପଣ ମଧ୍ୟ ଏହି ବ୍ୟକ୍ତିତ୍ୱର ଧନୀ ଅଟନ୍ତି, କିନ୍ତୁ ଯେତେବେଳ ପର୍ଯ୍ୟନ୍ତ ଏହା ଶୋଇ ରହିବ, ସେତେବେଳ ପର୍ଯ୍ୟନ୍ତ ଆପଣ କିଛି କରିପାରିବେ ନାହିଁ । ନିଜ ମନରୁ ଏହାକୁ ଜଗାନ୍ତୁ ଓ ସଫଳ ଜୀବନର ପ୍ରତି ତାଲାର ଚାବି ହାସଲ କରିଚାଲନ୍ତୁ । ଏହା ସଫଳତାର ରହସ୍ୟ ଅଟେ । ଅନ୍ତଃପ୍ରେରଣା ବିନା ଆପଣ କିଛି ନୁହଁନ୍ତି । ଆପଣଙ୍କୁ ସବୁ ଜାଗାରେ ପରିବର୍ତ୍ତନ ଦେଖାଯାଏ, କିନ୍ତୁ ଏହା ସତ୍ୟ ଯେ ପ୍ରାକୃତିକ ନିୟମରେ କୌଣସି ପରିବର୍ତ୍ତନ ଆସିନାହିଁ ।

ଭୌତିକ ଏବଂ ରସାୟନ ଶାସ୍ତ୍ରର ନିୟମ ନିଜ ଜାଗାରେ ଅଟଳ ଓ ଅପରିବର୍ତ୍ତନୀୟ ଅଛନ୍ତି, ଏହିଭଳି ମଣିଷର ଚିନ୍ତା-ବିଚାର କରିବାର ଯେଉଁ ନିୟମ ଅଛି, ସେଥିରେ ମଧ୍ୟ ପରିବର୍ତ୍ତନ ଆସିନାହିଁ । ଆତ୍ମାର ଚେତନ-ଅବଚେତନ ମନର ସେହି ସବୁ ନିୟମ ଅଛି, ଯାହା ଆଦିକାଳରୁ ଚାଲିଆସୁଛି ।

ଆବିଷ୍କାର ହୋଇ ଚାଲିଲା । ଆଇଜାକ୍ ନ୍ୟୁଟନ୍‌ଙ୍କ ପାଖରେ ଯେଉଁ ଉପକରଣ ଥିଲା, ତାହା ଟମସ୍ ଆଲ୍‌ଭା ଏଡିସନ୍‌ଙ୍କ ପାଖରେ ଥିଲା, କିନ୍ତୁ ଏଡିସନଙ୍କ ଆବିଷ୍କାର ନ୍ୟୁଟନ୍‌ଙ୍କ ଠାରୁ ଆଗକୁ ଚାଲିଗଲା । ଆମେ ସମକକ୍ଷ ଆବିଷ୍କାରକଙ୍କ ସମାଚାର ଶୁଣନ୍ତି । ଏଥିରୁ ଜଣାପଡ଼େ ଯେ ମଣିଷର ଜ୍ଞାନର ସୀମା ନାହିଁ । ମଣିଷର ଜ୍ଞାନ ଅନନ୍ତ ଅଟେ । ତାହାର କୌଣସି ଅନ୍ତ ନାହିଁ । ଥରେ ତା' ଅନ୍ତଃପ୍ରେରଣା କାମ କରୁ, ଏହାପରେ ତା' ପାଇଁ ସବୁକିଛି ସମ୍ଭବ ଅଟେ । ସେତେବେଳେ ସେ ଏମିତି କାର୍ଯ୍ୟରେ ବ୍ୟସ୍ତ ହୋଇଯାଏ ଯେ, ଯାହାକୁ ସାଧାରଣ ମଣିଷ କଷ୍ଟକର ଭାବନ୍ତି । କିନ୍ତୁ ସେ ସେଗୁଡ଼ିକୁ କରି ଦେଖେଇଦିଏ ।

ପରିଶ୍ରମ ଏବଂ ନିଷ୍ଠା:

ଏହା ତ' ବ୍ୟକ୍ତିର ନିଷ୍ଠାର ଫଳ ଅଟେ । ମଣିଷ ବିଶ୍ୱର ଅନ୍ୟ ଜୀବଙ୍କ ତୁଳନାରେ କମ୍ ଶକ୍ତିଶାଳୀ ଓ କମ୍ ଓଜନିଆ ଅଟେ, କିନ୍ତୁ ସେ ଦୁନିଆର ସମସ୍ତ ଚେତନ ଜଗତରେ ସର୍ବଶ୍ରେଷ୍ଠ କେବଳ ନିଜ କାର୍ଯ୍ୟଶକ୍ତି ଓ ବୁଦ୍ଧିମତ୍ତା କାରଣରୁ ହୋଇଛି । ତା' ମଧ୍ୟରେ ମାନସିକ ଶକ୍ତି ଅଛି ଓ ବୁଦ୍ଧି ସହିତ ତା' ମଧ୍ୟରେ ଅଦୃଶ୍ୟ ଶକ୍ତି ମଧ୍ୟ ଅଛି, ଯାହା ବଳରେ ସେ କ'ଣ ନକରୁଛି । ନିଜର ଏହି କୌଶଳ ଯୋଗୁଁ ସେ ସମଗ୍ର ପୃଥିବୀର ମାଲିକ ହୋଇଯାଇଛି ।

ନଦୀ, ନାଳ, ପାହାଡ଼, ଆକାଶ ଉପରେ ନିଜର ଅଧିକାର କରି ରଖିଛି । ଚିରସ୍ରୋତା ନଦୀଗୁଡ଼ିକୁ ପାର୍ କରିବା ପାଇଁ ପୋଲ, ପାହାଡ଼ରେ ଚଢ଼ିବା ପାଇଁ ବାୟୁଯାନ, ସମୁଦ୍ର ଛାତିରେ ଚାଲିବା ପାଇଁ ଜଳଯାନ ତିଆରି କରିଛି । ସମସ୍ତ ପ୍ରକୃତିକୁ ମଣିଷ ନିଜ

ଆଙ୍ଗୁଠି ଉପରେ କେମିତି ନଚଉଛି, ଏହା ଆଜି କାହାକୁ ଅଛପା ନାହିଁ । ନିଜର ଅନ୍ତଃପ୍ରେରଣା ଦ୍ୱାରା ପ୍ରାପ୍ତ କାର୍ଯ୍ୟଶକ୍ତି ବଳରେ ମଣିଷ ଆଗେଇ ଚାଲିଛି । କାର୍ଯ୍ୟରେ ଲୀନ ହୋଇ ମଣିଷ କ'ଣ କରି ନପାରେ । ମଣିଷକୁ ପ୍ରବୁଦ୍ଧ କରିବା ପାଇଁ ମଧ୍ୟ ସେହି ସିଦ୍ଧାନ୍ତକୁ ପ୍ରତିପାଦିତ କରିବା ନିହାତି ଆବଶ୍ୟକ ଅଟେ । ମଣିଷ ନିଜ କାର୍ଯ୍ୟକୁ ନିଜେ ନିୟୋଜିତ କରେ । ତା' ଦ୍ୱାରା ବ୍ୟକ୍ତି ନିଜ ପାଇଁ ସେହି ସଫଳତାର କ୍ଷେତ୍ର ଖୋଜିବାରେ ବିଜୟ ହାସଲ କରେ, ଯାହା ତା' ପାଇଁ ପ୍ରେରଣା ଶକ୍ତି ଥିଲା । ଆମ ଜୀବନରେ ତାହା କେବଳ ଏହି କଥାର ପ୍ରତୀକ ଅଟେ ଯେ ଆମେ ଯଥେଷ୍ଟ ଉନ୍ନତି କରିପାରି ନାହାନ୍ତି । ଯେତେବେଳ ପର୍ଯ୍ୟନ୍ତ ଆମେ ସନ୍ତୁଷ୍ଟ ନହେବା, ସେତେବେଳ ପର୍ଯ୍ୟନ୍ତ ସର୍ବଦା ତା' ପାଇଁ ଚେଷ୍ଟିତ ରହିବା ।

ଯେତେବେଳେ ଆମ ମନ ପ୍ରେରଣା ଗ୍ରହଣ କରିନିଏ, ସେହି ମୁହୂର୍ତ୍ତରେ ଆମକୁ ଏହା ସ୍ପଷ୍ଟ ରୂପେ ଜଣାଯାଏ ଯେ ଆମ ଭିତରେ ଏକ ଦିବ୍ୟ ଶକ୍ତି ଲୁଚି ରହିଛି । ଯଦି ଆମେ ଏହାକୁ ଜାଗ୍ରତ କରିଦେବା, ତେବେ ଯେକୌଣସି କାମ ଆମ ପାଇଁ ଅସମ୍ଭବ ନୁହେଁ । ଏହା ବହୁତ ଦୁଃଖର କଥା ଯେ ଅନେକ ଲୋକ ଜୀବନ ସାରା ନିଜ ପାଇଁ ଚମତ୍କାର ଅଥବା କୁହୁକର ପ୍ରତୀକ୍ଷା କରନ୍ତି । ସେମାନେ ସବୁବେଳେ ଆଲାଉଦ୍ଦୀନର କୁହୁକ ଦୀପ ଖୋଜନ୍ତି, ଯାହା ହଠାତ୍ ସେମାନଙ୍କର ସବୁ କାମ କରିବ । ଏହି ପ୍ରକାରର କୌଣସି କୁହୁକ ନାହିଁ । ଏହିଭଳି କୌଣସି କଳ୍ପନା ନାହିଁ ଯେ ମଣିଷ ଯାହା ଚାହିଁବ, ସେହି ସମୟରେ ପୂରଣ ହୋଇଯିବ, ଏ ପ୍ରକାରର ହଠାତ୍ ଇଚ୍ଛାପୂର୍ତ୍ତି କରୁଥିବା କୌଣସି ଶକ୍ତି ନାହିଁ ।

ଶକ୍ତି ଅଛି, ଆମ ମନର । ତାହା ଆମ ମନରେ ଅଛି ଓ ଆପଣଙ୍କୁ ଏଥିପାଇଁ ତପସ୍ୟା, ପରିଶ୍ରମ ତଥା ତ୍ୟାଗ ମାଗିଥାଏ । ଗୋଟିଏ ପ୍ରଶ୍ନ ଅଛି । ନିଜକୁ ନିଜେ ଏହି ପ୍ରଶ୍ନ କରନ୍ତୁ । ମଣିଷକୁ ତୁଚ୍ଛ କିଏ କରେ ? ମଣିଷ ଦୁଃଖୀ ଓ କଷ୍ଟଭରା ଜୀବନ କାହିଁକି ଅତିବାହିତ କରେ, ଏହାର ସଚ୍ଚୋଟତାର ସହ ଉତ୍ତର ଅଛି । ଆତ୍ମ-ଶକ୍ତିର ଅଭାବ ରହିଛି । ଯାହା ପାଖରେ ଏହା ଅଛି, ସେ ନିଶ୍ଚିତ ରୂପେ ଏହି ଅବସ୍ଥାରେ ଅଛି । ଯେତେବେଳେ ମଣିଷର ଆତ୍ମପ୍ରେରଣା ବିକଶିତ ହୁଏ, ସେତେବେଳେ ହିଁ ତା' ଜୀବନ ଉପରକୁ ଉଠିଯାଏ । ତା' ପାଇଁ ସହସ୍ର ଶକ୍ତିର ବାଟ ଫିଟିଯାଏ । ଜୀବନର ସବୁ ଦୁଃଖ ନଷ୍ଟ ହୋଇଯାଏ । ଆତ୍ମପ୍ରେରଣାର ଧାରାରେ ସେ ସବୁକିଛି ପାଇଯାଏ । ତା'ର ସମସ୍ତ ଆଶା ସାକାର ହୋଇଯାଏ । ଆତ୍ମାକୁ ତୃପ୍ତି ଏବଂ ସନ୍ତୋଷ ମିଳିଥାଏ । ଜୀବନ ସଫଳତା ହାସଲ କରେ । ଆମେ କଦାପି ଏହା ଭୁଲିବା ନାହିଁ ଯେ ଆମେ ଈଶ୍ୱରୀୟ ଶକ୍ତିର ଅଙ୍ଗ ଅଟୁ । ଈଶ୍ୱରୀୟ ଶକ୍ତିଠାରୁ ଆମେ ଅଭିନ୍ନ ନୁହେଁ । ସେହି ଭଗବାନଙ୍କ ଅଭିଶାପ ସଦା ସ୍ମରଣ ରଖନ୍ତୁ । ମୋର ଏହି ବର୍ଣ୍ଣନା ଆପଣଙ୍କୁ ଆସ୍ତିକ କରିବା ପାଇଁ ନୁହେଁ ।

ଆପଣ ନାସ୍ତିକ ମଧ୍ୟ ହୋଇପାରନ୍ତି । ଆପଣ ଭଗବାନ ଶବ୍ଦର ପ୍ରୟୋଗ ନ କରନ୍ତୁ । କୌଣସି ଏକ ମହତ ଶକ୍ତି ମାନି ନିଅନ୍ତୁ । ସେଥିରେ ହିଁ ନିଜର ସମ୍ପର୍କ ଯୋଡ଼ି ଦିଅନ୍ତୁ । ଆମ ଶରୀରରେ ଏହି ଈଶ୍ୱରୀୟ ଶକ୍ତି ସେହି ରୂପରେ ବିଦ୍ୟମାନ ରୁହେ, ଯେଉଁ ପ୍ରକାର ବିଦ୍ୟୁତ୍ ତାରରେ କରେଣ୍ଟ୍ । ଆମ୍ଭେ ତାକୁ ଦେଖିପାରନ୍ତି ନାହିଁ, କିନ୍ତୁ ସେ ନିଜ କାର୍ଯ୍ୟ ସମାନ ଭାବେ କରୁଥାଏ ।

ଆମର ଭଗବାନ ଅଦୃଶ୍ୟ ରହି ହିଁ ଆମ ମନୋବଳ ବଢ଼ାନ୍ତି । ଆମେ ତାଙ୍କରି କୃପାରୁ ଲକ୍ଷ୍ୟକୁ ହାସଲ କରନ୍ତି । ଜୀବନ ଏକ ସଂଗ୍ରାମ ଅଟେ । ଉଠନ୍ତୁ !

ଜୀବନ ଏକ ସଂଗ୍ରାମ:

ଏହି ଜୀବନର ସଂଗ୍ରାମରେ ଭାଗ ନିଅନ୍ତୁ । ଏହି ସଂଗ୍ରାମରେ ସିଏ ବିଜୟ ହାସଲ କରେ, ଯାହା ପାଖରେ ଆତ୍ମବିଶ୍ୱାସ ଓ ନିଷ୍ଠାର ପୁଞ୍ଜି ଥାଏ । ଏହା ବଳରେ ଆପଣ ଜୀବନ ସଂଗ୍ରାମରେ ସମସ୍ତ ଶତ୍ରୁଙ୍କୁ ହରାଇ ବିଜୟୀ ହୁଅନ୍ତି । କିନ୍ତୁ ଆମେ କଠିନତା ସହ ଲଢ଼ିବା ଭୁଲିଗଲେଣି । ଉଦାହରଣ ପାଇଁ ମୁଁ ଆପଣଙ୍କୁ ଏକ ଲୋକକଥା କହୁଛି । କୌଣସି ଜଙ୍ଗଲରେ ଏକ ସିଂହ ଯୁଗଳ ରହୁଥିଲେ । ସମୟ ହେବାରୁ ତାଙ୍କର ଏକ ଛୁଆ ଜନ୍ମ ହେଲା । ସେ ବହୁତ ଛୋଟ ଥିଲା । ସିଂହଛୁଆର ମା'-ବାପା ଶିକାର କରିବାକୁ ଯାଇଥିଲେ । ଆସିବାରେ ଡେରି ହୋଇଗଲା । ସିଂହ ଛୁଆ ଭୋକ ବିକଳରେ ବ୍ୟତିବ୍ୟସ୍ତ ହୋଇଗଲା । ଖାଦ୍ୟ ଅନ୍ୱେଷଣରେ ସେ ବାହାରକୁ ବାହାରିଲା । ଖାଦ୍ୟ ତ' ମିଳିଲା, କିନ୍ତୁ ସେ ରାସ୍ତା ଭୁଲିଗଲା ।

ଯେତେବେଳେ ସେ କାନ୍ଦୁଥିଲା ତେବେ ତାକୁ ଗୋଟିଏ ମେଣ୍ଢା ଦେଖିଲା । ସେହି ମେଣ୍ଢାର ଛୁଆ ମରି ଯାଇଥିଲା । ସିଂହ ଛୁଆକୁ ସାମ୍ନାରେ ଦେଖି ତାକୁ ନିଜର ଛୁଆ ଭାବି କ୍ଷୀର ପିଆଇଲା । ସିଂହଛୁଆ ଭୋକିଲା ଥିଲା । କ୍ଷୀରର ସ୍ୱାଦରେ ଅନ୍ତର ଥିବା ସତ୍ତ୍ୱେ ଭୋକିଲା ଥିବାରୁ ସେ ପିଇଗଲା ଓ ସେହି ମେଣ୍ଢାକୁ ନିଜର ମା' ଭାବି ତା' ସାଙ୍ଗରେ ଚାଲିଗଲା । ସେ ମେଣ୍ଢାଙ୍କ ଗୋଠରେ ରହିବାକୁ ଲାଗିଲା । ମେଣ୍ଢାଙ୍କ ପରି ଭୟାଳୁ ଓ ସାଧାସିଧା ହୋଇଗଲା । ତାକୁ ନିଜ ଶକ୍ତିର ଧାରଣା ନଥିଲା । କିଛି ଦିନ ପରେ ଗୋଟିଏ ସିଂହର ଗର୍ଜନ ଶୁଣାଗଲା । ସେ ଚକିତ ହୋଇଗଲା । ସେ ମଧ୍ୟ ଗର୍ଜନ କରିବାକୁ ଇଚ୍ଛାକଲା ଓ ଯେମିତି ସେ ଗର୍ଜନ କଲା, ମେଣ୍ଢାମାନେ ଦୌଡ଼ିବାକୁ ଲାଗିଲେ । ସେ ଗର୍ଜନ କରି ସିଂହ ପାଖକୁ ଚାଲିଗଲା । ସିଂହ ତାକୁ ଦେଖି ଲାଙ୍ଗୁଡ଼ ଜାକି ଚାଲିଗଲା । ତାକୁ ସେତେବେଳେ ନିଜ ଶକ୍ତିର ଧାରଣା ଆସିଲା । ସେ ପୁଣି ସିଂହ ହୋଇଗଲା । ଆମମାନଙ୍କ ମଧ୍ୟରେ ବହୁତ ଲୋକ ଜୀବନରେ ସିଂହ ପରି ଅଛନ୍ତି, କିନ୍ତୁ ଆମେ ନିଜ ସିଂହତ୍ୱକୁ ଚିହ୍ନି ପାରୁନାହୁଁ ଓ ସିଂହ ପରି ଶକ୍ତି ଥାଇ ମଧ୍ୟ ମେଣ୍ଢାଙ୍କ ପରି ଜୀବନ ଅତିବାହିତ କରୁଛୁ । ଆମେ ନିଜ ବାସ୍ତବିକ ଶକ୍ତିକୁ ଭୁଲି ବସୁଛୁ । ପ୍ରତ୍ୟେକ ବ୍ୟକ୍ତି

ମଧ୍ୟରେ ସିଂହ ପରି ଶକ୍ତି ରହିଥାଏ । ପ୍ରତ୍ୟେକ ବ୍ୟକ୍ତି ମଧ୍ୟରେ ତାହାର ସିଂହତ୍ୱ (ପୁରୁଷତ୍ୱ) ନିହିତ ରହିଥାଏ । ଯେତେବେଳେ ସୁଯୋଗ ଆସେ, ତେବେ ବ୍ୟକ୍ତିର ଏହି ସିଂହତ୍ୱ ଜାଗିଉଠେ । ମନରେ ଯେତେବେଳେ କୌଣସି ପ୍ରତିଧ୍ୱନୀ ପ୍ରବେଶ କରି ଦୋହଲାଇ ଦିଏ, ତେବେ ମଣିଷର ପୁରୁଷତ୍ୱ ଜାଗିଉଠେ । ତାକୁ ସେତେବେଳେ ନିଜ ଅବସ୍ଥା ଉପରେ ଆଶ୍ଚର୍ଯ୍ୟ ଲାଗେ ।

ପ୍ରାୟତଃ ଆଘାତ ଲାଗିଲେ କିମ୍ବା ଠୋକର ଖାଇଲେ ପ୍ରତ୍ୟେକ ମଣିଷର ବ୍ୟକ୍ତିତ୍ୱ ଜାଗିଉଠେ । ନିଜ ଗୁଣର ଧାରଣା ହେଲେ ସେ ସିଂହ ପରି ଗର୍ଜିବାକୁ ଲାଗେ । ଯେତେବେଳେ ତାକୁ ଏହା ଜଣାପଡ଼େ ଯେ ଏହି ଦିବ୍ୟ ଶକ୍ତି ତ' ତା ପାଖରେ ମଧ୍ୟ ଅଛି, ସେତେବେଳେ ସେ ନିଜ କ୍ରିୟାର ପ୍ରତିଶୋଧ ନେଇଥାଏ । ନିଜ ଠୋକରକୁ ସମ୍ଭବରେ ବଦଳାଇ ଦିଏ । ତାକୁ ନିଜ ଭିତରେ ଏକ ଦୈବୀ ଶକ୍ତିର ଅନୁଭବ ହେବାକୁ ଲାଗେ । ସେତେବେଳେ, ଯେକୌଣସି କାର୍ଯ୍ୟ ତାକୁ ନିଜ ସାମର୍ଥ୍ୟଠାରୁ ବାହାରେ ଥିବା ଜଣାପଡ଼େନାହିଁ ।

ସେ ପ୍ରତ୍ୟେକ କାର୍ଯ୍ୟ କରିବା ପାଇଁ ପ୍ରସ୍ତୁତ ହୋଇଯାଏ । ତା'ର ଶରୀର-ଆତ୍ମାର ସମସ୍ତ ଦୁର୍ବଳତା ଦୂର ହୋଇଯାଏ । ସେତେବେଳେ ସେ ବାସ୍ତବରେ ସିଂହ ପୁରୁଷ ହୋଇଯାଏ । ସେତେବେଳେ ତାକୁ ଏମିତି ଲାଗେ, ଯେମିତି ତା'ର ପ୍ରତିଟି ଅଣୁରେ, ତା'ର ଅନ୍ତରାତ୍ମାରେ ଭଗବାନଙ୍କ ବରଦାନ ଅଛି । ସେତେବେଳେ ସେ ନିଜକୁ ଈଶ୍ୱରୀୟ ଶକ୍ତିର ପ୍ରତିନିଧି ମାନି ସବୁକିଛି କରିଯିବାକୁ ଲାଳାୟିତ ହୋଇଯାଏ ।

ଯିଏ ଆଜି ସାଧାରଣ ବ୍ୟକ୍ତି ଅଛି, କାଲି ମହାପୁରୁଷ ମଧ୍ୟ ହୋଇପାରିବେ । ଆବଶ୍ୟକତା ରହିଛି, ନିଜ ଶକ୍ତିକୁ ଚିହ୍ନିବାର, ତାକୁ ଜାଗ୍ରତ କରିବାର, ଯାହା ବଳରେ ସେ ଆଗକୁ ଯାଇପାରିବ । ଯେତେବେଳେ ମଣିଷର ଆତ୍ମପ୍ରେରଣା ବିକଶିତ ହୁଏ, ତା' ଜୀବନ ଉପରକୁ ଉଠିଯାଏ ଓ ଆତ୍ମପ୍ରେରଣା ତପସ୍ୟା, ପରିଶ୍ରମ ଏବଂ ତ୍ୟାଗରୁ ହିଁ ବିକଶିତ ହୋଇଥାଏ ।

୯. ବିଶ୍ୱାସର ଚମତ୍କାର

ବିଶ୍ୱାସର ଚମତ୍କାରୀ ପ୍ରଭାବ ଆପଣ ମଧ୍ୟ ନିଜ ଜୀବନରେ ଅନେକ ଥର ଦେଖି ସାରିଥିବେ । ଜୀବନରେ ବିଶ୍ୱାସର ଅଭାବ ଓ ଦାରିଦ୍ର୍ୟତାର ଭାବନା ହିଁ ଆମକୁ ବେଶୀ ଦୁଃଖୀ କରନ୍ତି ।

ବିଶ୍ୱାସ କରୁଥିବା ବ୍ୟକ୍ତିର ବୈଜ୍ଞାନିକ ପରୀକ୍ଷା-ନୀରିକ୍ଷା ଦ୍ୱାରା ହିଁ ଏହା ପ୍ରମାଣିତ ହୋଇସାରିଛି ଯେ ବିଶ୍ୱାସରେ ଚମତ୍କାର ଅଛି । ବିଶ୍ୱାସ କରୁଥିବା ବ୍ୟକ୍ତିର ଶରୀରରେ ଅଦମ୍ୟ ଉତ୍ସାହ ଓ କ୍ରିୟାଶକ୍ତି ମିଳିଛି । ତା ହୃଦ୍‌ସ୍ପନ୍ଦନ ଓ ରକ୍ତ ପ୍ରବାହ ମଧ୍ୟ ସୁନିୟୋଜିତ ମିଳିଛି ଯେତେବେଳେକି ଅବିଶ୍ୱାସ କରୁଥିବା ବ୍ୟକ୍ତିଙ୍କ ଶରୀରରେ ସୁସ୍ତି, ଆଳସ୍ୟ ଦେଖାଯାଇଛି । ହୃଦ୍‌ସ୍ପନ୍ଦନ କମ୍ ଓ ବେଶୀ, ରକ୍ତ ପ୍ରବାହ ତୀବ୍ର, କେତେବେଳେ କମ୍ ଦେଖାଯାଇଛି ।

ଏ ପ୍ରକାର ବୈଜ୍ଞାନିକ ପରୀକ୍ଷା-ନୀରିକ୍ଷା ମଧ୍ୟ ପ୍ରମାଣିତ କରେ ଯେ ବିଶ୍ୱାସ କରୁଥିବା ବ୍ୟକ୍ତି କେମିତି ହୋଇଥାଏ ।

ବିଶ୍ୱାସ ବଳରେ ମଣିଷ କିଛି ମଧ୍ୟ କରିପାରେ । ଆପଣ ନିଜର ସଫଳତା ଉପରେ ଅତୁଟ ବିଶ୍ୱାସ ରଖିବେ, ତେବେ ନିଶ୍ଚିତ ସଫଳ ହେବେ । ବିଶ୍ୱାସର ଏହି ଚମତ୍କାରୀ ପ୍ରଭାବ ଆପଣ ନିଜେ ନିଜ ଜୀବନରେ ଅନେକ ଥର ଦେଖିଥିବେ । ଜୀବନରେ ବିଶ୍ୱାସର ଅଭାବ ଓ ଦରିଦ୍ରତାର ଭାବନା ହିଁ ଆମକୁ ଦୁଃଖୀ କରନ୍ତି ଓ ଆମ ଜୀବନ ଅସଫଳ କରି ରଖନ୍ତି ।

ମନର ଦାରିଦ୍ର୍ୟତା:

ଦାରିଦ୍ର୍ୟତାର ସବୁଠୁ ବଡ଼ କାରଣ ମନର ଦାରିଦ୍ର୍ୟତା ଅଟେ । ଯାହାକୁ ଏହି କଥାର ବିଶ୍ୱାସ ହୋଇଯାଏ, ସେ କେବେ ଦରିଦ୍ର ରହିପାରିବ ନାହିଁ । ସେ ଉଦ୍ୟମୀ ହୋଇଉଠିବ ଓ ନିଜ ଦାରିଦ୍ର୍ୟତାକୁ ସମାପ୍ତ କରିକି ରହିବ । କୌଣସି ଗାଁର ଜଣେ ବ୍ୟକ୍ତି ସହରକୁ ଆସିଲା । ସେ ବିଦ୍ୟୁତ୍ ବଲ୍‌ବ ମଧ ଦେଖିନଥିଲା । ଯେତେବେଳେ ପ୍ରଥମ ଥର ବଲ୍‌ବ ଜଳୁଥିବା ଦେଖିଲା ତେବେ ଚକିତ ହୋଇଗଲା । ଏହା ତା' ପାଇଁ ଆଶ୍ଚର୍ଯ୍ୟଜନକ କଥା ଥିଲା । ସେ ନିଜ କୋଠରୀରେ ଗୋଟିଏ ବଲ୍‌ବ ଜଳୁଥିବାରୁ ନିଜକୁ ଧନୀ ଭାବିଲା । ଏହି ପ୍ରକାରେ ସେ ସନ୍ତୁଷ୍ଟ ହୋଇଗଲା । ଠିକ୍ ସେହିପରି ଓଟପକ୍ଷୀ କରେ । ବିପଦ ଦେଖି କେବଳ ମୁଣ୍ଡ ବାଲିରେ ପୁରାଇ ଦିଏ । ବାକି ଦେହ ବାହାରେ ରୁହେ । ସେ ଭାବେ ଯେ ସେ ନିଜକୁ ସମ୍ପୂର୍ଣ୍ଣ ଲୁଚାଇ ଦେଇଛି ।

କିଛି ଏହିଭଳି ହିଁ ଆମେମାନେ ଭ୍ରମିତ ହୋଇଥାଉ । ଅନ୍ୟ ଲୋକର ଅଳ୍ପକିଛି ଧନ ସମ୍ପତ୍ତିକୁ ଦେଖି ଆମେ ଆଶ୍ଚର୍ଯ୍ୟଚକିତ ହୋଇଯାଉ । ସେହି ସମୟରେ ଆମେ ଏହି କଥାକୁ ଏକଦମ୍ ଭୁଲିଯାଉ ଯେ ଆମ ମନରେ ଏତେ ଶକ୍ତି ଅଛି ଯେ ଯଦି ଆମେ ତାହାର ସଦୁପଯୋଗ କରିବା ତେବେ ସେହି ବ୍ୟକ୍ତିଠାରୁ ଚାରିଗୁଣା ସମ୍ପତ୍ତି ହାସଲ କରିପାରିବା । ଆମେ ନିଜର ଶକ୍ତି ଓ ଯୋଗ୍ୟତାର ଅଜ୍ଞାନ କାରଣରୁ ବ୍ୟର୍ଥରେ ହିଁ ତାକୁ ଈର୍ଷା କରିବାକୁ ଲାଗୁ । ଆମେ ନିଜ ଦକ୍ଷତାର ଉପେକ୍ଷା କରି, ତା' ଉପରେ ଅବିଶ୍ୱାସ କରି ଅକର୍ମଣ୍ୟ ହୋଇ ଈର୍ଷାରେ ଭରି ରହୁ । ଏହି କାରଣରୁ ଆମେ ଦରିଦ୍ର ରହି, ଅସଫଳ ରହି ଜୀବନ ଅତିବାହିତ କରିଥାଉ । ଦୃଢ଼ ଇଚ୍ଛାଶକ୍ତି ଓ ଅପରାଜୟ ଆତ୍ମବିଶ୍ୱାସ ବଳରେ ହିଁ ଆମେ ସଫଳତାର ମୋତି ହାସଲ କରିପାରିବା । କିଛି ଆଶାବାଦୀ ଲୋକ ଅଳ୍ପ ଚେଷ୍ଟା କରିବା ପରେ ହିଁ ଫଳର ଆଶା କରିବାକୁ ଲାଗନ୍ତି । ତାହା ହାସଲ ନହେଲେ ସେମାନେ ନିରାଶ ହୋଇଯାଆନ୍ତି । ଏହି କଥାକୁ ଭୁଲିଯାଆନ୍ତି ଯେ ପ୍ରତ୍ୟେକ ଇଚ୍ଛାପୂର୍ତ୍ତି କରିବାରେ ସମୟ ଲାଗିଥାଏ ।

ଧୈର୍ଯ୍ୟ ଧାରଣ କରନ୍ତୁ:

ତା' ପାଇଁ ଧୈର୍ଯ୍ୟର ଆବଶ୍ୟକତା ଅଛି । ଶୀଘ୍ର ଫଳ ମିଳିବାର ଆଶା କରିବା ନିଜକୁ ଦୁର୍ବଳ କରିବା ଅଟେ । ଅତଏବ ଅବିରତ ଚେଷ୍ଟା କରନ୍ତୁ ଓ ମନରେ ବିଶ୍ୱାସ କାଏମ୍ ରଖନ୍ତୁ, ଶେଷରେ ଫଳ ନିଶ୍ଚିତ ମିଳିବ । ପରିଶ୍ରମ, ନିରନ୍ତର ପରିଶ୍ରମ, ବ୍ୟବହାର କୁଶଳତା, ଧୈର୍ଯ୍ୟ, ବିଶ୍ୱାସ ଏହିସବୁ ମିଶି ହିଁ ଆପଣଙ୍କୁ ଲକ୍ଷ୍ୟ ସ୍ଥଳରେ ପହଞ୍ଚାଇ ଦିଅନ୍ତି । ଏମାନଙ୍କ ମଧ୍ୟରୁ କୌଣସି ଗୋଟିଏର ମଧ ଅଭାବ ଆପଣଙ୍କୁ ଭାଙ୍ଗିଦେବ । ଅତଏବ ଏହି ସମସ୍ତ କଥାକୁ ସାଉଁଟି ରଖନ୍ତୁ । ନିଜର ପଦକ୍ଷେପ ସ୍ଥିର କରି ଆଗେଇ ଚାଲନ୍ତୁ ।

ଏହି ଅନନ୍ତ-ଅସୀମ ସଂସାରରେ ସବୁକିଛି ଅଛି । ଆପଣଙ୍କୁ ସବୁକିଛି ମିଳିପାରିବ । ଆପଣଙ୍କୁ ସବୁକିଛି ମିଳିପାରିବ, ଯାହା ହାତରେ କ୍ଷମତା ଅଛି । ଏକ ଗାଉଁଲି ଲୋକକଥା

ଅଛି- "ଯାହାର ବାଡ଼ି ତାହାର ମଇଁଷି" ଅର୍ଥାତ୍ ଯାହା ହାତରେ ବାଡ଼ି (ଶକ୍ତି) ଥିବ "ମଇଁଷି" (ଇପ୍ସିତ ବସ୍ତୁ) ତା' ପାଖରେ ରହିବ। ସେହିପରି, ଆପଣଙ୍କ ପାଖରେ ଉପରୋକ୍ତ ତତ୍ତ୍ୱର ବାଡ଼ି ଅଛି, ତେବେ "ମଇଁଷି" (ସଫଳତା) ଆପଣଙ୍କର ଅଟେ। ବାସ୍ତବରେ ସାମର୍ଥ୍ୟବାନ ଲୋକ ହିଁ ଏହି ଦୁନିଆରେ ମଇଁଷି ପାଆନ୍ତି। ଭାରତରେ ହୀରା-ମୋତି, ସୁନା-ଚାନ୍ଦିର ଖଣି ଭରି ରହିଛି, କିନ୍ତୁ କ'ଣ ତାହା ବିନା ପରିଶ୍ରମରେ ଆପେ ଆପେ ଆପଣଙ୍କ ହାତକୁ ଆସିଯିବ? ନିଶ୍ଚୟ ହିଁ ସେଗୁଡ଼ିକୁ ମଧ୍ୟ ଖୋଳି କଠିନ ପରିଶ୍ରମ କରି ବାହାର କରିବାକୁ ପଡ଼ିଥାଏ। ହାତ-ଗୋଡ଼ ନ ଚଲାଇ ଏହି ଦୁନିଆରେ କିଛି ମଧ୍ୟ ମିଳେନାହିଁ। ଏହା ସିଦ୍ଧାନ୍ତର କଥା। ମୁଖ୍ୟ ଜିନିଷ ହେଲା "କର୍ମ"। "କର୍ମ" ଉପରେ ଧ୍ୟାନ ଦିଅନ୍ତୁ। ଏହି ଶବ୍ଦକୁ ମନରେ ବସାଇ ଦିଅନ୍ତୁ। ଯିଏ ଏହି ଶବ୍ଦ ଉପରେ ଧ୍ୟାନ ଦେଇଛି, ମନରେ ବସାଇଛି, ଏହାକୁ କାର୍ଯ୍ୟକାରୀ କରିଛି, ସେ ସବୁ ପାଇଯାଇଛି। ଯଦି ଆପଣଙ୍କ ଦ୍ୱାରା କୌଣସି ବସ୍ତୁରେ ଉପଯୋଗିତାର ଗୁଣ ଆସିଯାଇଛି, ତେବେ ଏହା ଆପଣଙ୍କ ପାଇଁ ସୁନା ହୋଇଯିବ। କୌଣସି ଆବିଷ୍କାର କରନ୍ତୁ, କୌଣସି ପ୍ରାସାଦ ତିଆରି କରନ୍ତୁ, କୌଣସି ଚାଷ, ଗାଁ ସଡ଼କ, ବସ୍ତି, ସହରର ନିର୍ମାଣ କରନ୍ତୁ, ଖାଦାନ ଗଢ଼ନ୍ତୁ, କିଛି ବି କରନ୍ତୁ, ଯଦି ସେଥିରେ କୌଣସି ମାନବ ଉପଯୋଗୀ ଗୁଣ ଅଛି ତେବେ ଆପଣଙ୍କୁ ସୁନା ମିଳିବ। ଆପଣ ଚାକିରି କରନ୍ତି। ମାଲିକ ଆପଣଙ୍କୁ ଦରମା କେଉଁଥି ପାଇଁ ଦିଏ? ଆପଣଙ୍କଠାରୁ କାମ ନିଏ, ସେଥିପାଇଁ ଆପଣଙ୍କ କିଛି ଉପଯୋଗିତା ଅଛି। ଏହି ଉପଯୋଗିତାର ହିଁ ସେ ଦାମ୍ ଦିଏ। ସେହିପରି, ଯେତେବେଳ ପର୍ଯ୍ୟନ୍ତ ଆପଣଙ୍କ କୌଣସି ବସ୍ତୁରେ ଅଥବା ଆପଣଙ୍କ ଜ୍ଞାନ କିମ୍ବା କାର୍ଯ୍ୟରେ ଉପଯୋଗିତା ନଥିବ ତେବେ ଆପଣଙ୍କୁ କିଏ ପଚାରିବ?

ଉପଯୋଗିତାର ମୂଲ୍ୟ:

ଏହି ଦୁନିଆରେ ଉପଯୋଗିତାର ହିଁ ମୂଲ୍ୟ ଥାଏ। ଯାହାର ଯେତିକି ଉପଯୋଗିତା ଥାଏ, ତାକୁ ସେତିକି ହିଁ ମୂଲ୍ୟ ମିଳିଥାଏ। ମୂଲ୍ୟାଙ୍କନ ରୂପ-ରଙ୍ଗ, ଆକାର-ପ୍ରକାର ଉପରେ ନୁହେଁ, ଉପଯୋଗିତାର ଆଧାର ଉପରେ ହୋଇଥାଏ ଆପଣ କେମିତି ହୋଇଥାନ୍ତୁ ନା କାହିଁକି, ଆପଣଙ୍କ ମୂଲ୍ୟ ଉପଯୋଗିତା ଅନୁସାରେ ହୁଏ। ଆପଣ ସୁନ୍ଦର ଅଟନ୍ତି, ଯଦି ଆପଣଙ୍କୁ କେବଳ ସୁନ୍ଦର ହୋଇଥିବା ଯୋଗୁଁ ମୂଲ୍ୟ ମିଳୁଥାଏ, ତେବେ ତାହା କ୍ଷଣିକ ଅଟେ। ଆପଣଙ୍କ ସୌନ୍ଦର୍ଯ୍ୟ ଖସିଲେ ଆପଣଙ୍କ ମୂଲ୍ୟ ମଧ୍ୟ ସମାପ୍ତ ହୁଏ। ଉପଯୋଗିତା କେବେ ଖସେନାହିଁ। ତାହା ସମାନ ଭାବେ କାଏମ୍ ରୁହେ। କିଛି ଲୋକ ତ' ଅଧିକ ଜ୍ଞାନ ମିଶାଇ ଚାଲନ୍ତି। ଫଳତଃ ତାହା ଆହୁରି ମଧ୍ୟ ବଢ଼ିଚାଲେ।

ଆଦିମ ଯୁଗରୁ ଆଜି ପର୍ଯ୍ୟନ୍ତ କେବଳ ଉପଯୋଗିତାର ହିଁ ମୂଲ୍ୟାଙ୍କନ ହୋଇଆସୁଛି ଓ ସବୁବେଳେ ହୋଇଚାଲିବ। ଆପଣ ନିଜେ ଦେଖନ୍ତୁ ଯେ ଆପଣଙ୍କ ଉପଯୋଗିତା

କ'ଣ ଅଟେ ? ଯେତିକି ହେବ ସେତିକି ହିଁ ପାଇବେ । ସେହିପରି ଆପଣ ନିଜ କାର୍ଯ୍ୟର ମଧ, ନିଜ ଲକ୍ଷ୍ୟର ମଧ ଉପଯୋଗିତା ଦେଖନ୍ତୁ ଯେ ତାହାର ମୂଲ୍ୟ କେତେ ? ଯେଉଁଥିରେ ଆପଣ ସଫଳତା ଚାହୁଁଛନ୍ତି, ତାହା କେତେ ଉପଯୋଗୀ ଅଟେ । ଏହାକୁ ତ' ଆପଣ ନିଶ୍ଚିତ ଦେଖନ୍ତୁ । ପ୍ରକୃତିର ଯେଉଁ ନିୟମ ଅଛି, ସେଗୁଡ଼ିକୁ କିଏବା ଅଟକାଇ ପାରିବ ? ଏହିଭଳି ଉପଯୋଗିତାର ନିୟମ ଅଛି । ପାଣିରେ ଯେତିକି ଚିନି ଆପଣ ପକାଇବେ, ପାଣି ସେତିକି ମିଠା ଲାଗିବ । ଯେଉଁ ପାଣିରେ ଆପଣ ଚିନି ମିଶାଇଥିଲେ, କେହି କ'ଣ ସେହି ପାଣିକୁ ମିଠା ହେବାରୁ ଅଟକାଇ ପାରିବ ? ତା' ମିଠାପଣ ରୋକିପାରିବେ ନାହିଁ । ଏହିଭଳି ଆପଣ ଉପଯୋଗିତାକୁ କେମିତି ଅଟକାଇ ପାରିବେ । ଆପଣଙ୍କ କିମ୍ୱା ଆପଣଙ୍କ କାର୍ଯ୍ୟରେ ଯେଉଁ ଉପଯୋଗିତା ଅଛି, ତାହାର ମୂଲ୍ୟ ଆପଣଙ୍କୁ ନିଶ୍ଚିତ ମିଳିବ, ତାକୁ ଅଟକାଇବାକୁ କେହି ନାହାନ୍ତି ।

ଏହା ପ୍ରକୃତିର ଅଟଳ ନିୟମ ଅଟେ । କାର୍ଯ୍ୟକୁ ସମ୍ପନ୍ନ କରିବା ହିଁ ସଫଳତା ଅଟେ । ଯେଉଁମାନେ କାର୍ଯ୍ୟକୁ ସମ୍ପନ୍ନ କରିପାରନ୍ତି ନାହିଁ, ସେମାନେ ଜୀବନରେ ଦୁଃଖ ଭୋଗ କରନ୍ତି । ଯେଉଁମାନେ ଆଜିର କାମକୁ କାଲିକୁ ରଖନ୍ତି, ଦୀର୍ଘସୂତ୍ରୀ ଅଟନ୍ତି, ସଂସାରରେ ସେମାନେ ଦୁଃଖୀ ଅଟନ୍ତି । ଅତଏବ ସମାଜରେ ନିଜର ପ୍ରତ୍ୟେକ ଅବସ୍ଥା ପାଇଁ ଆପଣ ନିଜେ ଉତ୍ତରଦାୟୀ ଅଟନ୍ତି । ଅତଏବ ଦିଗ-ଜ୍ଞାନର ଅଭାବରେ ସେମାନେ ନିଜର ନିଶ୍ଚିତ ସ୍ଥାନ କିମ୍ୱା ଲକ୍ଷ୍ୟ ପର୍ଯ୍ୟନ୍ତ ପହଞ୍ଚି ପାରନ୍ତି ନାହିଁ । ଅତଏବ ଦିଗନିର୍ଣ୍ଣୟ ଯନ୍ତ୍ରର ଆବିଷ୍କାର ହେଲା, ପ୍ରତ୍ୟେକ ଜାହାଜରେ ଦିଗନିର୍ଣ୍ଣୟ ଯନ୍ତ୍ର ଲାଗି ରହିଥାଏ, ତାହାରି ଭରସାରେ ଜାହାଜ ନିଜର ଗନ୍ତବ୍ୟ ସ୍ଥଳରେ ପହଞ୍ଚେ ।

ଲକ୍ଷ୍ୟ ଓ କାର୍ଯ୍ୟ କରିବାର ଶୈଳୀ:

ଏହି ପ୍ରକାର ଆପଣଙ୍କ ଲକ୍ଷ୍ୟ ଅଟେ, ଯଦି ଆପଣଙ୍କ ପାଖରେ ଲକ୍ଷ୍ୟ ଅଛି ତେବେ ଏହା ରହିଥିଲେ ମଧ ଆପଣ ପଥଭ୍ରଷ୍ଟ ହୋଇପାରନ୍ତି, ଯଦି ଆପଣଙ୍କ ଯୋଜନା ଓ କାର୍ଯ୍ୟ କରିବାର ଶୈଳୀ ଠିକ୍ ନାହିଁ । ଆପଣଙ୍କ ଲକ୍ଷ୍ୟ ସମୁଦ୍ରର ଜାହାଜ ଅଟେ, ଯୋଜନା ଓ କାର୍ଯ୍ୟ କରିବାର ଶୈଳୀ ଦିଗନିର୍ଣ୍ଣୟ ଯନ୍ତ୍ର । ଯଦି ଆପଣଙ୍କ ପାଖରେ ଲକ୍ଷ୍ୟ, ଯୋଜନା ଓ କାର୍ଯ୍ୟ କରିବାର ଉଚିତ୍ ଶୈଳୀ ଅଛି, ସେତେବେଳେ ଏହା ବଳରେ ଆପଣ ଏହି ସଂସାର ସାଗରରେ ନିଜର ଲକ୍ଷ୍ୟ ପାଇପାରିବେ । ଆପଣ ନିଜେ ନିଜର ନିର୍ମାତା ଅଟନ୍ତି । ଆପଣଙ୍କର ଯେମିତି କାର୍ଯ୍ୟ, କାର୍ଯ୍ୟକଳାପ ହେବ, ସେମିତି ହିଁ ଆପଣଙ୍କ ଜୀବନ ହେବ । ମୋର ଜଣେ ବନ୍ଧୁ ଅଛନ୍ତି । ଆଜି ସେ କୋଟିପତି । ମୁଁ ତାଙ୍କୁ ତିରିଶ ବର୍ଷ ହେଲା ଜାଣିଛି, ଯେତେବେଳେ ସେ ଫଟା କୋଟ୍ ପିନ୍ଧି ଶୀତ ରାତିରେ ଏକ ଅଣାରେ ସିନେମା ଗୀତର ବହି ବିକ୍ରି କରୁଥିଲେ । ସେହି ସମୟରେ ତାଙ୍କୁ ଚାପୁଡ଼ା ମାରି ମୁଁ ତାଙ୍କର ପରିହାସ କରୁଥିଲି । ସେମାନେ ଦୁଇଭାଇ ଥିଲେ । ସେ ବଡ଼ ଥିଲେ । ଘରେ ମା' ଥିଲେ । ବାପା

ମରି ଯାଇଥିଲେ । ବହୁତ ଦାରିଦ୍ର୍ୟ ଥିଲା । ମା' ଗୋଟିଏ ସ୍କୁଲରେ ଛୁଆମାନଙ୍କୁ ପାଣି ପିଆଉଥିବା "ଆୟା"ର କାମ କରୁଥିଲେ । ବଡ଼ କଷ୍ଟରେ ଜଣକ ପାଇଁ ଖାଇବା ଯୋଗାଡ଼ କରି ପାରୁଥିଲେ । ସେ ମଧ୍ୟ କିଛି କରିବାକୁ ଚିନ୍ତା କଲେ । ଘରର ଅନୁପଯୋଗୀ ଜିନିଷ ବିକି ଦୁଇଟଙ୍କା ଯୋଗାଡ଼ କଲେ; ଦୁଇ ଟଙ୍କାରେ ସେ ସିନେମା ଗୀତର ବହି ଆଣିଲେ । ସିନେମା ହଲ୍ ବାହାରେ ବିକିବାକୁ ଲାଗିଲେ । ସେ ପ୍ରତି ବହିରେ ଏକ ପଇସା ଲାଭ ପାଉଥିଲେ । ସେ ଏହିଭଳି ଟଙ୍କେ ପଚିଶ ପଇସା କିମ୍ବା ଦେଢ଼ ଟଙ୍କା ରୋଜଗାର କରିବାକୁ ଲାଗିଲେ । ଆହୁରି ଅଧିକ ବହି କିଣିଲେ । ପୁନଃ ସେ ନିଜେ ଏକ ପୁସ୍ତକ ଛାପିଲେ । ଏହିଭଳି ଗୀତର ବହି ଛାପିବାକୁ ଲାଗିଲେ । ତିରିଶ ଚାଳିଶ ମେଳର ବହି ହୋଇଗଲା, ତେବେ ସେ ଏକ ଛୋଟ ଦୋକାନ ଖୋଲିଦେଲେ । ହୋଲ୍‌ସେଲ୍‌ରେ ବହି ବିକିବାକୁ ଲାଗିଲେ । ପୁନଃ ସେ ଛୋଟ-ଛୋଟ ଉପନ୍ୟାସ ଛାପିଲେ । ଦେଖୁ ଦେଖୁ କାମ ବଢ଼ିଗଲା । ସେ ସେତିକି ପାଠ ପଢ଼ି ନଥିଲେ ।

ଆଜି କାର୍, ବଙ୍ଗଳା, ପ୍ରେସ୍ ସବୁକିଛି ନିଜର ଅଛି । ସେହି ବ୍ୟକ୍ତି ନିଜ ଘରର ଅନୁପଯୋଗୀ ଜିନିଷ ବିକି, ଦୁଇ ଟଙ୍କାରେ କାମ ଆରମ୍ଭ କରିଥିଲେ । ଏହା ହେଉଛି ନିଷ୍ଠା, ବିଶ୍ୱାସ ଓ କର୍ମଠତାର ଫଳ । ଆପଣ ଏହି କଥାକୁ ଅନୁଭବ କରନ୍ତୁ, ଏହି ସ୍ଥିତି ଯାହା ଆଜି ଆପଣଙ୍କର ଅଛି, ନିଜେ ଆପଣ ତିଆରି କରିଛନ୍ତି, ତେବେ ଆପଣ ନିଶ୍ଚିତ କ୍ରିୟାଶୀଳ ହୋଇ ଉଠିବେ । ମଣିଷର ବର୍ତ୍ତମାନ ତା' ଅତୀତରେ କରାଯାଇଥିବା କାର୍ଯ୍ୟଗୁଡ଼ିକର ଫଳ ହୋଇଥାଏ । ବର୍ତ୍ତମାନର କାର୍ଯ୍ୟଗୁଡ଼ିକ ଉପରେ ତାହାର ଭବିଷ୍ୟତ ନିର୍ଭର କରେ । ନିଜର ଅତୀତ ସମୟ ଯୋଗୁଁ ବର୍ତ୍ତମାନ ଅବସ୍ଥା ହୋଇଥାଏ । ଆପଣ ଭବିଷ୍ୟତ ଉଜ୍ଜ୍ୱଳ କରିବାକୁ ଚାହୁଁଛନ୍ତି, ତେବେ ବର୍ତ୍ତମାନର କାର୍ଯ୍ୟ ସେହି ଅନୁସାରେ କରନ୍ତୁ ।

ମହାନ୍ ବୈଜ୍ଞାନିକ ଆଇନଷ୍ଟାଇନ୍‌ଙ୍କ ବିବୃତ୍ତି ହେଲା ସମୟ ହିଁ ମଣିଷର ନିର୍ମାତା ଅଟେ । ସେ ଯେମିତି ସମୟ ଅତିବାହିତ କରିବ, ସେମିତି ହିଁ ତାହାର ଫଳ ହାସଲ ହେବ ।

ବୟସ କୌଣସି ବନ୍ଧନ ନୁହେଁ:

ଆପଣ ନିଜର ସମୟ ଦେଖନ୍ତୁ, କେମିତି ଅତିବାହିତ କରୁଛନ୍ତି । ବାସ୍, ସେହି ସଦୃଶ ନିଜକୁ ତିଆରି କରନ୍ତୁ । ସବୁଠୁ ମୁଖ୍ୟ କଥା ହେଲା, ଆପଣ ନିଜ ଜୀବନକୁ ଯେମିତି ତିଆରି କରିବେ, ତାହା ସେମିତି ହେବ । ଅଧିକାଂଶ ଲୋକଙ୍କ ମନରେ ଏହି କଥା ରହିଯାଏ ଯେ, ବର୍ତ୍ତମାନ ତ' ବୟସ ହୋଇଗଲାଣି, ଏହି ବୟସରେ କ'ଣ କରିବା । ଅଧିକାଂଶ ଲୋକଙ୍କୁ ନିଜ ଜୀବନର ତିରିଶ ବର୍ଷରେ ଏହି କଥାର ମନେପଡ଼େ ଯେ, ଆମେ କିଛି କରିପାରିଲୁ ନାହିଁ । ବର୍ତ୍ତମାନ ଏହି ଗଡ଼ିଯାଉଥିବା ବୟସରେ କ'ଣ କରିପାରିବା !

ବାସ୍, ଚୁପ୍ ରହି ଯାଆନ୍ତି । ନେଡ଼ି ଗୁଡ଼ କହୁଣୀକୁ ବୋହିଯିବା - କିମ୍ବା - ବୃଦ୍ଧ କାଳେ ବାଲ୍ୟ ଲୀଳା - ଭଳି ଢେଗ ଉପରେ ଧ୍ୟାନଦେଇ ଆମମାନଙ୍କ ମଧ୍ୟରେ ଅଧିକାଂଶ ଲୋକ ନିରାଶ ହୋଇ ବସିଯାଆନ୍ତି । ଏହା ସବୁଠୁ ବଡ଼ ଭୁଲ୍ ଅଟେ ।

ଯେଉଁମାନଙ୍କୁ ନିଜ ଜୀବନର ତିରିଶ କିମ୍ବା ଅନ୍ତିମ ପହରରେ ନିଜକୁ ଚିହ୍ନିବାର ହୋଶ ଆସେ ତେବେ ଏହା ଆହୁରି ଅଧିକ ଶୁଭ ଅଟେ । ସେମାନଙ୍କ ପାଖରେ ଜୀବନର ଗଭୀର ଅନୁଭବର ଗନ୍ତାଘର ରହିଥାଏ । ଏହି ବୟସରେ ତ' ମଣିଷ ନିଜର ସଂକଳ୍ପ ଆହୁରି ଅଧିକ ସମ୍ପୂର୍ଣ୍ଣ କରିଦିଏ । ନିଜର ସମସ୍ତ ଅନୁଭବ ଜ୍ଞାନ ସେ ଆଉଥରେ ଲଗାଏ । ନବଯୁବକଙ୍କ ଅପେକ୍ଷା ସେ ଆହୁରି କମ୍ ସମୟରେ ନିଜର ଉଦ୍ଦେଶ୍ୟ ହାସଲ କରିପାରେ । ଅତଏବ ବିଲ୍‌କୁଲ ନିରାଶ ହେବାର ଆବଶ୍ୟକତା ନାହିଁ । ନିଜର କାର୍ଯ୍ୟ, ନିଜ ଲକ୍ଷ୍ୟ ପୂରଣ କରିବା ପାଇଁ ବୟସର କୌଣସି ବନ୍ଧନ ନାହିଁ । ଏହି କଥାର ଇତିହାସରେ ସହସ୍ର ପ୍ରମାଣ ମିଳିଯିବ ଯେ ଅଧିକାଂଶ ସଫଳତା ଲୋକଙ୍କୁ ଅଧା ବୟସ କିମ୍ବା ବୃଦ୍ଧବସ୍ଥା ପରେ ହିଁ ହାତକୁ ଆସେ । ଅତଏବ ଯଦି ଆପଣ ଅଧା ବୟସର ହୋଇଗଲେଣି, ବୃଦ୍ଧ ହୋଇଗଲେଣି, ତେବେ ଏହା ଭାବନ୍ତୁ ନାହିଁ ଯେ ଆପଣ କୌଣସି ଇଚ୍ଛା ସମ୍ପୂର୍ଣ୍ଣ କରିପାରିବେ ନାହିଁ । ଏହି ବୟସରେ ମଧ୍ୟ କରିପାରିବେ । ସର୍ବ ପ୍ରଥମେ ଆପଣ ନିଜକୁ ବୃଦ୍ଧ ହୋଇଗଲିଣି ବୋଲି ଅନୁଭବ କରନ୍ତୁ ନାହିଁ । ବୟସର ଚିନ୍ତା ମୁଣ୍ଡରୁ ବାହାର କରିଦିଅନ୍ତୁ । ନିଜକୁ ନବଯୁବକ ଭାବନ୍ତୁ ଓ କାର୍ଯ୍ୟରତ ହୋଇ ଯାଆନ୍ତୁ । ଆପଣଙ୍କୁ ନିଜ ଅନୁଭବ ଓ ଯୋଗ୍ୟତା ବଳରେ ଶୀଘ୍ର ସଫଳତା ମିଳିଯିବ ।

ଜଣେ ପଅଁଶଠି ବର୍ଷର ବୃଦ୍ଧକୁ ମୁଁ ଜାଣିଛି । ପୁଅ-ବୋହୂ ତାକୁ ଘରୁ ବାହାର କରିଦେଲେ । ସେ ଘରୁ ବାହାରି ଏକଦମ୍ ବେସାହାରା ଥିଲା । ସେ ବେଲୁନ୍ ବିକିବା ଆରମ୍ଭ କରିଦେଲା । ଏହାପରେ ଲେମ୍ବୁରସ, ବିସ୍କୁଟ୍ ବିକିଲା । ଦେଖୁ-ଦେଖୁ ସେ ବର୍ଷକ ମଧ୍ୟରେ "ଜେନେରାଲ ଷ୍ଟୋର୍" ଖୋଲିଦେଲା । ଜଣେ ଚାକର ଦୋକାନରେ ଥିଲା । ସେ ତା'ର ସବୁ ଦେଖାଶୁଣା କରୁଥାଏ । ସେ ଦୋକାନକୁ ଚାକର ନାଁରେ କରିବାକୁ ନିଶ୍ଚୟ କରିଦେଇଛି । ତା' ପୁଅ-ବୋହୂ ଦୁଃଖ ଭୋଗୁଛନ୍ତି । ସେମିତି ବେଳେବେଳେ ସେ ସେମାନଙ୍କୁ "ଆର୍ଥିକ ସହାୟତା" ଦେଇଥାଏ । ମଣିଷ ଜୀବନରେ ତୃତୀୟ ଅଥବା ଅନ୍ତିମ ପ୍ରହର ତା' ଜୀବନର ସବୁଠୁ ମୂଲ୍ୟବାନ୍ ସମୟ ହୋଇଥାଏ । ଏହି ସମୟକୁ ପ୍ରାୟ ଅଳ୍ପାୟୁ ଭାବି କାଟି ଦିଆଯାଏ, କିନ୍ତୁ ଏହା ଭୁଲ୍ ଅଟେ । ଯଦି ନିଜର କିଛି ଲକ୍ଷ୍ୟ ତିଆରି କରି କାମ କରାଯିବ ତେବେ ବହୁତ ଲାଭ ହୋଇଥାଏ । ଜୀବନ ଆହୁରି ଅଧିକ ସୁଖମୟ କରାଯାଇ ପାରିବ । ଅତଏବ ଯଦି ଅଧା ବୟସ ହୋଇଛି, ବୟସ ଗଡ଼ିଯାଇଛି ତେବେ ମଧ୍ୟ ଆପଣ ବହୁତ କିଛି କରିପାରିବେ । ବୟସର ଭାବନା ମନରୁ ବାହାର କରିଦିଅନ୍ତୁ । କାର୍ଯ୍ୟରେ ବୟସର କୌଣସି ଗଣତି ହୋଇ ନଥାଏ । ଆଠ-ଦଶ ବର୍ଷର ଛୁଆ ମଧ୍ୟ ପରିଶ୍ରମ କରନ୍ତି ।

ଶୈଶବ ହେଉ ଅଥବା ଯୌବନ କିମ୍ବା ବୃଦ୍ଧାବସ୍ଥା- ମଣିଷକୁ ନିଜର କର୍ତ୍ତବ୍ୟ ସମାନ ଭାବେ କରିଚାଲିବା ଉଚିତ । ବୃଦ୍ଧାବସ୍ଥାରେ ନିଷ୍କର୍ମା ପଡ଼ିରହିବା ଦ୍ୱାରା ଶରୀରରେ ନାନା ପ୍ରକାରର ବ୍ୟାଧି ଆସିପାରେ । ଆପଣଙ୍କ ଶରୀର ରୋଗର ଘର ହୋଇପାରେ । କିଛି ନା କିଛି କରିବା ଦ୍ୱାରା ଶରୀର ସୁସ୍ଥ ମଧ୍ୟ ରହିବ ଓ ଆପଣ କାହା ଉପରେ ବୋଝ ମଧ୍ୟ ହେବେନାହିଁ । ପରିବାରର କୌଣସି ସଦସ୍ୟ ଦ୍ୱାରା ବୃଦ୍ଧାବସ୍ଥା କାଟିବା ଅତ୍ୟନ୍ତ ଅପମାନଜନକ ଅଟେ । ବହୁତ ଅପମାନିତ ଜୀବନ ଅଟେ । ଏହି କାରଣରୁ ବିଚାରବାନ୍ ପୁରୁଷ ବୃଦ୍ଧାବସ୍ଥାରେ ମଧ୍ୟ ନିଜ ଯୋଜନା ତିଆରି କରି କାର୍ଯ୍ୟ କରନ୍ତି ।

ନିଜ ଗୋଡ଼ରେ ଠିଆ ହେବାରେ ହିଁ ବୃଦ୍ଧାବସ୍ଥାରେ ଇଜ୍ଜତ ରୁହେ । ଏହି କାରଣରୁ ଯଦି ଆପଣ ଏହି ଶ୍ରେଣୀରେ ଅଛନ୍ତି, ତେବେ ନିଶ୍ଚିତ ହିଁ ଆତ୍ମନିର୍ଭର ହୁଅନ୍ତୁ । ଅନ୍ୟର ହାତ ଟେକାରେ ଆପଣଙ୍କୁ କ'ଣ ମିଳିବ ? ସମସ୍ତେ ଆପଣଙ୍କୁ ମନେମନେ ଘୃଣା ଓ ହେୟ ଦୃଷ୍ଟିରେ ଦେଖିବେ । ଆପଣ ଆତ୍ମନିର୍ଭର ହେବେ, ନିଜର ରୋଜଗାର କରୁଥିବେ, ତେବେ ପରିବାରରେ ସମସ୍ତେ ଆପଣଙ୍କ ଆଦର-ସମ୍ମାନ କରିବେ । କିଛି ନା କିଛି ସବୁବେଳେ କରିବା ଉଚିତ । ଜୀବନରେ କାର୍ଯ୍ୟକୁ ହିଁ ପୂଜିବା ଉଚିତ । କର୍ମ ହିଁ ଭଗବାନ । କର୍ମ ହିଁ ପରମ ତତ୍ତ୍ୱ ଅଟେ । ତାହା ଆପଣଙ୍କୁ ସବୁକିଛି ଗଢ଼ିଥାଏ । କୌଣସି କାର୍ଯ୍ୟରେ ଯେତେବେଳେ ସଫଳତା ଦରକାର ତେବେ ଉପରୋକ୍ତ କଥାନୁସାରେ ଚାଲନ୍ତୁ, ଆପଣଙ୍କ ପଦକ୍ଷେପ ସଫଳତାର ଠିକଣା ଆଡ଼କୁ ହିଁ ଯିବ । ଏହି ଜୀବନକୁ ବ୍ୟର୍ଥ ଯିବାକୁ ଦିଅନ୍ତୁ ନାହିଁ । କିଛି କରିଯାଆନ୍ତୁ । ଆପଣ ଧନୀ ହୁଅନ୍ତୁ ଅଥବା ଗରିବ, କିଛି ମଧ୍ୟ ହୋଇଥାନ୍ତୁ, ନିଷ୍କ୍ରିୟ ବସନ୍ତୁ ନାହିଁ, ବାସ୍ କିଛି କରୁଥାନ୍ତୁ । ଜୀବନର ପ୍ରକୃତ ଆନନ୍ଦ ଏଥିରେ ଅଛି । ମଣିଷ ଜୀବନର ସାର୍ଥକତା ଏଥିରେ ଅଛି । ପ୍ରତ୍ୟେକ ମଣିଷକୁ ନିଜ ଜୀବନରେ କିଛି ନା କିଛି କରିବା ଉଚିତ ।

କର୍ମମୟ ଜୀବନ:

ପରମପିତା ପରମାତ୍ମା ପ୍ରତ୍ୟେକ ମଣିଷକୁ ଏହି ଉଦ୍ଦେଶ୍ୟରେ ପଠାଇଛନ୍ତି ଯେ ସେ ନିଜ ଜୀବନରେ କିଛି ନା କିଛି ନିଶ୍ଚିତ କରୁ । ପରମପିତା ପରମେଶ୍ୱରଙ୍କ ଏହି ଇଚ୍ଛାକୁ ପୂରଣ କରିବା ପ୍ରତ୍ୟେକ ମଣିଷର କର୍ତ୍ତବ୍ୟ ଅଟେ । ଯେଉଁମାନେ ନିଜର ଏହି କର୍ତ୍ତବ୍ୟର ପାଳନ କରନ୍ତି ନାହିଁ, ପରମପିତା ପରମାତ୍ମାଙ୍କ ଦୃଷ୍ଟିରେ ସେମାନେ ପାପୀ ଅଟନ୍ତି । ଏହି କାରଣରୁ ସେମାନେ ଜୀବନରେ କଷ୍ଟ ତ' ସହନ୍ତି, ଏଥିସହ ନିଜର ପରଲୋକ ମଧ୍ୟ ବିଗାଡ଼ନ୍ତି । କର୍ମ ହିଁ ଜୀବନ ଅଟେ । କର୍ମମୟ ଜୀବନ ହିଁ ମଣିଷର ପରିଚୟ ଅଟେ । ଏହି କର୍ମ, କର୍ମଠତା ଯୋଗୁଁ ମଣିଷ ଚେତନ ଜଗତର ଶିରୋମଣି ଅଟେ । ନିଜ ସୌଭାଗ୍ୟରୁ ହିଁ ମାନବ ଜନ୍ମ ମିଳିଛି । ଏହାର ବ୍ୟବହାର କରନ୍ତୁ । ଜୀବନ ସାର୍ଥକ କରନ୍ତୁ । ମୃତ୍ୟୁ ଅନିବାର୍ଯ୍ୟ ଅଟେ । ଆଜି ନୁହେଁ କିନ୍ତୁ, ଆପଣଙ୍କୁ ମରିବାକୁ ହିଁ ପଡ଼ିବ । ଯେତେବେଳେ ଆପଣ ସ୍ୱଳ୍ପସ୍ଥାୟୀ ହିଁ ଅଟନ୍ତି ତେବେ ସମୟ ଥାଉ ଥାଉ କିଛି କରୁନାହାନ୍ତି କାହିଁକି ? ଯାହା

କିଛି ଆପଣ କରିବେ, ତାହା ନା କେବଳ ଆପଣଙ୍କ ପାଇଁ ହେବ, ବରଂ ଆପଣଙ୍କ ପରିବାର ପାଇଁ ହେବ । ଆପଣଙ୍କ ସନ୍ତାନମାନଙ୍କ ପାଇଁ ହେବ । କ'ଣ ଆପଣଙ୍କୁ ନିଜର ଆଦରର ସନ୍ତାନ, ନିଜର ପ୍ରାଣପ୍ରିୟା ପତ୍ନୀଙ୍କ ଚିନ୍ତା ଅଛି ? ସେମାନଙ୍କ ପାଇଁ ବର୍ତ୍ତମାନ ପର୍ଯ୍ୟନ୍ତ କ'ଣ କରିଛନ୍ତି ଆପଣ ? ହୃଦୟରେ ହାତ ରଖି ପଚାରନ୍ତୁ । ସେତେବେଳେ ?

କାଲିକି ଯଦି ଆପଣ ନରହିବେ, ତେବେ କଣ ହେବ ? କ'ଣ ଏହା ଆପଣଙ୍କ କର୍ତ୍ତବ୍ୟ ଥିଲା ? ଆପଣ ସନ୍ତାନ ଜନ୍ମକଲେ ? ପତ୍ନୀଙ୍କୁ ଜୀବନସାରା ଆପଣ ନିଜର କରି ରଖିଲେ ? ଯେତେବେଳେ ଆପଣ ନରହିବେ, ତେବେ ସେମାନେ କ'ଣ କରିବେ ? କାହିଁକି ସେମାନଙ୍କ ଅଭିଶାପ ଆପଣ ନେବାକୁ ଚାହୁଁଛନ୍ତି । କାହିଁକି ସ୍ୱାର୍ଥପର ହେଉଛନ୍ତି ଯେ ନିଜର ଓ ସେମାନଙ୍କ ଭବିଷ୍ୟତ ଭଗବାନଙ୍କ ଭରସାରେ ଛାଡ଼ି ଦେଇଛନ୍ତି । ଯଦି ଆପଣ ଏକୁଟିଆ ଅଛନ୍ତି, ତେବେ ନିଜେ ଭାବନ୍ତୁ, ଆପଣଙ୍କୁ କିଛି କରିବାର ଅଛି ଅଥବା ନାହିଁ? ଅଜଣା ଜୀବନ ମରିଯିବା ବଡ଼ ଦୋଷାବହ ଅଟେ । ଆପଣଙ୍କୁ କିଛି ନା କିଛି କରିବା ଉଚିତ ।

ଏହି ମଣିଷ ଜୀବନକୁ ସାର୍ଥକ କରନ୍ତୁ । ନିଜ ଜୀବନ ସଫଳ କରନ୍ତୁ । ସଫଳତାର ଚାବି ଆପଣଙ୍କ ସାମ୍ନାରେ ଝୁଲୁଛି । ଆପଣ ତାକୁ କେମିତି ହାସଲ କରିପାରିବେ ? ବୋଧହୁଏ ମହୁମାଛି ସହ ଆପଣ ପରିଚିତ ଥିବେ । ଆପଣ ଜାଣିଛନ୍ତି କି' ଯେ ସେ ବୁନ୍ଦା-ବୁନ୍ଦା କରି ମହୁ ଏକତ୍ର କରେ । ତାକୁ କେଉଁଠୁ ମହୁର ଭଣ୍ଡାର ମିଳେନାହିଁ । ତା' ଫେଣାରେ ଭରି ରହିଥିବା ମହୁ ତା'ର ସର୍ବଦା ପରିଶ୍ରମର ପରିଣାମ ଅଟେ ।

ଆପଣଙ୍କୁ ମଧ୍ୟ ଠିକ୍ ସେହି ପ୍ରକାର ବୁନ୍ଦା-ବୁନ୍ଦା କରି ସଫଳତାର ମହୁ ଯୋଗାଡ଼ କରିବାକୁ ହେବ । କେହି ଆପଣଙ୍କୁ ଦେବାକୁ ଆସିବ ନାହିଁ । ମହୁମାଛି ଭଳି ଆପଣଙ୍କୁ ମଧ୍ୟ ପରିଶ୍ରମ କରିବାକୁ ହେବ । ପରିଶ୍ରମ କେତେ ଓ କେମିତି କରିବେ, ଏହା ଆପଣଙ୍କ ଉପରେ ନିର୍ଭର କରେ, କିନ୍ତୁ ଆପଣ ଯେତିକି ପରିଶ୍ରମ କରିବେ, ସେତିକି ହିଁ ଅଧିକ ସଫଳତା ଆପଣଙ୍କୁ ମିଳିବ । ପରିଶ୍ରମ ସହିତ ନିଜ କାର୍ଯ୍ୟ ପ୍ରତି, ନିଜ ପରିଶ୍ରମ ପ୍ରତି ଆପଣଙ୍କ ମଧ୍ୟରେ ବିଶ୍ୱାସ ମଧ୍ୟ ରହିବା ଉଚିତ । ବିଶ୍ୱାସ ନିଜର ଗଭୀରତା ସହ ମନରେ ବସିଯାଏ, ତେବେ ସେ ନିଶ୍ଚିତ ଫଳଦାୟୀ ହୋଇଥାଏ । "ବିଶ୍ୱାସଂ ଫଳଦାୟକଂ" ଅର୍ଥାତ୍ ବିଶ୍ୱାସ ଫଳଦାୟକ ହୋଇଥାଏ । ଯେତେବେଳ ପର୍ଯ୍ୟନ୍ତ ଆପଣ ବିଶ୍ୱାସ ନ କରିବେ, ଆପଣ କିଛି ପାଇପାରିବେ ନାହିଁ ।

ପ୍ରଫୁଲ୍ଲିତ ମନ:

ନିଜ ଉପରେ ବିଶ୍ୱାସ କରନ୍ତୁ । ନିଜ ମନରେ ପ୍ରସନ୍ନତା ଆଣନ୍ତୁ । ଆପଣଙ୍କୁ ପ୍ରସନ୍ନତା ସହ ପରିଶ୍ରମ କରିବାର ଅଛି । ଯଦି ଆପଣ ପ୍ରସନ୍ନତା ସହ ପରିଶ୍ରମ କରିବେ ନାହିଁ, ତେବେ ଆପଣଙ୍କୁ ଅଳ୍ପ ପରିଶ୍ରମରେ କ୍ଳାନ୍ତି ଆସିଯିବ । ଏହି କଥାର ମଧ୍ୟ ସମ୍ଭାବନା ଅଛି ଯେ ଆପଣ ରୋଗରେ ପଡ଼ିଯିବେ । କିଛି ଲୋକ ଅଳ୍ପ ପରିଶ୍ରମ କଲା ପରେ ଅସୁସ୍ଥ ହୋଇଯାଆନ୍ତି ।

ଏହାର କାରଣ ହେଲା ସେମାନଙ୍କର ପରିଶ୍ରମ ପ୍ରତି ପ୍ରସନ୍ନତା ନଥାଏ । ପ୍ରସନ୍ନତା ଭଗବାନଙ୍କ ଦ୍ୱାରା ମଣିଷକୁ ଦିଆଯାଇଥିବା ଏକ ଉଚ୍ଚ କୋଟୀର ବରଦାନ ଅଟେ । ଏହା ଆପଣଙ୍କୁ ଅତିରିକ୍ତ ଶକ୍ତି ଦେଇଥାଏ । ଭଲ ଦୌଡ଼ାଳୀ ଯେଉଁମାନେ ପୁରସ୍କାର ପାଆନ୍ତି, ସେମାନଙ୍କୁ ଦୌଡୁଥିବା ସମୟରେ ଆପଣ ଦେଖିଥିବେ, ଓଠରେ ହସ ଥାଏ । ଖେଳାଳୀ ପାଇଁ ହସ ଅତିରିକ୍ତ ଶକ୍ତିର କାମ କରିଥାଏ ।

ପ୍ରସନ୍ନତା ଏକ ଅମୂଲ୍ୟ ବସ୍ତୁ ଅଟେ । ପ୍ରସନ୍ନ ରହିଲେ ଆପଣଙ୍କର କିଛି କ୍ଷତି ହୁଏନାହିଁ । ଆପଣଙ୍କୁ ଓଲଟା ଲାଭ ହିଁ ମିଳିଥାଏ । ପ୍ରସନ୍ନତା ସହ ପରିଶ୍ରମ କରି ସମୟର ସଦୁପଯୋଗ କରନ୍ତୁ । ପ୍ରକୃତିର ଆଉ ଏକ ଲୀଳା ଥାଏ । ଏହି କାରଣରୁ ତ' ପ୍ରକୃତିର ଏହି ବ୍ୟବସ୍ଥା ଆଗରେ ଆମେ ନତମସ୍ତକ ହୋଇଛୁ । ବିକଳାଙ୍ଗ ହେଉ ଅଥବା ଧନୀ, ସବୁକିଛି ଠିକ୍-ଠାକ୍ ଥିବା ପୁରୁଷ ଅଥବା ପଙ୍ଗୁ, ବିକଳାଙ୍ଗ... ପ୍ରକୃତି ସମସ୍ତଙ୍କୁ ସମୟ ଦେଇଛି । ସମସ୍ତଙ୍କ ପାଖରେ ସମୟ ଅଛି । ଯେତିକି ସମୟ ଧନୀ ପାଖରେ ଅଛି, ସେତିକି ହିଁ ସମୟ ଗରିବ ପାଖରେ ମଧ୍ୟ ଅଛି । ବର୍ତ୍ତମାନ ଏହି କଥା ଅଲଗା ଯେ କିଏ ନିଜର ସମୟ କେଉଁ ପ୍ରକାରେ ବ୍ୟବହାର କରୁଛି ? ଅଧିକାଂଶ ଲୋକ ସେ ଧନୀ ହେଉ ବା ଗରିବ, ନିଜ ସମୟ ଅଯଥା ନଷ୍ଟ କରନ୍ତି ।

ମାନବ ଶାସ୍ତ୍ରୀମାନଙ୍କ ବିବୃତ୍ତି ହେଲା, ଆମେ ନିଜ ସମ୍ପୂର୍ଣ୍ଣ ଜୀବନର କେବଳ ପନ୍ଦର ଭାଗ ସତ୍‌କାର୍ଯ୍ୟରେ ଲଗାଇଥାଉ । ବଳକା ପଞ୍ଚାଅଶି ଭାଗ କୌଣସି ନା କୌଣସି ନାଟକବାଜୀରେ ସମାପ୍ତ କରି ଦେଇଥାଉ । ଏହା ଏକଦମ୍ ଠିକ୍ ଅଟେ । ସମ୍ପୂର୍ଣ୍ଣ ଜୀବନର ହିସାବ କାହିଁକି ଆପଣ କରୁଛନ୍ତି ? ଗୋଟିଏ ଦିନ-ରାତିକୁ ଦେଖିନିଅନ୍ତୁ । ଛଅ ଘଣ୍ଟାର ସୁସ୍ଥ ନିଦ୍ରା ଓ ମୋଟ୍ ଛଅ ଘଣ୍ଟାର ମଝି-ମଝିରେ ବିଶ୍ରାମ ଅଥବା ଅନ୍ୟ କାର୍ଯ୍ୟରେ ଲଗାଇବା ପରେ ସମ୍ପୂର୍ଣ୍ଣ ବାର, ବାର ନହେଲେ ଦଶ ଘଣ୍ଟା ଆପଣଙ୍କ ପାଖରେ ସାଧୁତାର ସହ ଅଛି । କ'ଣ ଆପଣ ବାସ୍ତବରେ ଦଶ ଘଣ୍ଟା ଯେକୌଣସି ପରିଶ୍ରମ, ଯେକୌଣସି କାର୍ଯ୍ୟ କରନ୍ତି ? ସଚ୍ଚୋଟତାର ସହ ଆପଣ ଜବାବ ଦିଅନ୍ତୁ ?

କାରଣ କ'ଣ ? ଆମେ କାହିଁକି ଏମିତି କରୁ ? ଏହା ସ୍ପଷ୍ଟ ଯେ ଆମକୁ କେଉଁଠି ଭ୍ରମ ଅଛି । ଆମ ପାଖରେ ବିଶ୍ୱାସର ଅଭାବ ଅଛି । ଆମେ ଅନିଶ୍ଚିତତାରେ ଅଛେ । ଏହା ଆମର ସବୁଠୁ ବଡ଼ ଦୁର୍ବଳତା ଅଟେ । ପ୍ରଥମତଃ ଆମକୁ ଉଲ୍ଲାସମୟ ଜୀବନ ଅତିବାହିତ କରିବା ଉଚିତ । ଉଲ୍ଲାସମୟ ଜୀବନ ଉପରେ କାହାର ଅଧିକାର ଆପଣ ଛଡ଼ାଇ ପାରିବେ ନାହିଁ ।

ଉଲ୍ଲାସ ଅନ୍ତରାତ୍ମାର ବସ୍ତୁ ଅଟେ । ଆମେ ଯେତିକି ଉଲ୍ଲାସମୟ ରହିବା, ସେତିକି ଭଲ ହେବ । ଗୋଟିଏ ଉଦାହରଣ ଅଛି । ପ୍ରାୟ ଆମ ସମସ୍ତଙ୍କ ଜୀବନରେ ଘଟିଥାଏ । ଆପଣଙ୍କ ପକେଟ୍‌ରେ ଶହେ ଟଙ୍କା ଅଛି, ତେବେ ମଧ୍ୟ କମ୍ ଅଛି, ଆଉ ଏକଟଙ୍କା ଅଛି, ତେବେ ମଧ୍ୟ କମ୍ ଅଟେ, କିନ୍ତୁ ସେହି ଦିନ ଆଉ ଆସିପାରିବ ନାହିଁ । "ସେତେବେଳେ" ଏହା କୁହନ୍ତୁ ଯେ ଆପଣଙ୍କ ଜୀବନ କଟିଯିବ ନା ନାହିଁ ? କାନ୍ଦିକି କାଟିବେ ନା ହସିକି- ସଂକୀର୍ଣ୍ଣ ହୋଇ କ'ଣ କାଟିବେ ! ପ୍ରସନ୍ନତା, ଉଲ୍ଲାସ ସହ କାଟିଲେ ଖରାପ କ'ଣ !

କଷ୍ଟକୁ, ଦୁଃଖକୁ, ଅସୁନ୍ଦରକୁ ଆପଣ ସୁଖରେ, ଉଲ୍ଲାସରେ ବଦଳାଇ ଦିଅନ୍ତୁ- ଏହାପରେ ଦେଖନ୍ତୁ, କେତେ ପ୍ରଭାବ ପକାଉଛି ଆପଣଙ୍କ ପରିଶ୍ରମ । ଏଥିରେ ବ୍ୟକ୍ତିର ସଫଳତା ଅଛି ଯେ ପରିଶ୍ରମ, ସଂଘର୍ଷ, ବାଧା, ଅସଫଳତା ଆମର ପ୍ରସନ୍ନତାର ଅପହରଣ କରି ନପାରୁ । ଅନ୍ୟଥା ଆମର ଉତ୍ସାହ, କର୍ମଠତା ଆଘାତ ପାଇପାରେ । ସବୁ ଅବସ୍ଥାରେ ନିଜକୁ ପ୍ରସନ୍ନ କରି ରଖନ୍ତୁ । ପ୍ରାୟ ଲୋକଙ୍କ ମୁହଁ ଏହି ପ୍ରକାର ରୁହେ । ସୁଖ, ସଫଳତା କିମ୍ବା ଟଙ୍କା ବିଡ଼ା ଥିଲେ ମୁହଁ ଯେମିତି ଉଜ୍ଜ୍ୱଳ ରୁହେ । ଅତଏବ ମୁହଁ ଉପରେ ମନର ଅବସ୍ଥା ଆସିବା ବଡ଼ ଭୁଲ୍ ଅଟେ । ଲୋକେ ଆପଣଙ୍କ ମୁହଁ ଦେଖି ହିଁ ଅନୁମାନ କରନ୍ତି, ଆପଣ ଏ ସମୟରେ କେମିତି ଅବସ୍ଥା-ପରିସ୍ଥିତିରେ ଅଛନ୍ତି । ଏହା ଭୁଲ୍ ଅଟେ । ଲୋକଙ୍କୁ ଆପଣଙ୍କ ମୁହଁ ଦେଖି ଜଣାପଡ଼ିବା ଉଚିତ ନୁହେଁ । ସବୁବେଳେ ପ୍ରସନ୍ନ ରୁହନ୍ତୁ । ଦୁଃଖ ଥିଲେ ମଧ୍ୟ ମୁହଁରେ ହସ ରଖନ୍ତୁ । ନିଜର ମନୋଭାବକୁ ଦବାଇ ରଖନ୍ତୁ । ଅତଏବ ପ୍ରସନ୍ନ ଅଥବା ଖୁସି ରହି ହିଁ ଏମିତି କରାଯାଇ ପାରିବ ।

ଏହି ସଂସାରରେ ଏମିତି ବହୁତ ପୁରୁଷ ଅଛନ୍ତି, ଯାହାଙ୍କ ମୁହଁ ଦେଖି ଆପଣ ଏହା କହିପାରିବେ ନାହିଁ ଯେ ସେମାନେ ପ୍ରସନ୍ନ ଅଛନ୍ତି ଅବା ଦୁଃଖୀ । କୂଅର ପ୍ରତିଧ୍ୱନୀ ମଧ୍ୟ ଆମର ସ୍ୱର ଅଟେ । ଆଇନାରେ ଆମ ମୁହଁ ଯେମିତି ଦେଖାଯାଏ, ବାସ୍ତବରେ ସେମିତି ହିଁ ଦେଖାଯାଏ । ଏହିଭଳି ସଂସାର ମଧ୍ୟ ଏକ ଦର୍ପଣ ଅଟେ, ଯିଏ ଆମର ହିଁ ଆକୃତି, ଛାୟାକୁ ଆମକୁ ଦେଖାଇଥାଏ । ଅନାବଶ୍ୟକ ଗମ୍ଭୀରତା ମଣିଷ ମନର ଶକ୍ତିଗୁଡ଼ିକୁ ଖଣ୍ଡ-ଖଣ୍ଡ କରିଦିଏ । ମଣିଷର କାର୍ଯ୍ୟଦକ୍ଷତା ଓ ଯୋଗ୍ୟତା ଅନ୍ତର୍ଦ୍ଧାନ ହୋଇଯାଏ । ଅତଏବ ପ୍ରସନ୍ନ ରହିବା ଆବଶ୍ୟକ ଅଟେ । କିଛି କ୍ଷଣ ଗମ୍ଭୀରତାର ପୋଷାକ ପିନ୍ଧି ନିଜକୁ ଧୀର, ଗମ୍ଭୀର, ଜ୍ଞାନୀ ବୋଲି ଦେଖାଇବା-ଜଣାଇବାକୁ ଚାହୁଁଛନ୍ତି । ତାହା ସର୍ବଥା ଅନୁଚିତ ଅଟେ ।

ଏହି ପ୍ରକାରର ଅଭିନୟ ଆମକୁ ଲୋକଙ୍କଠାରୁ କାଟି ଅଲଗା କରିଦିଏ । ଏମିତି ବ୍ୟକ୍ତି ସହ ଲୋକେ ବେଶୀ ମିଳିମିଶି ପାରନ୍ତି ନାହିଁ, ଅତଏବ ଜୀବନରେ ପ୍ରସନ୍ନତାର ଶକ୍ତି ଆପଣଙ୍କ ପାଇଁ ଅତ୍ୟାବଶ୍ୟକ ଅଟେ । ଏହା ଏକ ଅତିରିକ୍ତ ଶକ୍ତି ଅଟେ । ପ୍ରସନ୍ନତାକୁ ଯେତେବେଳେ ବିଶ୍ୱାସର ସାହାରା ମିଳିଯାଏ, ରସାୟନ ଶାସ୍ତ୍ରୀଙ୍କ ମତରେ ଯେଉଁ ପ୍ରକାରେ ଦୁଇଟି ବସ୍ତୁ ମିଶିଗଲେ ତୃତୀୟ ବସ୍ତୁର ନିର୍ମାଣ ହୋଇଥାଏ- ଯେମିତି ଅମ୍ଳଜାନ, ହାଇଡ୍ରୋଜେନ୍, ମିଶି ତୃତୀୟ ତତ୍ତ୍ୱ ପାଣି ହୁଏ, ସେମିତି ହିଁ ପ୍ରସନ୍ନତା, ବିଶ୍ୱାସ ମିଶି ଏକ ନୂଆ ଶକ୍ତି ହୋଇଯାଆନ୍ତି । ବିଶ୍ୱାସ ଏହି ଦୃଷ୍ଟିରୁ ଏକ ବହୁତ ବଡ଼ ଜିନିଷ ଅଟେ । ଏହି ସମଗ୍ର ସୃଷ୍ଟିର ରଚନା ବିଶ୍ୱାସ ଉପରେ ହିଁ ରହିଛି ।

ବିଶ୍ୱାସ ଓ ଅବିଶ୍ୱାସ:

ବିଶ୍ୱାସ ଭଳି ଗୁଣ ଓ ଅବିଶ୍ୱାସ ଭଳି ଦୁର୍ଗୁଣ ଏହି ସୃଷ୍ଟିରେ ଆଉ ନାହିଁ । ସନ୍ଦେହ ବାବଦରେ କୁହାଯାଇଛି ଯେ ଏହାର କୌଣସି ମଧ୍ୟ ଉପଚାର ନାହିଁ । ସନ୍ଦେହର ଔଷଧ ବଇଦ ଲୁକ୍‌ମାନ୍‌ଙ୍କ ପାଖରେ ମଧ୍ୟ ନଥିଲା । ବିଶ୍ୱାସ ଏକ ପ୍ରକାରର ରାମ-

ବାଣର କାମ କରିଥାଏ । ଅତୁଟ ବିଶ୍ୱାସ ସବୁବେଳେ ଜୀବନର ଇଚ୍ଛା ପୂରଣ କରିଥାଏ । ଯଦି ଆପଣଙ୍କୁ ବିଶ୍ୱାସ ଅଛି ଯେ ଅମୁକ ରୋଗ କିମ୍ବା ସଙ୍କଟରୁ ଆପଣ ମୁକ୍ତି ପାଇଯିବେ, ତେବେ ନିଶ୍ଚିତ ଲାଭ ହେବ ।

ବିଶ୍ୱାସ ଏକ ଚମତ୍କାରୀ ଭାବନା ଅଟେ । ଏହା ସଂସାରର ସର୍ବୋତ୍ତମ ମହୌଷଧି ଅଟେ । ଏହି ମହୌଷଧିରେ ଯେତିକି ଶକ୍ତି ଅଛି, ସେତିକି ଅନ୍ୟ କେଉଁଥିରେ ନାହିଁ । ଏଥିରେ ଶୀଘ୍ର କାର୍ଯ୍ୟ ହୋଇଥାଏ ଓ ଉତ୍ସାହ ମିଳିଥାଏ । ଯଦି ଆପଣଙ୍କୁ ବିଶ୍ୱାସ ଅଛି ଯେ ଅମୁକ କାର୍ଯ୍ୟ ହୋଇକି ରହିବ, ତେବେ ଆପଣଙ୍କ ଚେଷ୍ଟାରେ ତାହା ନିଶ୍ଚିତ ହୋଇଯିବ । ବିଶ୍ୱାସ ଆପଣଙ୍କୁ ଶକ୍ତି ଦେଇଥାଏ, କାର୍ଯ୍ୟ କରିବାର ଦକ୍ଷତା ପ୍ରଦାନ କରିଥାଏ ।

ଆପଣଙ୍କୁ ବାଟ ଦେଖାଇ ଦିଆଯାଇଛି ।

ଏହି ବାଟରେ ଆପଣ ଚାଲନ୍ତୁ ।

ଆପଣଙ୍କ ଜୀବନ ସୁଖମୟ ହେବ । ସବୁକିଛି ମଙ୍ଗଳମୟ ହେବ । ଆପଣ ଥରେ ସାହସ କରନ୍ତୁ ଓ ଭଗବାନଙ୍କ ଉପରେ ବିଶ୍ୱାସ ରଖନ୍ତୁ, ନିଜ ବିଶ୍ୱାସ କାଏମ୍ ରଖି ଜୀବନ ସାର୍ଥକ କରନ୍ତୁ ।

ଶରୀରର ପ୍ରତିଟି ଅଣୁ ବିଚାରବାନ୍ ଅଟେ ।

ଏହା ଏକ ନିତାନ୍ତ ସତ୍ୟ ଅଟେ, ପ୍ରତ୍ୟେକ ଅଣୁ, ଯେଉଁଗୁଡ଼ିକ ଆମ ଶରୀରରେ ଉପସ୍ଥିତ ଅଛନ୍ତି, ମସ୍ତିଷ୍କର ହିଁ ଏକ ଛୋଟ, କିନ୍ତୁ ଅତ୍ୟଧିକ ମହତ୍ୱପୂର୍ଣ୍ଣ ଅଙ୍ଗ ଅଟେ । ଏହି କଥାକୁ ଏହି ପ୍ରକାରେ କୁହାଯାଇପାରେ ଯେ ଆମ ଶରୀରର ପ୍ରତ୍ୟେକ ଅଣୁ ନିଜ-ନିଜ ଆକାର ସମାନ ଏକ ପାୱାର ଷ୍ଟେସନ୍ ଅଟନ୍ତି । ଏହି ପାୱାର ଷ୍ଟେସନ୍‌ର ତାର ମସ୍ତିଷ୍କ ସହ ଯୋଡ଼ି ହୋଇଛି । ଏହି କାରଣରୁ ମନର ପରିସୀମାକୁ ଆସୁଥିବା କ୍ରୋଧ, ଈର୍ଷା, ଘୃଣାର ଛୋଟ-ଛୋଟ ଭାବ ମଧ୍ୟ ମଣିଷର ପ୍ରତ୍ୟେକ ଅଣୁରେ ପ୍ରକଟ ହେବାକୁ ଲାଗନ୍ତି । ମନର ପ୍ରତ୍ୟେକ ଅଣୁ ଉପରେ ପ୍ରଭାବ ପଡ଼େ । ମନ ପ୍ରସନ୍ନ ହେଲେ ଶରୀରର ପ୍ରତ୍ୟେକ ଅଣୁ ପ୍ରସନ୍ନ ଓ ଦୁଃଖୀ ହେଲେ ପ୍ରତ୍ୟେକ ଅଣୁ ଦୁଃଖୀ ହୋଇଥାଏ । ଏହି ତଥ୍ୟ ପାଇଁ କୌଣସି ପ୍ରଭାବର ଆବଶ୍ୟକତା ନାହିଁ ।

ଆମେମାନେ ନିଜେ ଏହି କଥାକୁ ଜାଣନ୍ତି ଯେ ଯେତେବେଳେ ମନ ଆଶା, ଉତ୍ସାହ ଓ ପ୍ରସନ୍ନତାରେ ଭରି ରହିଥାଏ, ତେବେ ସାରା ଶରୀର ଫୁଲ ପରି ହାଲୁକା, ସୁସ୍ଥ, ପ୍ରସନ୍ନ ଅନୁଭବ ହୋଇଥାଏ । ସେହି ସମୟରେ ଆମର ଦକ୍ଷତା ବଢ଼ିଯାଏ । ଏହାର ବିପରୀତେ, ଯଦି ମନ ଦୁଃଖୀ ଥାଏ, ସେହି ସମୟରେ ଆମ ଶରୀର ଭାରୀ, ବୋଝଯୁକ୍ତ, ଦୁର୍ବଳ ଏବଂ ନିରାଶାରେ ଭରିଥିବା ଅନୁଭବ ହୁଏ ଓ ଆମର କାର୍ଯ୍ୟକ୍ଷମତା ଧୁଳିସାତ୍ ହୋଇଯାଏ । ଆମ ଶରୀରର ସମସ୍ତ ଉତ୍ସାହ ସମାପ୍ତ ହୋଇଯାଏ ।

ଏହିଭଳି ଆମ ଶରୀରର ପ୍ରତିଟି ଅଣୁ ମନକୁ ପ୍ରଭାବିତ କରିଥାଏ । ଭଲ ଖାଦ୍ୟ-ପେୟ କରୁଥିବା, ପ୍ରସନ୍ନ ରହୁଥିବା ଦୁର୍ବଳ-ପତଳା ବ୍ୟକ୍ତି ମଧ୍ୟ ମୋଟା ହୋଇଯାଏ ଓ ଠିକ୍ ଭାବେ ଖାଦ୍ୟ ଖାଉନଥିବା ମୋଟା ବ୍ୟକ୍ତି ମଧ୍ୟ ଦୁଃଖୀ ହେଲେ ଦୁର୍ବଳ ହୋଇଯାଏ । ଡାକ୍ତରଙ୍କ ମତାନୁସାରେ ମଣିଷ ଶରୀରରେ ନିରାଶା କାରଣରୁ ଅନେକ ରୋଗ ଉତ୍ପନ୍ନ ହୋଇଥାଏ । ଏହି ପ୍ରକାରର ଅନେକ ରୋଗ ଅଛି । ନିରାଶ ଦୁଃଖୀ ବ୍ୟକ୍ତି ଯେତେବେଳେ ଥରେ ଅସୁସ୍ଥ ହୋଇଯାଏ, ତେବେ ସେ ଶୀଘ୍ର ଭଲ ମଧ୍ୟ ହୋଇପାରେ ନାହିଁ । ତାକୁ ସୁସ୍ଥ ହେବାରେ ଅଧିକ ସମୟ ଲାଗିଥାଏ । ଅନେକ ଲୋକ ତ' ମାନସିକ ଆଘାତ ଲାଗିଥିଲେ ମଧ୍ୟ ଅଚାନକ ଶାରୀରିକ ରୂପେ ଦୁର୍ବଳ ହୋଇଯାଆନ୍ତି । ସେମାନଙ୍କୁ ବିଭିନ୍ନ ପ୍ରକାରର ରୋଗ ଘେରିଯାଏ ।

ଦୂଷିତ ଭାବନା:

ଏହା ମଧ୍ୟ ଜଣାଯାଇଛି ଯେ, ଚର୍ମର ଅନେକ ରୋଗ, ଅଜୀର୍ଣ୍ଣ, ଯକୃତ, ହୃଦୟରୋଗ, ମସ୍ତିଷ୍କ ରୋଗ ଆଦିର ଜମାଟ ଘୃଣା ଓ ଈର୍ଷା କାରଣରୁ ହୋଇଥାଏ । ମଣିଷର ଶରୀରରେ ବିଭିନ୍ନ ପ୍ରକାରର ପ୍ରତିକ୍ରିୟା ମନୋଭାବ ଆଧାରରେ ହୋଇଥାଏ । ତାହାର ରକ୍ତ ସଂଚାର ବ୍ୟବସ୍ଥା ଓ ରକ୍ତରେ ମଧ୍ୟ ଏଗୁଡ଼ିକର ପ୍ରଭାବ ପଡ଼ିଥାଏ । ଯେତେବେଳେ ବି ମଣିଷର ମନ ମସ୍ତିଷ୍କରେ ଦୂଷିତ ଭାବନା ଖେଳେ, ସେତେବେଳେ ତା' ଶରୀରରେ ଏକ ପ୍ରକାରର ଜହର ଖେଳାଇ ହୋଇଯାଏ । ଏହି ଜହର ନିଜ ପ୍ରତିକ୍ରିୟାସ୍ୱରୂପ ମଣିଷର ସ୍ୱାସ୍ଥ୍ୟ ଉପରେ ପ୍ରଭାବ ପକାଏ ।

ଡାକ୍ତର ସ୍ମିଥ୍‌ଙ୍କ କଥାନୁସାରେ, ହତ୍ୟା କରୁଥିବା ସମୟରେ-ଯଦି ହତ୍ୟାକାରୀର ରକ୍ତ ଅଳ୍ପ କିଛି ବାହାର କରାଯାଏ ଓ ଅନ୍ୟ ମଣିଷର ଶରୀରରେ ଇଞ୍ଜେକ୍‌ସନ ଦ୍ୱାରା ଛାଡ଼ି ଦିଆଯାଏ, ତେବେ ସେହି ଭଲ ମଣିଷ ମଧ୍ୟ ହଠାତ୍ ନିଜ ସାମ୍ନା ଲୋକର ହତ୍ୟା କରିଦେବ । ମଣିଷ ରକ୍ତରେ ମନୋଭାବ ଯୋଗୁଁ ବିଭିନ୍ନ ପ୍ରକାରର ଜୀବାଣୁ ଆସିଯାଆନ୍ତି । ମଣିଷ ଯେତେବେଳେ ସୁସ୍ଥ ରହିଥାଏ, ତା'ର ଶରୀର ଅତ୍ୟନ୍ତ ସୁସ୍ଥ ଥାଏ । ଦୂଷିତ ଭାବନା ଯୋଗୁଁ ମଣିଷ ଶରୀରର ବଳ, କର୍ମଠତା, ସାହସ ସମାପ୍ତ ହୋଇଯାଏ । ଯେକୌଣସି ବ୍ୟକ୍ତି ପାଇଁ ନିରାଶା, ଏକାକୀପଣଠାରୁ ବଡ଼ ଜହର ଆଉ କିଛି ନାହିଁ । ଏଭଳି ମଣିଷ ସର୍ବଦା ଅସୁସ୍ଥ ରୁହେ । ତା' ଶରୀରରେ ବିଭିନ୍ନ ପ୍ରକାରର ବ୍ୟାଧିର କୀଟ ଲାଗିଯାଆନ୍ତି । ଧୀରେଧୀରେ ଶରୀର ଦୁର୍ବଳ ହୋଇଚାଲେ ଓ ସେତେବେଳେ ସେ କୌଣସି ଯୋଗ୍ୟର ହୋଇ ରୁହେନାହିଁ । ତା'ର ସାରା ଶରୀରରେ ଅବ୍ୟବସ୍ଥା ଖେଳିଯାଏ । ତା' ମନର ଅବସ୍ଥା ବିକୃତ ହୋଇଯାଏ । ପ୍ରାୟତଃ ଦେଖାଯାଏ ଯେ କିଛି ଲୋକ ନିଜର କୌଣସି ପ୍ରିୟଜନର ମୃତ୍ୟୁ ଦେଖି କିମ୍ବା ଶୁଣି ବେହୋସ ହୋଇଯାଆନ୍ତି । ଏହାର କାରଣ କ'ଣ ?

ଏହାର ଅର୍ଥ **ସ୍ପଷ୍ଟ** ଅଟେ ଯେ ଶୋକର ପ୍ରଭାବ ନା କେବଳ ମସ୍ତିଷ୍କ ଉପରେ ହୋଇଥାଏ, ଏପରିକି ସମସ୍ତ ଶରୀର ଉପରେ ତାହାର ପ୍ରଭାବ ପକାଇଥାଏ । ଏହାର ବିପରୀତ, ଖୁସି ଖବର ପାଇ ଆମେ କେମିତି ପ୍ରସନ୍ନଚିତ୍ତ ହୋଇଯାଆନ୍ତି । ଆମ ମୁଖମଣ୍ଡଳରେ ଏକ ତେଜ ଆସିଯାଏ । ମନ ପ୍ରସନ୍ନ ହେଲେ ଶରୀରର ଅଙ୍ଗ ପ୍ରତ୍ୟଙ୍ଗ, ଅଣୁ-ଅଣୁ ଖୁସିରେ ପୁରିଉଠନ୍ତି । ଆମ ଶରୀରରେ ଏକ ନୂଆ ସ୍ଫୁର୍ତ୍ତି, ନୂଆ ଆଶା, ନୂଆ ସାହସ, ନୂଆ ଆତ୍ମବଳ ଆସିଯାଏ । ଆମକୁ ସେତେବେଳେ ଦୁନିଆ ଭଲ ଲାଗିଥାଏ । ଅଧିକାଂଶ କଥା ବହୁତ ସାଧାରଣ ହୋଇଥାଏ, କିନ୍ତୁ ସେଗୁଡ଼ିକର ଅଧିକ ମହତ୍ୱ ରହିଥାଏ । ନିଜ ଜୀବନର ସାଧାରଣ କଥା ଉପରେ ଆମର ଧ୍ୟାନ ବହୁତ କମ୍ ଯାଇଥାଏ । ଉଦାହରଣ ପାଇଁ, ଯେତେବେଳେ ଆମେ ପ୍ରସନ୍ନ ହୁଅନ୍ତି, ତେବେ ଦୁନିଆ ଆମକୁ ବହୁତ ଭଲ ଲାଗେ । ସବୁକିଛି ଭଲ ଲାଗିଥାଏ । ସମସ୍ତଙ୍କୁ ଆମେ ଆଦରରେ ମଧୁର ବଚନ କହିଥାଉ । ନିଜ ଚାରିପଟେ ଆମକୁ ପ୍ରସନ୍ନତା ଦେଖାଯାଏ । ଅକସ୍ମାତ୍ ଆମ ଉପରେ ଦୁଃଖ ପଡ଼ିଗଲେ ଆମକୁ ସାରା ବିଶ୍ୱ ଖରାପ ଲାଗିବ । କିଛି ମଧ୍ୟ ଭଲ ଲାଗିବ ନାହିଁ । କାହା ସହ କଥା ହେବାପାଇଁ ମଧ୍ୟ ଆମର ମନ ହୁଏନାହିଁ । ଏହି ବିଶ୍ୱ ସେତେବେଳେ ଆମ ପାଇଁ ଏକଦମ୍ ବଦଳିଯିବ । ଏମିତି କାହିଁକି ?

ମନୋଦଶା:

ଗୋଟିଏ ଲୋକକଥା ଅଛି । ଶ୍ରାବଣର ଅନ୍ଧକୁ ସବୁଜ-ସବୁଜ ଲାଗେ । ଏହାର ଅର୍ଥ ହେଲା ଯେମିତି ଆମ ଭାବନା ହେବ, ଆମ ବିଶ୍ୱ ସେମିତି ହିଁ ହେବ । ଆମ ନିଜ ମନୋଦଶା ଉପରେ ସଂସାରର ରୂପ ନିର୍ଭର କରିଥାଏ । ପ୍ରସନ୍ନତା ଭରା ମଣିଷକୁ ଏହି ସଂସାର ସାରମୟ ଓ ଦୁଃଖୀକୁ ଅସାରମୟ ଲାଗିଥାଏ । ମନୋଦଶାରେ ସେ ନିଜ ଆଖପାଖର ପରିବେଶ ପ୍ରସ୍ତୁତ କରିଥାଏ । ଚିକିତ୍ସକ କ୍ଲାବୀ ମଣିଷ ପଦ୍ଧତି ଉପରେ ଅନେକ ପ୍ରକାରର ପରୀକ୍ଷଣ କରିଛନ୍ତି । ତାଙ୍କ ସିଦ୍ଧାନ୍ତ ଅନୁସାରେ, ମଣିଷର ଶରୀରରେ ଅତ୍ୟନ୍ତ ସୂକ୍ଷ୍ମ ଜୀବାଣୁ-ଗୋଷ୍ଠୀ ଅବିରତ ବିଚାରର କାମ କରୁଥାନ୍ତି । ମଣିଷ ମସ୍ତିଷ୍କର ସମ୍ପୂର୍ଣ୍ଣ ଅଙ୍କୁଶ ସେମାନଙ୍କ ହାତରେ ଥାଏ । ସେମାନଙ୍କ କାର୍ଯ୍ୟକଳାପ ଅନୁସାରେ ହିଁ ମସ୍ତିଷ୍କ କାର୍ଯ୍ୟ କରେ । ସେତେବେଳେ ମସ୍ତିଷ୍କ ବିଭିନ୍ନ ପ୍ରକାରର ସୂଚନା ନିଜ ଅଧୀନରେ ଥିବା ବିଭିନ୍ନ ଅଙ୍ଗକୁ ପଠାଇଥାଏ ।

ଯଦି ଆମେ କୌଣସି ଏମିତି ମଣିଷ ବାବଦରେ ଭାବୁଥାନ୍ତି, ଯାହା ସହ ଆମର ଶତ୍ରୁତା ଅଛି, ତେବେ ଆମ ବିଚାର-ସମୂହର କାମ କରୁଥିବା ଜୀବାଣୁ ମସ୍ତିଷ୍କ ଉପରେ ପ୍ରଭାବ ପକାନ୍ତି । ଏ ସମସ୍ତ ବିଚାର-ସମୂହର ଜୀବାଣୁ ଆମ ମୁହଁର ରୂପ-ରଙ୍ଗ ବଦଳାଇ ଦେବେ । ଆମ ମୁହଁ ଚିନ୍ତାରେ ଭରିଯିବ । ମୁହଁ ଉପରେ ଘୃଣା ଭାବ ଆସିଯିବ । ଏହା ସହିତ ଆମ ହାତମୁଠା ଭିଡ଼ି ହୋଇଯିବ । ଯଦି ଆମେ ଶତ୍ରୁ ସ୍ଥାନରେ କୌଣସି ପ୍ରେମିକାର

ସ୍ମରଣ କରୁଥିବା, ତେବେ ଆମ ବିଚାର ଜୀବାଣୁ ଆମ ମୁହଁ, ଆମ ଶରୀର କିଛି ଅନ୍ୟ ପ୍ରକାରର କରିଦେବେ। ସେମିତି ବି ଆଜିକାଲିର ବୈଜ୍ଞାନିକଙ୍କ ବିବୃତ୍ତି ହେଲା! ଯେ ଶରୀରର ପ୍ରତ୍ୟେକ ଅଙ୍ଗରେ ଥିବା ଜୀବାଣୁର ନିଜର ଅଲଗା ମସ୍ତିଷ୍କ ଥାଏ। ସେହି ମସ୍ତିଷ୍କ ପ୍ରତ୍ୟେକ ଅଙ୍ଗର ଚେଷ୍ଟା ଓ କାର୍ଯ୍ୟକଳାପ ଉପରେ ନିୟନ୍ତ୍ରଣ ରଖିଥାଏ। ଆମାଶୟ, ଯକୃତ, ପ୍ଲିହା, ଫୁସ୍‌ଫୁସ୍, ହୃଦୟ ଆଦି ଏମିତି ହିଁ ବିଚାର କେନ୍ଦ୍ର ଅଟନ୍ତି, ଯେଉଁଗୁଡ଼ିକ ମସ୍ତିଷ୍କର କାର୍ଯ୍ୟ କରନ୍ତି। ଶରୀରର ପ୍ରତ୍ୟେକ ଅଣୁ ନିଜ ଗୋଷ୍ଠୀର ରକ୍ଷା, ବିଚାରଶୀଳତା ତଥା କାର୍ଯ୍ୟର ତତ୍ପରତା ପାଇଁ ଉପଯୋଗୀ ରହିଥାନ୍ତି। ଉଦାହରଣ ପାଇଁ ଯକୃତ ଶର୍କରା ତିଆରି କରିବାର କାମ କରେ। ଏହିପରି ସେ ଶରୀରର ବିଷାକ୍ତ ପ୍ରଭାବକୁ ରୋକିଥାଏ। ଏହି ମହତ୍ୱପୂର୍ଣ୍ଣ କାର୍ଯ୍ୟକୁ କରିବା ପାଇଁ ଯକୃତ ଅବିରତ ଉଦ୍ୟମ କରୁଥାଏ। ଯେମିତି ହିଁ ରକ୍ତରେ ବିଷାକ୍ତ ତତ୍ୱ ପ୍ରବେଶ କରନ୍ତି ସେମିତି ହିଁ ଆମାଶୟ ଏବଂ ପାଚନ ପ୍ରକ୍ରିୟା ପ୍ରଭାବିତ ହୁଏ ଓ ଅଙ୍ଗ ଦୁର୍ବଳ ହୋଇଯାଆନ୍ତି। ସେମାନଙ୍କ ଦକ୍ଷତା ଦୁର୍ବଳ ହୋଇଯାଏ।

ଏହି ସ୍ଥିତିରେ ଭୋଜନର ପାଚନ ଓ ସମୀକରଣ ଠିକ୍ ଭାବେ ହୋଇପାରେ ନାହିଁ। ପେଟରୁ ଦୁର୍ଗନ୍ଧ ବାହାରେ ଓ ବିଷ ତିଆରି ହେବା ଆରମ୍ଭ ହୋଇଯାଏ। ରକ୍ତ ସେହି ଅଙ୍ଗକୁ ଶୁଦ୍ଧ କରିବାର ଚେଷ୍ଟା କରେ। ଏହା ସତ୍ତ୍ୱେ ଅବିରତ କ୍ରିୟାଶୀଳ ବିଷ ତାକୁ ଦୁର୍ବଳ କରିଦିଏ। ଧୀରେଧୀରେ ଶରୀରର ଅନ୍ୟ ଅଣୁଗୁଡ଼ିକର ବ୍ୟବସ୍ଥା ବିଗିଡ଼ିଯାଏ। ହୃଦୟର ଗତି ମନ୍ଥର ହୋଇଯାଏ, ଶିରା, ପ୍ରଶିରା ଦୁର୍ବଳ ହୋଇଯାଆନ୍ତି। ମନ କ୍ଳାନ୍ତ ଓ ଚିଡ଼ଚିଡ଼ା ହୋଇଯାଏ। ସେତେବେଳେ ମଣିଷର କାମରେ ଗତିରୋଧ ଆସିଯାଏ। ମଣିଷର ସାରା ଶରୀର ଶକ୍ତିହୀନ ହୋଇଯାଏ। ବିଚାରଗୁଡ଼ିକ ଶରୀରର ପ୍ରତ୍ୟେକ ଅଙ୍ଗ ଉପରେ ପ୍ରଭାବ ପକାଇଥାଏ। ଆମ ସାରା ଶରୀରର ସଂଚାଳନ କ୍ରିୟା ଆମ ବିଚାରଗୁଡ଼ିକ ଉପରେ ହିଁ ନିର୍ଭର କରେ। ଆମର ବିଚାର ଯେମିତି ହେବ, ଆମର କାର୍ଯ୍ୟକଳାପ ସେହି ପ୍ରକାରର ହେବ। ଏହି କଥାକୁ ବୈଜ୍ଞାନିକ ମାନିବାକୁ ଲାଗିଲେଣି। ଶରୀରର ସମସ୍ତ ଜୀବାଣୁ ବଳ ପାଇଁ ପାଗଳ ହୋଇଯାଆନ୍ତି। ଜୀବାଣୁଙ୍କ ଦୁଃଖଭରା ଡାକ ମସ୍ତିଷ୍କ ପର୍ଯ୍ୟନ୍ତ ପହଞ୍ଚିଥାଏ। ସେ ଗମ୍ଭୀରତା ସହ ବିଚାର କରିବାକୁ ଲାଗେ, ସେତେବେଳେ ମଣିଷ କୌଣସି ଚିକିତ୍ସକ ପାଖରେ ପହଞ୍ଚେ। ଏଥିରେ ମଧ୍ୟ ସେ ଯଦି ଧୈର୍ଯ୍ୟପୂର୍ବକ ଔଷଧ ଖାଏ, ତେବେ ଶୀଘ୍ର ସୁସ୍ଥ ହୋଇଯାଏ। ଯଦି ରୋଗୀ ବିଚଳିତ ହୋଇ ନୂଆ ନୂଆ ଔଷଧ ବଦଳାଇ ଖାଏ ତେବେ ତା' ଶରୀର ରୋଗଗ୍ରସ୍ତ ହୋଇଯାଏ। ଅନେକ ଥର ଦେଖାଯାଇଛି ଯେ ଚିକିତ୍ସକ ଉଚିତ ଚିକିତ୍ସା କରୁଥିବା ସତ୍ତ୍ୱେ ରୋଗୀ ସୁସ୍ଥ ହୋଇପାରେ ନାହିଁ। ଏଥିରେ ରୋଗୀର ମାନସିକ ସ୍ଥିତିର ବହୁତ ପ୍ରଭାବ ରହିଥାଏ।

କିଛି ଲୋକଙ୍କୁ ଆପଣ ଦେଖିଥିବେ, ସେମାନେ ପ୍ରାୟତଃ କୁହନ୍ତି ଯେ ଅମୁକ ଡାକ୍ତରର ହାତ ବହୁତ ଭଲ। ତାହାର ଚିକିତ୍ସା ଦ୍ୱାରା ବହୁତ ଶୀଘ୍ର ରୋଗ ଭଲ

ହୋଇଯାଏ । ଏହାର କାରଣ କ'ଣ? ଏହାର କାରଣ ହେଲା ଡାକ୍ତରଙ୍କ ଉପରେ ତାଙ୍କର ଆସ୍ଥା । ଏଭଳି ଲୋକଙ୍କର ଡାକ୍ତର ଉପରେ ସମ୍ପୂର୍ଣ୍ଣ ବିଶ୍ୱାସ ହୋଇଯାଏ । ବିଶ୍ୱାସପୂର୍ବକ ସେମାନେ ଔଷଧ ଖାଆନ୍ତି, ଓ ରୋଗ ଠିକ୍ ହୋଇଯାଏ । ଯେତେବେଳ ପର୍ଯ୍ୟନ୍ତ ଡାକ୍ତରଙ୍କ ବିଶ୍ୱାସ ଓ ସ୍ନେହ ରୋଗୀକୁ ହାସଲ ହେବନାହିଁ, ସେତେବେଳ ପର୍ଯ୍ୟନ୍ତ ରୋଗୀ ମଧ୍ୟ ସୁସ୍ଥ ହୋଇପାରିବ ନାହିଁ । ଏହି ଆଧାରରେ ଲୋକମାନେ "ପାରିବାରିକ" ଡାକ୍ତର ନିଯୁକ୍ତ କରିବା ଆରମ୍ଭ କରିଦେଇଛନ୍ତି ।

ଯେତେବେଳେ ଡାକ୍ତର କୌଣସି ପରିବାରର ସୁଖ-ଦୁଃଖର ଭାଗିଦାର ହୋଇଯାଆନ୍ତି, ଆତ୍ମୀୟତା ଦେଣ-ନେଣ କରିବାକୁ ଲାଗନ୍ତି, ତେବେ ତାଙ୍କ ଦ୍ୱାରା କରାଯାଉଥିବା କାର୍ଯ୍ୟ ଶୀଘ୍ର ଲାଭଦାୟକ ହୋଇଥାଏ । ତାଙ୍କ ଚିକିତ୍ସାର ତତ୍କାଳ ପ୍ରଭାବ ହୋଇଥାଏ । ଏହି କାରଣରୁ ଆଜିକାଲି ପାରିବାରିକ ଡାକ୍ତରଙ୍କ ମହତ୍ତ୍ୱ ବଢ଼ିଚାଲିଛି । କିଛି ଲୋକ ସାଧାରଣ ରୋଗରେ ବିଚଳିତ ହୋଇଯାଆନ୍ତି । ସେମାନଙ୍କ ପାଇଁ ଟିକିଏ ମୁଣ୍ଡବ୍ୟଥା ଯଥେଷ୍ଟ ଅଟେ । ଟିକିଏ ମୁଣ୍ଡ ବିନ୍ଧିଲେ ସେମାନେ ମା'-ମା' ଚିଲେଇବାକୁ ଲାଗନ୍ତି, ଯେତେବେଳେ କି କିଛି ବଡ଼ ଲୋକ ବହୁତ ବଡ଼-ବଡ଼ ଅପରେସନ୍‌ରେ ମଧ୍ୟ ସାହସ ହରାନ୍ତି ନାହିଁ । ହସୁଥାନ୍ତି । ଇଞ୍ଜେକ୍‌ସନ ନେବାବେଳେ କିଛି ଲୋକ ରଡ଼ି ଛାଡ଼ନ୍ତି । ଏହାର କାରଣ କ'ଣ ?

ଆମର ମାନସିକତା ହିଁ ଏଥିପାଇଁ ଉତ୍ତରଦାୟୀ ଅଟେ । ଆମ ଶରୀରର ପ୍ରତ୍ୟେକ ଅଣୁକୁ ଆମେ ଦୁର୍ବଳ ଭାବୁ ଓ ଜୋର୍‌ରେ ପାଟିକରୁ । ମନୋବୈଜ୍ଞାନିକ ଚିକିତ୍ସା ଏହି କଥା ଉପରେ ଆଧାରିତ ଯେ ଭାବିବା କେବଳ ମସ୍ତିଷ୍କର କାର୍ଯ୍ୟ ନୁହେଁ । ଶରୀରର ପ୍ରତ୍ୟେକ ଜୀବାଣୁ ବିଚାରଶୀଳ ଅଟେ । ଅନ୍ଧମାନେ ମଧ୍ୟ ନିଜ ଆଙ୍ଗୁଠି ଦ୍ୱାରା ପଢ଼ିପାରନ୍ତି । ଏଥିପାଇଁ ଅନ୍ଧଙ୍କ ମସ୍ତିଷ୍କ, ସେମାନଙ୍କ ଆଙ୍ଗୁଠିର ଅଗ୍ରଭାଗରେ ବୋଲି ଧରାଯାଇଛି । ଏହି କଥା ବର୍ତ୍ତମାନ ବୈଜ୍ଞାନିକ ପରୀକ୍ଷଣ ଦ୍ୱାରା ପ୍ରମାଣିତ ହୋଇସାରିଛି ଯେ ଆମର ସମ୍ପୂର୍ଣ୍ଣ ଶାରୀରିକ କ୍ରିୟା ଯଥା- ଦେଖିବା, ଶୁଣିବା, ଚାଖିବା, ଛୁଇଁବା, ଶୁଙ୍ଘିବା, ଚାଲିବା, ଯିବା-ଆସିବା, ଉଠିବା-ବସିବା, ଶୋଇବା, ନିଶ୍ୱାସ ମାରିବା ଆଦି ଚେଷ୍ଟା ଜୀବାଣୁଙ୍କ ଦ୍ୱାରା ହିଁ ସମ୍ପନ୍ନ ହୋଇଥାଏ । ଆମେ ପ୍ରତ୍ୟେକ ପାଦ ଆଗକୁ ବଢ଼ାଇ ବିଚାର କରନ୍ତି ନାହିଁ ବରଂ ଅଣୁ ଆଗକୁ ବଢ଼ାଇ ବିଚାର କରେ । ନିଦ୍ରାବସ୍ଥା କିମ୍ବା ଚେତାଶୂନ୍ୟତା ଅବସ୍ଥାରେ ଆମ ମସ୍ତିଷ୍କର ସମ୍ପୂର୍ଣ୍ଣ କ୍ରିୟା ଶୋଇଯାଆନ୍ତି, ଶାନ୍ତ ପଡ଼ିଯାଆନ୍ତି । ସେହି ସମୟରେ ଆମ ହୃଦୟର ବିଚାରଶୀଳ ତନ୍ତୁ ହିଁ ଆମ ମସ୍ତିଷ୍କର ସଂଚାଳନ କରିଚାଲନ୍ତି । ଚେତାଶୂନ୍ୟତା ଅବସ୍ଥାରେ ମଧ୍ୟ ସେଗୁଡ଼ିକ ଆମ ହୃଦୟର ଦେଖାଶୁଣା କରନ୍ତି । ଆମ ଶରୀରର ପ୍ରତ୍ୟେକ ଅଙ୍ଗର ଜୀବାଣୁ-ପୁଞ୍ଜ ନିଜର ସାମାନ୍ୟ କ୍ରିୟା ଦ୍ୱାରା ନିଜ ସମ୍ବନ୍ଧିତ ଅଣୁଗୁଡ଼ିକୁ ଚଲାଉଥାନ୍ତି । ଦୁର୍ଘଟଣା ସମୟରେ ଯେତେବେଳେ ମସ୍ତିଷ୍କକୁ ଆଘାତ ଲାଗେ, ସେତେବେଳେ ତାହାର ଅନେକ ତନ୍ତୁ ଭାଙ୍ଗିଯାଆନ୍ତି । ଏହା ସତ୍ତ୍ୱେ ଦେଖାଯାଏ ଯେ

ବିଚାରଶକ୍ତି ଉପରେ ବହୁତ କମ୍ ପ୍ରଭାବ ହୋଇଥାଏ । ସେହି ସମୟରେ ମଧ୍ୟ ମଣିଷର ଅଙ୍ଗ ନିଜ-ନିଜ କାମ ଠିକ୍ ଭାବେ କରିଚାଲନ୍ତି ।

ବୈଚାରିକ କାର୍ଯ୍ୟ ଶକ୍ତି:

ଜଣେ ବୈଜ୍ଞାନିକ ଏ ପ୍ରକାରର ପରୀକ୍ଷଣ କଲେ । ଗୋଟିଏ ବେଙ୍ଗର ମୁଣ୍ଡ କାଟି ଅଲଗା କରିଦେଲେ । ପୁନଃ ତା' ଗୋଡ଼ରେ ଏସିଡ୍ ପକାଇ ଦେଲେ । ତୁରନ୍ତ ତା'ର ଅନ୍ୟ ଗୋଡ଼ ସେହି ଏସିଡ୍‌କୁ ପୋଛିବାକୁ ଚେଷ୍ଟା କଲା । ଏହି ଘଟଣାରୁ ଜଣାପଡୁଛି ଯେ, ବିଚାର କିମ୍ବା କାର୍ଯ୍ୟଶକ୍ତି କେବଳ ମସ୍ତିଷ୍କ ପର୍ଯ୍ୟନ୍ତ ହିଁ ସିମୀତ ନାହିଁ, ବରଂ ଶରୀରର ପ୍ରତ୍ୟେକ ଅଣୁ, ଅଙ୍ଗ-ପ୍ରତ୍ୟଙ୍ଗରେ ବ୍ୟାପ୍ତ ଅଛି । ମଣିଷ ଶରୀରର ପ୍ରତ୍ୟେକ ଅଙ୍ଗ ନିଜ-ନିଜ ସାମର୍ଥ୍ୟ ଅନୁସାରେ ନିଜର ରକ୍ଷା କରିବାରେ ସମର୍ଥ ଅଟନ୍ତି । ଦେଖିବାକୁ ଗଲେ ମସ୍ତିଷ୍କରେ ଶରୀରର ଏକ ଛୋଟ ଜାଗା ଅଛି । ତାହାର କାମ ମଧ୍ୟ ସୀମିତ ଅଟେ । ଏକ ପ୍ରକାରେ ଏହା ନିୟନ୍ତ୍ରଣ-କକ୍ଷ ମାତ୍ର ଅଟେ ।

ଶରୀରର ଅଧିକାଂଶ ଅଙ୍ଗ ବିନା ମସ୍ତିଷ୍କରେ ନିୟନ୍ତ୍ରଣ କିମ୍ବା ଆଦେଶର ମଧ୍ୟ ନିଜ-ନିଜ କାମ ସମୟରେ କରିପାରିବେ ଓ ନିଜ କ୍ଷମତାନୁସାରେ ନିଜର ରକ୍ଷା ମଧ୍ୟ କରନ୍ତି । ଏହି କଥା ବିଭିନ୍ନ ପ୍ରକାରରେ ବୈଜ୍ଞାନିକମାନେ ନିଜ ପ୍ରୟୋଗ ଦ୍ୱାରା ପ୍ରମାଣିତ କରି ସାରିଛନ୍ତି । ଶରୀରର ପ୍ରତ୍ୟେକ ଅଙ୍ଗର ନିଜ-ନିଜ ପ୍ରୟୋଗଶାଳା ଓ କାରଖାନା ଅଛି । ସେମାନେ ସ୍ୱତନ୍ତ୍ର ରୂପେ ନିଜ କାର୍ଯ୍ୟ କରୁଥାନ୍ତି । ସେମାନେ ମସ୍ତିଷ୍କ ଉପରେ ନିର୍ଭର କରନ୍ତି ନାହିଁ । ଉଦାହରଣ ପାଇଁ ଦାଢ଼ି-ନିଶ ତିଆରି କରୁଥିବା ତନ୍ତୁ । ସେମାନଙ୍କ କାମ ହେଲା ଦାଢ଼ି-ନିଶର ଉତ୍ପାଦନ କରିବା । ଏହି ପ୍ରକ୍ରିୟା କେବଳ ପୁରୁଷ ଶରୀରରେ ହୋଇଥାଏ । ନିଜକୁ କୁହନ୍ତୁ ଓ ବାରମ୍ବାର ତା' ଉପରେ ଚାପ ଦିଅନ୍ତୁ ଯେ ଦାଢ଼ି-ନିଶ ନ ଉଠୁ, ତେବେ କ'ଣ ଏହା ସମ୍ଭବ ଅଟେ ?

ମସ୍ତିଷ୍କ କହିବାରୁ କ'ଣ ତନ୍ତୁ ନିଜ କାମ ବନ୍ଦ କରିଦେବେ ?

ଏହା ଅସମ୍ଭବ ଅଟେ । ଅସମ୍ଭବ ଅଟେ ।

ନିଜ କାର୍ଯ୍ୟ ପ୍ରତି, ମଣିଷର ଶରୀର ପ୍ରତି, ତନ୍ତୁ ବିନା ମସ୍ତିଷ୍କରେ ମଧ୍ୟ ସାଧୁତା ରଖି ଆସିଛନ୍ତି । ନିଜ କର୍ତ୍ତବ୍ୟର ନିର୍ବାହ କରନ୍ତି । ପ୍ରତ୍ୟେକ ଜୀବାଣୁ ଅନ୍ୟ ଜୀବାଣୁ ଉପରେ ନିଜର ପ୍ରଭାବ ପକାଏ । ଜଣେ ମଣିଷ, ଧରନ୍ତୁ ଭୋଜନ କରୁଛି, ସେହି ସମୟରେ ଚିଠି ଆସେ ଯେ, ତା'ର ଜଣେ ପ୍ରିୟଜନର ଦେହାନ୍ତ ହୋଇଗଲା । ସେ ସମୟରେ ତା' ଅବସ୍ଥା କ'ଣ ହେବ ? ଆପଣ ଏହି କଥାର ସହଜ କଳ୍ପନା କରିପାରିବେ । ଚିଠି ପଢ଼ି ସେ ହତବାକ୍ ହୋଇଯିବ । ଆପଣଙ୍କ ଭୋକ-ଶୋଷ ସବୁ ସମାପ୍ତ ହୋଇଯିବ । ଏହାର ଉଦାହରଣ ହେଲା, ବିଚାରର ପ୍ରଭାବ ନା କେବଳ ମସ୍ତିଷ୍କ ଉପରେ ବରଂ ଶରୀରର ଅନ୍ୟ ଅଂଶ ଉପରେ ମଧ୍ୟ ପଡ଼ିଥାଏ । ମୃତ୍ୟୁର ଖବର ପାଇ ସେ ହତବାକ୍

ହୋଇଗଲା, କିନ୍ତୁ ଏଥି ସହିତ ତା' ମୁହଁ ମଧ୍ୟ ଶୁଖିଗଲା ଅର୍ଥାତ୍ ତା' କ୍ଷୁଧାର ଜୀବାଣୁ ମଧ୍ୟ ପ୍ରଭାବିତ ହୋଇଗଲା । ଏହିଭଳି ଆମ ମସ୍ତିଷ୍କ ବ୍ୟତୀତ ଆମର ଅନ୍ୟ ଅଙ୍ଗ ମଧ୍ୟ ବିଚାର ଦ୍ୱାରା ପ୍ରଭାବିତ ହୋଇଥାନ୍ତି ।

ମନର ରୋଗ:

ଏକ ସୁସ୍ଥ ସୁନ୍ଦର ନବଯୁବତୀର ପିତା-ମାତାଙ୍କୁ ଯକ୍ଷ୍ମାରୋଗ ଥିଲା । ତାହା, ତାକୁ ସ୍ପର୍ଶ କରିନଥିଲା । ଏହାସତ୍ତ୍ୱେ ତାକୁ ବିଶ୍ୱାସ ଦିଆଗଲା ଯେ, ତାହା ପୈତୃକ ରୋଗ ହୋଇଥିବା କାରଣରୁ ତାକୁ ମଧ୍ୟ ହୋଇପାରେ । ଯୁବତୀର ମନରେ କଥାଟି ରହିଗଲା । ବାସ୍! ଏହାପରେ ବିଚାରୀ ଚିନ୍ତା କରିବାକୁ ଲାଗିଲା । ଟିକିଏ କାଶ ହେଲେ ମଧ୍ୟ ତାକୁ ଭ୍ରମ ହୋଇଯାଏ ଯେ ଯକ୍ଷ୍ମାରୋଗ ହୋଇଗଲା । ସେ ଥରି ଉଠୁଥିଲା । ସବୁ ଥର ଛେପ ପକାଇବା ପରେ ତାହାର ରଙ୍ଗ ଦେଖୁଥିଲା, ଯକ୍ଷ୍ମାର ଜୀବାଣୁ ଖୋଜୁଥିଲା । ଚିକିତ୍ସକଙ୍କୁ ଦେଖାଉଥିଲା । ଚିକିତ୍ସକ କହୁଥିଲେ, ସେମିତି କିଛି କଥା ନାହିଁ, କିନ୍ତୁ ତାକୁ ବିଶ୍ୱାସ ହିଁ ହେଉନଥିଲା । ଏହି ବିଶ୍ୱାସ ଯୋଗୁଁ ଉତ୍ପନ୍ନ ଚିନ୍ତାର ଫଳସ୍ୱରୂପ ତା'ର ପାଚନ ପ୍ରକ୍ରିୟା ଏବଂ ଶରୀରର ଅନ୍ୟ ସ୍ୱାଭାବିକ କ୍ରିୟାରେ ବାଧା ଆସିବାକୁ ଲାଗିଲା । ମୁହଁ ବିଷର୍ଣ୍ଣ ପଡ଼ିଗଲା । ମୁହଁ ଶୁଖିଗଲା ।

ତାକୁ ଯକ୍ଷ୍ମାରୋଗ ତ' ନଥିଲା, କିନ୍ତୁ ତା' ଶରୀରର ବାହ୍ୟ ଅବସ୍ଥା ଯକ୍ଷ୍ମା ରୋଗୀଙ୍କ ପରି ହୋଇଯାଇଥିଲା । ସେ ଚିନ୍ତିତ ହୋଇଗଲା । ସନ୍ଦେହ ହେବାକୁ ଲାଗିଲା ଯେ ତାକୁ ଯକ୍ଷ୍ମା ରୋଗ ହୋଇଛି, କିନ୍ତୁ ଚିକିତ୍ସକ ତାକୁ ଲୁଚାଉଛନ୍ତି । ତାକୁ ଦେଖୁଥିବା ସାଧାରଣ ଲୋକେ ତାକୁ ଯକ୍ଷ୍ମାରୋଗୀ ଭାବନ୍ତି । ତାହାର ଶରୀର, ମୁହଁ-ଦେହ ଏକଦମ୍ ମା'ଙ୍କ ପରି ହୋଇଯାଇଥିଲା । ସେ ଅନ୍ତତଃ ଏକ ବହୁତ ପ୍ରସିଦ୍ଧ ବୟୋବୃଦ୍ଧ ଡାକ୍ତରଙ୍କ ପାଖକୁ ଗଲା । ସେ ପଚାରିଲା- "ଡାକ୍ତର ବାବୁ । ସତ କଥା କୁହନ୍ତୁ ମତେ ଯକ୍ଷ୍ମାରୋଗ ହୋଇଛି ଅବା ନାହିଁ?" ତା'ର ସ୍ୱର କୋହରେ ବୁଡ଼ି ରହିଥିଲା ।

"ହଁ, ତୁମକୁ ଯକ୍ଷ୍ମାରୋଗ ହୋଇଛି ।" ଡାକ୍ତର କହିଲେ ।

ସେ କାନ୍ଦି ପକାଇଲା ଓ କହିଲା "ଦେଖିଲେ ତ' ଡାକ୍ତର ବାବୁ! ଅନ୍ୟ ଡାକ୍ତରମାନେ ମତେ ବୋକା ବନଉଥିଲେ ।"

"ହଁ ଝିଅ" ସେହି ଅନୁଭବୀ ଡାକ୍ତର କହିଲେ "ଭଲ ଡାକ୍ତର କେବେ ମିଛ କୁହନ୍ତି ନାହିଁ । କୌଣସି ଡାକ୍ତର ମିଛ କହିନାହାନ୍ତି । ତୁମକୁ ଯକ୍ଷ୍ମାରୋଗ ହୋଇଛି, କିନ୍ତୁ ଦେହରେ ନୁହେଁ ମନରେ । ତୁମ ମନରେ ଏହି କଥା ରହିଯାଇଛି । ଏହି କାରଣରୁ ତୁମ ଶରୀର ଏ ପ୍ରକାରର ହୋଇଯାଇଛି । ତୁମ ଶରୀରରେ କୌଣସି ରୋଗ ନାହିଁ । ତୁମେ ଚିନ୍ତା କରି-କରି ନିଜକୁ ରୋଗୀଣା କରିଦେଇଛ, ମନରୁ ସନ୍ଦେହ ବାହାର କରିଦିଅ, ଏକଦମ୍ ଭଲ ହୋଇଯିବ ।" ସେହି ଯୁବତୀ ଆଶ୍ଚର୍ଯ୍ୟ ହୋଇ ଚାହିଁଲା । ସେହି ଅନୁଭବୀ ଚିକିତ୍ସକ ବଡ଼ ଆଦରରେ ବୁଝାଇ ତା' ମନରୁ ଭ୍ରମ ଦୂର କରିଦେଲେ । ଧୀରେଧୀରେ

ସେହି ଯୁବତୀ ସୁସ୍ଥ, ସୁନ୍ଦର ହୋଇଗଲା । ତା' ଶରୀର ପୂର୍ବ ଭଳି ହୋଇଗଲା । ସେହି ଯୁବତୀକୁ ଯକ୍ଷ୍ମା ରୋଗ ନଥିଲା, କିନ୍ତୁ ଅବିରତ ବିଚାରଗୁଡ଼ିକ ରୋଗ ନଥିବା ସତ୍ତ୍ୱେ ତା' ଶରୀର ଯକ୍ଷ୍ମାରୋଗୀ ଭଳି କରି ଦେଇଥିଲା । ତା' ଶରୀରର ଅନ୍ୟ ଜୀବାଣୁ ତା' ବିଚାର ଯୋଗୁଁ ପ୍ରଭାବିତ ହୋଇ ଯାଇଥିଲେ । ଆମ ବିଚାର, ଆମ ଭାବନା, ଆମର ଚିନ୍ତନ, ଆମ ଶରୀରର ଅଙ୍ଗ-ପ୍ରତ୍ୟଙ୍ଗ ଉପରେ ପ୍ରଭାବ ପକାନ୍ତି । ଏଥିପାଇଁ ଆମକୁ ନିଜ ବିଚାରଗୁଡ଼ିକୁ ପ୍ରସନ୍ନ ଓ ସୁଦୃଢ଼ ରଖିବାକୁ ହେବ । ନିରାଶାକୁ ପାଖ ପୁରାଇବା ଉଚିତ ନୁହେଁ ।

ଯଦି ଆମେ ନିଜ ଶରୀରର ପ୍ରତ୍ୟେକ ଅଣୁର କାର୍ଯ୍ୟଦକ୍ଷତାକୁ, ତା' କ୍ଷମତାକୁ କାଏମ୍ ରଖିବାକୁ ଚାହିଁବା, ତେବେ ଆମକୁ ସର୍ବଦା ଆଶା, ଉତ୍ସାହ ଓ ଆନନ୍ଦମୟ ବିଚାର ଦ୍ୱାରା ଭିଜି ରହିବା ଉଚିତ । ନିରାଶା, ଦୀନତା, ଦୁଃଖ, ନିର୍ଧନତା, ହୀନତାର ବିଚାର ମାତ୍ରକେ ହିଁ ଆମ ଶରୀରର ଜୀବାଣୁ ଭୁଲ୍ ପରିଣାମ ଦିଅନ୍ତି । ସେଗୁଡ଼ିକ କ୍ରିୟାଶୀଳ ହେବାକୁ ଲାଗନ୍ତି । ଏହି ଅବସ୍ଥାରେ ଆପଣ ନିଜେ ନ୍ୟାୟ କରନ୍ତୁ ଯେ ଏ ପ୍ରକାରର ଭାବନାଗୁଡ଼ିକୁ ନିଜ ମନରେ ରଖିବାର ଫଳ କ'ଣ ହୁଏ । ଯେଉଁ ବ୍ୟକ୍ତି ମନରେ ଏ ପ୍ରକାରର ଭାବନା ଆସିଯାଏ, ସେତେବେଳେ ସେ ନିଜ ଜୀବନରେ କିଛି କରିପାରେ ନାହିଁ । ତା' ଶରୀରର ଜୀବାଣୁ ମଧ୍ୟ ତା'ର ସାଥ୍ ଦିଅନ୍ତି ନାହିଁ । ଯେତେବେଳେ ଆପଣ ଅସୁସ୍ଥ ହୋଇଯାଆନ୍ତି ତେବେ କେମିତି ଦୁର୍ବଳ ହୋଇଯାଆନ୍ତି । ସେହିପରି, ଜୀବାଣୁ ଯେତେବେଳେ ଦୁର୍ବଳ ହେବେ, ତେବେ କ'ଣ ମଣିଷ କାମ କରିପାରିବ ? ଶରୀରରେ ସେତେବେଳେ ଦକ୍ଷତା କେଉଁଠୁ ଆସିବ । ନିଜ ଶରୀରର ଯେକୌଣସି ଜୀବାଣୁକୁ ଆପଣ ସେହି ଅବସ୍ଥାରେ କ୍ରିୟାଶୀଳ ଓ କ୍ଷମତାଶୀଳ ରଖିପାରିବେ, ଯେତେବେଳେ ସେ ସୁସ୍ଥ ଥିବ ଓ ଶରୀରର କୌଣସି ଜୀବାଣୁକୁ ସୁସ୍ଥ ରଖିବାର ଗୋଟିଏ ଉପାୟ ହେଲା ଆପଣ ସର୍ବଦା ପ୍ରସନ୍ନ ରୁହନ୍ତୁ, ନିଜ ମନ ଉତ୍ସାହରେ ଭରି ରଖନ୍ତୁ ।

କେବେ ହେଲେ ନିରାଶା ଅଥବା ଦୁଃଖର କଥାଗୁଡ଼ିକୁ ଭାବନ୍ତୁ ନାହିଁ । ଏହିଭଳି ଆପଣଙ୍କ ଶରୀରର ପ୍ରତ୍ୟେକ ଜୀବାଣୁ ପ୍ରସନ୍ନ ରହିବ । ତା' ସ୍ୱାସ୍ଥ୍ୟ ଠିକ୍ ରହିବ । ସୁସ୍ଥ ଜୀବନର ରହସ୍ୟ କ'ଣ ? ଏମିତି ଅନେକ ବ୍ୟକ୍ତି ଆପଣଙ୍କୁ ଆଖପାଖରେ ମିଳିଯିବେ, ଯେଉଁମାନେ କେବେ ଅସୁସ୍ଥ ହୁଅନ୍ତି ନାହିଁ । ସେମାନଙ୍କୁ ମୁଣ୍ଡବ୍ୟଥା କେବେ ହୁଏନାହିଁ । କ'ଣ ଆପଣ କେବେ ଏହା ଜାଣିବାକୁ ଚେଷ୍ଟା କରିଛନ୍ତି, ସେମାନଙ୍କ ମଧ୍ୟରେ ଏମିତି କ'ଣ ଅଛି ? ଆପଣ ଯାହା ଖାଉଛନ୍ତି, ସେମାନେ ମଧ୍ୟ ସେଇ ଖାଦ୍ୟ ଖାଉଛନ୍ତି । ସେମାନେ କୌଣସି ହୀରା-ମୋତି ଖାଆନ୍ତି ନାହିଁ । ଯେତିକି ପରିଶ୍ରମ ଆପଣ କରନ୍ତି, ତାଠାରୁ ବହୁତ ଅଧିକ ସେମାନେ କରନ୍ତି । ତେବେ କାରଣ କ'ଣ ?

ଆପଣ ନିଜର ଓ ସେମାନଙ୍କ ବ୍ୟବହାରରେ ବଡ଼ ପ୍ରଭେଦ ଦେଖିବେ । ସେମାନେ କେବେ ଦୁଃଖ, ନିରାଶାକୁ ପାଖ ମଡ଼େଇ ଦିଅନ୍ତି ନାହିଁ । ସର୍ବଦା ପ୍ରସନ୍ନ ରୁହନ୍ତି । ବଡ଼-

ବଡ଼ ସଙ୍କଟ ଆସିଲେ ମଧ୍ୟ ନିଜର ଧୈର୍ଯ୍ୟ, ସାହସ ଛାଡ଼ନ୍ତି ନାହିଁ । ସମାନ ଭାବେ ଖୁସି ରୁହନ୍ତି । ସେମାନେ କୌଣସି କଥାରେ ଚିନ୍ତା କରନ୍ତି ନାହିଁ । ସେମାନେ କେବଳ କାର୍ଯ୍ୟରେ ମନ ଲଗାଇ ରଖନ୍ତି ଏବଂ ସେମାନେ ଚିନ୍ତାମୁକ୍ତ ରୁହନ୍ତି ଓ କିଛି ନା କିଛି କରୁଥାନ୍ତି । ସେମାନେ ସମ୍ପୂର୍ଣ୍ଣ ନିଦ ଶୁଅନ୍ତି । କ'ଣ ଏ ସମସ୍ତ ଗୁଣ ଆପଣଙ୍କ ଭିତରେ ଅଛି ? ଚିନ୍ତାମୁକ୍ତ ଜୀବନ ହିଁ ସୁସ୍ଥ, ସବୁବେଳେ ନିରୋଗ ରହୁଥିବା ଜୀବନର ପର୍ଯ୍ୟାୟ ଅଟେ । ରାତିରେ ଅଧିକାଂଶ ଲୋକ ଠିକ୍ ଭାବେ ଶୋଇପାରନ୍ତି ନାହିଁ । ଖାଲି କଡ଼ ଲେଉଟାଉଥାନ୍ତି । କିଏଜାଣେ କେତେ ଚିନ୍ତା ସେମାନଙ୍କ ମନ ଭିତରେ ଜମି ରହିଥାଏ । ସେମାନେ ନିଜର ନିଦ ମଧ୍ୟ ସମ୍ପୂର୍ଣ୍ଣ କରିପାରନ୍ତି ନାହିଁ । ଦିନ-ରାତି ଦୌଡ଼ରେ ଲାଗିରୁହନ୍ତି । ପ୍ରସନ୍ନତା ବହୁ ଦୂରରେ ଥାଏ ।

ପରିଣାମସ୍ୱରୂପ ସେମାନେ ଦୁର୍ବଳ ହୋଇଯାଆନ୍ତି । ସେମାନେ ଯେତେବେଳେ ଦୁର୍ବଳ ହୋଇଯିବେ, ତେବେ ସେମାନଙ୍କ ଶରୀରରେ ରୋଗ ଜୀବାଣୁ ସହଜରେ ପ୍ରବେଶ କରିବେ । ଏହି ଜୀବାଣୁଙ୍କ ଠାରୁ ଦୁର୍ବଳ ହୋଇଯାଇଥିବା ଶରୀରର ଜୀବାଣୁ ଜିତିପାରିବେ ନାହିଁ । ପରିଣାମ, ଶରୀର ଉପରେ ରୋଗର ଅଧିକାର ହୋଇଯିବ । ସେତେବେଳେ ମଣିଷ ନିଶ୍ଚିତ ଅସୁସ୍ଥ ହେବ । ଏହି କଥା ତ' ଆଜି ସମସ୍ତେ ଜାଣିଛନ୍ତି ଯେ ଆମ ଶରୀରରେ ରୋଗ ଜୀବାଣୁଙ୍କ ସହ ଲଢ଼ିବାର ଯଥେଷ୍ଟ ଦକ୍ଷତା ଅଛି । ଆମ ଶରୀରର ପ୍ରତ୍ୟେକ ଜୀବାଣୁ ସେମାନଙ୍କ ସହ ଲଢ଼ନ୍ତି । ଯେତେବେଳେ ସେଗୁଡ଼ିକ ବଳବାନ୍ ଥିବେ, ତେବେ ଯାଇ ଜିତି ପାରିବେ । ଜୀବାଣୁଙ୍କୁ ଯଦି ଆପଣ ବଳବାନ୍ ରଖିବେ ନାହିଁ, ତେବେ ଆପଣଙ୍କ ଶରୀର ରୋଗର ଘର ହୋଇଯିବ । ଆପଣ କାହା ବଳରେ ନିଜକୁ ରକ୍ଷା କରିପାରିବେ ?

ଆମ ଶରୀରର ପ୍ରତ୍ୟେକ ଅଣୁ ବିଚାରଶୀଳ ଅଟନ୍ତି । ଏହା ସବୁବେଳେ ଆପଣଙ୍କ ଲାଭ ପାଇଁ ଉଦ୍ୟମୀ ରହିବାକୁ ଚାହେଁ । ସ୍ୱୟଂ ଭଗବାନ ମଣିଷ ଶରୀରର ରଚନା ଏପ୍ରକାରର କରିଛନ୍ତି ଯେ, ନିଜ ଅଙ୍ଗଗୁଡ଼ିକର ସମୁଚିତ ବ୍ୟବହାର କରି ସେମାନେ ସବୁକିଛି ପାଇପାରିବେ । ଭଗବାନ ମଣିଷର ପ୍ରତ୍ୟେକ ଅଙ୍ଗକୁ ଚମତ୍କାରୀ କରିଛନ୍ତି । ନିଜ ହାତ, ଗୋଡ଼ରେ ସେ ମସ୍ତିଷ୍କର ସହଯୋଗ ବଳରେ କ'ଣ କରି ନପାରେ । ବହୁତ କୌଶଳର ସହ ମଣିଷର ରଚନା ହୋଇଛି । କ'ଣ କେବେ ଆପଣ ନିଜର ମହତ୍ତ୍ୱ ବୁଝିବା, ଆକଳନ କରିବାକୁ ଚେଷ୍ଟା କରିଛନ୍ତି ।

ନିଜକୁ ଜାଣନ୍ତୁ:

ଟିକେ ଦେଖନ୍ତୁ, ବୁଝନ୍ତୁ, ଆପଣଙ୍କୁ ସବୁ ଜଣାପଡ଼ିଯିବ । ପ୍ରତ୍ୟେକ ସଫଳତାର ଚାବି ଆପଣଙ୍କ ହାତରେ ଅଛି । କ'ଣ କେବେ ଆପଣ ନିଜ ହାତର ରେଖାଗୁଡ଼ିକୁ ଦେଖିଛନ୍ତି ? ଦେଖନ୍ତୁ ନାହିଁ- ସେଗୁଡ଼ିକର ଫାନ୍ଦରେ ପଡ଼ନ୍ତୁ ନାହିଁ । ନିଜ ଆଙ୍ଗୁଠିଗୁଡ଼ିକୁ

ଦେଖନ୍ତୁ- ନିଜ ହାତମୁଠାକୁ ଦେଖନ୍ତୁ । ସେଥିରେ କେତେ ଶକ୍ତି ଅଛି । ନିଜକୁ ନିର୍ମାଣ କରନ୍ତୁ । ନିଜ ଶରୀରର ଅଣୁ-ଅଣୁ ଉପରେ ବିଚାର କରନ୍ତୁ । ସେଗୁଡ଼ିକ ବହୁତ ବିଚାରବାନ, ବୁଦ୍ଧିମାନ ଅଟନ୍ତି । ସେଗୁଡ଼ିକୁ ସୁସ୍ଥ ଓ ପ୍ରସନ୍ନ ରଖନ୍ତୁ । ସଫଳତା ଆପଣଙ୍କ ଆଗରେ ହାତଯୋଡ଼ି ଠିଆହେବ । ନିଜକୁ ସେହି ଯୋଗ୍ୟ ତ' ଗଢ଼ନ୍ତୁ । ସେତେବେଳେ କ'ଣ ସେ ଆପଣଙ୍କ ପାଖକୁ ଆସିବନି ! ଯେତେବେଳ ପର୍ଯ୍ୟନ୍ତ ଆପଣ ଏହି ସତ୍ୟକୁ ନିଜ ମନ ମଧ୍ୟରେ ରଖି କାର୍ଯ୍ୟରେ ନ ଲାଗିବେ, ଆପଣଙ୍କ ଜୀବନ ସୁଖମୟ ହୋଇପାରିବ ନାହିଁ । ଏହି କଥାକୁ ଆପଣ ଗଣ୍ଠି କରି ରଖନ୍ତୁ । ଆପଣଙ୍କୁ ଏହା ଜାଣି ଆଶ୍ଚର୍ଯ୍ୟ ଲାଗିବ ଯେ ବିଜ୍ଞାନର ନୂତନ ଅନ୍ୱେଷଣ ଦ୍ୱାରା ଏହା ପ୍ରମାଣିତ ହୋଇଯାଇଛି ଯେ, କେବଳ ମଣିଷର ମସ୍ତିଷ୍କ ହିଁ ଚିନ୍ତନ-ମନନ କରେନାହିଁ, ସମ୍ବେଦନର ଅନୁଭବ କରେନାହିଁ, ଏପରିକି ମଣିଷ ଶରୀରର ଅଙ୍ଗ-ଅଙ୍ଗ, ପ୍ରତ୍ୟେକ ଅଣୁ, ପ୍ରତ୍ୟେକ ସେଲ୍ ମଧ୍ୟ ଏହିସବୁ କ୍ରିୟା କରନ୍ତି ।

ବୈଜ୍ଞାନିକମାନେ ପ୍ରୟୋଗ କରି ଦେଖାଇ ଦେଇଛନ୍ତି ଯେ ମଣିଷ ଶରୀରର କୌଣସି ଅଙ୍ଗ କାଟି, ନିଆଁ କିମ୍ବା ବିଷ ପାଖରେ ରଖିଦିଆଯାଏ, ତେବେ ସେ ସେଥିରୁ ଉଦ୍ଧାର ପାଇବା ପାଇଁ ଚେଷ୍ଟା କରେ । ଯଦି ଲାଭକାରୀ ଔଷଧ କିମ୍ବା ପୌଷ୍ଟିକ ପଦାର୍ଥ ପାଖରେ ରଖି ଦିଆଯାଏ ତେବେ ତାକୁ ଗ୍ରହଣ କରିବାକୁ ଚେଷ୍ଟା କରିଥାଏ । ଏହାର ଅର୍ଥ ହେଲା ଯେ ଆମ ଶରୀରର ଅଣୁ-ଅଣୁ ନିଜର ଏକ ସ୍ୱତନ୍ତ୍ର ଅସ୍ତିତ୍ୱ ରଖନ୍ତି । କାରଣ ଏହା ଯେ ଶୋକ କିମ୍ବା ହର୍ଷର ପ୍ରଭାବ ଶରୀରର ପ୍ରତ୍ୟେକ ଅଙ୍ଗ ଉପରେ ପଡ଼ିଥାଏ । ମଣିଷର ସାରା ଶରୀର ବାହ୍ୟ ବାତାବରଣର ଅତିରିକ୍ତ ନିଜ ଆନ୍ତରିକ ବିଚାର ଦ୍ୱାରା ମଧ୍ୟ ପ୍ରଭାବିତ ହୋଇଥାଏ । ପ୍ରତ୍ୟେକ ଅଣୁଙ୍କ ନିଜ ନିଜର ଗୁଣ ରହିଛି । ପ୍ରସିଦ୍ଧ ଚିକିତ୍ସକ କ୍ଲାବିଙ୍କ ମାନ୍ୟତା ହେଉଛି, ଆମ ଆବଶ୍ୟକତା ଅନୁସାରେ ନା କେବଳ ମଣିଷ ଏପରିକି ପଶୁଙ୍କ ଶରୀରରେ ମଧ୍ୟ ପରିବର୍ତ୍ତନ ହୋଇ ଆସିଛି । ଜିରାଫ୍ ଓ ଓଟର ବେକ ଲମ୍ବା କାହିଁକି ?

ଏହାର କାରଣ ହେଲା ଏହି ପଶୁଙ୍କୁ ଘାସ ନୁହେଁ, ଗଛର ପତ୍ର ଆବଶ୍ୟକ ଥିଲା, ଏଥିପାଇଁ ଆବଶ୍ୟକ ମୁତାବକ ଶରୀରର ଅଣୁମାନେ ସେମାନଙ୍କ ବେକ ଲମ୍ବା କରିଦେଲେ, ଫଳରେ ସେମାନେ ଗଛ ଉପରକୁ ନିଜର ମୁହଁ ଲମ୍ବାଇ ପତ୍ର ଖାଇପାରିବେ । ଶରୀରର ଯେକୌଣସି ଅଙ୍ଗର ବୃଦ୍ଧି ତାହାର ଆବଶ୍ୟକତା ଉପରେ ଆଧାରିତ ଅଟେ । ଆବଶ୍ୟକ ସ୍ଥଳେ ଶକ୍ତିର ଅଣୁ ନିଜେ ଏହି କାମ କରିଦିଅନ୍ତି । ସେମାନଙ୍କ ସଂଖ୍ୟା ଉପଯୋଗିତା ଅନୁସାରେ ବଢ଼ିଚାଲନ୍ତି । ଏହି କାରଣରୁ ଶକ୍ତିର ଅଙ୍ଗ ବିଶେଷ ବିକାଶ ହୋଇ ଯାଇଥାଏ । ମଣିଷ ଏହାର ଅପବାଦ ନୁହେଁ । ସାଧାରଣତଃ ମଣିଷର ହାତ ତା' ଗୋଡ଼ଠାରୁ ଛୋଟ ହୋଇଥାଏ । ଯେଉଁ ବାଳକକୁ ଗଧିଆ ଉଠାଇ ନେଇଯାଇଛି, ତେବେ ସେହି ବାଳକଙ୍କ ହାତ-ଗୋଡ଼ ପଶୁ ଭଳି ହୋଇଯାଏ । ବାଳକ, ଗଧିଆଙ୍କ ମଝିରେ ରହି-ରହି ସେମାନଙ୍କ ପରି ଚାରି ଗୋଡ଼ରେ ଚାଲେ । ଏହି ପ୍ରକାରର କିଛି ବାଳକ ମିଳିଛନ୍ତି ।

ସେମାନଙ୍କ ଅଧ୍ୟୟନ କରିବାରୁ ଏହି କଥା ସାମ୍ନାକୁ ଆସିଥିଲା । ଚିକିତ୍ସକଙ୍କ ମାନ୍ୟତା ହେଲା ଯେ ପଶୁଙ୍କ ବଢ଼ିବା ଦ୍ୱାରା ସେମାନଙ୍କ ମଧ୍ୟରେ ସମ୍ବେଦନଶୀଳତା ସ୍ପଷ୍ଟ ରୂପେ ଦେଖାଯାଇ ପାରିବ । ପଶୁଙ୍କ ମଧ୍ୟରେ ଏହି ଗୁଣ ସେମାନଙ୍କ ଉଦ୍ଭବ ସମୟରୁ ଚାଲିଆସୁଛି । ସେହି ଗୁଣ ଆଜି ମଧ୍ୟ କ୍ରମାନୁସାରେ ଚାଲିଛି । ମଣିଷର ଶରୀର ଭିନ୍ନ-ଭିନ୍ନ ଅଙ୍ଗଗୁଡ଼ିକର ଅବ୍ୟବସ୍ଥିତ ସମୂହ ନହୋଇ, ଅଣୁଙ୍କ ଏକ ସୁସଂଗଠିତ ପୁଞ୍ଜ ମାତ୍ର । ଅଣୁ-ଅଣୁରେ ରଚିତ ସର୍ବତ୍ର ରୂପେ ସମ୍ବେଦନଶୀଳତା, ବିଚାରଶକ୍ତି ଥିବା ସତ୍ତ୍ୱେ ତାହା ଅଲଗା-ଅଲଗା ହୋଇ କାର୍ଯ୍ୟ କରନ୍ତି ନାହିଁ ବରଂ ଏକ ଆଦେଶ ଉପରେ ଚାଲନ୍ତି । ସଂଗଠିତ ରୂପେ ସେଗୁଡ଼ିକ ମନର ନିୟନ୍ତ୍ରଣ ଦ୍ୱାରା ଚାଲନ୍ତି । ଏ ସମସ୍ତ ଅଙ୍ଗଗୁଡ଼ିକର ଅଧିନାୟକ "ମନ" ଅଟେ । ଏହି ମନକୁ ହିଁ ଦର୍ଶନ ଭାଷାରେ "ମୁଁ" କୁହାଯାଇଛି । ଏହି ମନର ଅନୁଶାସନରେ ସମସ୍ତେ ଚାଲନ୍ତି । ମନ ଆଦେଶ ଦେଲେ ତାହାର ଆଜ୍ଞା ପାଳନ କରନ୍ତି, ଓ ଚୁପ୍‌ଚାପ ପଡ଼ିରୁହନ୍ତି । ଶରୀର ସଞ୍ଚାଳନର ତମାମ୍ ଦାୟିତ୍ୱ "ମନ" ଉପରେ ଥାଏ । ମନ ହିଁ ଏଗୁଡ଼ିକୁ କ୍ରିୟାଶୀଳ କରିଥାଏ କିମ୍ବା ମନ ହିଁ ଏଗୁଡ଼ିକୁ ନିଷ୍କ୍ରିୟ କରିଦିଏ । ଶରୀର ସୁସ୍ଥ ଅଛି ଅଥବା ଅସୁସ୍ଥ ? ଏହାର ନିର୍ଣ୍ଣୟ ମନ ଉପରେ ରହିଛି । ଏହି ମନ ହିଁ ଉଲ୍ଲାସ, ଉତ୍ସାହର ସଂଚାର କରିଥାଏ । ଏହି ମନ ହିଁ ନିରାଶା, ଅକର୍ମଣ୍ୟତାର ସଂଚାର କରିଥାଏ । ମନର ଇଶାରା କିମ୍ବା ବିଚାର ଅଥବା ପ୍ରଭାବ ଶରୀର ଉପରେ ପଡ଼ିଥାଏ । ଶରୀରର ପ୍ରତ୍ୟେକ ଅଣୁକୁ ପ୍ରଭାବିତ କରିଥାଏ । ଚିକିତ୍ସକଙ୍କ କହିବାନୁସାରେ ବିଜେତାଙ୍କ ଆହତ ସୈନିକ ଶୀଘ୍ର ସୁସ୍ଥ ହୋଇଯାଆନ୍ତି, କିନ୍ତୁ ପରାଜିତ ଆହତ ସୈନିକ ବହୁ ବିଳମ୍ବରେ ସୁସ୍ଥ ହୋଇଥାନ୍ତି । ମନର ଉତ୍ସାହ ଓ ବିଜୟର ପ୍ରସନ୍ନତା ବିଜେତା ସୈନିକଙ୍କୁ ଶୀଘ୍ର ସୁସ୍ଥ କରିଦିଏ । ଏଥିପାଇଁ ମନ ହିଁ ସମସ୍ତ ଶରୀରକୁ ଗଢ଼ିବା କିମ୍ବା ବିଗାଡ଼ିବା କାମ କରେ ।

୧୦. ସଫଳତାର ରହସ୍ୟ

ମୁଁ ସବୁବେଳେ ଆଶା, ଉତ୍ସାହ ଓ ପ୍ରଗତି ସହିତ ରୁହେ । ଯେତେବେଳେ ମୋତେ ଦୁଶ୍ଚିନ୍ତାଗୁଡ଼ିକ ଘେରିଯାଆନ୍ତି ତେବେ ମୁଁ ସବୁବେଳେ ମନୋରମ କଳ୍ପନା କରିବାକୁ ଲାଗେ । ପ୍ରକୃତରେ ମୋ ସଫଳତାର ରହସ୍ୟ ମୋର ମାନସିକ ନିୟନ୍ତ୍ରଣ ଅଟେ ।

ଥରେ କେହି ଜଣେ ଆବ୍ରାହମ୍ ଲିଙ୍କନଙ୍କୁ ଏକ ପ୍ରଶ୍ନ କଲେ - ଆପଣଙ୍କ ସଫଳତାର ରହସ୍ୟ କ'ଣ ? ଲିଙ୍କନଙ୍କ ଉତ୍ତର ଥିଲା- "ମୁଁ ମୋର ବ୍ୟକ୍ତିତ୍ୱକୁ ସବୁବେଳେ ପ୍ରସନ୍ନ କରି ରଖେ । ଏହାର ଆଧାର ହେଲା ମାନସିକ ସନ୍ତୁଳନ । ମୁଁ ମୋ ମନକୁ ନିୟନ୍ତ୍ରଣରେ ରଖିଛି । ମୁଁ କେବେ ଭୟଙ୍କର ବିଚାରଗୁଡ଼ିକୁ ନିଜ ପାଖ ମଡ଼େଇ ଦିଏନାହିଁ । ସବୁବେଳେ ଆଶା, ଉତ୍ସାହ ଓ ପ୍ରଗତି ସହ ରହିଥାଏ । ଯେତେବେଳେ ଦୁଶ୍ଚିନ୍ତା ଆସେ, ତେବେ ମୁଁ ମନୋରମ କଳ୍ପନା କରିବାକୁ ଲାଗେ । ଏମିତି କଳ୍ପନା କରେ ଯେ, ମନରେ ସ୍ଫୂର୍ତ୍ତିର ସଂଚାର ହେଉ । ମୋ ସଫଳତାର ରହସ୍ୟ ମୋର ମାନସିକ ନିୟନ୍ତ୍ରଣ ଅଟେ ।"- ଲିଙ୍କନଙ୍କ ଏହି ଜବାବ ନା କେବଳ ଲିଙ୍କନଙ୍କ ସଫଳତାର ରହସ୍ୟ ଅଟେ ବରଂ ପ୍ରତ୍ୟେକ ମଣିଷର ସଫଳତା ଏହା ଉପରେ ନିର୍ଭର କରେ । ଏହି ନିୟମ ଅଥବା ସିଦ୍ଧାନ୍ତକୁ ଆପଣାଇ ପ୍ରତ୍ୟେକ ମଣିଷ ନିଜ ଜୀବନ ସଫଳ କରିପାରିବେ । ସେମାନେ ନିଜ ବ୍ୟକ୍ତିତ୍ୱ ସୁପରିପାଟୀ କରିପାରିବେ ।

ବିଜ୍ଞାନ ଏହି କଥାକୁ ପ୍ରମାଣିତ କରିସାରିଛି, ମଣିଷର ଶରୀର ବିଭିନ୍ନ ପ୍ରୟୋଗ ଦ୍ୱାରା ତିଆରି ହୋଇଛି । ମୁଖ୍ୟତଃ ସ୍ନାୟୁ, ମସ୍ତିଷ୍କ, ଆମାଶୟ, ହୃଦୟ ଆଦି ମହତ୍ୱପୂର୍ଣ୍ଣ ଶାରୀରିକ ଅଙ୍ଗଗୁଡ଼ିକର ୟୁନିଟ୍‌ର ମାନ୍ୟତା ପାଇଛି । ଏହି ସ୍ନାୟୁଗୁଡ଼ିକର ସୁସ୍ଥ ପ୍ରକ୍ରିୟା

ଶାରୀରିକ ପ୍ରସନ୍ନତା ଉପରେ ନିର୍ଭର କରେ । ଯେତେବେଳେ ମଣିଷ ରୋଗରେ ପଡ଼େ, ତେବେ ନିଶ୍ଚିତ ରୂପେ ଏହା ଭାବିନେବା ଉଚିତ ଯେ ଆମର ସ୍ନାୟୁ କୋଶିକା ପ୍ରକ୍ରିୟାରେ କେଉଁଠି କିଛି ଗୋଳମାଳ ହୋଇଯାଇଛି । କିଛି ଲୋକଙ୍କ ଏହି ବିଚାରକୁ ଚିନ୍ତା କରିବା ଦ୍ୱାରା କେବଳ ମସ୍ତିଷ୍କ ଉପରେ ପ୍ରଭାବ ପଡ଼ିଥାଏ, ଏହା ଏକଦମ୍ ଭୁଲ୍ ଅଟେ ।

ଆମର ପ୍ରତ୍ୟେକ ଚିନ୍ତାଧାରା, ଚିନ୍ତନ ଓ ମନରେ ଉଠୁଥିବା ପ୍ରତ୍ୟେକ ଲହରୀର ପ୍ରଭାବ ଆମ ଶରୀରର ବିଭିନ୍ନ ପ୍ରକାରର ଅଙ୍ଗ ଉପରେ ମଧ୍ୟ ପଡ଼ିଥାଏ । ଯେହେତୁ ଚିନ୍ତାଧାରା, ଚିନ୍ତନ ଆଦିର ଆମର ଅନ୍ୟ ଇନ୍ଦ୍ରିୟଙ୍କ ସହ ସିଧା ସମ୍ବନ୍ଧ ରହିଛି । ସେଗୁଡ଼ିକର କାର୍ଯ୍ୟ ଶକ୍ତି ଓ ପ୍ରଣାଳୀ ଏମାନଙ୍କ ସହ ବାନ୍ଧି ହୋଇଛି । ଯେତେବେଳେ ଆମେ କୌଣସି କଥାକୁ ଚିନ୍ତା କରୁ, ତେବେ ଶରୀରର ସମସ୍ତ ଅଙ୍ଗ କୌଣସି ନା କୌଣସି ରୂପେ ନିଶ୍ଚିତ ପ୍ରଭାବିତ ହୁଅନ୍ତି । ସେଗୁଡ଼ିକୁ ଜଣାପଡ଼ିଯାଏ ଏଥିପାଇଁ, ସମସ୍ତ ପ୍ରକାର ବିଚାରର ଶରୀରର ଅଙ୍ଗମାନଙ୍କ ଉପରେ ବିଭିନ୍ନ ପ୍ରକାରର ବିଶେଷ କ୍ରିୟା ହୋଇଥାଏ । ଏହି କାରଣରୁ ଆମେ ସେମିତି କରିପାରୁ । ଯେକୌଣସି ମଣିଷ ମାମୁଲି ଅବସ୍ଥାରେ ଅପରାଧ କରିପାରେ ନାହିଁ, କିନ୍ତୁ ଯେତେବେଳେ ତା' ମଧ୍ୟରେ ବିଚାର କାରଣରୁ ଦୂଷିତ ହୋଇଯାଏ, ତେବେ ସେ ଅପରାଧ କରିଦିଏ ।

ଭଲ ଏବଂ ମନ୍ଦ ବିଚାର:

ବିଷାକ୍ତ ରକ୍ତ ବିଭିନ୍ନ ପ୍ରକାରର ବାସନାକୁ ପ୍ରୋତ୍ସାହନ ଦେଇଥାଏ ଓ ମନ ଅତ୍ୟନ୍ତ କୁତ୍ସିତ ବିଚାର ଦ୍ୱାରା ଭରିଯାଇଥାଏ । ସେତେବେଳେ ଏଗୁଡ଼ିକର ପ୍ରେରଣାରେ ମଣିଷ ବିଭିନ୍ନ ପ୍ରକାରର ଅପରାଧରେ ଜଡ଼ିତ ହୋଇଯାଏ । ଆମର ବିଚାର, ସମୁଦ୍ରରୁ ଉଠୁଥିବା ଲହରୀ ସମାନ ହୋଇଥାଏ । ଆମର କ୍ରିୟାକଳାପ ଏହି ତରଙ୍ଗରୁ ବାହାରୁଥିବା ନଳା ସମାନ ହୋଇଥାଏ । ଯେତେବେଳେ ମଧ୍ୟ ବିପରୀତ ଦିଗକୁ ବହୁଥିବା ତରଙ୍ଗ ପରସ୍ପର ମଧ୍ୟରେ ବାଡ଼େଇ ହୁଅନ୍ତି, ତେବେ ଭଅଁରରେ ଫସିଯିବା ପରେ ନୌକା ବୁଡ଼ିବା ଅନିବାର୍ଯ୍ୟ ଅଟେ । ଭଲ ବିଚାରରେ ରହିଲେ ପ୍ରତିଷ୍ଠା ଓ ସମ୍ମାନ ଥାଏ, କିନ୍ତୁ ମନ୍ଦ ବିଚାରରେ ରହିବା ଦ୍ୱାରା କଳଙ୍କ ଲାଗିଥାଏ । ନୈତିକ ଓ ସାମାଜିକ ଅପରାଧୀ ରୂପେ ମଣିଷ ଦୂଷିତ ହୋଇଯାଏ । ଏହିଭଳି, ବ୍ୟକ୍ତିର ସର୍ବନାଶ ମଧ୍ୟ ନିଶ୍ଚିତ ହୋଇଥାଏ । ଯେକୌଣସି ପରିସ୍ଥିତିରେ ଆମକୁ କୁବିଚାରଗୁଡ଼ିକୁ ଅଟକାଇବା ଉଚିତ । ନିଜ ମନର ପ୍ରବୃତ୍ତି ଉପରେ ବିଜୟ ହାସଲ କରିବା ପରେ ହିଁ ଆମେ ବିଚାର ଉପରେ ଉଚିତ ନିୟନ୍ତ୍ରଣ କରିପାରିବା । ନିୟନ୍ତ୍ରିତ ବିଚାର ଜୀବନକୁ ସୁରକ୍ଷିତ ଓ ସୁବାସିତ କରନ୍ତି । ଯେଉଁ ସମୟରେ ତାରର ସନ୍ଧାନ କରିବାରେ ବୈଜ୍ଞାନିକ ବ୍ୟସ୍ତ ଥିଲେ, ସେହି ସମୟରେ ସେମାନଙ୍କ ସମ୍ମୁଖରେ ବିଭିନ୍ନ ଦିଗରେ ବହୁଥିବା ଧ୍ୱନୀ ତରଙ୍ଗଗୁଡ଼ିକୁ ନିୟନ୍ତ୍ରିତ କରିବାର ଜଟିଳତା ଆସି ଯାଇଥିଲା । ଏ ପ୍ରକାରର ଜଟିଳତା ସେହି ସମସ୍ତ ଲୋକଙ୍କ ସାମ୍ନାକୁ

ମଧ୍ୟ ଆସିଥାଏ, ଯେଉଁମାନେ ନିଜ ଚିତ୍ତ-ପ୍ରବୃତ୍ତିର ନିୟନ୍ତ୍ରଣ କରି ଚରିତ୍ର ନିର୍ମାଣ କରିବାକୁ ଚାହାନ୍ତି। ଚରିତ୍ର ନିର୍ମାଣ ସେତେବେଳେ ସମ୍ଭବ ଅଟେ ଯେତେବେଳେ ସେହି ସମସ୍ତ ମନ-ପ୍ରବୃତ୍ତିଗୁଡ଼ିକୁ କେନ୍ଦ୍ରିତ କରି ନିୟନ୍ତ୍ରଣରେ ରଖାଯାଇଥିବ, ଯେଉଁମାନେ ନିଜର ଖରାପ ପ୍ରଭାବ ଦ୍ୱାରା ଯେକୌଣସି ବ୍ୟକ୍ତିର ପ୍ରତିଭାରେ ବାଧା ଦିଅନ୍ତି। ଏ ପ୍ରକାରର ଦୁଷ୍ପ୍ରବୃତ୍ତି ବହୁତ ସଶକ୍ତ ହୋଇଥାନ୍ତି। ଏଗୁଡ଼ିକୁ ପରାସ୍ତ ନକଲେ ଜୀବନର ଯେକୌଣସି କ୍ଷେତ୍ରରେ ସଫଳତା ମିଳି ପାରିବା ଅସମ୍ଭବ ଅଟେ। ବିଚାର ନିୟନ୍ତ୍ରଣ ଦ୍ୱାରା ସଫଳତାର ପଥ ପ୍ରଶସ୍ତ ହୋଇଯାଏ। ଏଥିପାଇଁ ନିଜ ମସ୍ତିଷ୍କକୁ ସଶକ୍ତ କରିବାକୁ ପଡ଼ିଥାଏ, ଯାହା ଫଳରେ ଏ ପ୍ରକାରର ଦୂଷିତ ବିଚାରଧାରାଗୁଡ଼ିକୁ ସେ ଅଟକାଇ ପାରିବ। ଏହିଭଳି ନିଜ ରାସ୍ତା ସହଜ କରାଯାଇ ପାରିବ। ଉଚିତ୍ ସମୟରେ ଉଚିତ ବିଚାରଗୁଡ଼ିକୁ ମସ୍ତିଷ୍କରେ ନିୟନ୍ତ୍ରିତ କଲେ ହିଁ ସଫଳତାର ଦ୍ୱାର ଖୋଲିଥାଏ। ଥରେ ଗୋଟିଏ ଲୋକ ଜଣେ ବିଦ୍ୱାନ୍‌ଙ୍କୁ ପଚାରିଲା- ସମୃଦ୍ଧିର ରହସ୍ୟ କ'ଣ? ବିଦ୍ୱାନ୍‌ଙ୍କ ଉତ୍ତର ବହୁତ ଛୋଟ ତଥା ସନ୍ତୁଷ୍ଟି ପ୍ରଦାନକାରୀ ଥିଲା। ସେ ଦୁଇଟି ଶବ୍ଦରେ ଉତ୍ତର ଦେଲେ- ସମୃଦ୍ଧ ବିଚାର। ଏହା କେତେ ସରଳ ଉତ୍ତର ଅଟେ। ବାସ୍ତବରେ ଯାହାର ବିଚାର ସମୃଦ୍ଧ ହେବ, ତାହାର ଘର-ବାହାର, ଚାଲି-ଚଳଣି ମଧ୍ୟ ସମୃଦ୍ଧ ହେବ। ସତକଥା ହେଲା ଯେକୌଣସି ଆଦର୍ଶକୁ ସାକାର ରୂପ ଦେବା ପାଇଁ ଏହା ଆବଶ୍ୟକ ଅଟେ ଯେ ଏହି ଆଦର୍ଶକୁ ବ୍ୟକ୍ତିତ୍ୱର ଅଂଶ କରାଯାଉ।

ଆପଣଙ୍କ ଆଦର୍ଶ:

ଯଦି ଆପଣଙ୍କ ଆଦର୍ଶ ଆପଣଙ୍କ ସହ ଥିବ, ତେବେ ସେଥିରୁ ସମକକ୍ଷ ଆନ୍ତରିକ ପ୍ରେରଣା ମିଳି ଚାଲିବ। ଯେଉଁଭଳି କିଛି ଧାର୍ମିକ ବ୍ୟକ୍ତି ନିଜର ଇଷ୍ଟ ଦେବତାଙ୍କୁ ମନେପକାନ୍ତି, ତାଙ୍କର ମୂର୍ତ୍ତି ଘରେ ରଖନ୍ତି, ସ୍ମରଣ ଚିହ୍ନ ପାଖରେ ରଖନ୍ତି, ସେହିଭଳି ଆମକୁ ନିଜ ଆଦର୍ଶକୁ ନିଜର ଇଷ୍ଟ ଦେବତା ମାନି ଅବିରତ ମନେପକାଇବା ଉଚିତ। ଅନ୍ୟ ଘର ଧ୍ୟାନ କଲେ ଶକ୍ତି ଦୁର୍ବଳ ହୋଇଯାଏ। ଆତଶୀ କାଚରେ ପଡୁଥିବା କିରଣ ଗୋଟିଏ ବିନ୍ଦୁରେ ଏକତ୍ରିତ ହୋଇ ଏତେ ପ୍ରଭାବଶାଳୀ ହୋଇଯାଆନ୍ତି ଯେ ସେଥିରୁ ଅଗ୍ନି ଉତ୍ପନ୍ନ କରାଯାଇ ପାରିବ। ଯେତେବେଳେକି ବିଛାଡ଼ି ହୋଇଥିବା ସ୍ଥିତିରେ ତାହା ପ୍ରଭାବଶାଳୀ ହୋଇପାରେ ନାହିଁ। ଲକ୍ଷ୍ୟ ସାଧନ ପାଇଁ ଏକାନ୍ତ ଚିନ୍ତନ ଆବଶ୍ୟକ ଅଟେ। ଏପଟ-ସେପଟ ଅଦରକାରୀ କାମରେ ଲାଗି, ଆମେ ପ୍ରାୟତଃ ନିଜର ମୂଲ୍ୟବାନ୍ ସମୟ ଓ ପ୍ରତିଭା ନଷ୍ଟ କରୁ। ସଫଳତା ଦ୍ୱାରା ହିଁ ସମୃଦ୍ଧି ଆସିଥାଏ। ସଫଳତା ପାଇଁ ଆମ ମନରେ ସବୁବେଳେ ଲକ୍ଷ୍ୟ କିମ୍ବା ଧ୍ୟାନ କାଏମ୍ ରହିବା ଆବଶ୍ୟକ। ସେହି ଆଡ଼କୁ ଆମେ ସତର୍କ ଓ ସଚେତନ ରହି ଅବିରତ ଚେଷ୍ଟିତ ରହିବା ଉଚିତ। ଯେକୌଣସି ସୁଯୋଗ ଆମ ହାତରୁ ବ୍ୟର୍ଥ ନଯାଉ। ଏହି ସୃଷ୍ଟି ଅନନ୍ତ ଅଟେ। ସୃଷ୍ଟିର ବିସ୍ତାର

ଅସୀମ ଅଟେ । ଏହି ସୃଷ୍ଟି କାହାର ବ୍ୟକ୍ତିଗତ ସମ୍ପତ୍ତି ନୁହେଁ । ଏହା ସେମାନଙ୍କର, ଯେଉଁମାନେ କର୍ମଠ ଅଟନ୍ତି ।

କର୍ମଠତା:

ଆପଣ ନିଜର କର୍ମଠତା ଆଧାରରେ ଏହି ସୃଷ୍ଟିରୁ ସବୁ ହାସଲ କରିପାରିବେ । କର୍ମଠତା ବଳରେ ଆପଣ ଏମିତି କେଉଁ ସଫଳତା ଅଛି, ଯାହା ହାସଲ କରିପାରିବେ ନାହିଁ । କର୍ମଠତା ବଳରେ ଆପଣ ନିଜକୁ ଏକ ପରମଶକ୍ତି ସହ ସମ୍ବନ୍ଧ ଥିବା ଅନୁଭବ କରିବାକୁ ଲାଗିବେ । ଅଭାବ ଆପଣଙ୍କୁ କେବେ ମଧ୍ୟ ନିରାଶାର ଅନ୍ଧାରରେ ଛନ୍ଦି ହେବାକୁ ଦେବନାହିଁ । ଭାରତୀୟ ସଂସ୍କୃତିର ମଧ୍ୟ ଏହି ଆଧାର ଅଟେ । ସେ ମଧ୍ୟ ବ୍ୟକ୍ତିଗତ ଚେତନାକୁ ବିସ୍ତାର ଦେବାର ବିଧାନ ବତାଏ । ପରଂବ୍ରହ୍ମ ସହ ଏକାକାର ଅନୁଭବ କରି ସ୍ଫୂର୍ତ୍ତିଦାୟକ ଚେତନାକୁ ହିଁ ସୁଖର ଆଧାର କୁହାଯାଇଛି । ଏହି ଚେତନା କ୍ଷୀଣ ହେଲେ ଦୁଃଖର ଉତ୍ପତି ହୁଏ ବୋଲି କୁହାଯାଇଛି ।

ପ୍ରାୟତଃ ଏହି କଥା ଠିକ୍ ଅଟେ । ମଣିଷ ଯେତେବେଳେ ନିଜ କର୍ତ୍ତବ୍ୟରୁ ଓହରିବାକୁ ଲାଗେ, ତେବେ ତାହାର ଏହି ଅବସ୍ଥା ହୋଇଥାଏ । ଶତଚେଷ୍ଟା କରିବା ପରେ ମଧ୍ୟ ସେ କୌଣସି ପ୍ରକାରର ସଫଳତା ହାସଲ କରିପାରିବ ନାହିଁ । ସେତେବେଳ ପର୍ଯ୍ୟନ୍ତ ତା' ପାଇଁ ସଫଳତା ଗୋଟିଏ ସ୍ୱପ୍ନ ହୋଇ ରହିଯାଏ । ପ୍ରତ୍ୟେକ ମଣିଷ ମଧ୍ୟରେ ସବୁ ପ୍ରକାରର ଦକ୍ଷତା ଅଛି । ଯଦି ସେ ନିଜର ଏହି ଦକ୍ଷତାକୁ ବ୍ୟବହାର ନ କରେ, ତେବେ ଏଥିରେ ଦୋଷ କାହାର ? ଦୁନିଆର ବିଧାନ କହେ, ଥରେ ଆପଣ ନିଜ ଭିତରକୁ ଦେଖନ୍ତୁ । ଭଗବାନ ଆପଣଙ୍କୁ ସବୁକିଛି ଦେଇଛନ୍ତି । ବାସ୍, ତାହାର ବ୍ୟବହାର କରନ୍ତୁ ।

ଏହା ମଧ୍ୟ ବାସ୍ତବିକତା । ଏହାସତ୍ତ୍ୱେ ଯଦି ଆମେ ଜୀବନରେ ଅସଫଳ ହେଉ, ତେବେ ଏଥିରେ ଆମ ନିଜର ଦୋଷ । ଆପଣ ଅନ୍ୟକୁ ଅଥବା ଭାଗ୍ୟକୁ ଦୋଷ ଦେଇ ପାରିବେ ନାହିଁ । ଅନେକ ଥର ଆମେ ହାତ ବାନ୍ଧି ବସିଯାଉ ଓ ଆମେ କ'ଣ କରିବୁ ତାହା ଆମ ମୁଣ୍ଡକୁ ଜୁଟେନାହିଁ । ସେହି ସମୟରେ ଆମକୁ ଆହୁରି ସାବଧାନ ହୋଇ କାମ କରିବା ଉଚିତ । ସଫଳତା ହାସଲ କରିବା ପାଇଁ ଯେଉଁ କଠିନ ପରିଶ୍ରମ ଓ ନିଷ୍ଠା ଆବଶ୍ୟକ, ଆମ ଭିତରେ ତାହାର ଅଭାବ ରହିବା ଉଚିତ ନୁହେଁ । ଏହି ସୃଷ୍ଟିରେ ସବୁ କିଛି ଅଛି, ବାଞ୍ଛିତ ଲକ୍ଷ୍ୟ ଆଡ଼କୁ ଆମେ ଆଗେଇବା ନିହାତି ଆବଶ୍ୟକ । ମଣିଷର ଆବଶ୍ୟକତା ପୂରଣ ପାଇଁ ପୃଥିବୀରେ ସମସ୍ତ ଜିନିଷ ଉପଲବ୍ଧ ଅଛି । ଏବେ ଯଦି କେହି ସେହି ସମ୍ପତ୍ତିର ବ୍ୟବହାର କରିବ ନାହିଁ ତେବେ ଏଥିରେ ଦୋଷ କାହାର ? ଯଦି କେହି ତାକୁ ଗ୍ରହଣ କରିବାରେ ନାମଙ୍ଗ ହୁଏ କିମ୍ବା ଆଳସ୍ୟ ଦେଖାଏ, ତେବେ କ'ଣ କରାଯାଇପାରିବ ! ଲୋକକଥା ଅନୁସାରେ- ଆପଣ ଘୋଡ଼ାକୁ ପାଣି ପର୍ଯ୍ୟନ୍ତ

ତ' ନେଇପାରିବେ, କିନ୍ତୁ ଯଦି ଘୋଡ଼ା ପିଇବାକୁ ଚାହିଁବ ନାହିଁ ତେବେ ଆପଣ କ'ଣ କରିବେ ? ଠିକ୍ ଏହି ଘୋଡ଼ା ପରି ଆମମାନଙ୍କ ଭିତରେ ବହୁତ ଅଛନ୍ତି । ନିଜର ଆଳସ୍ୟ, ନିଜର ଅକର୍ମଣ୍ୟତା, ଦାୟିତ୍ୱହୀନତା ଯୋଗୁଁ ଆମେ ଏହିପରି ଉନ୍ନତି କରିପାରୁନାହୁଁ, ଯେମିତି ଆମକୁ କରିବା ଉଚିତ । ସୃଷ୍ଟିର ନିର୍ମାଣ ଆନନ୍ଦ ପାଇଁ କରାଯାଇଛି । ଭଗବାନ ଏଥିପାଇଁ ମଣିଷର ରଚନା କରିନାହାନ୍ତି ଯେ, ତାଙ୍କର ସୃଷ୍ଟ ସନ୍ତାନ ମଣିଷ କୌଣସି ପ୍ରକାରରେ ଅଭାବରେ ରହୁ । ମଣିଷକୁ ଭଗବାନ ସମସ୍ତ ସାଧନ ଦେଇଛନ୍ତି ।

ନୈତିକତାର ବିଚାର:

ବାସ୍ତବରେ ଆମର ଜନ୍ମ ସୁଖ, ଶାନ୍ତି ଓ ସମ୍ପନ୍ନତା ସହ ଜୀବନ ଯାପନ ପାଇଁ ହୋଇଛି । ଏହି ଦୁନିଆ ଆମର ବ୍ୟବହାର ପାଇଁ ତିଆରି ହୋଇଛି । ଜୀବନର ଅର୍ଥ ଦୁଖୀ ନ ହୋଇ ଆନନ୍ଦଦାୟକ ହେବା ଉଚିତ । ଆମ ଜୀବନର ଅର୍ଥ ଐଶ୍ୱର୍ଯ୍ୟ, ଉଚ୍ଛୃଙ୍ଖଳତା ନୁହେଁ । ବିଳାସିତା, ଉଚ୍ଛୃଙ୍ଖଳତା ଆମକୁ ପତନ ଆଡ଼କୁ ନେଇଯାଏ । ସନ୍ତୋଷର ଅର୍ଥ ହେଲା ନିଜ ବ୍ୟକ୍ତିତ୍ୱର ବିଚାର । ନୈତିକତା ହିଁ ଆମକୁ ଉତ୍ଥାନ ଆଡ଼କୁ ନେଇଯାଏ । ଆନନ୍ଦର ଅର୍ଥ ସୁଖ, ଶାନ୍ତି, ସମୃଦ୍ଧି, ସଦ୍‌ଭାବନା । ଦୁଃଖ, ଦାରିଦ୍ର୍ୟତା ଓ ଈର୍ଷା କୁବିଚାରଗୁଡ଼ିକର ପରିଣାମ ଅଟେ । ଆନନ୍ଦ ଜୀବନର ଅନ୍ୟ ନାମ ଅଟେ । ହୃଦୟର ସ୍ୱଚ୍ଛତା ଓ ଧୈର୍ଯ୍ୟ ରଖିବା ହିଁ ସଫଳତାର ପ୍ରମୁଖ ସୋପାନମାନ ଅଟେ । ମଣିଷ ଜୀବନରେ ସେହି ସମୟ ପର୍ଯ୍ୟନ୍ତ ଆନନ୍ଦର ଉତ୍ପତ୍ତି ହେବନାହିଁ, ଯେ ପର୍ଯ୍ୟନ୍ତ ସେ ନିଜ ମନରୁ ଈର୍ଷା, ଆଳସ୍ୟ ଆଦିକୁ ଦୂର କରିନାହିଁ । ଏଗୁଡ଼ିକୁ ଦୂର କରିବା ପରେ ହିଁ ତା' ହୃଦୟ ନିର୍ମଳ ହେବ ଓ ସେତେବେଳେ ତା' ମନରେ ଆନନ୍ଦ ଆସିପାରିବ ।

ସମତାର ଅଭାବ ଜୀବନରେ ପାର୍ଥକ୍ୟ ଉତ୍ପନ୍ନ କରିଦିଏ । ପାର୍ଥକ୍ୟଗୁଡ଼ିକ ଜୀବନର ଉଜ୍ଜ୍ୱଳ ପଥରେ ଏହିଭଳି ବିଛେଇ ହୋଇଯାଏ, ଯେମିତି ଜହ୍ନରେ ଗ୍ରହଣ ଲାଗେ । ଆଶା, ବିଶ୍ୱାସ ଓ ଶ୍ରଦ୍ଧା ହିଁ ଜୀବନକୁ ଆଲୋକିତ କରନ୍ତି । ଏଥିରୁ ଜୀବନରେ ଶୁଚିତା, ନିର୍ମଳତା ଓ ସ୍ୱଚ୍ଛତା ଆସିଥାଏ । ଏଥିରୁ ହିଁ ଜୀବନରେ ସନ୍ତୁଳନ ଆସେ ଓ ସନ୍ତୁଳିତ ଜୀବନ ହିଁ ଆମ ହୃଦୟରେ ପ୍ରେମ ସରିତା ସଂଚାର କରିଥାଏ । ଆମ ମନ ଉଦାର ହେବା ଉଚିତ । ସଂକୀର୍ଣ୍ଣ ମନ ଦୁର୍ବଳ ଭାବନାରେ ଭରି ରହିଥିବ ଓ ଆମେ କେବେ ମଧ୍ୟ ନିଜ ପାଇଁ ଭଲ ସ୍ଥାନ ତିଆରି କରିପାରିବା ନାହିଁ ।

ଆମ ଜୀବନରେ ପବିତ୍ରତା ଅଧିକ ଆବଶ୍ୟକ ଅଟେ । ମନର ପବିତ୍ରତା ସହିତ ଆମ ପ୍ରଥାରେ ମଧ୍ୟ ପବିତ୍ରତା ଆବଶ୍ୟକ । ଏହା ଆବଶ୍ୟକ ନୁହେଁ ଯେ, ଆପଣଙ୍କ ପାଖରେ ପ୍ରାସାଦ ଥିବ କିମ୍ବା କାଚଘର ଓ ସମସ୍ତ ସାଧନ ଥିବ, ସେତେବେଳେ ଯାଇ ଆପଣ ସଫା-ସୁତୁରା ହୋଇ ରହିପାରିବେ । ଏହି ଧାରଣା ଭୁଲ୍ ଅଟେ । ନିଜର ସିମୀତ ସ୍ଥାନ ଓ

ସିମୀତ ଜିନିଷ ସତ୍ତ୍ୱେ, ସେହି ସବୁକୁ ସଫା-ସୁତୁରା ରଖି ପବିତ୍ରତା କରାଯାଇ ପାରିବ। ଏହା ଆବଶ୍ୟକ ନୁହେଁ ଯେ ଆପଣଙ୍କ ପାଖରେ ଆଠ-ଦଶ ଖଣ୍ଡ ପୋଷାକ ଥିବ ତେବେ ଯାଇ ଆପଣ ସଫା-ସୁତୁରା ରହିପାରିବେ। ଦୁଇଖଣ୍ଡ ପୋଷାକ ଥିବା ଲୋକ ମଧ୍ୟ ଏତେ ସଫା-ସୁତୁରା ରୁହନ୍ତି ଯେ, ଆପଣ ବିଶ୍ୱାସ କରିପାରିବେ ନାହିଁ। ଭାବନା ରହିବା ଉଚିତ। ସ୍ୱଚ୍ଛତା ଓ ପବିତ୍ରତାରୁ ମନ ପ୍ରସନ୍ନ ରୁହେ ଓ କାମ କରିବାରେ ମଧ୍ୟ ମନ ଲାଗିଥାଏ, ମଇଳାରେ ବସି କେଉଁ ସୁଖ ପାଇବେ! ଖଳାର ବଳଦ ପରି ଆମକୁ ଆଖିରେ ପଟି ବାନ୍ଧି ଚାଲିବା ଉଚିତ ନୁହେଁ। ଏପ୍ରକାରର ଗତି ଆମକୁ ପୋଙ୍ଗାପନ୍ଥୀ କରିଦିଏ, ଆଉ ପୋଙ୍ଗାପନ୍ଥୀଙ୍କୁ କେବେ ହେଲେ ସମୃଦ୍ଧି ମିଳେନାହିଁ। ତାହା କେବଳ କର୍ମଠ ବ୍ୟକ୍ତିଙ୍କ ହୃଦୟରେ ହିଁ ବାସକରେ। କର୍ମଠ ମନରେ ନୂଆ-ନୂଆ ବିଚାର ଆସେ ଓ ତାକୁ ପ୍ରଗତି ପଥରେ ନେଇଯାଏ।

ରୂଢ଼ିରେ ଛନ୍ଦି ହୋଇଥିବା ମନ କେବଳ ଗୋଟିଏ ସ୍ଥାନରେ ସ୍ଥିର ହୋଇ ରହିଯାଏ। ତାକୁ କୌଣସି ବୁଦ୍ଧି ଜୁଟେନାହିଁ। ଏଭଳି ବ୍ୟକ୍ତି କେବେ ସଫଳତା ହାସଲ କରିପାରେ ନାହିଁ। ସଫଳତାର ପ୍ରଥମ ସୋପାନ, ସୃଜନ ଅଟେ। ସୃଜନର ଉଦ୍‌ଗମ ମୁକ୍ତ, ସରଳ, ସ୍ୱଚ୍ଛନ୍ଦ ହୃଦୟରେ ଥାଏ। ସଂକୀର୍ଣ୍ଣତା ସଫଳତାର ସବୁଠାରୁ ବଡ଼ ଶତ୍ରୁ ଅଟେ। କୌଣସି ମାଙ୍କଡ଼ ପରି ନିଜ ମୃତ ଶିଶୁକୁ ଛାତିରେ ଲଗେଇ ଚାଲିବା ସଫଳତା ନୁହେଁ। ନିଜ ଭିତରେ ଜୀବନ୍ତ ହୃଦ୍‌ସ୍ପନ୍ଦନ ଥିବା ସଫଳତାକୁ ହାସଲ କରୁଥିବା ମଣିଷ ହିଁ ସଫଳ ହୋଇଥାଏ। କୌଣସି ମଣିଷ ସାମାଜିକ ପରିସ୍ଥିତି କିମ୍ବା ଅସମାନତା ଯୋଗୁଁ ଗରିବ ହୁଏ ନାହିଁ। ସାମାଜିକ ପରିସ୍ଥିତି କିମ୍ବା ଅସମାନତା କାରଣରୁ ଦାରିଦ୍ର୍ୟତା ଆସିଥାଏ, କହିବା ଭୁଲ୍ ଅଟେ। ସମାଜଶାସ୍ତ୍ରୀ ଏ ପ୍ରକାରର ବିବେଚନ କରନ୍ତୁ, କିନ୍ତୁ ଯେଉଁଠି ଯିଏ ରୁହେ, ସେଠାରେ ଏ ପ୍ରକାରର ବ୍ୟବହାର ନଥାଏ। ମନୋବୈଜ୍ଞାନିକ ଓ ସମାଜଶାସ୍ତ୍ରୀ ଏ ପ୍ରକାରର ଧାରଣାଗୁଡ଼ିକୁ ଭୁଲ୍ ମାନ୍ୟତା ଦେଇଛନ୍ତି। ଏ ପ୍ରକାରର କୌଣସି ସିଦ୍ଧାନ୍ତ ନାହିଁ। ସାମାଜିକ ପରିସ୍ଥିତି ବ୍ୟକ୍ତିକୁ ଗରିବ କରେ। ତାକୁ ଚାକିରି ମିଳେନାହିଁ, ଶିକ୍ଷା ପ୍ରାପ୍ତ କରିପାରେ ନାହିଁ। ସାମାଜିକ ଅସମାନତା, ସମ୍ପତ୍ତିର ବିଭାଜନ, ଜାତିଗତ ବ୍ୟବସ୍ଥା ଯୋଗୁଁ ମଧ୍ୟ ମଣିଷ ଗରିବ ହୋଇଥାଏ, ସଫଳତା ହାସଲ କରିପାରେ ନାହିଁ, କିନ୍ତୁ ଯିଏ ଏ ସବୁର ବିରୋଧରେ ସଂଘର୍ଷ କରେ, ସେ ସଫଳତା ହାସଲ କରିଥାଏ। ଏହି ବାଧାଗୁଡ଼ିକୁ କର୍ମଠତା ଦ୍ୱାରା ଦୂର କରାଯାଇ ପାରିବ। ଉଦାହରଣ ସ୍ୱରୂପ- ଭାରତରେ ପୂର୍ବରୁ ଜାତିପ୍ରଥା ଥିଲା। ନିଚ୍ଚ ଶ୍ରେଣୀର ଲୋକେ ଜ୍ଞାନ ହାସଲ କରିପାରୁ ନଥିଲେ। ସେମାନଙ୍କ ପାଇଁ ଶିକ୍ଷା ନିଷେଧ ଥିଲା, କିନ୍ତୁ ଜଣେ କ୍ଷୁଦ୍ର ବାଲ୍ମିକି ହିଁ ରାମାୟଣ ରଚନା କଲେ। ଅନେକ ଅଛୁଆଁ ଲୋକ ଭାରତର ମହାପୁରୁଷ ହୋଇଗଲେ। ମଣିଷ, ମଣିଷ ଅଟେ। ଯଦି ସେ ନିଜ ଶକ୍ତି ଚିହ୍ନି ନେଉଛି ତେବେ ସେ ସବୁକିଛି କରିପାରିବ। କେହି ତାକୁ ଅଟକାଇ ପାରିବ ନାହିଁ, ସେହି ମଣିଷ କେଉଁଠାରୁ ମଧ୍ୟ ହୋଇଥାଉ ନା କାହିଁକି। ସଫଳତାର ରହସ୍ୟ ଏଥିରେ ଅଛି ଯେ

ବ୍ୟକ୍ତି ନିଜ ଜୀବନ କର୍ମଠ କରୁ । ବିନା କର୍ମଠତାରେ ସଫଳତା ପାଖକୁ ଆସିପାରିବ ନାହିଁ । ପ୍ରାୟତଃ ଆତ୍ମବିଶ୍ଳେଷଣ କରିବା ବଦଳରେ ଆମେ ସଂସାର ଉପରେ ଦୋଷାରୋପ କରୁ । ଏହା ବାସ୍ତବରେ ଆମର ସବୁଠାରୁ ବଡ଼ ଭୁଲ୍ ଅଟେ । ଆମେ ନିଜକୁ ଆତ୍ମବିଶ୍ଳେଷଣ କରି ଦେଖିବା ଉଚିତ୍ ଯେ ଆମର ବର୍ତ୍ତମାନ ପରିସ୍ଥିତି କିମ୍ୱା ଅସଫଳତା ପାଇଁ ଦାୟୀ କିଏ ?

ଉତ୍ତମ ଗୁଣ:

ସୂକ୍ଷ୍ମତା ଓ ସତ୍ୟତା ସହ ଆମେ ଆତ୍ମବିବେଚନ କରିବା ତେବେ ଏଥିପାଇଁ ନିଜକୁ ଦୋଷୀ ପାଇବା । ସଫଳତା ଉତ୍ତମ ଗୁଣରୁ ଆସିଥାଏ, ବେଇମାନୀରୁ ନୁହେଁ । କେବଳ ଭାଗ୍ୟ ଯୋଗୁଁ ଲୋକେ ଧନଶାଳୀ ହୁଅନ୍ତି, ଏହି ଧାରଣା ଭୁଲ୍ ଅଟେ । ଯେଉଁ ଲୋକେ ଚେଷ୍ଟା କରନ୍ତି, ସେମାନେ ଦିନେ ଧନଶାଳୀ ହୋଇଯାଆନ୍ତି । ଜଣେ ଅକର୍ମଣ୍ୟ ଧନଶାଳୀ ବ୍ୟକ୍ତି ଦିନେ ଗରିବ ହୋଇଯାଏ । ସଫଳତା କିମ୍ୱା ସମୃଦ୍ଧିର ମୂଳମନ୍ତ୍ର, ମୂଳ ରହସ୍ୟ, ନିଜ ଭିତରେ ଆତ୍ମବିଶ୍ୱାସ ଜାଗ୍ରତ କରି ସଂଘର୍ଷ କରିବା ଅଟେ । ଏହି ବିଶ୍ୱ ବଡ଼ ବିଚିତ୍ର ଅଟେ । ଆପଣଙ୍କୁ ଏହାର ଘେରରେ ପଡ଼ିବାର ନାହିଁ । ଆପଣଙ୍କ ଆତ୍ମା ଆପଣଙ୍କୁ ଯେମିତି କହିବ, ଆପଣଙ୍କୁ ସେମିତି କରିବାର ଅଛି । ଏ ବାବଦରେ ନିଜ ଆତ୍ମାର ନିର୍ଣ୍ଣୟ ଅନ୍ତିମ ମାନନ୍ତୁ । ଦୁନିଆର ତମାମ୍ ରୂପ ଆପଣଙ୍କୁ ପଥଭ୍ରଷ୍ଟ କରିପାରନ୍ତି । ଆପଣ ନିଜ ଜୀବନରେ ଏମିତି ଧନୀ ଦେଖିଥିବେ, ଯେଉଁମାନେ ନିହାତି ନିଷ୍କର୍ମା ରୂପେ ଜଣାଶୁଣା । ନା ନିଜେ ଖାଆନ୍ତି, ନା ଅନ୍ୟ କାହାକୁ ଖାଇବାକୁ ଦିଅନ୍ତି । ନିଜ ପେଟରୁ କାଟି ସଞ୍ଚୟ କରି ଚାଲନ୍ତି । ଏମିତି ଧନୀ କେଉଁ କାର୍ଯ୍ୟର ?

ଏହି ପ୍ରକାରେ ଯେତେବେଳେ କିଛି ଲୋକ ସାଧାରଣ ସଫଳତା ହାସଲ କରିଦିଅନ୍ତି, ତେବେ ସେମାନଙ୍କ ମଧ୍ୟରେ ଅଭିମାନ ଆସିଯାଏ । ପରିଣାମସ୍ୱରୂପ କିଛି ଦିନ ପରେ ସଫଳତା ସେମାନଙ୍କ ହାତରୁ ଚାଲିଯାଏ । ନିର୍ବାଚନରେ ଆପଣ ଦେଖିଥିବେ । କେଉଁଭଳି ପ୍ରାର୍ଥୀ ନମ୍ର ଭାବେ ଆପଣଙ୍କ ପାଖକୁ ଆସନ୍ତି । ଆପଣଙ୍କ ସହଯୋଗ ବଳରେ ପ୍ରାୟତଃ ଜିତି ଯାଆନ୍ତି, ତେବେ ସେମାନଙ୍କ ମଧ୍ୟରୁ କିଛି ଭଲ ପଦବୀ ହାସଲ କରନ୍ତି । ଏହାପରେ ସେମାନଙ୍କ ଭିତରେ ଏତେ ଗର୍ବ ଆସିଯାଏ ଯେ ଯେତେବେଳେ ଆପଣ ଦେଖା କରିବା ପାଇଁ ଯାଆନ୍ତି ତେବେ ସେମାନେ ଦେଖା କରିବାକୁ ମନା କରିଦିଅନ୍ତି । ଏହାର ପରିଣାମ ସ୍ୱରୂପ ଆପଣ ଆସନ୍ତା ନିର୍ବାଚନରେ ସେମାନଙ୍କୁ ସମର୍ଥନ କରନ୍ତି ନାହିଁ । ଏହାପରେ ସେମାନେ ଧରାଶାୟୀ ହୋଇଯାଆନ୍ତି । ସଫଳତା ହାସଲ କରିବା ପରେ ବ୍ୟକ୍ତି ମଧ୍ୟରେ ଆସୁଥିବା ଗର୍ବ ତାକୁ ବରବାଦ୍ କରିଦିଏ । ସଫଳତା ହାସଲ କରିବା ପରେ ଯେଉଁ ବ୍ୟକ୍ତି ଯେତିକି ବିନମ୍ର ରହିବ, ସଫଳତା ତା' ପାଖରେ ସେହିଭଳି ରହିଥିବ ଓ ଏଥିସହ ସେ ନୂଆ-ନୂଆ ସଫଳତା ହାସଲ କରି ଚାଲିବ ।

ଥରେ ସଫଳତା ହାସଲ କରିବା ପରେ ନୂଆ ସଫଳତା ହାସଲ କରିବା ସହଜ

ହୋଇଯାଏ । ଯଦି ଥରେ ଆମେ ଏହା ଜାଣିନେବା ଯେ ଶକ୍ତିର ଉଦ୍‌ଗମ, ଯାହା ଆଧାରରେ ଆମେ ସଫଳତା ହାସଲ କରୁ, ଆମ ଭିତରେ ଅଛି, ତେବେ ଆମକୁ ନୂଆ-ନୂଆ ସଫଳତା ହାସଲ କରିବାରେ କୌଣସି ପ୍ରକାରର ବାଧା ଆସିବ ନାହିଁ । ଆମ ଭିତରେ ପ୍ରେରଣାର ଏଭଳି ଗନ୍ତାଘର ଅଛି, ଯାହା କେବେ ହେଲେ ସମାପ୍ତ ହୋଇପାରିବ ନାହିଁ । ସମାନ ଭାବେ ତାହାର ଲାଭ ଆମେ ଉଠାଇ ପାରିବା । ଏହା ଏକ ଏମିତି ଅମୃତ ଅଟେ, ଯାହା ଆମର ଶୁଷ୍କ ଜୀବନକୁ ସବୁବେଳେ ସବୁଜିମାରେ ଭରି ରଖିପାରିବ । କେବଳ ଏମିତି ଗୋଟିଏ ଅନ୍ତଃପ୍ରେରଣାର ଶକ୍ତି ଆଧାରରେ ଆମେ ବିଶ୍ୱର ସମସ୍ତ ଗନ୍ତାଘର ହାସଲ କରିପାରିବା । ସଚ୍ଚୋଟତାର ସହ ଦେଖିଲେ ଜାଣିପାରିବା ଯେ, ଆମେ ଜୀବନରେ ଯେଉଁଥି ପାଇଁ ଚେଷ୍ଟା କରୁ, ତାହା ହିଁ ପାଇଥାଉ । ଆପଣଙ୍କୁ ଜୀବନଯାପନ କରିବା ପାଇଁ ଧନର ଆବଶ୍ୟକ ହୁଏ । ଏଥିପାଇଁ ଆପଣ ଚାକିରି, ବ୍ୟବସାୟ ଆଦି ବିଭିନ୍ନ ପ୍ରକାରର କାମ କରନ୍ତି । ଏହିଭଳି ଆପଣଙ୍କୁ ଧନ ପ୍ରାପ୍ତ ହୋଇଥାଏ ।

ଏହିଭଳି ଯେତେବେଳେ ଆପଣ ସଫଳତା ପାଇଁ ଚେଷ୍ଟା କରିବେ ତେବେ ଆପଣଙ୍କୁ ସଫଳତା ମିଳିବ । ଅବିରତ ଚେଷ୍ଟା ହିଁ ଆପଣଙ୍କୁ ଲକ୍ଷ୍ୟ ସ୍ଥଳକୁ ନେଇଯିବ । କେବଳ ଉଚିତ୍ ଶୈଳୀରେ ଚିନ୍ତା କରିବା, ବିଚାର କରିବା ଓ କାମ କରିବାର ଆବଶ୍ୟକତା ରହିଛି । ପ୍ରାୟତଃ ଏମିତି ହୁଏ ଯେ ଆମେ ଚିନ୍ତା କରୁ ଗୋଟିଏ, କରୁ ଆଉ କିଛି । ଆମେ ଯେମିତି ଚିନ୍ତା କରୁ, ସେମିତି କାମ କରୁନେ । ତାକୁ କାର୍ଯ୍ୟକାରୀ କରୁନେ । ଏଥିଯୋଗୁଁ ଆମ ବ୍ୟବହାର ହିଁ ଆମକୁ ସଫଳତାଠାରୁ ଦୂରକୁ ନେଇଯାଏ । ନିଜର ବ୍ୟକ୍ତିତ୍ୱ ଗଢ଼ିବା ଆପଣଙ୍କ ହାତରେ ଅଛି । ଆପଣ ଯେମିତି ବ୍ୟବହାର କରିବେ, ଆପଣଙ୍କ ବ୍ୟକ୍ତିତ୍ୱ ସେମିତି ଗଢ଼ିହେବ । ନିଜକୁ ହୀନ ଭାବନାରୁ ମୁକ୍ତ ରଖନ୍ତୁ । ନିଜ ମନରେ ସାହସ, କର୍ମଠତାର ସଂଚାର କରନ୍ତୁ ଓ ସେତେବେଳେ ଆପଣ ଦେଖିବେ ଯେ ଆପଣଙ୍କ ବ୍ୟକ୍ତିତ୍ୱ କେତେ ବଢ଼ିଆ । ମଣିଷ ଏହି ସୃଷ୍ଟିର ସର୍ବଶ୍ରେଷ୍ଠ ପ୍ରାଣୀ ଅଟେ । ଯଦି ଆମେ ମଣିଷ ହୋଇ ମଧ୍ୟ ଏହି ଶ୍ରେଷ୍ଠତାର ଲାଭ ଉଠାଇ ପାରିବା ନାହିଁ, ତେବେ ଆମର ମଣିଷ ଜୀବନ ବ୍ୟର୍ଥ ଅଟେ ।

ସଫଳତାର ରହସ୍ୟ:

ସଫଳତା ଆପଣଙ୍କ ଦାସୀ ହୋଇପାରିବ ଯଦି ଆପଣ ତାହାର ଭେଦ ଜାଣିପାରିବେ । ଯଦି ଆମେ ଠିକ୍ ରହିବା ତେବେ ନିଜ ଜୀବନରେ କେବେ ଦୁଃଖ ପାଇବା ନାହିଁ ଓ ଆମ ଜୀବନ ସଫଳତାର ସୁଖ ମଧ୍ୟ ପାଇପାରିବ, ଏଥିରେ କୌଣସି ସନ୍ଦେହ ନାହିଁ । ମଇଳା ବସ୍ତିର ବାସିନ୍ଦା, ଅନ୍ନ ଓ ବସ୍ତ୍ରହୀନ ଛୁଆମାନଙ୍କ ମଧ୍ୟରେ କିଏଜାଣେ କେତେ ଭବିଷ୍ୟତର ନେତା ଲୁଚି ରହିଥିବେ- ପରିଶେଷରେ ସେମାନଙ୍କ ମଧ୍ୟରେ କ'ଣ ଅଭାବ ରହିଛି ?

ବାସ୍, କେବଳ ସେମାନଙ୍କୁ ନିଜ ଶକ୍ତିର, ନିଜ ସାମର୍ଥ୍ୟର ଧାରଣା ନାହିଁ । ସେମାନଙ୍କୁ ଏହା ଜଣାନାହିଁ ଯେ ଭବିଷ୍ୟତର ମହାନ ମାନବ ସେମାନଙ୍କ ମଧ୍ୟରେ ଲୁଚି ରହିଛି । ଏମାନେ ସାଧାରଣ କିରାଣି କିମ୍ବା ରୋଷେୟା କାମ କରୁଥିବା କର୍ମଚାରୀ ପରି ସାମର୍ଥ୍ୟ ଓ ସ୍ୱରୂପର ବାସ୍ତବିକ ଜ୍ଞାନ ହୋଇଥିଲେ କ୍ରାନ୍ତିରେ ଆଗୁଆ ହୋଇପାରିବେ । ନିଜ ଶକ୍ତିର ଗୌରବର ଧାରଣା ହେଲେ ମଣିଷ ଖୋସାମଦ, ଆଜ୍ଞା ହଜୁର ଓ ଦାସ ହୋଇ କେବେ ରହିପାରିବେ ନାହିଁ । ତା' ମଧ୍ୟରେ ଉନ୍ନତିର ଉଚ୍ଚ ଆକାଂକ୍ଷା ଉଙ୍କି ମାରିବାକୁ ଲାଗନ୍ତି । ଆଜି ଆପଣ କ'ଣ, ଏହାର କୌଣସି ମହତ୍ତ୍ୱ ନାହିଁ । ମହତ୍ତ୍ୱ ହେଉଛି ଆପଣ ଭବିଷ୍ୟତରେ କ'ଣ ହୋଇପାରିବେ ।

ଯେକୌଣସି ମଣିଷ ନିଜର ସଞ୍ଚିତ ଧନକୁ ହାନିକାରକ ବ୍ୟବସାୟରେ ଲଗାଇବାକୁ ପ୍ରସ୍ତୁତ ହୁଏନାହିଁ । ଯାହା ପ୍ରଗତି କରୁନାହିଁ, ସେ ସ୍ପଷ୍ଟ ରୂପେ ପୁଞ୍ଜିକୁ ଲାଭଜନକ କାର୍ଯ୍ୟରେ ଲଗାଇ ନାହିଁ । ମଣିଷ ହୃଦୟରେ ଯେଉଁ ପୁଞ୍ଜି ଅଛି, ତାହାର ମୂଲ୍ୟ ସଞ୍ଚିତ ଧନଠାରୁ ବହୁତ ଅଧିକ । କେବଳ ଆବଶ୍ୟକ ଏତିକି ଯେ ମଣିଷ ତାହାର ବ୍ୟବହାର କରୁ ଓ ଏମିତି କାମରେ ବ୍ୟବହାର କରୁ, ଯାହା ଲାଭଜନକ ହୋଇଥିବ । ଯେଉଁ ବ୍ୟକ୍ତି ବ୍ୟାଙ୍କରେ ଯଥେଷ୍ଟ ଧନ ଥିବ ଓ ସେ ନିଜର ଛୋଟିଆ କରଜ ସୁଝି ପାରିବ ନାହିଁ ବୋଲି ଭାବୁଥିବ, ଠିକ୍ ସେହିପରି ସ୍ଥିତି ସେହି ବ୍ୟକ୍ତିର ହୋଇଥାଏ, ଯିଏ ଏହା ଭାବିସାରିଥାଏ ଯେ ସେ ଦୁର୍ବଳ ଅଟେ । ପ୍ରତ୍ୟେକ ବ୍ୟକ୍ତି ଭିତରେ ବିଭିନ୍ନ ଯୋଗ୍ୟତାର ଅପାର ପୁଞ୍ଜି ରହିଛି । କିନ୍ତୁ ଏହି ପୁଞ୍ଜିର ଯେ ପର୍ଯ୍ୟନ୍ତ ଲାଭକାରୀ କାର୍ଯ୍ୟରେ ବ୍ୟବହାର ହୋଇନାହିଁ, ସେ ପର୍ଯ୍ୟନ୍ତ କୌଣସି ଲାଭର ଆଶା କରାଯାଇ ପାରିବ ନାହିଁ ।

ଏତେ ଅପାର ପୁଞ୍ଜି ରହିଥିବା ସତ୍ତ୍ୱେ ଯଦି କୌଣସି ମଣିଷ ଦରିଦ୍ର ଜୀବନ ଅତିବାହିତ କରେ ତେବେ କ'ଣ ତା' ଉପରେ ଆଶ୍ଚର୍ଯ୍ୟ ଲାଗିବ ନାହିଁ ? କ'ଣ ଆପଣ କେବେ ନିଜ ଆନ୍ତରିକ ଗୁଣଗୁଡ଼ିକର ପୁଞ୍ଜିକୁ ବ୍ୟକ୍ତ କରିବା ଏବଂ ଲାଭକାରୀ କାର୍ଯ୍ୟରେ ଲଗାଇବାର ଚେଷ୍ଟା କରିଛନ୍ତି ? ନିଜ ଜୀବନରେ ସଫଳତା ହାସଲ କରୁଥିବା ବ୍ୟକ୍ତି, କୌଣସି ବିଶେଷ ଯୋଗ୍ୟ କିମ୍ବା ଈଶ୍ୱରୀୟ ବରଦାନ ନେଇ ଆସି ନଥାନ୍ତି । ସେମାନେ ଆମମାନଙ୍କ ପରି ହୋଇଥାନ୍ତି । ପରିଶେଷରେ ସଫଳତାର ରହସ୍ୟ କ'ଣ ? ଯଦି ଆପଣ ସଚ୍ଚୋଟତାର ସହ ସେମାନଙ୍କ ଓ ନିଜର ଜୀବନ ଦେଖିବେ, ତେବେ ଆପଣଙ୍କୁ ଜଣାଯିବ ଯେ ବାସ୍ତବିକତା କ'ଣ ?

ସଫଳତା ହାସଲ କରୁଥିବା ବ୍ୟକ୍ତିକୁ ଆମେ ଈର୍ଷା ନଜରରେ ଦେଖିବାକୁ ଲାଗୁ ତଥା ତା' ଉପରେ ଆଶ୍ଚର୍ଯ୍ୟ ହେଉ, କିନ୍ତୁ ସେହି ବ୍ୟକ୍ତିର ସେହି ଜୀବନକୁ ଦେଖି ପାରୁନା, ଯେଉଁ କାରଣରୁ ସେ ଏ ପ୍ରକାରର ହୋଇଥାଏ । ସଫଳତାର ରହସ୍ୟ କେବଳ ସେହିମାନେ ଜାଣନ୍ତି, ଯେଉଁମାନେ ତାକୁ ହାସଲ କରି ସାରିଥାନ୍ତି । ସେମାନଙ୍କୁ ଜଣାଅଛି, କେତେ

କଠିନ ପରିଶ୍ରମ, ନିର୍ଭୟ ସଂଘର୍ଷ ଯୋଗୁଁ ସେମାନେ ଏହି ସ୍ଥାନକୁ ହାସଲ କରି ପାରିଛନ୍ତି । ଅନେକ ଲୋକଙ୍କ ଭ୍ରମ ଅଛି ଯେ ଯେକୌଣସି ବ୍ୟକ୍ତିର ସଫଳତା ପଛରେ ତାହାର ପାରିବାରିକ ପ୍ରଶିକ୍ଷଣ, ଶିକ୍ଷା-ଦିକ୍ଷା ଓ ସମ୍ପତ୍ତିର ମହତ୍ୱ ରହିଥାଏ । ଲୋକଙ୍କ ଏହି ଧାରଣା ଅଛି ଯେ ନେତାଙ୍କ ପୁଅ ନେତା, ମହାଜନର ପୁଅ ମହାଜନ, ଡାକ୍ତରର ପୁଅ ଡାକ୍ତର, ବଡ଼ଲୋକ ବାପର ପୁଅ ବଡ଼ଲୋକ ହିଁ ହୋଇଥାଏ, କିନ୍ତୁ ବାସ୍ତବିକତା ଏହା ନୁହେଁ । କିଛି ସୀମା ପର୍ଯ୍ୟନ୍ତ ଏହି କଥାକୁ ମାନିବାକୁ ପଡ଼ିବ ଯେ ଏହି ଅବସ୍ଥା ଯୋଗୁଁ ଏହି ପ୍ରକାରର ବ୍ୟକ୍ତିକୁ ସଫଳତା ହାସଲ କରିବାରେ ଅନ୍ୟ ଅପେକ୍ଷା ଅଧିକ ସୁବିଧା ରହିଥାଏ । ପୁନଃ ଯଦି ତା' ଭିତରେ ଗୁଣ ନଥିବ ତେବେ ସେ କ'ଣ କରିପାରିବ । ଯେକୌଣସି ମଣିଷ ଯେକୌଣସି ଅବସ୍ଥାରେ ଥାଉ ନା କାହିଁକି, ତା' ମଧ୍ୟରେ କିଛି ଗୁଣ ରହିବା ଆବଶ୍ୟକ । ଯେତେବେଳ ପର୍ଯ୍ୟନ୍ତ ସେ ଶିଖିବ ନାହିଁ, ସଫଳତାର ଗାଡ଼ିକୁ କେମିତି ଚଳାଇ ପାରିବ । ପାଇଲଟ୍‌ର ପୁଅ ବିନା ପ୍ରଶିକ୍ଷଣରେ କ'ଣ ଉଡ଼ାଜାହାଜ ଉଡ଼ାଇ ପାରିବ ?

ସଫଳତା ହାସଲ କରିବା ପାଇଁ ମନର ସବୁଠାରୁ ବଡ଼ ଯୋଗଦାନ ରହିଛି । ଯେତେବେଳ ପର୍ଯ୍ୟନ୍ତ ଆପଣଙ୍କ ମନ ସଂକଳ୍ପ ନ ନେବ, ସେତେବେଳ ପର୍ଯ୍ୟନ୍ତ ଆପଣ କ'ଣ କରିପାରିବେ ? ମନର ମଜବୁତ୍ ସଂକଳ୍ପକୁ ତିଆରି କରିବା ସହିତ ଆପଣଙ୍କୁ ନିଜ ମନରେ ସର୍ବଦା ସୁବିଚାର ବଜାୟ୍ ରଖିବାକୁ ହେବ । ସୁବିଚାର ହିଁ ଆପଣଙ୍କ ସ୍ୱାସ୍ଥ୍ୟ ଓ ବ୍ୟକ୍ତିତ୍ୱକୁ କାଏମ୍ ରଖିପାରିବେ । କିଛି ଦିନ ପାଇଁ ଆପଣ ଏମିତି କରି ଦେଖନ୍ତୁ । ସୁବିଚାରରେ ଯଦି ଆପଣ ସମ୍ପୂର୍ଣ୍ଣ ଶକ୍ତି ଉପରେ ନିୟନ୍ତ୍ରଣ ପାଉଛନ୍ତି ତେବେ ଆପଣ ଦେଖିବେ ଯେ କିଛି ସମୟ ମଧ୍ୟରେ ଆପଣଙ୍କ ସ୍ୱାସ୍ଥ୍ୟ, ଆପଣଙ୍କ ବ୍ୟକ୍ତିତ୍ୱ ଚମକି ଉଠିବ । ଏହି ରୂପକୁ ଯେତେବେଳେ ଆପଣ ଗ୍ରହଣ କରିବେ ତେବେ ଆପଣଙ୍କୁ ଆପେ ଏହାର ମହତ୍ତ୍ୱ ଜଣାପଡ଼ିଯିବ । ସନ୍ତୁଳିତ ବ୍ୟକ୍ତିତ୍ୱର ରହସ୍ୟ ଜାଣିନେବାପରେ ମାନସିକ ଉତ୍ତେଜନାର ଖରାପ୍ ପ୍ରଭାବରୁ ମୁକ୍ତି ପାଇବା କଠିନ କାମ ହୋଇ ରୁହେନାହିଁ ।

୧୧. ଯାହା ଚାହିଁବେ, ତାହା ପାଇବେ

ନିଜ ଶକ୍ତିଗୁଡ଼ିକୁ ସଂଗଠିତ କରି ସେଗୁଡ଼ିକୁ ନିଜ ଇଚ୍ଛା ପୂରଣ ପାଇଁ ଲଗାଇବାରେ ଆମେ ନିରାଶାକୁ ନିଜଠାରୁ ଅଧିକ ବଳବାନ୍ ମାନୁ । ଏମିତି କରିବା ଦ୍ୱାରା ନିରାଶା ପ୍ରବଳ ହୋଇ ଆମ ଉପରେ ଆକ୍ରମଣ କରିଦିଏ ।

ମଣିଷର ହୃଦୟରେ ଯେତେବେଳେ ସଫଳତାର ଦୃଢ଼ ସଂକଳ୍ପ ଥାଏ, ତେବେ ସେ ତାକୁ ସୁନିଶ୍ଚିତ ହାସଲ କରିକି ରୁହେ । ଏଥିପାଇଁ କେବଳ ନିଶ୍ଚୟର ଆବଶ୍ୟକତା ହୋଇଥାଏ । ଏକ ଦୃଢ଼ ସଂକଳ୍ପ ଆଧାରରେ ଆପଣ ସବୁକିଛି କରିପାରିବେ । ମୋର ଜଣେ ବନ୍ଧୁ ଅଛନ୍ତି । ତାଙ୍କ ନାମ କ୍ଲିଫ୍ଟିନ୍ କ୍ରାଫର୍ଡ । ସେ ରଙ୍ଗମଞ୍ଚର କଳାକାର ହେବାକୁ ଚାହୁଁଥିଲେ । ରଙ୍ଗମଞ୍ଚର ପ୍ରସିଦ୍ଧ ଅଭିନେତା ଭାବେ ସେ ନିଜ ଖ୍ୟାତିର ସ୍ୱପ୍ନ ଦେଖୁଥିଲେ । ଯେମିତି-ସେମିତି ତାଙ୍କୁ ଏକ ନାଟକରେ ଅଭିନୟ କରିବାକୁ ସୁଯୋଗ ମିଳିଲା । ବହୁତ ଉତ୍ସାହର ସହ ସେ ସେଥିରେ ଭାଗ ନେଲେ । ତାଙ୍କର ପୂର୍ବାଭ୍ୟାସ ଦେଖି ସମସ୍ତଙ୍କୁ ବିଶ୍ୱାସ ହୋଇଗଲା ଯେ, ସେ ମଞ୍ଚରେ ନିଜର ଆସ୍ଥାନ ଜମାଇ ପାରିବେ ।

ତାଙ୍କ ଅଭିନୟ ଆଗରେ ଅନ୍ୟମାନଙ୍କ ଅଭିନୟ ଏକଦମ୍ ଫିକା ପଡ଼ିଯିବ, ଏମିତି ବିଶ୍ୱାସ ହୋଇଯାଇଥିଲା । ନାଟକ ପ୍ରଦର୍ଶନର ସମୟ ଆସିଗଲା । ନାଟକ ଆରମ୍ଭ ହେଲା । କ୍ରାଫର୍ଡ ଯେମିତି ହିଁ ମଞ୍ଚ ଉପରକୁ ଆସିଲେ, ସେ ନିଜ ସଂଳାପ ଭୁଲିଗଲେ । ଦର୍ଶକ ତାଳି ମାରି ହସିବାକୁ ଲାଗିଲେ । କ୍ରାଫର୍ଡ ମଞ୍ଚରୁ ଫେରାର୍ ହୋଇଗଲେ । ନାଟକ ଏକ ପରିହାସରେ ପରିଣତ ହେଲା । କ୍ରାଫର୍ଡଙ୍କର ଅବସ୍ଥା ଖରାପ ଥିଲା ।

ଏକୁଟିଆ ସେ ବହୁତ କାନ୍ଦିଲେ । ଏହା ପରେ ସେ ବହୁତ ବର୍ଷ ଚେଷ୍ଟା କଲେ, କିନ୍ତୁ କୌଣସି ଡ୍ରାମା କମ୍ପାନୀ ତାଙ୍କୁ ନେବାକୁ ପ୍ରସ୍ତୁତ ହେଉ ନଥିଲେ । ତାଙ୍କର ପୁରୁଣା ଇତିହାସ ମନେ ପକାଇ ସମସ୍ତେ ଡରି ଯାଉଥିଲେ । ଶେଷରେ କ୍ରାଫର୍ଡ ନିଜେ ନିଜର ଏକ ଡ୍ରାମା କମ୍ପାନୀ ଖୋଲିଲେ । ନିଜର ନାଟକ ମଞ୍ଚସ୍ଥ କଲେ । ଅଦ୍ଭୁତ ହୋଇଗଲା । ଏହି ନାଟକରେ ତାଙ୍କର ଅଭିନୟ ଚାଞ୍ଚଲ୍ୟ ଖେଳାଇଦେଲା ।

ସେହି ନାଟକ ବାରମ୍ବାର ମଞ୍ଚସ୍ଥ କରାଗଲା । ଏକ ସପ୍ତାହ ପରେ ନାଟକ ସମାପ୍ତ ହେବାର ଘୋଷଣା କରାଗଲା ତେବେ ଦର୍ଶକମାନେ ଏହା ଉପରେ ବିରୋଧ କଲେ । ସେମାନେ ବାରମ୍ବାର ଏହି ନାଟକକୁ ଦେଖିବାକୁ ଚାହୁଁଥିଲେ । ସେତେବେଳେ କ୍ରାଫର୍ଡ ରାତାରାତି ନ୍ୟୁୟର୍କର "ଷ୍ଟାର୍" ହୋଇଗଲେ । ଡ୍ରାମା କମ୍ପାନୀମାନେ ଟଙ୍କା ବିଡ଼ା ଧରି ଘୁରିବାକୁ ଲାଗିଲେ । ଆତ୍ମବିଶ୍ୱାସ ଆଧାରରେ ହିଁ କ୍ରାଫର୍ଡ ସଫଳ ହୋଇଗଲେ । ସଫଳତାର ପଥରେ ଯଦି କ୍ରାଫର୍ଡ ନିରାଶ ହୋଇଯାଇଥାନ୍ତେ, ତେବେ କ'ଣ ସେ ସଫଳ ହୋଇ ପାରିଥାନ୍ତେ ? ନିଜ ସଫଳତାର ପଥରେ ଯଦି କୌଣସି ଅସଫଳତା ଆସେ, ତେବେ ନିରାଶ ହୋଇ ବସନ୍ତୁ ନାହିଁ । କ୍ରାଫର୍ଡଙ୍କ ଉଦାହରଣ ଆପଣଙ୍କ ସାମ୍ନାରେ ଅଛି । ଅସଫଳତା ଯୋଗୁଁ ଆପଣ କେବେ ନିରାଶ ହୁଅନ୍ତୁ ନାହିଁ । ତାକୁ ନିଜ ମନରୁ ବାହାର କରିଦିଅନ୍ତୁ ଓ ନୂଆ ସାହସର ଭାବନାରେ ଏମିତି କାମ କରନ୍ତୁ ଓ ନୂଆ ପଥ ଧରନ୍ତୁ । ସଫଳତା ଆପଣଙ୍କ ପାଖକୁ ଆସିକି ରହିବ । ଏହି କଥାକୁ ଆପଣ ଭଲ ଭାବେ ବୁଝିନିଅନ୍ତୁ ।

ବାସ୍ତବିକତା କ'ଣ ?

ବାସ୍ତବିକତା ଏହା ଯେ ଆମ ମଧ୍ୟରେ ନିଜ ସଫଳତାର ଅତୁଟ ଇଚ୍ଛା ନଥାଏ, ଏଥିପାଇଁ ଆମେ ଅସଫଳ ହେଉ । ଆମେ ଆମ ଜୀବନରେ ଭୌତିକତାକୁ ଏତେ ମହତ୍ତ୍ୱ ଦେଉ ଯେ, ତା'ଠାରୁ ବଡ଼ କୌଣସି ଶକ୍ତିର ସତ୍ତାର ଧ୍ୟାନ ହିଁ ରୁହେନାହିଁ । ନିଜର ଶକ୍ତିଗୁଡ଼ିକୁ ସଂଗଠିତ କରି ସେଗୁଡ଼ିକୁ ନିଜ ଇଚ୍ଛା ପୂରଣ ପାଇଁ ଲଗାଇବାରେ ଆମେ ନିରାଶାକୁ ନିଜଠାରୁ ଅଧିକ ବଳବାନ୍ ମାନୁ । ଏମିତି କରିବା ଦ୍ୱାରା ନିରାଶା ପ୍ରବଳ ହୋଇ ଆମ ଉପରେ ଆକ୍ରମଣ କରିଦିଏ । ଏହାର ବିପରୀତ, ଯେତେବେଳେ ଆମେ ନିରାଶାକୁ ଭୁଲିଯାଉ, ମନରେ ଆଶାର ବିଚାର କରନ୍ତି, ପରିଣାମସ୍ୱରୂପ ଆମର ଚେଷ୍ଟା ସ୍ୱଭାବତଃ ବଳବାନ ହେବାକୁ ଲାଗନ୍ତି । ପ୍ରସିଦ୍ଧ ଦାର୍ଶନିକ ଡିଜରାୟଲୀଙ୍କ ବିବୃତ୍ତି ଅଟେ, ମଣିଷ ପରିସ୍ଥିତିଗୁଡ଼ିକର ଅଧୀନ ନୁହେଁ, ବରଂ ପରିସ୍ଥିତିଗୁଡ଼ିକ ମଣିଷର ଅଧିନ ଅଟନ୍ତି । ଡିଜରାୟଲୀଙ୍କ ନିଜ ଜୀବନ ଏହାର ପ୍ରତ୍ୟକ୍ଷ ପ୍ରମାଣ ଅଟେ ।

ବିଦେଶରେ ଜନ୍ମ ନେଇ ମଧ୍ୟ ସେ ଇଂଲଣ୍ଡର ପ୍ରଧାନମନ୍ତ୍ରୀ ହେବାରେ ସଫଳ ହୋଇଗଲେ । ସେହି ବ୍ୟକ୍ତି ଜୀବନରେ ସଫଳ ହୁଅନ୍ତି, ଯେଉଁମାନେ ଜୀବନର ଆଶା-

ଆକାଂକ୍ଷାଗୁଡ଼ିକୁ ପୂର୍ବରୁ ନିଜ ମନରେ ସାକାର ରୂପ ଦେଇ ସାରିଥାନ୍ତି । ଯେତେବେଳ ପର୍ଯ୍ୟନ୍ତ ଆପଣ ନିଜ ମନରେ ସମ୍ପୂର୍ଣ୍ଣ ନକ୍‌ସା ତିଆରି ନ କରିଛନ୍ତି, ତେବେ ସେ କେମିତି କାମ କରିବ ! ସଫଳତାର ଅବିରତ ସ୍ୱପ୍ନ ହିଁ ଯେକୌଣସି ବ୍ୟକ୍ତିକୁ ସଫଳତାର ନିକଟତର କରାନ୍ତି । ପ୍ରଥମେ ଆପଣ ନିଜର ଚିର ଅଭିଳାଷିତ ଇଚ୍ଛାଗୁଡ଼ିକୁ ପୂର୍ଣ୍ଣରୂପରେ ସ୍ଥିର କରିନିଅନ୍ତୁ । ନିଜ ମନରୁ ନିରାଶାଗୁଡ଼ିକୁ ବାହାର କରିଦିଅନ୍ତୁ । ନିଜ ଆଶାଗୁଡ଼ିକୁ ବଳବାନ କରନ୍ତୁ । ଏହା ପରେ ନିଜର କାର୍ଯ୍ୟକ୍ରମ ସ୍ଥିର କରନ୍ତୁ ଓ ସମ୍ପୂର୍ଣ୍ଣ ଶକ୍ତି ସହ ଲାଗିଯାଆନ୍ତୁ । ଦେଖନ୍ତୁ, କେମିତି ସଫଳତା ଆପଣଙ୍କ ପାଖକୁ ଦୌଡ଼ି ଆସିବ ନାହିଁ । ଯଦି ଆପଣ ଅସଫଳ ହୁଅନ୍ତୁ, ତେବେ ଏଥିରେ ନିରାଶ ହୁଅନ୍ତୁ ନାହିଁ । ଆପଣ ନୂଆ ଆଶା ସହ ଲାଗନ୍ତୁ । ଆପଣଙ୍କ ପଥ ତିଆରି ହୋଇକି ହିଁ ରହିବ ।

ଯାହା ଚାହିଁବେ ତାହା ପାଇବେ, କିନ୍ତୁ... !

ଏହା ସତ୍ୟ ଅଟେ । ଆପଣ ଯାହା ଚାହିଁବେ, ତାହା ପାଇବେ- କିନ୍ତୁ ସେଥିପାଇଁ କିଛି ଆବଶ୍ୟକ ସର୍ତ୍ତ ରହିଛି । ସେଗୁଡ଼ିକୁ ପୂରଣ ନକରି, ଆପଣ କେମିତି ଏହା ହାସଲ କରିପାରିବେ । ଆପଣଙ୍କ ସାମ୍ନାରେ ପ୍ରସ୍ତୁତ ଭୋଜନ ଆସିଗଲା । ଆପଣଙ୍କୁ ଭୋକ ମଧ୍ୟ ଲାଗିଲାଣି । ଆପଣ ଭୋଜନ କରିବାକୁ ମଧ୍ୟ ଚାହୁଁଛନ୍ତି । ଆପଣ କୁହନ୍ତୁ ଯେ କ'ଣ ଭୋଜନ ନିଜେ ଉଠି ଆପଣଙ୍କ ପାଟିକୁ ଚାଲିଯିବ ? ନା, ଆପଣଙ୍କୁ ନିଜ ହାତର ସାହାଯ୍ୟ ନେବାକୁ ହେବ, ତେବେ ଯାଇ ଆପଣ ଖାଇ ପାରିବେ । ଏତିକି ପରିଶ୍ରମ ତ' ଆପଣଙ୍କୁ କରିବାକୁ ହିଁ ପଡ଼ିବ । ପ୍ରତ୍ୟେକ କାମକୁ ସମ୍ପୂର୍ଣ୍ଣ କରିବା ପାଇଁ କିଛି ନା କିଛି ପରିଶ୍ରମ ଆବଶ୍ୟକ ଅଟେ । ଏହା ବ୍ୟତିରେକ ଆପଣଙ୍କ କାମ ହୋଇପାରିବ ନାହିଁ । ଆମ ଚତୁଃପାର୍ଶ୍ୱର ବାୟୁମଣ୍ଡଳ, ଆମର ବିଚାର, ଆମର ସଂକଳ୍ପ, ଆମର ଭାବନା, ଆମର ଅବସ୍ଥା ଓ ନିଜେ ଯାହା କିଛି ଅଟୁ, ଏହିସବୁ ତ' ଆମେ ତିଆରି କରୁଛୁ । ଏହାର ନିର୍ମାଣ କିଏ କରିଛି ?

ଏହାର ନିର୍ମାତା ଆମେ ହିଁ ଅଟୁ । ଆମେ ଆମ ମନରେ ଯାହା ଚିନ୍ତା କରୁ, ତାହା ପରେ ସାକାର ରୂପ ନେଇଯାଏ । ଯାହା କିଛି କହୁ, ପୁନଃ ତାକୁ କରୁ ମଧ୍ୟ । ଆମକୁ ଚା' ପିଇବାକୁ ଇଚ୍ଛା ହେଲା, ମନରେ ବିଚାର ଆସିଲା । ବାଣୀ ବାହାରିଲା । ଚା' ସେତେବେଳେ ଆସିଗଲା, ପିଇଲେ । ଯାହା କର୍ମ, ତାହା ମୁଖ୍ୟ ଅଟେ । ଆପଣ ନିଜେ ଭାବିନିଅନ୍ତୁ ଯେ କର୍ମର ମହତ୍ୱ କ'ଣ ? ଯଦି କର୍ମ ନକରିବା ତେବେ ତାହାର ପରିଣାମ କେମିତି ଆସିବ ?

ଆମ୍ବ ଗଛ ତଳେ ଶୋଇ ଭାବିବେ ଯେ ଗୋଟିଏ ଆମ୍ବ ଆପଣଙ୍କ ପାଟିରେ ଝଡ଼ି ପଡ଼ିବ ତ' ଖାଇବେ, ଏହା ଠିକ୍ ଅଥବା ନିଜ ହାତରେ ଡେଇଁ ତୋଳିକି ଖାଇବା ଠିକ୍ ? ପ୍ରଥମ ଉପାୟ ଭାଗ୍ୟବାଦୀଙ୍କର ଅଟେ । ଦ୍ୱିତୀୟ ରାସ୍ତା କର୍ମଠ ଲୋକଙ୍କର

ଅଟେ । ଆପଣ ନିଜର କର୍ତ୍ତବ୍ୟ ନିଜେ ବିଚାରି ପାରିବେ ଯେ ଆପଣଙ୍କୁ ଯାହା ଦରକାର, ତାହା କେମିତି ମିଳିବ ? କୌଣସି ବ୍ୟକ୍ତି ବାବଦରେ ଲୋକଙ୍କର କହିବା ହୋଇଥାଏ, "ଆରେ! ତା' କଥା କାହିଁକି କହୁଛ ସାଙ୍ଗ! ସେ ତ' ମାଟି ଛୁଇଁଲେ, ସୁନା ହୋଇଯାଏ ।" କୌଣସି ବ୍ୟକ୍ତି ବାବଦରେ ଏପ୍ରକାରର ଧାରଣା କାହିଁକି ହୋଇଯାଏ ?

କ'ଣ ପ୍ରକୃତରେ ତା' ହାତରେ ଏମିତି କୌଣସି କୁହୁକ ରହିଥାଏ ? ଏମିତି କିଛି ନୁହେଁ । ସେହି ବ୍ୟକ୍ତିର ଜୀବନ ଯଦି ଆପଣ ନିକଟରୁ ଦେଖିବେ, ତେବେ ଆପଣଙ୍କୁ ଜଣାଯିବ ଯେ, ତା'ଠାରେ କିଛି ଖାସ୍ କଥା ଅଛି । ସର୍ବ ପ୍ରଥମ କଥା ଆପଣ ପାଇବେ ଯେ ସେହି ବ୍ୟକ୍ତି ଯେଉଁ କାମରେ ହାତ ଲଗାଉଥିବ, ତାକୁ ସମ୍ପୂର୍ଣ୍ଣ କରିକି ରହୁଥିବ; ଦ୍ୱିତୀୟ କଥା, ପ୍ରତ୍ୟେକ କାମ ସେ ସୁବିବେଚନା କରି ହିଁ କରୁଥିବ ଓ ତାହା ପୁଣି ସମ୍ପୂର୍ଣ୍ଣ ମାନସିକ ସନ୍ତୁଳନ ସହ । ଏହା ମଧ୍ୟ ଆପଣ ଦେଖିବେ ଯେ ସବୁବେଳେ ସେ ନିଜ ସମୟର ସଦୁପଯୋଗ କରିଥାଏ । ନିଜର ଗୋଟିଏ ମୁହୂର୍ତ୍ତ ମଧ୍ୟ ସେ ବ୍ୟର୍ଥ ବିତାଏ ନାହିଁ ଓ ବଚନର ପକ୍କା ହୋଇଥିବ । ଏହା ସେହି ଗୁଣ ଅଟେ, ଯେଉଁ କାରଣରୁ ସେ ମାଟିକୁ ସୁନା କରିଦିଏ । କ'ଣ ଆପଣ ମଧ୍ୟ ଏମିତି କରିପାରିବେ ନାହିଁ ? କରିପାରିବେ ।

ଆପଣଙ୍କ କ୍ଷମତା:

ଆପଣଙ୍କର ମଧ୍ୟ ସେହି କ୍ଷମତା ଅଛି, କିନ୍ତୁ ଦୁଃଖର ବିଷୟ ଯେ ଆପଣ କ୍ଷମତାର ବ୍ୟବହାର କରି ପାରୁନାହାନ୍ତି । ଆପଣଙ୍କ ମଧ୍ୟରେ ଓ ସେହି ବ୍ୟକ୍ତି ମଧ୍ୟରେ ଏହି ପାର୍ଥକ୍ୟ ଅଛି । ଆପଣ ମଧ୍ୟ ତା' ପରି ଆସ୍ଥା, ଦୃଢ଼ନିଶ୍ଚୟ, ଆତ୍ମବିଶ୍ୱାସ, ନିଷ୍ଠା, ଧୈର୍ଯ୍ୟର ସହ କଠିନ ପରିଶ୍ରମ କରନ୍ତୁ- ସବୁ ସମ୍ଭବ ଅଟେ । ଏହି ବିଶ୍ୱରେ ସବୁ ଜିନିଷ ଅଛି । କେବଳ କର୍ମହୀନ ପୁରୁଷ ହିଁ ସେଗୁଡ଼ିକୁ ହାସଲ କରିପାରନ୍ତି ନାହିଁ । କର୍ମରୁ ବଞ୍ଚିତ ପୁରୁଷ ଥୁଣ୍ଟା ଗଛ ପରି ଅଟନ୍ତି । ତାହା ଗଛ ତ' ଅଟେ, କିନ୍ତୁ ସେଥିରେ ସବୁଜତା ନାହିଁ । ଏଥିପାଇଁ ତାକୁ ସାର ପାଣି ଦିଆଯାଉ ନାହିଁ । ଜୀବନରେ ସଫଳତାର ରହସ୍ୟ ଏହା ଅଟେ- ନିଜର ଲକ୍ଷ୍ୟ ଆଡ଼କୁ ଅବିରତ ନଜର ରଖିବା । ସବୁବେଳେ ତାକୁ ଚିନ୍ତା କଲେ ବହୁତ କିଛି ଇଚ୍ଛା ସମ୍ପୂର୍ଣ୍ଣ କରାଯାଇ ପାରିବ । ନିଜର ଶକ୍ତିଗୁଡ଼ିକୁ ଜାଗ୍ରତ କରି, ସଞ୍ଚିତ କରି, ଉଚିତ ବିଧିରେ ସେଗୁଡ଼ିକୁ ଏହି କାମ ପାଇଁ ନିୟୋଜିତ କରି ଦିଅନ୍ତୁ । ଏହାପରେ କୌଣସି ଆଧାର ନାହିଁ ଯେ ଆପଣଙ୍କୁ ସଫଳତା ହାସଲ ହେବନାହିଁ ଓ ଅସଫଳତାର ମୁହଁ ଦେଖିବାକୁ ପଡ଼ିବ ।

ଏହା ସଫଳତାର ନିଶ୍ଚିତ ଚାବି ଅଟେ । ଏହା ଉପରେ ଆପଣ ପ୍ରୟୋଗ କରି ଦେଖନ୍ତୁ । ଯେତେବେଳ ପର୍ଯ୍ୟନ୍ତ ଆପଣ ଏମିତି କରିବେ ନାହିଁ, ଆପଣଙ୍କୁ ଜୀବନରେ ନିଜ ବାଞ୍ଛିତ ବସ୍ତୁ ହାସଲ ହୋଇପାରିବ ନାହିଁ ଓ ନା ଆପଣଙ୍କ ଆକାଂକ୍ଷାଗୁଡ଼ିକ ପୂରଣ

ହେବ । ଇତିହାସର ପୃଷ୍ଠାରେ ଏହି କଥା ପ୍ରମାଣିତ ଅଛି ଯେ ବିଶ୍ୱର ଅନେକ ସ୍ଥାନରେ କେବେ ମରୁଭୂମି ଥିଲା, ଅନୁର୍ବର ଥିଲା, କିନ୍ତୁ ଆଜି ସେଇଠି ସବୁଜିମା ତରଙ୍ଗାୟିତ ହେଉଛି । କିଛି ଲୋକଙ୍କ ସତ୍‌ଚେଷ୍ଟାରୁ ସେଠାରେ ବିରାଟ ପରିବର୍ତ୍ତନ ହୋଇସାରିଛି । ନିଜର ଏହି ଚେଷ୍ଟା ଦ୍ୱାରା ସେଠାରେ ଧନ-ସମ୍ପତ୍ତିର ଅମାପ ଭଣ୍ଡାର ଭରିଯାଇଛି । ମଣିଷର ମନ ମଧ ଏକ ଏମିତି ମରୁଭୂମି ଅଟେ, ଯେଉଁଥିରେ ଅନନ୍ତ ଶକ୍ତିର ଭଣ୍ଡାର ଲୁଚି ରହିଛି । ଆବଶ୍ୟକ କେବଳ ଏହି କଥାର ଅଛି ଯେ ଏହାକୁ ମନର ସ୍ୱାମୀ ମଣିଷ ଖୋଜି ବାହାର କରୁ । ପୃଥିବୀ ଗର୍ଭରୁ ମଣିଷ ନିଜେ ଏଗୁଡ଼ିକୁ ଖୋଜି ବାହାର କରିଛି । ଅଧିକାଂଶ ସମ୍ପତ୍ତି ପୃଥିବୀର ଗର୍ଭରୁ ମିଳିଥାଏ । ପୃଥିବୀର ଗର୍ଭରୁ ମଣିଷ ସମ୍ପତ୍ତି ବାହାର କରିପାରେ, ତେବେ କ'ଣ ନିଜ ମନର ସମ୍ପତ୍ତିକୁ ସେ ବାହାର କରିପାରିବ ନାହିଁ ?

ଏହା ଏ ସମ୍ବନ୍ଧରେ ଜଟିଳ ଅଟେ । ଯଦି ମଣିଷ ନିଜର ହିଁ ମନର ସମ୍ପତ୍ତିକୁ ବାହାର କରି ତାହାର ସଦୁପଯୋଗ କରିବା ଶିଖିଯାଏ ତେବେ କ'ଣ ନ ହୋଇପାରେ ? ମଣିଷ ବହୁତ କିଛି କାମନା ରଖିଥାଏ । ଏଇଟା ଦରକାର, ସେଇଟା ଦରକାର କିନ୍ତୁ ଯାହା କିଛି ସେ ଚାହେଁ, ସେଥିରୁ କେତେ ପୁରଣ ହୋଇଥାଏ ? ବୋଧହୁଏ ନା' ସମକକ୍ଷ । ଯାହା ଦରକାର ତାହା ପାଇବା କଥା ଏହି କାରଣରୁ ଆଶ୍ଚର୍ଯ୍ୟଜନକ ଲାଗିପାରେ । ଏହା କେମିତି ସମ୍ଭବ ଅଟେ ? ଆମେ ଯାହା ଚାହୁଁ ତାହା ପାଉ- କେମିତି ହୋଇପାରେ ? ଅଧିକାଂଶ ଏହା ଉପରେ ବିଶ୍ୱାସ ହିଁ କରିବେନି, କିନ୍ତୁ ଦୁନିଆର ଗୋଟିଏ ନୁହେଁ ଲକ୍ଷ ଲକ୍ଷ ଦୃଷ୍ଟାନ୍ତ ଏହି କଥାର ପ୍ରମାଣ ଅଟେ ଯେ ଯାହା ଇଚ୍ଛାକଲୁ, ତାହା ପାଇଲୁ । ପରିଶେଷରେ କେମିତି ?

କୌଣସି ଚମତ୍କାର ଅଥବା କୁହୁକ ବଳରେ ନୁହେଁ, ବରଂ ନିଜ ମନର ଶକ୍ତି ଆଧାରରେ ପାଇଲୁ । ଭାଗ୍ୟ ଅଥବା ସୁଯୋଗର ଅପେକ୍ଷା କରୁଥିବା ଲୋକଙ୍କୁ ଚିନ୍ତକ ଓ ମାନବ-ଜ୍ଞାନ ଶାସ୍ତ୍ରୀମାନେ ନିଷ୍କର୍ମା ଓ ମୂର୍ଖ ମାନନ୍ତି । ଭାଗ୍ୟ ଓ ସୁଯୋଗ ନାମର କୌଣସି ଜିନିଷ ନଥାଏ । ଯେତେବେଳେ ଭାଗ୍ୟରେ ଥିବ, ଆପେ ଆପେ କାମ ହୋଇଯିବ, ଅଥବା ବର୍ତ୍ତମାନ ସୁଯୋଗ ଆସିନାହିଁ । ସୁଯୋଗ ଆସିଲେ ସମସ୍ତ କାମ୍ ହୋଇଯାଏ । ଏହି ପ୍ରକାରର ଭାବନା କେବଳ ନିଜର ଅସଫଳତା ଉପରେ ପର୍ଦ୍ଦା ପକାଇବାର ଚେଷ୍ଟା ଅଟେ । ଏହି ପ୍ରକାରେ ଆମେ ନିଜର ଦୁର୍ବଳତାଗୁଡ଼ିକୁ ଦେଖାଇଥାଉ ।

ଭାଗ୍ୟ ଏବଂ ସୁଯୋଗର ଅପେକ୍ଷା:

ବାସ୍ତବରେ ଭାଗ୍ୟ ଓ ସୁଯୋଗ ନାମରେ କୌଣସି ଜିନିଷ ନାହିଁ । ଏହା କେବଳ ମନର ଭ୍ରମ ମାତ୍ର । ଯେକୌଣସି କାମ କରିବାର ସୁଯୋଗ ଅଥବା ଭାଗ୍ୟ ଦେଖିବା ଏକ ଆବଶ୍ୟକ ଚଳନ ହୋଇଗଲାଣି । ଯେଉଁମାନେ କର୍ମଯୋଗୀ, ସେମାନେ କେବେ ଏହି କଥାର ଅପେକ୍ଷା କରନ୍ତି ନାହିଁ । ଧନକୁବେର ରାକଫେଲରଙ୍କ କଥାନୁସାରେ "ମୁଁ

କେବେ ଭାଗ୍ୟ ଓ ସୁଯୋଗର ଅପେକ୍ଷା କରିନାହିଁ । ଯେତେବେଳେ ମଧ୍ୟ କାମର କଥା ମନରେ ଆସିଛି- ଆରମ୍ଭ କରିଛି- ମୁଁ ମୋ ଜୀବନର ପ୍ରତି ମୁହୂର୍ତ୍ତକୁ ଭାଗ୍ୟ ଓ ସୁଯୋଗ ମାନିଛି ।" ଏଥିପାଇଁ ଭାଗ୍ୟ ଅଥବା ସୁଯୋଗର ଅପେକ୍ଷା କରିବା ନିଜର ସଫଳତାକୁ ପଛକୁ ପକାଇବା ହୋଇପାରେ ।

ସମ୍ଭବ ଅଟେ, ଯେତେବେଳ ପର୍ଯ୍ୟନ୍ତ ଏତେ ସମୟ ଚାଲିଯାଏ ଯେ ଆପଣ ଚାହିଁ ମଧ୍ୟ ହାସଲ କରିପାରନ୍ତି ନାହିଁ । ବେଳେ-ବେଳେ ମଣିଷ ଭାଗ୍ୟର ଘୂର୍ଣ୍ଣନରେ ନିଜ ଜୀବନକୁ ଦୁଃଖରେ ଭରିଦିଏ । ମୁଁ ଜଣେ ଏମିତି ବ୍ୟକ୍ତିକୁ ଜାଣିଛି, ଯାହାକୁ ନିଜର ରାଶିଫଳ ଉପରେ ଅନ୍ଧବିଶ୍ୱାସ ଥିଲା । ପ୍ରତ୍ୟେକ ଦିନ ସେ ସମ୍ବାଦପତ୍ରରେ ନିଜର ରାଶିଫଳ ଦେଖେ, ଓ ତାହାରି ଅନୁସାରେ କାମ କରୁଥିଲା । ଦିନେ ରାଶିଫଳରେ ଦୁର୍ଘଟଣାର ସମ୍ଭାବନାକୁ ପଢ଼ିଲା । ସେହି ଦିନ ତା' ପୁଅ ଅସୁସ୍ଥ ହୋଇଗଲା ଓ ଡାକ୍ତର ଶୀଘ୍ର ଔଷଧ ଆଣିବାକୁ କହିଲେ, କିନ୍ତୁ ଔଷଧ ଦୋକାନ ବହୁତ ଦୂରରେ ଥିଲା ଓ ବିନା ବାହନରେ ସେ ଯାଇପାରି ନଥାନ୍ତା । ଏଥିପାଇଁ ସେ ପଡ଼ୋଶୀର ସାହାଯ୍ୟ ନେଲା । ପଡ଼ୋଶୀ ଗଲା, କିନ୍ତୁ ନିଜର କାମ ମଧ୍ୟ ତାକୁ କରିବାର ଥିଲା । ଏଥିପାଇଁ ପଡ଼ୋଶୀକୁ ଫେରିବାରେ ଯଥେଷ୍ଟ ବିଳମ୍ବ ହୋଇଗଲା । ପୁଅ ଔଷଧ ଅଭାବରୁ ମରିଯାଇଥିଲା । ରାଶିଫଳର ଭ୍ରମ ଗୋଟିଏ ଜୀବନ ନେଇଗଲା । ଏହିଭଳି ଆମେ ମଧ୍ୟ ଭାଗ୍ୟ ଓ ସୁଯୋଗର ଅପେକ୍ଷାରେ ନିଜର ସଫଳତାଗୁଡ଼ିକର ଜୀବନ ନେଇ ଯାଇଥାଉ । ନିଜ ଜୀବନ ସବୁବେଳ ପାଇଁ ଦୁଃଖଭରା କରିଦେଉ । ଏଥିପାଇଁ ଭାଗ୍ୟ କିମ୍ବା ସୁଯୋଗର ଅପେକ୍ଷା ନକରି ଆପଣ ନିଜର କାମ ଆରମ୍ଭ କରିଦିଅନ୍ତୁ । ସାଧାରଣ କଥା । ଯଦି ଆପଣ କ୍ଷେତରେ ମଞ୍ଜି ପକାଇବେ, ଏହାପରେ ସିଞ୍ଚନ, ହଳ, ଖୁସାଣୀ, ଖତ, ପାଣି ଆଦି ନଦେବା ତେବେ କ'ଣ ହେବ? କ'ଣ ସେହି ମଞ୍ଜି ଗଜା ହୋଇପାରିବ? ନା' । ସେହିଭଳି ମନର କ୍ଷେତରେ ଯେତେବେଳେ ଆପଣ ଇଚ୍ଛାରୂପୀ ମଞ୍ଜି ପକାନ୍ତି ଓ ତା' ପାଇଁ ଉପରୋକ୍ତ ଢଙ୍ଗରେ ବ୍ୟବସ୍ଥା ନକରିବେ ତେବେ ଏହାର ଫଳ କ'ଣ ମିଳିବ? ଆପଣ ନିଜେ ନିଷ୍କର୍ଷ ବାହାର କରନ୍ତୁ । ଧ୍ରୁବ ସତ୍ୟ ଯେ ଇଚ୍ଛାମାତ୍ର ଦ୍ୱାରା ମଣିଷର କାମ କେବେ ହୁଏନାହିଁ, ପୁନଃ ଆପଣଙ୍କୁ ନିଜ ଅସଫଳତାର କାନ୍ଦ କାନ୍ଦିବାକୁ ହେବନାହିଁ । ଯେତେବେଳ ପର୍ଯ୍ୟନ୍ତ ଆପଣ କାର୍ଯ୍ୟରତ, କ୍ରିୟାଶୀଳ ନହେବେ, କିଛି ହେବନାହିଁ । ଯାହା ଚାହିଁବେ ତାହା ପାଇବେ । କେମିତି ? ମାଗଣାରେ ? ଏମିତି କଦାପି ହୋଇପାରିବ ନାହିଁ । ବିନା ଚେଷ୍ଟାରେ, ଆଜି ପର୍ଯ୍ୟନ୍ତ କୌଣସି ପରିବର୍ତ୍ତନ ଆସିନାହିଁ ।

ଯେତେବେଳ ପର୍ଯ୍ୟନ୍ତ ଆପଣ ସମ୍ପୂର୍ଣ୍ଣ ରୂପରେଖ ତିଆରି କରି କାର୍ଯ୍ୟମଗ୍ନ ନହେବେ, କେମିତି ହୋଇପାରିବ । ଆପଣ ଗୋଟିଏ ଆବାସର ଇଚ୍ଛା କଲେ, ଗୋଟିଏ ଆବାସ ଚାହିଁଲେ- ତାକୁ କେମିତି ପାଇବେ? କ'ଣ ଖାଲି କାଗଜରେ ନକ୍ସା ଆଙ୍କିଦେଲେ ହୋଇଯିବ? ଏମିତି କ'ଣ ହୋଇପାରିବ? ନକ୍ସା ତିଆରି କରିବା, ପୁନଃ ଆବଶ୍ୟକ

ଧନ ଏକତ୍ରିତ କରିବା ଓ ଏହାପରେ ଆବାସ ତିଆରି ହେବ । କେବଳ କଳ୍ପନା କେବେ ସାକାର ରୂପ ଧାରଣ କରିପାରିବ ନାହିଁ । ମନୋବିଜ୍ଞାନର ସିଦ୍ଧାନ୍ତରୁ ସ୍ପଷ୍ଟ ଯେ କୌଣସି ପଦାର୍ଥରେ ମଣିଷର ମନ ଲାଗିଗଲା, ତାହାର ଶାରୀରିକ ଓ ମାନସିକ ଶକ୍ତିଗୁଡ଼ିକ ଲାଗିଗଲା ତେବେ ସେହି ପଦାର୍ଥ ଆପେ ଆପେ ତା' ଆଡ଼କୁ ଟାଣିହୁଏ, ଆକର୍ଷିତ ହେବାକୁ ଲାଗେ ।

ପ୍ରତ୍ୟେକ ମଣିଷର ଆକର୍ଷଣ ଭିନ୍ନ ଭିନ୍ନ ହୋଇଥାଏ । ଯଦି କାହାର ରୁଚି ଭୋଗ ବିଳାସ, ରାଗ-ରଙ୍ଗ, ସିନେମା, ନାଚ-ଗୀତରେ ରହିଛି, ତେବେ ସେ ଯେଉଁ ସହରକୁ ଯିବ, ନିଜ ମନୋନୁକୂଳ ଜାଗା ଖୋଜିନେବ । ଯାହାର ରୁଚି ପୁସ୍ତକାଳୟ, ବୁଲାବୁଲିରେ ଅଛି, ସେ ମଧ୍ୟ ତଦନୁସାରେ ସ୍ଥାନ ଖୋଜିନେବ । ଏହିଭଳି ମଣିଷ ମନରେ ଯେଉଁ ଜିନିଷ ପ୍ରତି ଆକର୍ଷଣ ରହିଥାଏ, ସେ ସେହି ସ୍ଥାନକୁ ଯାଏ । ପ୍ରତ୍ୟେକ ବସ୍ତୁ ଗୋଟିଏ ଅନ୍ୟଟିକୁ ଆକର୍ଷିତ କରନ୍ତି । ପରସ୍ପର ଆକର୍ଷଣରେ ହିଁ ମଣିଷର ସମ୍ପୂର୍ଣ୍ଣ କ୍ରିୟା ଚାଲିଛି । ପ୍ରକୃତି ମଧ୍ୟ ଏହି ଆଧାରରେ କ୍ରିୟାଶୀଳ ଅଟେ । ଗୋଟିଏ ଗ୍ରହ ଅନ୍ୟଟିକୁ ଆକର୍ଷିତ କରୁଛି । ସମ୍ପୂର୍ଣ୍ଣ ବ୍ରହ୍ମାଣ୍ଡ ଆକର୍ଷଣର ହିଁ ସିଦ୍ଧାନ୍ତ ଉପରେ ନାଚୁଛି ।

ଏହା ଆକର୍ଷଣ ଶକ୍ତିର କରାମତି ଯେ ଆମେ ଯେମିତି ଭାବୁ, ସେମିତି ତିଆରି ହେଉ । ଆମେ ଯାହା ଇଚ୍ଛା କରୁ, ତାହା ପାଉ । ଯେତେବେଳେ ନିରାଶା ଯୋଗୁଁ ଆମେ ନିଜ ଆନ୍ତରିକ ଶକ୍ତିଗୁଡ଼ିକୁ କୁଣ୍ଠିତ କରିଦେଉ, ତେବେ ଆମକୁ ତାହାର ସେମିତି ହିଁ ଫଳ ମିଳିଥାଏ । ଅଧିକାଂଶ ଲୋକ ଅନ୍ୟ ଉପରେ ନିର୍ଭର କରନ୍ତି । ଯେତେବେଳେ ମଧ୍ୟ କୌଣସି ନୂଆ କଥା ସେମାନଙ୍କ ମୁଣ୍ଡକୁ ଆସେ, ତାକୁ ସମ୍ପୂର୍ଣ୍ଣ କରିବାରେ ସେମାନେ ନିଜ ଚତୁଃପାର୍ଶ୍ୱରେ ଅଭାବ ହିଁ ଅଭାବ ଅନୁଭବ କରନ୍ତି । ପୁଞ୍ଜି, ବନ୍ଧୁ ଓ ସହାୟକଙ୍କ ଅଭାବ । ଏହି ଅଭାବ ବାବଦରେ ହିଁ ଭାବି-ଭାବି ସେମାନେ ନିଜ ଯୋଜନାଗୁଡ଼ିକ ସ୍ଥଗିତ କରିଦିଅନ୍ତି । ଜୀବନରେ ନିରାଶ ହୋଇଯାଆନ୍ତି । ହାତବାନ୍ଧି ବସିଯାଆନ୍ତି । ଅଭାବ ନାଁରେ ସେମାନେ ଅକର୍ମଣ୍ୟ ହୋଇଯାଆନ୍ତି ଓ ନିଜର ସାରା ଜୀବନକୁ ଅସଫଳ କରିଦିଅନ୍ତି ।

କଠିନ କାର୍ଯ୍ୟକୁ କରିବା ଶିଖନ୍ତୁ:

ଏହା ତ' ବିଡ଼ମ୍ବନା ଅଟେ । ଏହି କଥାକୁ ସେମାନେ ଭୁଲିଯାଆନ୍ତି ଯେ, ସବୁ କୃତ୍ରିମ କଥା ଅଟେ । କାମ ନ କରିବାର ଗୋଟିଏ ବାହାନା । ବାସ୍ତବିକତା ତ' ଏହା ଯେ ଆଜି ପ୍ରତ୍ୟେକ ମଣିଷ ସୁବିଧାବାଦୀ ହୋଇଯାଇଛନ୍ତି । ସେମାନେ କଠିନ କାର୍ଯ୍ୟ କରିବାକୁ ଭୟଭୀତ ହୁଅନ୍ତି । ନିଜ ମୁହଁ ଲୁଚାନ୍ତି । ଏହି କାରଣରୁ ସେମାନେ ନିଜ ପାଇଁ କୌଣସି ନା କୌଣସି ଅଭାବର ଅନୁଭବ କରିବାକୁ ଲାଗନ୍ତି । କୌଣସି କାର୍ଯ୍ୟକୁ ଆରମ୍ଭ କରିବାର ଇଚ୍ଛା ହେଲେ ଅଭାବର ଚର୍ଚ୍ଚା କରିବା ଅଥବା ଅନୁଭବ କରିବା ଅସଫଳତାର ପ୍ରଥମ ପରିଚାୟକ ଅଟେ । ଅଭାବ ଅକର୍ମଣ୍ୟତାର ଚିହ୍ନ ଅଟେ । ଯାହାଙ୍କ

ମନରେ କର୍ମଠତା ଥାଏ, ସେମାନେ ଅଭାବର ଚିନ୍ତା କରନ୍ତି ନାହିଁ ବରଂ ନିଜ କାମ ଆରମ୍ଭ କରିଦିଅନ୍ତି ।

ଅଭାବର କାନ୍ଦଣା କାପୁରୁଷ କାନ୍ଦନ୍ତି । ବିନା ସାଧନରେ ଯେଉଁମାନେ ସଫଳତା ପାଆନ୍ତି, ତାଙ୍କ ଜୀବନ ହିଁ ସୁଖମୟ ହୋଇଥାଏ । ଏମିତି ବ୍ୟକ୍ତି ନୂଆ ସଙ୍କଟ ଆସିଲେ ମଧ୍ୟ ବିଚଳିତ ହୁଅନ୍ତି ନାହିଁ । ଏଥିପାଇଁ ଯୋଜନା କରିବା ପରେ ଅଭାବ ନାଁରେ ଅଟକନ୍ତୁ ନାହିଁ । ଯାହା ଅଛି, ସେଥିରେ କାମ ଚଳାନ୍ତୁ । ଅଭାବ ଆପେ ଧୀରେ-ଧୀରେ ସମାପ୍ତ ହୋଇଯିବ । କୌଣସି ବସ୍ତୁ କିମ୍ବା ବ୍ୟକ୍ତି ଉପରେ ନିର୍ଭରତା ବିପଦଜ୍ଜନକ ହୋଇଥାଏ । ମୋର ଜଣେ ବନ୍ଧୁ କୋଟିପତି । ମୁଁ ସକାଳ ୯ଟାରେ ତାଙ୍କ ଅଫିସ୍ ଗଲି । ଏହା ଦେଖି ଚକିତ ହୋଇଗଲି ଯେ ସେ ନିଜ ଅଫିସର ସଫେଇ ନିଜେ କରୁଥିଲେ । ସେ ହସି ମୋର ସ୍ୱାଗତ କଲେ ଓ ବସିବାକୁ କହିଲେ । ତାଙ୍କ ହାତରେ ଡଷ୍ଟର ଓ ଝାଡୁ ଦେଖି ମୁଁ ସ୍ତବ୍ଧ ରହିଗଲି । ମୁଁ ଟିକେ ସଙ୍କୁଚିତ ହୋଇ ପଚାରିଲି- "ଆପଣ ସଫେଇ କରୁଛନ୍ତି ?" "ହଁ" ସେ କହିଲେ "ସଫେଇ କରୁଥିବା ଲୋକ ଆଜି ଆସିନାହିଁ । କ'ଣ ସେ ଆସିନାହିଁ ବୋଲି ମୋ ଅଫିସ୍ ମଇଳା ରହିବ । ମୁଁ କାହା ଉପରେ ନିର୍ଭର କରି କାମ କରେନାହିଁ ।" ତାଙ୍କ ଆଖିରେ ଏକ ବିଶେଷ ପ୍ରକାରର ଚମକ ଥିଲା । ମୁଁ ତାଙ୍କ କୋଟିପତି ହେବାର ରହସ୍ୟ ବୁଝି ଯାଇଥିଲି ।

ଯେଉଁ ବ୍ୟକ୍ତି କାହା ଉପରେ ନିର୍ଭର ନକରି ପ୍ରତ୍ୟେକ କାମ ନିଜ ବଳରେ କରିବାକୁ ଚାହେଁ, ସେ ନିଜ ଜୀବନରେ ସଫଳତା ନିଶ୍ଚିତ ହାସଲ କରେ । କାହା ଉପରେ ନିର୍ଭର କରିବା କିମ୍ବା ଅଭାବ ନାଁରେ ନିଜ କାମ ଅଟକାଇଦେବା, ନିଜ ଉନ୍ନତିରେ ବାଧାବିଘ୍ନ ଉପୁଜାଇବା ସହ ସମାନ । ନିଜ ଗୋଡ଼ରେ ନିଜେ କୁରାଢ଼ୀ ମାରିବା ଭଳି ଅଟେ । ଥମସ୍ ଆଲ୍‌ବା ଏଡିସନ୍‌ଙ୍କୁ ସଫଳତା କେମିତି ମିଳିଲା ? ତାଙ୍କର ଏତେ ଗୁଡ଼ିଏ ଆବିଷ୍କାରର ରହସ୍ୟ କ'ଣ ଥିଲା ? ସେ ଥରେ ମଧ୍ୟ ଚିନ୍ତା କରିନାହାନ୍ତି ଯେ ଅନେକ ବୈଜ୍ଞାନିକ ଅସଫଳ ହୋଇ ସାରିଛନ୍ତି, ସେହି ଆବିଷ୍କାରଗୁଡ଼ିକୁ ସେ କେମିତି ସଫଳ କରିପାରିବେ ? ସେ ଏହି କଥା ଉପରେ ବିଚାର କଲେନାହିଁ । ବରଂ ତାଙ୍କୁ ନିଜ ପ୍ରତିଭା ଉପରେ ସମ୍ପୂର୍ଣ୍ଣ ବିଶ୍ୱାସ ଥିଲା । ସେ ମାନୁଥିଲେ ଯେ ତାଙ୍କର ଜନ୍ମ କେବଳ ଆବିଷ୍କାର ପାଇଁ ହୋଇଛି । ସେ ଅନେକ ଆବିଷ୍କାର କଲେ ଓ ବିଶ୍ୱରେ ନିଜର ନା' ଅମର କରିଗଲେ ।

ସ୍ୱପ୍ନ, ଆକାଂକ୍ଷା, ଇଚ୍ଛା ଉପରେ ସମ୍ପୂର୍ଣ୍ଣ ବିଶ୍ୱାସ ହିଁ ସଫଳତାର ଚାବି ଅଟେ । ଏଥିରୁ ହିଁ ସଫଳତାର ବାଟ ଖୋଲିଯାଏ । ଆପଣଙ୍କ ଜୀବନରେ ଯେତେ ଗଭୀର ଅନ୍ଧକାର ଥାଉ ନା କାହିଁକି, ଯଦି ଆପଣ ନିଜ ମଧ୍ୟରେ ଆଶା-ବିଶ୍ୱାସର ଦୀପ ଜଳାଇ ଦେବେ, ତେବେ ଅନ୍ଧକାରରେ ମଧ୍ୟ ଆପଣଙ୍କୁ ରାସ୍ତା ମିଳିଯିବ । ଅନ୍ତଃପ୍ରେରଣା ଓ

ଆତ୍ମବିଶ୍ୱାସ ଆଧାରରେ ବ୍ୟକ୍ତି ସବୁକିଛି କରିପାରେ । ଆବ୍ରାହମ୍ ଲିଙ୍କନ କ'ଣ ଥିଲେ ? କେମିତି ସେ ଆମେରିକାର ରାଷ୍ଟ୍ରପତି ହେଲେ ? କେହି ମଧ୍ୟ ଏହା କଳ୍ପନା କରିପାରିଥିଲେ ଯେ ଜଣେ ଗାଈଆଳ ଆମେରିକାର ରାଷ୍ଟ୍ରପତି ହୋଇପାରିବ ?

ରବର୍‌ର ନିର୍ମାତା ଗୁଡଇୟର୍‌ଙ୍କ ଜୀବନ ଦେଖନ୍ତୁ । ପରିବାର ଭୋକରେ ମରୁଥିଲେ । ନିର୍ଦ୍ଧନତାରେ ଦିନ ବିତୁଥିଲା । ପଡ଼ୋଶୀମାନେ ଖାଇବାକୁ ଦେଉଥିଲେ । କରଜ ସୁଝି ନପାରିବା କାରଣରୁ ଅନେକ ଥର ଜେଲ୍ ଗଲେ, କିନ୍ତୁ ଅନ୍ତତଃ ଉପଯୋଗୀ ରବର୍‌ର ଆବିଷ୍କାର କରିବାରେ ସଫଳ ହୋଇଗଲେ । ଆଜିକାର ଟେଲିଗ୍ରାଫ୍ ମୋର୍ସର ସ୍ୱପ୍ନର ସାକାର ରୂପ ଅଟେ । ଫିଲ୍‌ଡ ବେତାରର ତାର ତିଆରି କଲେ । ମାରକୋନୀ ମଧ୍ୟ ଟେଲିଗ୍ରାଫ୍ ତିଆରି କଲେ । ଗ୍ରାହମ୍ ବେଲ୍‌ଙ୍କ ସ୍ୱପ୍ନ ଟେଲିଫୋନ୍ ଦ୍ୱାରା ସାକାର ହେଲା । ଇଲିୟାମ ହୌବେ ସିଲେଇ ମେସିନ୍ ତିଆରି କଲେ । କେତେ ସଂଘର୍ଷ କରିଥିବେ ଏହି ବୈଜ୍ଞାନିକମାନେ । ସେମାନଙ୍କ ଜୀବନୀ ପଢ଼ି ଲୋମ ମୂଳ ଟାଙ୍କୁରି ଉଠିବ । ଅତ୍ୟନ୍ତ ଦରିଦ୍ର ଅବସ୍ଥାରେ ଦିନ-ରାତି ଉଜାଗର ରହି ଇଲିୟାମ ହୌବେ ସିଲେଇ ମେସିନ୍‌ର କଳ୍ପନା କରୁଥିଲେ । ସିଙ୍ଗର୍ ମଧ୍ୟ କ'ଣ ଏ ପ୍ରକାରର କଷ୍ଟ କରିନାହାନ୍ତି । କଲୋମ୍ବସ୍ ଅବିଚଳିତ ଥିଲେ । ଅନ୍ତତଃ ସେ ଆମେରିକାକୁ ଖୋଜି ବାହାର କଲେ । କେବଳ ଲକ୍ଷ୍ୟ ପାଇଁ ଯିଏ ମନ-ପ୍ରାଣ ସମର୍ପିତ କରିଦିଅନ୍ତି, ସେମାନଙ୍କୁ ହିଁ ସଫଳତାର ଚାବି ମିଳିଥାଏ ।

ଦୃଢ଼ ସଂକଳ୍ପ ଓ ଆତ୍ମବିଶ୍ୱାସ:

ଜୀବ ବୈଜ୍ଞାନିକଙ୍କ ମାନ୍ୟତା ଅଟେ- ଉଡ଼ିବାର ଇଚ୍ଛା ଦ୍ୱାରା ବାଜର ଡେଣା ବାହାରିଛି । ଏହିଭଳି ମଣିଷ ଆଶା-ଆକାଂକ୍ଷାର ଡେଣାରେ ଉଡ଼ିଥାଏ । ଦୃଢ଼ ସଂକଳ୍ପ ଓ ଆତ୍ମବିଶ୍ୱାସର ଆକର୍ଷଣ ଆଧାରରେ ଆପଣ ଯେକୌଣସି ବ୍ୟକ୍ତି କିମ୍ବା ପଦାର୍ଥକୁ ନିଜ ଆଡ଼କୁ ଆକର୍ଷିତ କରିପାରିବେ । ଅନ୍ତଃପ୍ରେରଣା କାରଣରୁ ସଭ୍ୟତା ଗଗନଚୁମ୍ବୀ ଅଟ୍ଟାଳିକାରେ ରହୁଛି ଓ ଅବିରତ ବିକାଶ ପାଉଛି । ଆଜି ମଣିଷ ଆକାଶରେ ଲମ୍ଫ ମାରୁଛି । ଏସବୁ ତା'ର ଆତ୍ମବିଶ୍ୱାସର ପରିଣାମ ଅଟେ । ତା'ର ଆତ୍ମବିଶ୍ୱାସ ଥିଲା, ସେ ଅନ୍ତରୀକ୍ଷରେ ପହଞ୍ଚିଯିବ । ସେ ସମୁଦ୍ରର ଗଭୀରତାକୁ ମାପି ସାରିଛି । ଆକାଶର ଉଚ୍ଚତାକୁ ଛୁଇଁଛି । ସମସ୍ତ ପ୍ରଗତି-ଆବିଷ୍କାରରେ ଆତ୍ମବିଶ୍ୱାସ ହିଁ ପ୍ରମୁଖ ଆଧାର ଅଟେ । ଯଦି କେହି ବିକାଶ କରିଛି, ତେବେ ନିଜ ଆତ୍ମବିଶ୍ୱାସ ଆଧାରରେ ଏହା ସମ୍ଭବ ହୋଇପାରିଛି । ଆମକୁ ନିଜର ଅନ୍ତଃପ୍ରେରଣାରୁ ଏହିପରି କାମ କରିବା ଉଚିତ । ଆମେ ଯାହା ଚାହିଁବା-ପ୍ରଥମେ ଚିନ୍ତା କରିବା । ଏହା ପ୍ରମାଣିତ ସିଦ୍ଧାନ୍ତ ଅଟେ ଓ ଏହା ବଳରେ ନିଜର ଇଚ୍ଛା ପୂରଣ କରିପାରିବା । ଏଥି ସହିତ ନିଜର ପଥ, ମାନବ କଲ୍ୟାଣର ମଧ୍ୟ ପଥ ଆପଣାନ୍ତୁ । ନିଜର ଲୁକ୍କାୟିତ ଶକ୍ତିଗୁଡ଼ିକୁ ଚିହ୍ନନ୍ତୁ ଓ ଆଜି ହିଁ ଜାଗି ଉଠନ୍ତୁ ।

ଅପେକ୍ଷାର ଆବଶ୍ୟକତା ନାହିଁ । ପ୍ରତ୍ୟେକ ମୁହୂର୍ତ୍ତ ଶୁଭ ଘଡ଼ି ଅଟେ । ଯେତେବେଳେ ଉଠିବେ-ସେତେବେଳେ ସକାଳ । ସକାଳ ହେବା ପାଇଁ ଆପଣ ଅପେକ୍ଷା କରନ୍ତୁ ନାହିଁ । ଆଳସ୍ୟ ଓ ନିରାଶାର ନିଦ ଭାଙ୍ଗି ଏହି ସମୟରେ ଜାଗନ୍ତୁ ଓ ନିଜର କାମ ଆରମ୍ଭ କରିଦିଅନ୍ତୁ । ପବିତ୍ର କାମରେ ବିଳମ୍ବ କାହିଁକି ! ଆପଣ ନିଜ ପଦକ୍ଷେପ ଏବେଠାରୁ ନିଅନ୍ତୁ । ଏହି ମୁହୂର୍ତ୍ତରେ ଆରମ୍ଭ କରିଦିଅନ୍ତୁ । ଆପଣଙ୍କ ପାଖରେ କିଛି ମଧ୍ୟ ନାହିଁ । ହେଲେ ଏହି ସଂକଳ୍ପ ତ' ଆପଣଙ୍କ ପାଖରେ ଅଛି । ଏହା ସବୁଠାରୁ ବଡ଼ ପୁଞ୍ଜି ଅଟେ ଓ ଏହା କେବେ ମଧ୍ୟ ସମାପ୍ତ ହୋଇପାରିବ ନାହିଁ । ନିଜର ଏହି ପୁଞ୍ଜି ବଳରେ ଆପଣ ସଂଘର୍ଷ ଆରମ୍ଭ କରିଦିଅନ୍ତୁ । ଆପଣଙ୍କ ମାର୍ଗ ତିଆରି ହୋଇଯିବ । ଆପଣ ସମକକ୍ଷ ଉନ୍ନତି କରିଚାଲିବେ-କୌଣସି ଅଭାବ ଆପଣଙ୍କ ରାସ୍ତା ଅଟକାଇ ପାରିବ ନାହିଁ ।

ଗୋଟିଏ ଚୁମ୍ବକ ଆଣନ୍ତୁ । ଆପଣ ତାକୁ କାଠ ପାଖରେ ରଖନ୍ତୁ । କାଠ କ'ଣ ଚୁମ୍ବକ ଆଡ଼କୁ ଆକର୍ଷିତ ହେବ ?-ନା, ତମ୍ବା-ରବର ଉପରେ ତା'ର ପ୍ରଭାବ ପଡ଼ିବ ନାହିଁ । ବର୍ତ୍ତମାନ ଲୁହା ପାଖରେ ରଖନ୍ତୁ । ଦେଖନ୍ତୁ- କି ପ୍ରଭାବ ପଡୁଛି ? ତାକୁ ଚୁମ୍ବକ ନିଜ ଆଡ଼କୁ ଟାଣେ । ଆକର୍ଷଣ ଉତ୍ପନ୍ନ କରିଥାଏ ।

ପ୍ରତ୍ୟେକ ପଦାର୍ଥରେ କୌଣସି ନା କୌଣସି ପ୍ରକାରର ଚୁମ୍ବକ ରହିଥାଏ ଓ ସେ ସମ୍ବନ୍ଧିତ ବସ୍ତୁ ଉପରେ ନିଜର ପ୍ରଭାବ ପକାଏ କିମ୍ବା ଏମିତି କୁହାଯାଇପାରେ ଯେ ତାକୁ ନିଜ ଆଡ଼କୁ ଆକର୍ଷିତ କରେ । ଏହି ସ୍ଥିତି କେବଳ ଜଡ଼ ଜଗତର ନୁହେଁ ଏପରିକି ଚେତନ ଜଗତର ମଧ୍ୟ ଅଟେ । ଚେତନ ଜୀବ ମଧ୍ୟ ଜଣେ ଜଣକୁ ଆକର୍ଷିତ କରନ୍ତି । ମଣିଷ ଏହାର ଅପବାଦ ନୁହେଁ । ମଣିଷଠାରେ ମଧ୍ୟ ସେହି ଚୁମ୍ବକ ଥାଏ । ତା' ମଧ୍ୟରେ ମଧ୍ୟ ଏକ ପ୍ରକାରର ଆକର୍ଷଣ ଶକ୍ତି ଥାଏ । ସେ ମଧ୍ୟ ସେହି ପଦାର୍ଥଗୁଡ଼ିକୁ ନିଜ ଆଡ଼କୁ ଆକର୍ଷିତ କରେ, ଯାହା ସହିତ ତା'ର ସମ୍ବନ୍ଧ ଥାଏ ।

ଯେଉଁ ବସ୍ତୁ କିମ୍ବା ମଣିଷଙ୍କ ସହ ଆମ ବିଚାର, ଆମ ଉଦ୍ଦେଶ୍ୟର ସମ୍ବନ୍ଧ ଥାଏ, ସେହି ବସ୍ତୁ ଓ ମଣିଷଙ୍କୁ ଆମେ ନିଜ ଆଡ଼କୁ ଆକର୍ଷିତ କରୁ । ଏହି ସମୟରେ ଆମ ପାଖରେ ଯାହା କିଛି ଅଛି, ଆମ ଘର, ପରିବାର, ଇଷ୍ଟ-ମିତ୍ର ଆଦି କିମ୍ବା ଆମ ଚାରି ପାଖରେ ଯେଉଁ ବାୟୁମଣ୍ଡଳ ଅଛି, ସେହି ସବୁ ଆମର ମାନସିକ ଆକର୍ଷଣ ଯୋଗୁଁ ତିଆରି ହୋଇଛି । ଯେତେବେଳ ପର୍ଯ୍ୟନ୍ତ ଆମ ମନରେ ଏଗୁଡ଼ିକ ପ୍ରତି ଆକର୍ଷଣ ଅଛି, ସେତେବେଳ ପର୍ଯ୍ୟନ୍ତ ସେଗୁଡ଼ିକ ଆମ ନିଜର । ଯେତେବେଳେ ଆମ ମନ, ଆମର ଆକର୍ଷଣ ଏଗୁଡ଼ିକ ପ୍ରତି ସମାପ୍ତ ହୋଇଯାଏ, ତେବେ ଏଗୁଡ଼ିକଠାରୁ ଆମର ସମ୍ପର୍କ ଛିଣ୍ଡିଯାଏ ଓ ଆମ ପାଇଁ ଏଗୁଡ଼ିକ ପର ହୋଇଯାଆନ୍ତି ।

ଉଦାହରଣ ସ୍ୱରୂପ ଜଣେ ମଣିଷ ନିଜ ପତ୍ନୀ ପ୍ରତି ଯେତେବେଳ ପର୍ଯ୍ୟନ୍ତ ଆକର୍ଷିତ ରହିଛି, ସେତେବେଳ ପର୍ଯ୍ୟନ୍ତ ସେ ତା'ର ପତି, ସେ ତା'ର ପତ୍ନୀ, କିନ୍ତୁ ଉଭୟେ

ଜଣେ ଜଣକ ପାଇଁ ସେହି ସ୍ଥିତିରେ ପର ଓ ଅଜଣା ହୋଇଯାଆନ୍ତି, ଯେତେବେଳେ ଆକର୍ଷଣ ଚାଲିଯାଏ । ଉଭୟେ ନିଜର ଅଲଗା ରାସ୍ତାରେ ଚାଲନ୍ତି । ପରସ୍ପରରେ ଏହି ଆକର୍ଷଣ, ଚୁମ୍ବକତ୍ୱ ହିଁ ସମ୍ବନ୍ଧ ତିଆରି କରିଦେଇଛି । ଆମର ଜ୍ଞାତି-କୁଟୁମ୍ବ ହୋଇଛନ୍ତି । ପରସ୍ପର ପ୍ରତି ପ୍ରେମ ବଜାୟ ରହିଛି । ଆମ ନିଜର ଚୁମ୍ବକତ୍ୱ ହିଁ ଏ ସବୁର ଆଧାର ଅଟେ । ବିଶ୍ୱର ସମସ୍ତ ପ୍ରାଣୀ ପରସ୍ପର ଜଣେ ଜଣକର ଚୁମ୍ବକତ୍ୱ କାରଣରୁ ହିଁ ଆକର୍ଷିତ ରହିଛନ୍ତି । ଏହା ଏକ ସଜୀବ ସତ୍ୟ ଅଟେ । ବିଶ୍ୱର ସମସ୍ତ ଜଡ଼-ଚେତନ ଏହି ଆକର୍ଷଣ ଶକ୍ତି ଯୋଗୁଁ ଜୀବିତ ଅଛନ୍ତି ଓ କମନ୍ତି-ବଢ଼ନ୍ତି । ଏହି ଆକର୍ଷଣରୁ ଆମ ଆଶା, ଆକାଂକ୍ଷା ହିଁ ସେହି ମାଇଲ୍ ପଥର, ଯେଉଁଗୁଡ଼ିକ ଆମ ଜୀବନ ପଥରେ ଲାଗିଥିବା ମାଇଲ୍ ଖୁଣ୍ଟ ଅଟନ୍ତି । ଏହା ଆମ ଜୀବନର ଦିଗ-ନିର୍ଦ୍ଦେଶ କରନ୍ତି । ଯଦି ଆମ ଜୀବନରେ ଦାରିଦ୍ର୍ୟତା, ନିରାଶା, ଅସଫଳତାର ବିଚାର ଆସୁଥିବ ତେବେ ତାହାର ଫଳ ଆମକୁ ହିଁ ଭୋଗିବାକୁ ପଡ଼ିବ ।

ଉତ୍ସାହ ଓ ଉଲ୍ଲାସ:

ଯେତେବେଳେ ଆପଣ ନିଜ ମନରୁ ସଫଳତା, ଆଶା ଓ ଲକ୍ଷ୍ୟର ବିଚାର ବାହାର କରିଦେବେ, ତେବେ ଆପଣଙ୍କ ମଧ୍ୟରେ ଉତ୍ସାହ, ଉଲ୍ଲାସ କେଉଁଠୁ ଆସିବ ? ସେଗୁଡ଼ିକ ସେତେବେଳେ ଆପଣଙ୍କ ଘରକୁ, ଆପଣଙ୍କ ପାଖକୁ କାହିଁକି ଆସିବେ ? ମୁଖ୍ୟ କଥା ହେଲା ଯେତେବେଳେ ଆମେ ନିଜର ସଫଳତାକୁ ନିଜ ମନରେ ସ୍ଥାନ ଦେବାନାହିଁ, ତାକୁ ହାସଲ କରିବାରେ ଯେତିକି ପରିଶ୍ରମର ଆବଶ୍ୟକ ଅଛି, ତାହା କରିବା ନାହିଁ ତେବେ ଆମେ ସଫଳତାର ଗ୍ୟାରେଣ୍ଟୀ କେମିତି ଦେଇପାରିବା ? ନିଜ ଭିତରେ ଲୁଚି ରହିଥିବା ଶକ୍ତିକୁ ନ ଚିହ୍ନିବା ଯୋଗୁଁ ହିଁ ଆମେ କୌଣସି କାମରେ ସମ୍ପୂର୍ଣ୍ଣ ସାମର୍ଥ୍ୟ ଲଗାଇପାରୁନାହୁଁ । ଏହାର ପରିଣାମ ସ୍ୱରୂପ ଆମେ ଅସଫଳ ହୋଇଯାଉ । ଏହା ଏକ ଧ୍ରୁବ ସତ୍ୟ ଯେ କୌଣସି ଜିନିଷକୁ ହାସଲ କରିବା ପାଇଁ ତାହାର ବିଚାର କରି ଚାଲିବା ବହୁତ ଆବଶ୍ୟକ ଅଟେ । ପ୍ରତ୍ୟେକ କ୍ଷଣ ନିଜ ସଫଳତା ଉପରେ ବିଶ୍ୱାସ କରନ୍ତୁ । ଯେତେବେଳେ ଆପଣ ସଫଳତା ଉପରେ ସନ୍ଦେହ କରନ୍ତି ତେବେ ସଫଳତାକୁ ଆପଣ ନିଜଠାରୁ ଦୂରେଇ ଦିଅନ୍ତି । ସେତେବେଳେ ଏହା ନିଶ୍ଚିତ ଭାବିନିଅନ୍ତୁ ଯେ ଆପଣ ଉଚିତ୍ ରାସ୍ତାରେ ଚାଲୁନାହାନ୍ତି । ଏହା ସତ୍ୟ ଯେ ଯେଉଁ ବସ୍ତୁର ଇଚ୍ଛା ଆମ ହୃଦୟକୁ ଆସେ, ତାହା ଆମ ପାଇଁ ପ୍ରକୃତି ନିଜେ ସୁରକ୍ଷିତ ରଖିଛି ।

ଆପଣ ଏହାର ଚିନ୍ତା କରନ୍ତୁ ନାହିଁ ଯେ ଆପଣଙ୍କ ଜୀବନ ନିରାଶାରେ ଘେରି ରହିଛି, ଅନ୍ଧକାରମୟ ଅଛି, ଯଦି ଆପଣଙ୍କ ମନରେ ଦୃଢ଼ ଇଚ୍ଛା ଅଛି, ସଂକଳ୍ପ ଅଛି, ଆପଣ ପରିଶ୍ରମ କରିବା ପାଇଁ ପ୍ରସ୍ତୁତ ଅଛନ୍ତି, ତେବେ ସେହି ବସ୍ତୁ ଆପଣଙ୍କୁ ମିଳିବ ହିଁ ମିଳିବ । କୌଣସି କାରଣ ନାହିଁ ଯେ ଆପଣଙ୍କ ଇଚ୍ଛା ସମ୍ପୂର୍ଣ୍ଣ ହେବନାହିଁ । ଅବିରତ

ସଫଳତାର ଆଶା କରନ୍ତୁ, ତା' ଉପରେ ବିଶ୍ୱାସ ରଖନ୍ତୁ, ସଫଳତାର ସ୍ୱପ୍ନ ସବୁବେଳେ ଦେଖନ୍ତୁ- ସଫଳତା ଆପଣଙ୍କ ପାଖକୁ ଆସିବ । ଉଠନ୍ତୁ । ଏହି ମୁହୂର୍ତ୍ତରେ ନିଜର ଲକ୍ଷ୍ୟ ଗଢ଼ନ୍ତୁ । ଆପଣ କ'ଣ ଚାହୁଁଛନ୍ତି, ଯାହା ଚାହିଁବେ ତାହା ପାଇବେ । ଏହା ମୋର ବିବୃତ୍ତି । ଆପଣ ଆଗକୁ ତ' ହାତ ବଢ଼ାନ୍ତୁ- ସବୁ ମିଳିଯିବ । ଭଗବାନ ଆପଣଙ୍କ ସହ ଅଛନ୍ତି । ମୋତେ ଲାଗୁନାହିଁ ଯେ ସଫଳତାର ପଥରେ ଚାଲୁଥିବା ବେଳେ ଆପଣଙ୍କୁ ନିରାଶ ହେବାକୁ ପଡ଼ିବ । ଯେତେବେଳେ ଆମେ ନ୍ୟୁୟର୍କରୁ ଭାରତ ଯାଉଥିବା ବିମାନରେ ବସିଛେ ତେବେ ଅଷ୍ଟ୍ରେଲିଆରେ କେମିତି ପହଞ୍ଚିବା । ସଫଳତାରୁ ସଫଳତା ମିଳିଥାଏ, ଏଥିପାଇଁ ନିଜ ଇଚ୍ଛାଶକ୍ତିରେ ଯାହା ଚାହିଁବେ, ତାହା ନିଶ୍ଚିତ ମିଳିବ ।

●●●